Buchhaltung mit SAP®

SAP PRESS ist eine gemeinschaftliche Initiative von SAP SE und der Rheinwerk Verlag GmbH. Ziel ist es, Anwendern qualifiziertes SAP-Wissen zur Verfügung zu stellen. SAP PRESS vereint das fachliche Know-how der SAP und die verlegerische Kompetenz von Rheinwerk. Die Bücher bieten Expertenwissen zu technischen wie auch zu betriebswirtschaftlichen SAP-Themen.

SAP für Anwender – Tipps & Tricks
von Wolfgang Fitznar, Dennis Fitznar
418 Seiten, 2., aktualisierte Auflage 2020, broschiert
ISBN 978-3-8362-7463-0
www.sap-press.de/5049

Finanzbuchhaltung mit SAP • 100 Tipps & Tricks
von Carolin Klein, Ulrike Messner
407 Seiten, 2014, broschiert
ISBN 978-3-8362-2646-2
www.sap-press.de/3476

Finanzwesen in SAP S/4HANA Das Praxishandbuch
von Isabella Löw
568 Seiten, 2019, gebunden
ISBN 978-3-8362-6675-8
www.sap-press.de/4790

SAP S/4HANA Der Grundkurs für Einsteiger und Anwender
von Wolfgang Fitznar, Dennis Fitznar
450 Seiten, 2020, broschiert
ISBN 978-3-8362-7389-3
www.sap-press.de/5025

Aktuelle Angaben zum gesamten SAP PRESS-Programm finden Sie unter *www.sap-press.de.*

Ana Carla Psenner

Buchhaltung mit SAP®

Der Grundkurs für Anwender

Liebe Leserin, lieber Leser,

sind Sie in der Buchhaltung tätig und sollen nun mit dem SAP-System arbeiten? Oder möchten Sie sich bei einem Unternehmen bewerben, das SAP-Kenntnisse voraussetzt? Vielleicht arbeiten Sie auch schon eine Weile mit FI, merken aber, dass es bei etwas komplizierteren Buchungen manchmal »hakt« oder Sie sich noch unsicher fühlen?

Bei Ihrer Suche nach einer praktischen Lösung soll Ihnen dieses Buch weiterhelfen. Unsere Autorin Carla Psenner, die seit vielen Jahren als SAP-Trainerin und -Beraterin arbeitet, führt Sie praxisorientiert und leicht verständlich durch die täglichen Aufgaben in der Buchhaltung mit SAP.

Sie können dieses Buch von vorn bis hinten lesen, die Übungen durcharbeiten oder es als Nachschlagewerk nutzen. Und wenn Sie wirklich jeden Klick im SAP-System verfolgen möchten, schauen Sie sich die Videos zum Buch an. 19 Filme mit insgesamt fast drei Stunden Spielzeit machen es Ihnen leicht, sich ins SAP-System einzuarbeiten!

Wir freuen uns stets über Lob, aber auch über kritische Anmerkungen, die uns helfen, unsere Bücher zu verbessern. Scheuen Sie sich nicht, sich bei mir zu melden; Ihr Feedback ist jederzeit willkommen.

Ihr Eva Tripp
Lektorat SAP PRESS

Rheinwerk Verlag
Rheinwerkallee 4
53227 Bonn

eva.tripp@rheinwerk-verlag.de
www.sap-press.de

Auf einen Blick

1	Was Sie zum Arbeiten mit SAP unbedingt wissen sollten	23
2	Debitorenstammsatz	47
3	Tägliche Aufgaben in der Debitorenbuchhaltung	65
4	Kreditorenstammsatz	109
5	Tägliche Aufgaben in der Kreditorenbuchhaltung	125
6	Mahnwesen	167
7	Dauerbelege	183
8	Automatischer Zahlungsverkehr	197
9	Sachkontenstammsätze	213
10	Belegerfassung	235
11	Sonderhauptbuchvorgänge	257
12	Automatisierung mithilfe von Jobs	281
13	Anlagenstammsatz	291
14	Anlagenbewegungen	301
15	Abschluss der Anlagenbuchhaltung	333
16	Abschlussarbeiten im SAP-System	345
17	Buchhaltungstipps	367

Wir hoffen, dass Sie Freude an diesem Buch haben und sich Ihre Erwartungen erfüllen. Ihre Anregungen und Kommentare sind uns jederzeit willkommen. Bitte bewerten Sie doch das Buch auf unserer Website unter **www.rheinwerk-verlag.de/feedback**.

An diesem Buch haben viele mitgewirkt, insbesondere:

Lektorat Eva Tripp
Korrektorat Isolde Kommer
Herstellung Martin Pätzold
Typografie und Layout Vera Brauner
Einbandgestaltung Julia Schuster
Titelbild Shutterstock: 176400872 © G-stockstudio
Satz SatzPro, Krefeld
Druck C. H. Beck, Nördlingen

Dieses Buch wurde gesetzt aus der Linotype Syntax Serif (9,5/13,35 pt) in FrameMaker. Gedruckt wurde es auf chlorfrei gebleichtem Offsetpapier (90 g/m²). Hergestellt in Deutschland.

Das vorliegende Werk ist in all seinen Teilen urheberrechtlich geschützt. Alle Rechte vorbehalten, insbesondere das Recht der Übersetzung, des Vortrags, der Reproduktion, der Vervielfältigung auf fotomechanischen oder anderen Wegen und der Speicherung in elektronischen Medien.

Ungeachtet der Sorgfalt, die auf die Erstellung von Text, Abbildungen und Programmen verwendet wurde, können weder Verlag noch Autor, Herausgeber oder Übersetzer für mögliche Fehler und deren Folgen eine juristische Verantwortung oder irgendeine Haftung übernehmen.

Die in diesem Werk wiedergegebenen Gebrauchsnamen, Handelsnamen, Warenbezeichnungen usw. können auch ohne besondere Kennzeichnung Marken sein und als solche den gesetzlichen Bestimmungen unterliegen.

Sämtliche in diesem Werk abgedruckten Bildschirmabzüge unterliegen dem Urheberrecht © der SAP SE, Dietmar-Hopp-Allee 16, 69190 Walldorf.

SAP, das SAP-Logo, ABAP, Ariba, ASAP, BAPI, Duet, hybris, mySAP.com, mySAP, SAP Adaptive Server Enterprise, SAP Advantage Database Server, SAP Afaria, SAP ArchiveLink, SAP Business ByDesign, SAP Business Explorer (SAP BEx), SAP BusinessObjects, SAP BusinessObjects Web Intelligence, SAP Business One, SAP BusinessObjects Explorer, SAP Business Workflow, SAP Crystal Reports, SAP d-code, SAP EarlyWatch, SAP Fiori, SAP Ganges, SAP Global Trade Services (SAP GTS), SAP GoingLive, SAP HANA, SAP Jam, SAP Lumira, SAP MaxAttention, SAP MaxDB, SAP NetWeaver, SAP PartnerEdge, SAPPHIRE NOW, SAP PowerBuilder, SAP PowerDesigner, SAP R/2, SAP R/3, SAP Replication Server, SAP S/4HANA, SAP SI, SAP SQL Anywhere, SAP Strategic Enterprise Management (SAP SEM), SAP StreamWork, SAP xApps, SuccessFactors und Sybase sind Marken oder eingetragene Marken der SAP SE, Walldorf.

Bibliografische Information der Deutschen Nationalbibliothek:
Die Deutsche Nationalbibliothek verzeichnet diese Publikation in der Deutschen Nationalbibliografie; detaillierte bibliografische Daten sind im Internet über *http://dnb.dnb.de* abrufbar.

ISBN 978-3-8362-4206-6

3., aktualisierte und erweiterte Auflage 2016, 1., korrigierter Nachdruck 2020
© Rheinwerk Verlag GmbH, Bonn 2016

Informationen zu unserem Verlag und Kontaktmöglichkeiten finden Sie auf unserer Verlagswebsite **www.rheinwerk-verlag.de**. Dort können Sie sich auch umfassend über unser aktuelles Programm informieren und unsere Bücher und E-Books bestellen.

Inhalt

Einleitung		15

1 Was Sie zum Arbeiten mit SAP unbedingt wissen sollten ... 23

1.1	Am SAP-System anmelden	23
1.2	Die SAP-Benutzeroberfläche	26
1.3	Im SAP-System navigieren	30
1.4	Favoriten anlegen und pflegen	33
1.5	Benutzereinstellungen ändern	35
	Vorschlagswerte festlegen	35
	System- und Warnmeldungen in einem Dialogfenster anzeigen	38
	Layout ändern	39
1.6	Hilfefunktionen	40
1.7	Organisationseinheiten im Finanzwesen	41
	Buchungskreis	42
	Geschäftsbereich	43
	Profit-Center	43
	Segment	44
	Kostenrechnungskreis	44
1.8	Stammsätze	45
1.9	Probieren Sie es aus!	46

2 Debitorenstammsatz ... 47

2.1	Debitorenstammsatz anlegen	47
2.2	Debitorenstammsatz suchen und ändern	55
2.3	Debitorenstammsatz sperren	57
2.4	Debitorenverzeichnis erstellen	60
2.5	Probieren Sie es aus!	62

3 Tägliche Aufgaben in der Debitorenbuchhaltung ... 65

- 3.1 Debitorenrechnungen und -gutschriften erfassen ... 65
- 3.2 Zahlungseingang manuell erfassen ... 80
  - Buchung des Restpostens in der Einzelpostenanzeige prüfen ... 95
- 3.3 SAP Dispute Management ... 96
- 3.4 Integration mit dem Vertrieb ... 99
- 3.5 Umbuchung ... 102
- 3.6 Probieren Sie es aus! ... 107

4 Kreditorenstammsatz ... 109

- 4.1 Kreditorenstammsatz anlegen ... 109
- 4.2 Kreditorenstammsatz suchen und ändern ... 117
- 4.3 Kreditorenverzeichnis erstellen ... 119
- 4.4 Einmallieferanten (CpD-Konto) ... 121
- 4.5 Probieren Sie es aus! ... 123

5 Tägliche Aufgaben in der Kreditorenbuchhaltung ... 125

- 5.1 Kreditorenrechnungen und -gutschriften erfassen ... 125
  - Enjoy-Transaktion ... 126
  - Mehrbildtransaktion (komplexe Buchung) ... 133
  - Belegaufteilung (neues Hauptbuch) ... 136
- 5.2 Zahlungsausgang manuell erfassen ... 140
  - Zahlungsausgang mit vollständigem Ausgleich ... 140
  - Zahlungsausgang buchen mit gleichzeitigem Drucken eines Schecks ... 143
  - Zahlungsausgang als Teilzahlung ... 147
  - Buchung in der Einzelpostenanzeige prüfen ... 151
  - Zahlungsausgang mit Restpostenbildung ... 152
  - Buchung des Restpostens in der Saldenanzeige prüfen ... 155
  - Verrechnung zwischen Debitor und Kreditor ... 158
- 5.3 Integration mit dem Einkauf ... 163
  - Organisationseinheiten im Einkauf ... 163
  - Einkaufsdaten im Kreditorenstammsatz ... 164
- 5.4 Probieren Sie es aus! ... 166

6 Mahnwesen 167
- 6.1 Mahnfunktionen 167
- 6.2 Mahnverfahren 169
- 6.3 Notwendige Parameter eingeben 170
- 6.4 Mahnvorschlag bearbeiten 172
- 6.5 Mahnbriefe drucken 175
- 6.6 Mahnsperre setzen 180
- 6.7 Probieren Sie es aus! 181

7 Dauerbelege 183
- 7.1 Dauerbeleg erfassen 183
- 7.2 Dauerbeleg ändern 188
- 7.3 Dauerbuchungsprogramm ausführen 190
- 7.4 Batch-Input-Mappe abspielen 192
- 7.5 Probieren Sie es aus! 194

8 Automatischer Zahlungsverkehr 197
- 8.1 Elemente des Zahlungsverkehrs 197
- 8.2 Parameter für das Zahlprogramm eingeben 198
- 8.3 Vorschlagslauf durchführen 201
- 8.4 Zahlungsvorschlag bearbeiten/löschen 203
- 8.5 Zahllauf starten und Zahlungsträger drucken 205
  - Zahllauf kopieren 209
  - Zahlsperre 210
- 8.6 Probieren Sie es aus! 211

9 Sachkontenstammsätze 213
- 9.1 Sachkontenstammsatz anlegen 213
- 9.2 Sachkontenstammsatz suchen und ändern 221
- 9.3 Sachkontenverzeichnis erstellen 224
- 9.4 Kontodaten eines Sachkontos anzeigen 228
- 9.5 Die spezielle Rolle der Abstimmkonten 232
- 9.6 Probieren Sie es aus! 233

10 Belegerfassung ... 235
10.1 Belege erfassen ... 235
10.2 Belege suchen und anzeigen ... 243
10.3 Belege ändern und die Änderungen anzeigen ... 247
    Beleg ändern ... 249
    Belegänderungen anzeigen ... 251
10.4 Belege stornieren ... 254
10.5 Probieren Sie es aus! ... 256

11 Sonderhauptbuchvorgänge ... 257
11.1 Einführung ... 257
11.2 Anzahlungsanforderung ... 261
11.3 Geleistete Anzahlungen ... 264
11.4 Erhaltene Anzahlungen ... 268
11.5 Wechsel ... 272
11.6 Bürgschaften ... 277
11.7 Probieren Sie es aus! ... 278

12 Automatisierung mithilfe von Jobs ... 281
12.1 Einführung ... 281
12.2 Job definieren ... 282
12.3 Jobübersicht anzeigen, Job ändern oder löschen ... 289

13 Anlagenstammsatz ... 291
13.1 Einführung ... 291
13.2 Was ist eine Anlagenklasse? ... 293
13.3 Was sind Bewertungsbereiche? ... 295
13.4 Anlagenstammsatz anlegen ... 296
13.5 Probieren Sie es aus! ... 299

14 Anlagenbewegungen ... 301
14.1 Einführung ... 301
14.2 Asset Explorer ... 302
14.3 Anlagenzugang und Anlagenabgang ... 303
    Anlagenzugang ... 304
    Anlagenabgang ... 313

14.4	Abrechnung einer Anlage im Bau	318
14.5	Umbuchungen von Anlagen	327
14.6	Probieren Sie es aus!	331

15 Abschluss der Anlagenbuchhaltung ... 333

15.1	Abschlussarbeiten im Überblick	333
	Technische/organisatorische Arbeiten	333
	Gesetzliche Arbeiten	334
15.2	Abschreibungen durchführen	334
15.3	Jahreswechsel durchführen	340
15.4	Jahresabschluss vornehmen	342

16 Abschlussarbeiten im SAP-System ... 345

16.1	Einführung	345
16.2	Saldovortrag vornehmen	346
16.3	WE/RE-Verrechnungskonto	350
16.4	Fremdwährungsbewertung durchführen	354
16.5	Umgliederung der Verbindlichkeiten und Forderungen	358
16.6	Bilanz erstellen	363

17 Buchhaltungstipps ... 367

17.1	Referenzbelege	367
17.2	Musterbelege	368
17.3	Kontiervorlagen	370
17.4	Beleg vorerfassen und Beleg merken	377
17.5	Funktionen »Halten Daten« und »Setzen Daten«	377

Anhang

A	Glossar	379
B	Menüpfade und Transaktionscodes	387
C	Nützliche Reports	395
D	Die Autorin	399

Index ... 401

Video-Anleitungen zum Buch

Debitoren

- Einen Debitorenstammsatz anlegen
  http://s-prs.de/v4158bz
- Eine Debitorenrechnung in der Enjoymaske buchen
  http://s-prs.de/v4158fj
- Zahlungseingang mit Ausgleich-Vollzahlung manuell buchen
  http://s-prs.de/v4158sk
- Die Debitorenkonto-Einzelpostenliste bearbeiten
  http://s-prs.de/v4158wv

Kreditorenstamm

- Das Kreditorenverzeichnis aufrufen
  http://s-prs.de/v4158js
- Eine Kreditorenrechnung mit mehreren Kontierungen erfassen
  http://s-prs.de/v4158uv
- Die Kreditoren-Saldenanzeige aufrufen und in die Einzelpostenanzeige springen
  http://s-prs.de/v4158eb

Mahnen

- Einen kompletten Mahnlauf durchführen
  http://s-prs.de/v4158kg
- Mahndaten im Stammsatz und im Beleg nachvollziehen
  http://s-prs.de/v4158lq

Dauerbelege

- Einen Dauerbeleg (Urbeleg) erfassen
  http://s-prs.de/v4158us
- Einen Dauerbeleg (Urbeleg) suchen und ändern
  http://s-prs.de/v4158ow
- Das Dauerbuchungsprogramm starten und eine Buchung über die Saldenanzeige nachvollziehen
  http://s-prs.de/v4158xa

Belegerfassung

- Ein Sachkontenverzeichnis erstellen und einen Beleg als Vorbereitung zum Storno buchen
  http://s-prs.de/v4158ha

- Einen Sachkontenbeleg stornieren
  http://s-prs.de/v4158jz

Buchhaltungstipps

- Eine Kontiervorlage für die Enjoymaske anlegen
  http://s-prs.de/v4158yu

- Ein Kontierungsmuster mit Äquivalenzziffern für die Mehrbildtransaktion anlegen
  http://s-prs.de/v4158jw

- Buchen mit Vorlage (echter Beleg als Vorlage)
  http://s-prs.de/v4158ks

- Einen Musterbeleg anlegen
  http://s-prs.de/v4158zh

- Einen Musterbeleg in der Belegliste suchen und als Vorlage bei der Buchung verwenden
  http://s-prs.de/v4158fh

Über dieses Buch

Die SAP SE entwickelt als einer der weltweit größten Softwarehersteller vor allem IT-Lösungen, die die Geschäftsprozesse eines Unternehmens abdecken. Alle Kernprozesse eines Unternehmens, wie die Buchführung, das Controlling, das Personalwesen, der Einkauf, der Vertrieb und die Produktion, werden in ihren Abläufen unterstützt. Die zentrale Lösung von SAP heißt SAP ERP und ist der Nachfolger des bekannten SAP R/3. Alle Anwender aus den unterschiedlichen Bereichen des Unternehmens nutzen dabei dasselbe System; hierdurch entfallen die mehrfache Dateneingabe und separate Datenpflege. Die Geschäftsprozesse werden in Echtzeit verarbeitet und zentral gesichert, sodass Anwender stets sofort auf aktuelle Daten zugreifen können.

In diesem Buch steht die SAP-Komponente für die Finanzbuchhaltung (kurz FI) im Mittelpunkt. Wir zeigen Ihnen, wie Sie Ihre alltägliche Arbeit in der Buchhaltung mit SAP bewältigen. Im Zuge dessen gehen wir auch auf die Integration der Finanzbuchhaltung mit anderen SAP-Komponenten wie Einkauf (MM) und Vertrieb (SD) ein. Im SAP-System ist FI in Hauptbuchhaltung und Nebenbuchhaltung (Kreditoren-, Debitoren- und Anlagenbuchhaltung) gegliedert. Entsprechend gehen wir auch in diesem Buch vor: Die Tätigkeiten der einzelnen Bereiche sind jeweils in Kapitel unterteilt, sodass Sie bequem und schnell zum gewünschten Thema navigieren können.

Wie ist dieses Buch aufgebaut?

In **Kapitel 1**, »Was Sie zum Arbeiten mit SAP unbedingt wissen sollten«, erhalten Sie grundlegendes Wissen über die Navigation im SAP-System. Sie erfahren Schritt für Schritt, wie Sie sich am SAP-System anmelden, Ihre Benutzeroberfläche optimieren und die Hilfefunktionen verwenden. Um die Zusammenhänge der einzelnen Themenbereiche besser zu verstehen, erhalten Sie in diesem Kapitel außerdem Informationen über die Organisationsstruktur im Finanzwesen und über den Aufbau von Stammsätzen.

Als Nächstes widmen wir uns der Debitoren- und Kreditorenbuchhaltung, das heißt den Stammdaten und Geschäftsvorfällen, die Kunden bzw. Lieferanten betreffen. In **Kapitel 2**, »Debitorenstammsatz«, gehen wir näher auf die Stammsätze der Kunden in unserem SAP-System ein, damit wir uns dann in **Kapitel 3**, »Tägliche Aufgaben in der Debitorenbuchhaltung«, mit der Buchung der Geschäftsvorfälle befassen können. In diesem Kapitel behandeln wir die täglich anfallenden Aufgaben, wie die Buchung der Debitorenrechnungen sowie die Verbuchung der Zahlungseingänge, und nehmen Umbuchungen vor. Um die Aufgaben der Kreditorenbuchhaltung ausführen zu können, müssen wir auch für unsere Lieferanten Stammsätze anlegen. In **Kapitel 4**, »Kreditorenstammsatz«, zeigen wir anhand von Beispielen, wie Sie einen solchen anlegen. In **Kapitel 5**, »Tägliche Aufgaben in der Kreditorenbuchhaltung«, erfassen wir Lieferantenrechnungen in der Finanzbuchhaltung und buchen Zahlungsausgänge.

Nicht immer halten sich unsere Geschäftspartner an die Zahlungsfristen, und sie müssen dann gemahnt werden. In **Kapitel 6**, »Mahnwesen«, nehmen wir uns des Mahnwesens an und erläutern die Mahnfunktionen. Wir führen Schritt für Schritt und anhand von zahlreichen Abbildungen einen Mahnlauf bis hin zum Druck des Mahnbriefes durch. Buchhaltungsvorgänge, die in regelmäßigen Abständen immer wiederkehren, wie beispielsweise die Aufwandsbuchung für die Miete, können einfach gebucht werden. Lernen Sie in **Kapitel 7**, »Dauerbelege«, wie Sie Dauerbelege im SAP-System anlegen und das Dauerbuchungsprogramm starten. Zahlungseingänge und Zahlungsausgänge können manuell und auch automatisch durchgeführt werden. In **Kapitel 8**, »Automatischer Zahlungsverkehr«, erfahren Sie, wie dies funktioniert, und lernen das Zahlprogramm kennen.

Die Nebenbücher für Debitoren und Kreditoren sind über sogenannte Abstimmkonten mit dem Hauptbuch verbunden. Das Hauptbuch und die Stammsätze der Sachkonten werden in **Kapitel 9**, »Sachkontenstammsätze«, behandelt. Wie Sie Belege in der Hauptbuchhaltung erfassen, nach Belegen suchen und diese ändern oder stornieren, wird Schritt für Schritt in **Kapitel 10**, »Belegerfassung«, vorgestellt. Spezielle Buchhaltungsvorgänge müssen auch speziell behandelt werden. So werden beispielsweise Bürgschaften, Wechselzahlungen, Anzahlungen und Anzahlungsaufforderungen über spezielle Konten gebucht, um sie gesondert in der Bilanz auszuweisen. In **Kapitel 11**, »Sonderhauptbuchvorgänge«, werden diese speziellen Buchhaltungsvorgänge behandelt. Arbeitsabläufe lassen sich im SAP-System durch sogenannte Jobs vereinfachen. Wie Sie einen Job anlegen, wird in **Kapitel 12**, »Automatisierung mithilfe von Jobs«, erklärt.

Zur Nebenbuchhaltung im SAP-System gehört auch die Verwaltung der Anlagen. In **Kapitel 13**, »Anlagenstammsatz«, wird der Aufbau des Stammsatzes einer Anlage erklärt. Hierbei spielt die Bewertung der Anlage eine große Rolle. Die einzelnen Bewegungen für eine Anlage werden durch Bewegungsarten wie Zugang, Abgang oder Umbuchung dargestellt. In **Kapitel 14**, »Anlagenbewegungen«, erklären wir die verschiedenen Bewegungsarten und wie sie mit dem Anlagengitter zusammenhängen. In diesem Kapitel lernen Sie auch den Asset Explorer kennen, mit dessen Hilfe Sie sich einen Überblick über die Aktivitäten einer Anlage verschaffen können. Auch gehören zur Anlagenbuchhaltung Abschlussarbeiten. Wie Sie einen Jahreswechsel durchführen, Abschreibungen buchen und den Jahresabschluss durchführen, wird in **Kapitel 15**, »Abschluss der Anlagenbuchhaltung«, genau erläutert.

Zum Abschluss des Buches erfahren Sie, wie Sie die Abschlussarbeiten in der Hauptbuchhaltung durchführen. In **Kapitel 16**, »Abschlussarbeiten im SAP-System«, lernen Sie, wie Sie die verschiedenen Bewertungsbuchungen durchführen, das WE/RE-Verrechnungskonto (Wareneingangs-/Rechnungseingangsverrechnungskonto) analysieren und eine Bilanz erstellen. In **Kapitel 17** finden Sie nützliche Buchhaltungstipps, die Ihnen das Arbeiten mit dem SAP-System erleichtern sollen.

Eine Reihe nützlicher Informationen haben wir für Sie im **Anhang** zusammengestellt: Dazu gehören eine Liste der wichtigsten Reports aus dem FI-Bereich sowie eine Zusammenfassung häufig benötigter Menüpfade und Transaktionscodes. Diese Übersichten finden Sie auch als PDF-Datei auf der Website des Rheinwerk Verlags unter *https://www.rheinwerk-verlag.de/4158/*. Unten auf der Seite klicken Sie im Kasten **Materialien zum Buch** auf **Zu den Materialien**. Es öffnet sich ein Fenster, in dem die verfügbaren Materialien zum Download angezeigt werden.

So arbeiten Sie mit diesem Buch

Dieses Buch richtet sich an SAP-Anwender aus der Finanzbuchhaltung und an diejenigen, die es einmal werden möchten. Sie werden auch ohne Vorkenntnisse mit diesem Buch zurechtkommen, wenn Sie sich etwas Zeit für das erste Kapitel nehmen. Dort finden Sie grundlegende Informationen über die Navigation im SAP-System und lernen die Hilfefunktionen kennen; auch die Organisationselemente im Finanzwesen werden hier erklärt.

Am Ende der meisten Kapitel werden Sie aufgefordert, Ihr gerade erlangtes Wissen zu testen. Im Abschnitt »Probieren Sie es aus!« werden Ihnen Aufgaben gestellt, die das Thema aus dem jeweiligen Kapitel vertiefen und festigen sollen.

Jedes Kapitel vermittelt Ihnen das Wissen zu den einzelnen Themenbereichen anhand von konkreten Schritt-für-Schritt-Anleitungen und Abbildungen. Trauen Sie sich, und nehmen Sie sich die Aufgaben zu den einzelnen Kapiteln vor! Hierbei war es uns wichtig, den Ablauf von Geschäftsvorfällen in einem Unternehmen so maßgetreu wie möglich darzustellen. Daher bauen die Aufgaben aufeinander auf, und Sie können einen kompletten Prozessablauf nachspielen und die Zusammenhänge damit viel besser verstehen.

Zu jeder Übung erhalten Sie auf der Website des Verlags eine Erklärung, die Ihnen den Weg zur Lösung weist. Diese Lösungshinweise können Sie auf der Webseite zum Buch unter *https://www.rheinwerk-verlag.de/4158/* herunterladen.

> **HINWEIS**
>
> **Systembeispiele in diesem Buch**
>
> Die Beispiele, die in den Schritt-für-Schritt-Anleitungen dargestellt werden, wurden auf dem Schulungssystem der SAP SE durchgeführt, dem International Demonstration and Education System (IDES). Dieses System basiert auf dem Release SAP ERP 6.0. Wenn Sie mit IDES arbeiten, sind alle notwendigen Systemeinstellungen bereits vorhanden und die Datensätze eingespielt, sodass Sie direkt mit den Übungen aus diesem Buch beginnen können.
>
> Sollten Sie auf einem anderen Schulungssystem arbeiten, können Einstellungen im SAP-System und die eingespielten Datensätze variieren. Erkundigen Sie sich im Vorfeld darüber.
>
> Da jedes SAP-System individuell eingestellt ist, können die Bildschirmbilder, die Sie aus Ihrem Unternehmen kennen, von den in diesem Buch abgedruckten SAP-Abbildungen abweichen.
>
> Und zum Schluss noch ein wichtiger Hinweis: Achten Sie darauf, dass Sie die Übungen aus diesem Buch nicht im produktiven SAP-System Ihres Unternehmens durchführen. Sprechen Sie im Zweifelsfall mit Ihrem SAP-Systembetreuer.

Videos zum Buch

Um Ihnen den Einstieg und die Arbeit mit dem SAP-System noch leichter zu machen, finden Sie zu den wichtigsten Vorgängen im SAP-System kurze Filme, die Ihnen wirklich jeden Klick im System zeigen und ausführlich erklären (insgesamt fast drei Stunden Spielzeit). So können Sie alle Aufgaben in der Buchhaltung mit SAP sicher meistern. Auch diejenigen unter Ihnen, die keinen Systemzugang haben, können einen detaillierten Eindruck vom Look & Feel der SAP-Software gewinnen.

Über einen kurzen Link an der entsprechenden Stelle im Buch werden Sie auf die Website zum Buch geführt, auf der Sie das gewünschte Video direkt abspielen können. Außer einem Internetzugang sind keine weiteren Systemvoraussetzungen nötig. In den unten genannten Abschnitten finden Sie einen kurzen Link, der Sie zu dem passenden Video führt. Eine Zusammenfassung dieser Links finden Sie auch übersichtlich im Verzeichnis der Videos am Anfang dieses Buches. Alternativ können Sie die QR-Codes nutzen, die Sie ebenfalls in den Abschnitten zu den im jeweiligen Video dargestellten Abläufen finden.

Wie für die Screenshots im Buch, so nutzen wir auch für die Videos ein IDES auf dem Releasestand SAP ERP 6.0. Die verwendeten Buchungsdaten weichen in den Videos teilweise von den im Buch verwendeten Beispielen ab, die gezeigte Vorgehensweise ist jedoch identisch.

Zu den folgenden Themen finden Sie jeweils ein eigenes Video:

- **Abschnitt 2.1: Einen Debitorenstammsatz anlegen**

  Dieses Video zeigt Ihnen, wie Sie einen neuen Stammsatz für einen Kunden auf Basis einer Vorlage anlegen. Durch die Verwendung einer Vorlage sparen Sie Zeit und können Ihre Arbeit effektiver gestalten.

- **Abschnitt 3.1: Eine Debitorenrechnung in der Enjoymaske buchen**

  Dieses Video zeigt Ihnen, wie Sie ganz einfach eine Debitorenrechnung im SAP-System buchen. Sie lernen die Bildbereiche der Enjoymaske kennen und erfahren, wie einfach und übersichtlich die Dateneingabe für Sie ist.

- **Abschnitt 3.2: Zahlungseingang mit Ausgleich-Vollzahlung manuell buchen**

  Erfahren Sie in diesem Video, wie Sie einen offenen Posten aktivieren und mit der Zahlung ausgleichen. Für die manuelle Buchung eines Zahlungseingangs steht Ihnen eine eigene Transaktion zur Verfügung.

- **Abschnitt 3.2: Die Debitorenkonto-Einzelpostenliste bearbeiten**

    Dieses Video macht Sie mit dem Standardbericht »Einzelpostenanzeige« vertraut und zeigt, wie Sie dort ein Layout auswählen oder ändern. Sie erfahren anhand eines Debitorenkontos, wie Sie Ihre Einzelpostenliste benutzerspezifisch sichern und für die zukünftige Verwendung voreinstellen.

- **Abschnitt 4.3: Das Kreditorenverzeichnis aufrufen**

    In diesem Video lernen Sie, wie Sie über das Infosystem der Kreditorenbuchhaltung einen Standardbericht zum Kreditorenverzeichnis aufrufen. Es macht Sie mit den Möglichkeiten der Selektion sowie der erweiterten Selektionsmöglichkeit über die Funktion **Freie Abgrenzung** vertraut.

- **Abschnitt 5.1: Eine Kreditorenrechnung mit mehreren Kontierungen erfassen**

    In diesem Video buchen Sie eine Kreditorenrechnung über die Enjoymaske. Das Video geht dabei auch auf besondere Kontierungsmöglichkeiten ein. Dazu gehören beispielsweise verschiedene Kontierungen für die Kosten- und Leistungsrechnung und das Buchen in einer Fremdwährung.

- **Abschnitt 5.2: Die Kreditoren-Saldenanzeige aufrufen und in die Einzelpostenanzeige springen**

    In diesem Video erfahren Sie, wie Sie die Kontodaten eines Kreditors über die Saldenanzeige aufrufen. Sie können die Kontodaten über die Saldenanzeige einsehen und von dort aus in den Bericht der Einzelposten springen.

- **Abschnitt 6.3: Einen kompletten Mahnlauf durchführen**

    In diesem Video starten wir einen Mahnlauf, generieren eine Vorschlagsliste und nehmen dort Änderungen vor. Über den Mahndruck wird der Mahnlauf beendet, und Sie können sich das Mahnschreiben anzeigen lassen.

- **Abschnitt 6.5: Mahndaten im Stammsatz und im Beleg nachvollziehen**

    Dieses Video demonstriert, wo das Mahnprogramm die Mahnhistorie fortschreibt. Sie lernen, wie Sie sich den passenden Stammsatz sowie über die Einzelpostenanzeige die gemahnten Belege anzeigen lassen können.

- **Abschnitt 7.1: Einen Dauerbeleg (Urbeleg) erfassen**

    Dieses Video zeigt Ihnen, wie Sie einen Dauerbuchungs-Urbeleg anlegen, um regelmäßige Buchungen durch das Dauerbuchungsprogramm ausführen zu können.

- **Abschnitt 7.2: Einen Dauerbeleg (Urbeleg) suchen und ändern**

    Es kann vorkommen, dass sich regelmäßig durchzuführende Buchungen ändern. Diese Änderungen können teilweise im Urbeleg durchgeführt werden, ohne dass gleich ein neuer Referenzbeleg für das Dauerbuchungsprogramm angelegt werden muss. In diesem Video sehen Sie, wie das geht.

- **Abschnitt 7.3: Das Dauerbuchungsprogramm starten und eine Buchung über die Saldenanzeige nachvollziehen**

    In diesem Video erfahren Sie, wie Sie das Dauerbuchungsprogramm starten, um aus dem von uns vorher angelegten Urbeleg Echtbelege zu erzeugen. Die Kontobewegungen können Sie im Anschluss in der Saldenanzeige nachvollziehen.

- **Abschnitt 10.1: Ein Sachkontenverzeichnis erstellen und einen Beleg als Vorbereitung zum Storno buchen**

    Verfolgen Sie in diesem Video, wie Sie über das Infosystem der Hauptbuchhaltung ein Verzeichnis von Sachkonten aufrufen. Sie lernen, wie Sie die Suchfunktion in diesem Verzeichnis nutzen, um nach einem bestimmten Sachkonto zu suchen und zum Schluss einen Beleg über die Enjoymaske zu buchen.

- **Abschnitt 10.4: Einen Sachkontenbeleg stornieren**

    Dieses Video zeigt Ihnen, wie Sie einen Beleg stornieren. Wir nutzen in diesem Beispiel die Suchfunktion, um nach dem gewünschten Beleg zu suchen.

- **Abschnitt 17.1: Einen echten Beleg als Vorlage für eine Buchung verwenden**

    In diesem Video lernen Sie, wie Sie mit der Funktion **Buchen mit Vorlage** arbeiten. Sie sparen viel Zeit und verringern Fehleingaben, wenn Sie diese Funktion in Ihrer täglichen Arbeit mit SAP nutzen.

- **Abschnitt 17.2: Einen Musterbeleg anlegen**

    Lernen Sie in diesem Video, wie Sie einen Musterbeleg anlegen, um eine sich wiederholende Buchung als Vorlage zu speichern. Durch die Verwendung eines solchen Musterbelegs können Sie sich die Arbeit erheblich erleichtern.

- **Abschnitt 17.2: Einen Musterbeleg in der Belegliste suchen und als Vorlage bei der Buchung verwenden**

  In diesem Video suchen wir über die Belegliste nach unserem Musterbeleg. Diesen Musterbeleg verwenden wir anschließend als Vorlage für eine echte Buchung.

- **Abschnitt 17.3: Eine Kontiervorlage für die Enjoymaske anlegen**

  Sehen Sie in diesem Video, wie Sie eine Kontiervorlage für die Enjoymaske anlegen. Sie lernen dabei auch die Möglichkeiten kennen, wie Sie Kontiervorlagen aus der Liste entfernen und hinzufügen können.

- **Abschnitt 17.3: Ein Kontierungsmuster mit Äquivalenzziffern für die Mehrbildtransaktion anlegen**

  Über die Buchungsmaske der Mehrbildtransaktion können Kontierungsmuster verwendet werden. Sehen Sie sich in diesem Video an, wie Sie ein solches Kontierungsmuster für komplexe Buchungen anlegen. Sie lernen auch die Besonderheiten bei der Verwendung von Äquivalenzziffern kennen.

Nun wünschen wir Ihnen viel Spaß beim Lesen und beim Anschauen der Videos und natürlich viel Erfolg beim Buchen mit dem SAP-System!

1 Was Sie zum Arbeiten mit SAP unbedingt wissen sollten

Bevor Sie sich eingehend mit den Buchungsvorgängen in der Finanzbuchhaltung beschäftigen, erhalten Sie in diesem Kapitel grundlegende Informationen über die Arbeit mit dem SAP-System. Dies wird Ihnen dabei helfen, sich in den folgenden Kapiteln besser zurechtzufinden.

> **In diesem Kapitel lernen Sie,**
> - wie Sie sich am SAP-System anmelden,
> - wie die Benutzeroberfläche personalisiert werden kann,
> - wie Sie im SAP-System navigieren,
> - wie Sie die Favoritenfunktion verwenden,
> - wie Sie die Hilfefunktionen nutzen können,
> - welche Organisationseinheiten im Finanzwesen wichtig sind,
> - wie Stammsätze aufgebaut sind.

1.1 Am SAP-System anmelden

Bevor Sie mit dem SAP-System arbeiten können, müssen Sie sich mit einem persönlichen Kennwort dort anmelden. Vor der ersten Anmeldung am SAP-System benötigen Sie einige wichtige Informationen, die Ihnen der Systemadministrator in Ihrem Unternehmen geben kann:

- das System, an dem Sie sich anmelden
- den Mandantenschlüssel (dreistellig, numerisch)
- Ihren Benutzernamen (alphanumerisch)
- das Erstkennwort

> **HINWEIS — Beispiele für Dateneingabe**
> Für die Beispiele in diesem Buch verwenden wir die Angaben aus dem Trainingssystem von SAP, dem International Demonstration and Education System (IDES). Viele Unternehmen erstellen zu Schulungszwecken

1 Was Sie zum Arbeiten mit SAP unbedingt wissen sollten

eine Kopie ihres Produktivsystems. Die notwendigen Informationen zum verwendeten System erhalten Sie von Ihrem Systemadministrator.

Um sich am SAP-System anzumelden, gehen Sie folgendermaßen vor:

1 Starten Sie das SAP Logon durch einen Doppelklick auf das im Folgenden dargestellte Icon auf Ihrem Desktop, oder folgen Sie im Startmenü dem Pfad **Start ▸ Programme ▸ SAP Front End ▸ SAP Logon**.

2 Im geöffneten SAP Logon sehen Sie nun auf der Registerkarte **Systeme** die konfigurierten SAP-Systeme, die Ihnen zur Verfügung stehen. Markieren Sie nun die Bezeichnung des gewünschten Systems (zum Beispiel B82) durch einen Mausklick, und klicken Sie dann auf **Anmelden**.

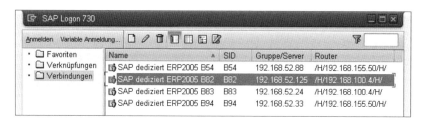

3 Ist eine Verbindung zum SAP-System hergestellt, erscheint die Anmeldemaske. In der Anmeldemaske geben Sie in den Feldern **Client**, **User** und **Password** die Anmeldedaten ein, die Sie von Ihrem Systemadministrator erhalten haben. Im Feld **Language** (Anmeldesprache) geben Sie »DE« ein, um nach der Anmeldung mit einer deutschen Oberfläche arbeiten zu können.

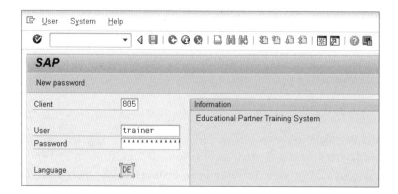

1.1 Am SAP-System anmelden

Wenn Sie alle Angaben vorgenommen haben, klicken Sie auf die Schaltfläche ✅ (**Weiter**).

Sie haben sich erfolgreich angemeldet! Bei der Erstanmeldung werden Sie aufgefordert, ein neues Kennwort einzugeben. Bestätigen Sie diese Meldung durch einen Klick auf die Schaltfläche ✔ OK (**OK**).

4 Es erscheint nun ein Fenster, in dem Sie ein neues Kennwort eingeben können. Tragen Sie das neue Kennwort in die Zeilen **Neues Kennwort** und **Kennwort wiederholen** ein.

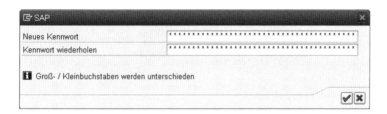

Bestätigen Sie Ihre Eingaben durch einen Klick auf die Schaltfläche ✅ (**Weiter**).

5 Sie erhalten anschließend eine Meldung, dass das Kennwort geändert wurde. Bestätigen Sie diese Meldung mit der ⏎-Taste.

Sie haben sich erfolgreich am SAP-System angemeldet und gelangen nun zum Einstiegsbild (SAP Easy Access).

> **HINWEIS**
>
> **Anmeldung**
> Achten Sie darauf, dass Sie die Anmeldedaten auch exakt so eingeben, wie Sie sie vom Systemadministrator erhalten haben. Das System unterscheidet zwischen Groß- und Kleinschreibung.

1.2 Die SAP-Benutzeroberfläche

Nachdem Sie sich erfolgreich am SAP-System angemeldet haben, gelangen Sie in das SAP-Easy-Access-Menü, das den Anfangspunkt für alle weiteren Tätigkeiten im SAP-System darstellt. In diesem Abschnitt sehen wir uns das Einstiegsbild zunächst etwas genauer an.

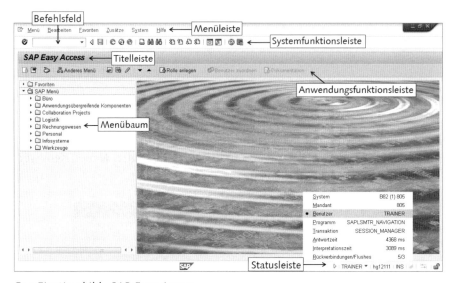

Das Einstiegsbild »SAP Easy Access«

Das Einstiegsbild umfasst die folgenden Bestandteile:

Die *Menüleiste* enthält unterschiedliche Menüeinträge. Welche Menüpunkte hier angeboten werden, hängt von der jeweiligen Anwendung (Transaktion) ab und auch von der Ebene, auf der Sie sich innerhalb der Anwendung befinden. Die Menüpunkte **System** und **Hilfe** sind unabhängig von der Anwendung und somit immer verfügbar, gleichgültig, in welcher Transaktion Sie gerade arbeiten.

Die *Systemfunktionsleiste* enthält Icons und Schaltflächen mit Symbolen für die wichtigsten Funktionen. Wenn Sie den Mauszeiger über die Schaltflächen bewegen, ohne zu klicken, wird eine kurze Hilfe zur Funktion (QuickInfo) angezeigt. Innerhalb der Systemfunktionsleiste befindet sich das *Befehlsfeld* (Kommandofeld). Hier können Sie Transaktionscodes eingeben, mit denen Sie im System schneller navigieren und so direkt zur gewünschten Anwendung gelangen, ohne Schritt für Schritt über den Menübaum gehen zu müssen.

1.2 Die SAP-Benutzeroberfläche

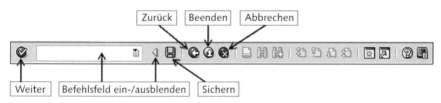

Die Systemfunktionsleiste

Die folgenden Schaltflächen der Systemfunktionsleiste werden besonders häufig zur Steuerung des SAP-Systems verwendet.

Schaltfläche	Funktion	Erklärung
✓	Enter	Durch Anklicken dieser Schaltfläche bestätigen Sie die in einem Bild vorgenommenen Eingaben. Sie können die gleiche Funktion auch durch Betätigen der ⏎-Taste auf Ihrer Tastatur ausführen. Achtung: Ihre Arbeit wird nicht gesichert.
	Befehlsfeld	Dieses Feld dient der Eingabe von Befehlen, etwa von Transaktionscodes, Buchstaben für die Direktwahl, Befehlen usw.
💾	Sichern	Mit dieser Schaltfläche sichern Sie Ihre Arbeit. Die Schaltfläche **Sichern** führt die gleiche Aktion aus wie die Funktion **Sichern** im Menü **Bearbeiten**.
⬅	Zurück	Durch Anklicken dieser Schaltfläche gehen Sie eine Stufe in der Anwendungshierarchie zurück. Falls Daten verloren gehen könnten, erscheint ein Dialogfenster, über das Sie die Daten sichern können.

Schaltflächen der Systemfunktionsleiste

1 Was Sie zum Arbeiten mit SAP unbedingt wissen sollten

Schaltfläche	Funktion	Erklärung
	Beenden	Durch Anklicken dieser Schaltfläche beenden Sie die aktuelle Anwendung, ohne Ihre Daten zu sichern. Das SAP-System kehrt zur vorangehenden Ebene oder zur SAP-Ebene (SAP-Easy-Access-Menü) zurück.
	Abbrechen	Durch Anklicken dieser Schaltfläche brechen Sie die aktuelle Anwendung ab, ohne Ihre Daten zu sichern. Sie führt die gleiche Aktion aus wie die Funktion **Abbrechen** im Menü **Bearbeiten**.
	Drucken	Durch einen Klick auf diese Schaltfläche können Sie die im aktuellen Bildschirmbild angezeigten Daten ausdrucken.
	Suchen	Durch einen Klick auf diese Schaltfläche können Sie nach Daten suchen, die Sie im aktuellen Bildschirmbild benötigen.
	Weitersuchen	Durch einen Klick auf diese Schaltfläche können Sie eine erweiterte Suche nach Daten starten, die Sie im aktuellen Bildschirmbild benötigen.
	Erste Seite	Durch einen Klick auf diese Schaltfläche blättern Sie zur ersten Seite der aktuellen Anwendung. Diese Schaltfläche führt die gleiche Aktion aus wie die Tastenkombination [Strg]+[Bild↑].

Schaltflächen der Systemfunktionsleiste (Forts.)

1.2 Die SAP-Benutzeroberfläche

Schaltfläche	Funktion	Erklärung
	Vorangehende Seite	Durch Anklicken dieser Schaltfläche blättern Sie zur vorangehenden Seite in der aktuellen Anwendung. Diese Schaltfläche führt die gleiche Aktion aus wie die Taste `Bild↑`.
	Nächste Seite	Durch einen Klick auf diese Schaltfläche blättern Sie zur nächsten Seite in einer Information. Die Schaltfläche führt die gleiche Aktion aus wie die Taste `Bild↓`.
	Letzte Seite	Durch einen Klick auf diese Schaltfläche blättern Sie zur letzten Seite in der aktuellen Anwendung. Die Schaltfläche führt die gleiche Aktion aus wie die Tastenkombination `Strg`+`Bild↓`.
	Modus erzeugen	Durch einen Klick auf diese Schaltfläche erzeugen Sie einen neuen SAP-Modus. Diese Schaltfläche führt die gleiche Aktion aus wie Funktion **Erzeugen Modus** im Menü **System**.
	SAP-GUI-Verknüpfung erstellen	Durch einen Klick auf diese Schaltfläche können Sie eine SAP-GUI-Verknüpfung zu einem SAP-Report, zu einer SAP-Transaktion oder zu einer SAP-Anwendung erstellen. Für diese Funktion ist das 32-Bit-Betriebssystem von Microsoft Windows Voraussetzung.

Schaltflächen der Systemfunktionsleiste (Forts.)

Schaltfläche	Funktion	Erklärung
	[F1]-Hilfe	Durch einen Klick auf diese Schaltfläche zeigen Sie die Hilfe zu dem Feld an, in dem Sie den Cursor positioniert haben. Alternativ dazu betätigen Sie die [F1]-Taste auf Ihrer Tastatur.
	Layoutmenü	Durch einen Klick auf diese Schaltfläche können Sie die Anzeigeoptionen anpassen.

Schaltflächen der Systemfunktionsleiste (Forts.)

Die *Titelleiste* zeigt Ihnen die Bezeichnung der Transaktion an, in der Sie gerade arbeiten. Sie können jederzeit erkennen, an welcher Stelle bzw. auf welcher Ebene im SAP-System Sie sich gerade befinden.

In der *Anwendungsfunktionsleiste* stehen Ihnen alle Funktionen zur Verfügung, die in der aktuell geöffneten Anwendung (Transaktion) benötigt werden. Das heißt, dass die Schaltflächen in der Leiste sich je nach Anwendung anpassen.

Im rechten Bereich der *Statusleiste* können Sie zwischen Einfügemodus (INS) und Überschreibmodus (OVR) wechseln. Durch Anklicken der Schaltfläche für die Übersicht ▼ werden aktuelle Informationen zum System angezeigt. Sie erhalten hier Informationen über Ihre Anmeldedaten, wie zum Beispiel den Systemnamen, den Mandanten und die Benutzerkennung. Auf der linken Seite der Statusleiste werden Ihnen Systemmeldungen angezeigt. Wir unterscheiden zwischen Fehlermeldungen (rot), Hinweismeldungen (gelb) und Erfolgsmeldungen (grün).

1.3 Im SAP-System navigieren

Nach Ihrer Anmeldung am SAP-System gelangen Sie in das bereits beschriebene Einstiegsbild des SAP-Easy-Access-Menüs. Sie haben nun mehrere Möglichkeiten, um zur gewünschten Anwendung (Transaktion) zu navigieren:

- über den Menübaum
- über Transaktionscodes
- über Favoriten

1.3 Im SAP-System navigieren

Sie gelangen über den *Menübaum* zur gewünschten Anwendung, indem Sie die Baumstruktur Schritt für Schritt öffnen. Die einzelnen Ordner (Knotenpunkte) öffnen und schließen Sie durch Anklicken der Dreiecksymbole. Die Anwendung selbst ist durch ein Bausteinsymbol ⌧ gekennzeichnet.

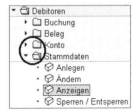

Navigieren über den Menübaum

Die gewünschte Transaktion öffnen Sie, indem Sie doppelt darauf klicken (zum Beispiel **Debitorenstammsatz anzeigen**).

> **TIPP**
>
> **SAP-Easy-Access-Menü einstellen**
> Das Menü im Einstiegsbild SAP Easy Access können Sie benutzerspezifisch einstellen. Das bedeutet, dass die Baumstruktur an Ihrem Arbeitsplatz entsprechend Ihrem Tätigkeitsfeld (Ihrer Rolle) aufgebaut ist und Ihnen nur Anwendungen (Transaktionen) zur Verfügung stehen, in denen Sie entsprechend Ihrer Rolle und Ihren Befugnissen arbeiten dürfen.

Ist Ihnen der Transaktionscode der gewünschten Anwendung bekannt, können Sie ihn direkt in das Befehlsfeld eingeben, um auf direktem Weg zur Anwendung zu gelangen.

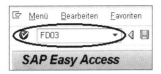

Navigieren über Transaktionscodes

Transaktionen bezeichnen die Anwendungsprogramme im SAP-System. Jede Transaktion, wie zum Beispiel das Anlegen eines Sachkontenstammsatzes (Transaktionscode FS00) oder das Buchen einer Debitorenrechnung (Transaktionscode F70), besteht aus einem kleinen Anwendungsprogramm. Die einzelnen Transaktionen, das heißt Anwendungen, sind im SAP-Easy-Access-Menü nach Komponenten und Bereichen gegliedert (zum Beispiel die Komponente FI und die Bereiche Kreditoren, Rechnungen oder Debitoren und Zahlungen). Sie haben die Möglichkeit, die gewünschte Anwendung über den Menübaum zu erreichen. Alternativ geben Sie den entsprechenden Transaktionscode im Befehlsfeld ein. Dies setzt aber voraus, dass Sie den Transaktionscode kennen.

In der folgenden Tabelle finden Sie die am häufigsten verwendeten Transaktionen in der SAP-Finanzbuchhaltung mit ihren Transaktionscodes. Selbstverständlich finden Sie in den einzelnen Kapiteln dieses Buches noch weitere Transaktionscodes, die Ihnen bei der Bearbeitung der verschiedenen Geschäftsvorfälle weiterhelfen. Zusammenfassend erhalten Sie im Anhang eine Übersicht über die Menüpfade und Transaktionscodes.

Geschäftsvorfall	Transaktionscode
Stammsatz Debitor anlegen	FD01
Rechnung erfassen – Debitoren	FB70
Zahlungseingang – Debitoren	F-28
Anzahlungen erfassen (Debitoren)	F-29
Stammsatz Kreditor anlegen	FK01
Rechnung erfassen – Kreditoren	FB60
Zahlungsausgang – Kreditoren	F-53
Anzahlungen erfassen (Kreditoren)	F-48
Stammsatz Sachkonto anlegen	FS00
Sachkontenbuchung anlegen	FB50
Anlage anlegen	AS01
Zugang buchen (gegen Kreditor)	F-90
Asset Explorer	AW01N
Belege ändern (Kreditoren)	FB02
Beleg stornieren (Kreditoren)	FB08
Zahlprogramm	F110
Mahnprogramm	F150

Wichtige Transaktionscodes in der SAP-Finanzbuchhaltung

> **HINWEIS: Transaktionscode im Befehlsfeld**
>
> Wenn Sie vom SAP-Easy-Access-Menü aus starten, den Transaktionscode in das Befehlsfeld eingeben und die ⏎-Taste betätigen, springt das System direkt in die gewünschte Anwendung.
>
> Befinden Sie sich allerdings bereits in einer Anwendung, und möchten Sie von dort aus sofort in eine andere Anwendung wechseln, müssen Sie vor den Transaktionscode »/N« setzen (zum Beispiel /NFD03).

Wenn Sie möchten, können Sie sich alle Transaktionscodes im Menübaum anzeigen lassen. Dazu nehmen Sie die folgende Einstellung vor:

1 Wählen Sie in der Menüleiste **Zusätze** und in dem sich öffnenden Dropdown-Menü den Menüpunkt **Einstellungen**.

2 Es öffnet sich nun ein Fenster, in dem Sie das Ankreuzfeld **Technische Namen anzeigen** markieren, um die Transaktionscodes im Menübaum anzuzeigen. Bestätigen Sie Ihre Eingabe mit ✓.

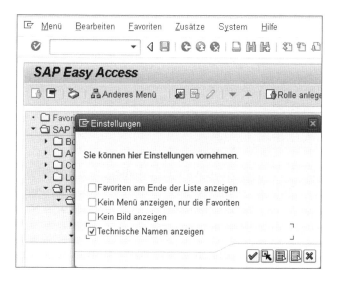

1.4 Favoriten anlegen und pflegen

Müssen Sie verschiedene Anwendungen immer wieder aufrufen, empfehlen wir Ihnen, sich Favoriten anzulegen, denn dies gewährleistet einen schnellen Zugriff auf Ihre täglichen Anwendungen innerhalb der Finanzbuchhaltung.

1 Was Sie zum Arbeiten mit SAP unbedingt wissen sollten

Sie können im Einstiegsbild von SAP (SAP Easy Access) eine benutzerspezifische Liste mit Favoriten anlegen. Als Favoriten sind sowohl Anwendungen (Transaktionen) als auch Verknüpfungen zu Dateien und Internetadressen möglich. In der Anwendungsfunktionsleiste befinden sich zwei Schaltflächen, mit denen Sie Favoriten anlegen bzw. löschen können. Dazu müssen Sie die gewünschte Transaktion markieren und auf die Schaltfläche 🗒 (**Zu den Favoriten hinzufügen**) oder, um die Transaktion wieder aus den Favoriten zu entfernen, auf 🗒 (**Favoriten löschen**) klicken.

Sie möchten beispielsweise die Anwendung **Buchung Rechnung** als Favoriten anlegen:

1 Wählen Sie dazu im SAP-Easy-Access-Menü den Pfad **Rechnungswesen ▸ Finanzwesen ▸ Debitoren ▸ Buchung**.

2 Markieren Sie **Rechnung**, indem Sie den Mauszeiger (Cursor) darauf platzieren. Klicken Sie nicht doppelt darauf, da Sie diese Transaktion sonst ausführen!

3 Klicken Sie nun auf die Schaltfläche 🗒 (**Zu den Favoriten hinzufügen**).

4 Alternativ dazu können Sie auch über die Menüleiste zur Funktion **Favoriten ▸ Hinzufügen** navigieren.

Nachdem Sie erfolgreich einen Favoriten angelegt haben, sehen Sie ihn links oben im Menübaum. Dort wird Ihnen der komplette Pfad angezeigt, der manchmal etwas länger ausfallen kann. Sie haben nun die Möglichkeit, statt des Pfads eine selbst gewählte Bezeichnung einzugeben:

1 Dazu markieren Sie Ihren Favoriten durch Platzieren des Mauszeigers (Cursor) auf der Zeile und klicken mit der rechten Maustaste darauf, um das Kontextmenü zu öffnen.

2 Wählen Sie dann **Favoriten ändern**, und ändern Sie die Bezeichnung des Favoriten wie gewünscht. Bestätigen Sie anschließend Ihre Eingabe mit **Weiter**.

Um die Bezeichnung eines Favoriten zu ändern, können Sie selbstverständlich auch wieder über die Menüleiste gehen, anstatt das Kontextmenü aufzurufen.

1.5 Benutzereinstellungen ändern

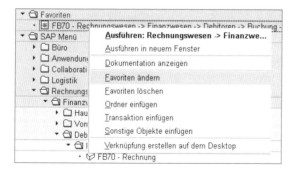

1.5 Benutzereinstellungen ändern

Sie haben die Möglichkeit, Ihre Benutzeroberfläche zu personalisieren: Sie können Werte festlegen, um diese nicht immer wieder manuell eingeben zu müssen, sich Statusmeldungen in Dialogfenstern anzeigen lassen und das Layout des SAP-Easy-Access-Menüs verändern. Wie das funktioniert, lesen Sie in den folgenden Abschnitten.

Vorschlagswerte festlegen

Müssen Sie einen bestimmten Wert wiederholt in verschiedenen Eingabemasken einfügen, können Sie sich die wiederholte Eingabe dieses Werts ersparen, indem Sie den Wert für ein Feld als Vorschlagswert festlegen. Das SAP-System setzt diesen Wert dann automatisch in den entsprechenden Feldern als Vorschlag ein. Diese Einstellung ist benutzerspezifisch und steht Ihnen somit jederzeit automatisch zur Verfügung, sobald Sie sich am SAP-System anmelden. Je nachdem, wie viele Vorschlagswerte Sie definiert haben, ersparen Sie sich beim Ausfüllen der Eingabemasken (zum Beispiel in der Buchungsmaske) viel Zeit und Arbeit, und auch die Fehlerquote minimieren Sie auf diese Weise. Selbstverständlich sind Vorschlagswerte, die das System in die entsprechenden Felder einträgt, überschreibbar, und Sie können weiterhin jede Eingabe individuell bestimmen. So geht's:

1 Navigieren Sie zu einer Transaktion, in der sich das Feld befindet, in dem immer ein bestimmter Wert stehen soll. Zum Beispiel soll im Feld **Buchungskreis (BUK)** immer der Wert 1000 für Ihren Buchungskreisschlüssel enthalten sein. Wählen Sie nun im SAP-Easy-Access-Menü **Rechnungswesen** • **Finanzwesen** • **Debitoren** • **Stammdaten** • **Anzeigen**. Die Transaktion öffnen Sie durch einen Doppelklick.

1 Was Sie zum Arbeiten mit SAP unbedingt wissen sollten

2. Um die Parameter-ID für das Feld **Buchungskreis (BUK)** zu ermitteln, setzen Sie den Cursor auf dieses Feld und klicken auf die Taste [F1].

3. Es öffnet sich nun das Bild **Performance Assistant**. Von hier aus können Sie noch andere Optionen öffnen, wie beispielsweise die Hilfe zur Anwendung oder das Glossar.

4. Klicken Sie auf die Schaltfläche (**Technische Informationen**).

5. Es öffnet sich nun ein Fenster, das die technischen Informationen im Detail anzeigt. Die Parameter-ID finden Sie im Bereich **Feld-Daten**. In unserem Beispiel lautet sie BUK.

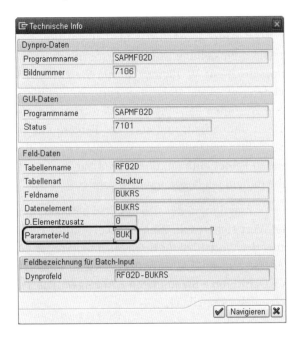

1.5 Benutzereinstellungen ändern

Nachdem Sie die Parameter-ID (BUK) für das Feld **Buchungskreis** ermittelt haben, legen Sie den Wert in Ihren Benutzervorgaben als Vorschlagswert fest:

1. Wählen Sie dazu im SAP-Easy-Access-Menü den Pfad **System ▸ Benutzervorgaben ▸ Eigene Daten**.

2. Wählen Sie im darauffolgenden Bild die Registerkarte **Parameter**, und geben Sie »BUK« in das Feld **Parameter-ID** ein. Geben Sie in das Feld **Parameterwert** zum Beispiel den Wert 1000 für Ihren Buchungskreis ein, und fahren Sie mit einem Klick auf (**Weiter**) fort. Ihr Eintrag wird in die Parameterliste eingefügt.

3. Klicken Sie auf die Schaltfläche (**Sichern**), um Ihre Benutzervorgabe zu speichern. Wenn Sie das Feld **Buchungskreis** das nächste Mal benötigen, ist es bereits mit dem Wert 1000 gefüllt.

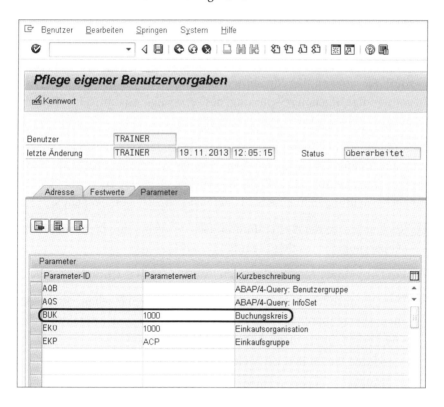

System- und Warnmeldungen in einem Dialogfenster anzeigen

Es gibt drei Arten von Meldungen, die vom SAP-System ausgegeben werden können:

- **Erfolgsmeldung**
  Diese Meldung erhalten Sie zum Beispiel, wenn Sie eine Buchung erfolgreich abgeschlossen haben und vom System eine Belegnummer vergeben wurde. Erfolgsmeldungen werden in der Farbe Grün dargestellt.

- **Warnmeldung/Hinweismeldung**
  Diese Meldung wird in der Farbe Gelb dargestellt und gibt Ihnen lediglich eine Information in Bezug auf den aktuellen Vorgang. Wenn Sie zum Beispiel in einer Buchung den Steuerbetrag eingeben, dieser aber nicht mit dem vom SAP-System in Verbindung mit dem Steuerschlüssel errechneten Betrag übereinstimmt, gibt das System eine Warn- oder Hinweismeldung aus. Bei einer Warnmeldung kann der Vorgang trotzdem gebucht werden.

- **Fehlermeldung**
  Eine Fehlermeldung erhalten Sie immer dann, wenn ein Fehler aufgetreten ist, der dazu führt, dass der Vorgang nicht abgeschlossen werden kann. Sie müssen den Fehler erst beseitigen, bevor das SAP-System eine vollständige Buchung/Sicherung des Vorgangs erlaubt. Eine Fehlermeldung wird in der Farbe Rot dargestellt.

Meldungen werden in der Regel unten links in der Statusleiste angezeigt. Gerade am Anfang kann es geschehen, dass Sie Meldungen nicht sofort sehen und sie versehentlich zu schnell wegklicken. Um das zu vermeiden, ist es möglich, Meldungen in einem Dialogfenster anzuzeigen. So geht's:

1 Klicken Sie in der Systemfunktionsleiste rechts auf die Schaltfläche 🗔 (**Anpassung des lokalen Layouts**).

2 Ein Drop-down-Menü öffnet sich; wählen Sie hier **Optionen**.

3 Das Optionsbild öffnet sich. Im linken Bildbereich sehen Sie die möglichen Themenbereiche. Öffnen Sie nun den Ordner **Interaktionsdesign**, und klicken Sie dann auf **Benachrichtigungen**.

Markieren Sie im Bereich **Meldungen** die folgenden Ankreuzfelder:

- **Erfolgsmeldungen in einem Dialog anzeigen**
- **Warnmeldungen in einem Dialog anzeigen**
- **Fehlermeldungen in einem Dialog anzeigen**

Bestätigen Sie mit einem Klick auf **Übernehmen**, und klicken Sie auf **OK**.

1.5 Benutzereinstellungen ändern

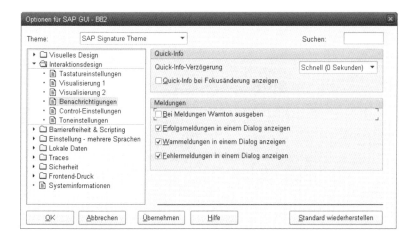

Um zu überprüfen, ob Datums- und Währungsformat gemäß Ihren Anforderungen angezeigt werden, gehen Sie wie folgt vor:

1 Wählen Sie **System** ▸ **Benutzervorgaben** ▸ **Eigene Daten**.

2 Das Fenster für die Pflege eigener Benutzervorgaben wird geöffnet.

3 Sollten Sie nicht direkt in das Fenster **Pflege eigener Benutzervorgaben** gelangen, verwenden Sie die Tastenkombination [Alt]+[↹]. Öffnen Sie dort die Registerkarte **Festwerte**, und überprüfen Sie die Einstellungen. Wenn erforderlich, nehmen Sie Änderungen vor. Durch einen Klick auf 🖫 (**Sichern**) speichern Sie Ihre Eingaben.

4 Sie erhalten eine Meldung, dass Ihre Benutzereinstellungen gesichert wurden. Diese Meldung wird nun auch als Dialogfenster und nicht nur in der Statusleiste angezeigt (durch die zuvor von Ihnen vorgenommene Einstellung).

Layout ändern

Die Ansicht Ihres SAP-Bildschirmbilds kann zum Beispiel im Hinblick auf die Farbeinstellung oder Schriftgröße verändert werden. Klicken Sie auf die Schaltfläche 🖻 in der Systemfunktionsleiste, und wählen Sie im Drop-down-Menü **Optionen**. Im Optionsbild können Sie nun im linken Bildbereich den Ordner **Visuelles Design** öffnen und die gewünschten Themen wie beispielsweise Schrifteinstellungen oder Farbeinstellungen wählen.

Im rechten Bildbereich können jetzt die Änderungen zum gewählten Thema vorgenommen werden. Übernehmen Sie die Änderungen mit einem Klick auf die gleichnamige Schaltfläche, und bestätigen Sie mit **OK**.

1 Was Sie zum Arbeiten mit SAP unbedingt wissen sollten

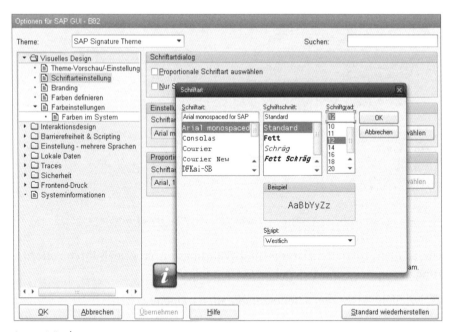

Layout ändern

1.6 Hilfefunktionen

Gerade zu Beginn Ihrer Arbeit mit dem SAP-System treten möglicherweise Fragen auf. Beispielsweise ist Ihnen die Bedeutung eines bestimmten Felds oder einer Transaktion unklar, und Sie benötigen Informationen dazu, welche Werte eingegeben werden dürfen bzw. können. Um Ihnen solche Fragen zu beantworten, verfügt das SAP-System über verschiedene Hilfefunktionen.

Die Hilfe ist in jedem Bild des SAP-Systems über die Menüleiste verfügbar. Die wichtigsten SAP-Hilfefunktionen sind:

- **Hilfe zur Anwendung**
  Sie erhalten umfassende Informationen über die aktuelle Anwendung, in der Sie sich befinden. Hier finden Sie auch Anleitungen, die Sie zur Durchführung einer Anwendung benötigen. Die Hilfe zur Anwendung können Sie in jeder SAP-Komponente aufrufen.

- **SAP-Bibliothek**
  In der SAP-Bibliothek finden Sie die vollständige Onlinedokumentation, von der aus Sie zu verschiedenen Hilfethemen navigieren können.

- **Glossar**
  Im Glossar können Sie nach den Definitionen zahlreicher SAP-Begriffe suchen.

- **Release-Infos**
  Hier werden Funktionsänderungen der einzelnen Release-Stände des SAP-Systems beschrieben.

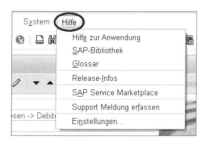

Hilfe über die Menüleiste

- **Feldhilfe** [F1]
  Über die Tastatur erhalten Sie durch Betätigen der [F1]-Taste Hilfe zu Feldern, Menüs, Funktionen und Meldungen. Platzieren Sie den Cursor auf dem entsprechenden Feld, und betätigen Sie die [F1]-Taste. Daraufhin öffnet sich der Performance Assistant und gibt Ihnen Informationen über das Feld und seine Anwendung. Der Performance Assistant enthält eine Menüleiste, über die Sie noch weitere Hilfefunktionen erreichen können, sowie die technischen Informationen zu diesem Feld.

- **Wertehilfe** [F4]
  Mit der [F4]-Wertehilfe listen Sie die Werte auf, die in ein Feld eingegeben werden können. Platzieren Sie den Cursor auf dem jeweiligen Feld, und betätigen Sie die [F4]-Taste. Die [F4]-Hilfe für ein Feld können Sie alternativ über die Schaltfläche rechts neben dem jeweiligen Feld aufrufen.

Die F4-Hilfe

1.7 Organisationseinheiten im Finanzwesen

Über das sogenannte *Customizing* (Systemkonfiguration) wird das ausgelieferte SAP-Standardsystem mit seinen Strukturen an die speziellen Anforderungen und betrieblichen Abläufe des Kunden angepasst. Innerhalb der SAP-Struktur bewegen wir uns in sogenannten Organisationseinheiten (siehe die Abbildungen zu den verschiedenen Organisationseinheiten). Das SAP-System legt Daten in verschiedenen Bereichen der Organisationseinheiten ab. Auch das Abrufen von Daten ist von der jeweiligen Organisationsebene abhängig. Der Stammsatz eines Lieferanten kann zum Beispiel sowohl von der Buchhaltung als auch vom Einkauf eingesehen und gepflegt werden.

Die wichtigsten Organisationseinheiten im SAP-Finanzwesen sind der Buchungskreis und der Geschäftsbereich im klassischen Hauptbuch. Im neuen Hauptbuch kommen noch das Segment und das Profit-Center hinzu. Wird in Ihrem Unternehmen auch die Controllingkomponente von SAP (CO) eingesetzt, ist hier der Kostenrechnungskreis die wichtigste Organisationseinheit.

Buchungskreis

Der Buchungskreis steht zum Beispiel für ein Unternehmen innerhalb eines Konzerns (Mandant) und wird im SAP-System eindeutig durch einen vierstelligen Schlüssel dargestellt, der alphanumerisch sein kann. Ein Buchungskreis ist die kleinste Organisationseinheit, für die eine in sich abgeschlossene Buchhaltung abgebildet werden kann. Die Werte für die gesetzlich vorgeschriebenen Bilanzen sowie Gewinn- und Verlust-Rechnungen (GuV) entnimmt das SAP-System dem Hauptbuch, das auf der Buchungskreisebene geführt wird. Jeder Buchungskreis verfügt über eine Hauswährung. Die in Fremdwährung gebuchten Beträge werden automatisch in die Hauswährung umgerechnet.

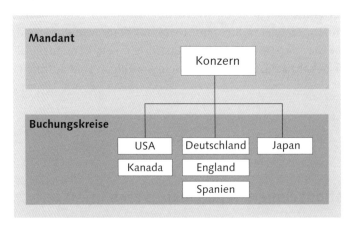

Die Organisationseinheit »Buchungskreis«

Geschäftsbereich

Der Geschäftsbereich ist eine Organisationseinheit des externen Berichtswesens und unabhängig vom Buchungskreis, das heißt, dass Geschäftsbereiche von allen Buchungskreisen aus bebucht werden können. Der Geschäftsbereich bildet ein Tätigkeitsfeld im Unternehmen ab, wie zum Beispiel die Bereiche Fahrzeuge oder Maschinenbau. Die Wertbewegungen werden in der Finanzbuchhaltung erfasst und den jeweiligen Bereichen zugerechnet. So ist es möglich, auch Geschäftsbereichsbilanzen zu erstellen. Der Einsatz von Geschäftsbereichen ist optional.

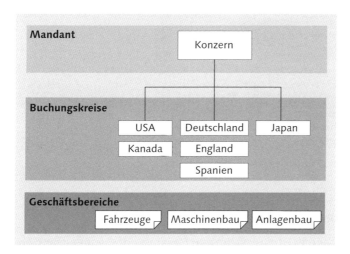

Geschäftsbereiche

Profit-Center

Die Profit-Center-Rechnung war im klassischen Hauptbuch allein Bestandteil des Controllings (CO). In der neuen Hauptbuchhaltung gehört das Profit-Center zur Finanzbuchhaltung (FI). Ziel ist es, die Unternehmen in Bereiche aufzuteilen, in denen jeder für sein eigenes Ergebnis verantwortlich ist (Gewinnverantwortungsbereich). In der neuen Hauptbuchhaltung ist es standardmäßig möglich, Bilanzen auf Profit-Center-Ebene zu erstellen. Für jedes Profit-Center wird ein Stammsatz angelegt.

Ein Profit-Center kann beispielsweise repräsentativ stehen für:

- ein Werk
- eine Branche
- einen geografischen Standort

Segment

Das Segment ist eine neue Organisationseinheit, die ab dem Release mySAP ERP 2004 verfügbar ist. Das Segment kann ebenfalls zu Berichtszwecken verwendet werden und bildet einen Geschäftszweig des Unternehmens ab. Je nach Rechnungslegungsvorschrift ist eine Segmentberichterstattung erforderlich. Es ist möglich, ein Segment in den Stammdaten eines Profit-Centers zu hinterlegen. So wird das Segment bei einer Buchung auf das Profit-Center automatisch mitgebucht.

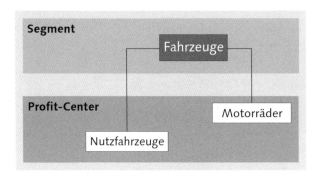

Segment und Profit-Center

Kostenrechnungskreis

Der Kostenrechnungskreis ist das wichtigste Organisationselement im Controlling. Im Kostenrechnungskreis können Kosten und Erlöse verwaltet und zugeordnet werden. Einem Kostenrechnungskreis können ein oder mehrere Buchungskreise (BUK) zugeordnet werden. Es ist somit eine buchungskreisübergreifende Kostenrechnung zwischen den zugeordneten Buchungskreisen möglich.

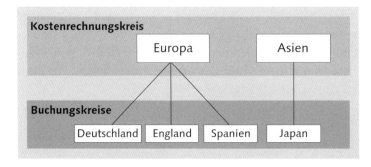

Der Kostenrechnungskreis

Voraussetzung für eine konsolidierte Kosten- und Leistungsrechnung ist es, dass die Buchungskreise den gleichen operativen Kontenplan und die gleiche Geschäftsjahresvariante verwenden.

1.8 Stammsätze

Bestimmte Informationen (Stammdaten), zum Beispiel über Geschäftspartner, Konten oder Materialien, werden in Stammsätzen zusammengetragen und gesichert. Diese Informationen sind dann immer wieder abrufbar und werden an verschiedenen Stellen innerhalb des SAP-Systems benötigt, beispielsweise bei der Buchung eines Geschäftsvorfalls. Das SAP-System zieht sich die notwendigen Daten aus den Stammsätzen und fügt sie in die entsprechenden Felder im Beleg ein. Das erspart dem Benutzer viel Zeit bei der Eingabe und mindert die Gefahr von Fehleingaben.

Stammsätze im SAP-System bestehen aus mehreren Ebenen und können innerhalb der einzelnen Ebenen oder auch zentral/gesamt gepflegt werden. Bevor ein Stammsatz tatsächlich in den Buchungsvorgängen genutzt werden kann, müssen dem Stammsatz spezifische Informationen mitgegeben werden.

Wenn Sie einen neuen Kunden- oder Lieferantenstamm anlegen, müssen Sie dem Stammsatz das Buchungskreissegment mitgeben. Hier werden spezielle Informationen abgelegt, wie zum Beispiel die Zahlungsbedingungen, die unter anderem in der Buchhaltung benötigt werden. Im Buchungskreissegment eines Sachkontos wird zum Beispiel festgelegt, ob es mit Einzelposten geführt werden soll.

Die Konditionen (Liefer-/Versandbedingungen), die mit dem Kunden oder Lieferanten vereinbart wurden, werden auf der Ebene der Vertriebsbereichsdaten bzw. Einkaufsdaten abgelegt.

> **HINWEIS**
> **Vermeidung redundanter Eingaben**
> Durch die verschiedenen Ebenen eines Stammsatzes werden die Daten in den Stammsätzen so abgelegt bzw. gesichert, dass es nicht zu Doppeleingaben innerhalb eines Stammsatzes kommen kann (Vermeidung redundanter Eingaben).

Informationen, die sich auf der Mandantenebene befinden, sind in der Regel allgemeine Daten und können von mehreren Buchungskreisen aus eingese-

1 Was Sie zum Arbeiten mit SAP unbedingt wissen sollten

hen werden. Dies sind zum Beispiel Informationen über Namen und Anschrift von Kunden bzw. Lieferanten und deren Kontonummer in Ihrem SAP-System.

Ein Stammsatz eines Sachkontos gibt in den allgemeinen Informationen (Kontenplansegment) Auskunft über die Sachkontenbezeichnung und darüber, ob es sich um ein Bestandskonto (Bilanz) oder ein Erfolgskonto (Gewinn- und Verlustrechnung, GuV) handelt.

> **HINWEIS**
>
> **Bedeutung von Stammdaten**
> Die Pflege der Stammdaten ist eine sehr verantwortungsvolle Tätigkeit, denn die Informationen in den Stammsätzen ziehen sich durch fast alle Buchungsvorgänge im SAP-System. Wenn Sie einen Beleg buchen und die Konten angeben, zieht das SAP-System Daten und Steuerungsfunktionen aus den jeweiligen Stammsätzen. Diese Daten werden an alle Belege weitergegeben, die mit dieser Buchung zusammenhängen bzw. vom System zusätzlich automatisch generiert werden.

In Kapitel 2, »Debitorenstammsatz«, Kapitel 4, »Kreditorenstammsatz«, Kapitel 9, »Sachkontenstammsätze«, und Kapitel 13, »Anlagenstammsatz«, gehen wir speziell auf die einzelnen Stammsätze ein.

1.9 Probieren Sie es aus!

Aufgabe 1

Melden Sie sich am SAP-System an. Legen Sie zwei Anwendungen (Transaktionen) Ihrer Wahl als Favoriten an, und ändern Sie die Bezeichnungen.

Aufgabe 2

Ermitteln Sie die Parameter-ID des Felds **Dispositions-Ebene**. Das Feld finden Sie im SAP-Easy-Access-Menü unter dem Pfad **Sachkontenstammsatz ▸ Register: Erfassung/Bank/Zins** in der Hauptbuchhaltung.

Pflegen Sie in Ihren Benutzervorgaben den Wert F0 für dieses Feld.

2 Debitorenstammsatz

Nachdem Sie in Kapitel 1, »Was Sie zum Arbeiten mit SAP unbedingt wissen sollten«, die Grundlagen des SAP-Systems kennengelernt haben, steigen wir nun in die Finanzbuchhaltung ein und beschäftigen uns mit der Debitorenbuchhaltung im SAP-System. In diesem Kapitel erläutern wir Ihnen den Debitorenstammsatz, bevor wir uns in Kapitel 3 den alltäglichen Buchhaltungsvorgängen in der Debitorenbuchhaltung zuwenden.

In diesem Kapitel lernen Sie,
- wie Sie einen Debitorenstammsatz anlegen,
- wie Sie einen Debitorenstammsatz suchen und ändern,
- wie der Debitorenstammsatz gesperrt wird,
- wie Sie ein Debitorenverzeichnis erstellen.

2.1 Debitorenstammsatz anlegen

Die Geschäftsvorfälle im Unternehmen erfordern verschiedene Buchungsvorgänge im SAP-System. Diese Buchungen erzeugen Belege, die Informationen zu den einzelnen Vorgängen beinhalten. Viele dieser Informationen bezieht das SAP-System aus den zuvor angelegten Stammdaten. Daher müssen Sie einen Debitorenstammsatz (Kundenstammsatz) im SAP-System anlegen, wenn Sie Ihre Geschäftsbeziehungen und einzelne Vorgänge mit Ihren Kunden im SAP-System darstellen möchten.

Jeder Stammsatz besteht aus mehreren Ebenen. Ein vollständiger Debitorenstammsatz enthält die folgenden drei Ebenen:

- **Mandantenebene**
  Hier werden allgemeine Informationen über den Kunden abgelegt, auf die jeder Buchungskreis zugreifen kann, der mit diesem Debitor Geschäfte tätigt. Es handelt sich unter anderem um die Debitorenkontonummer, den Namen und die Anschrift des Kunden sowie dessen Bankverbindung.

- **Buchungskreisebene**
  Auf der Ebene des Buchungskreises werden spezifische Informationen

hinterlegt, auf die nur der jeweilige Buchungskreis zugreifen kann. Diese Ebene muss sorgfältig gepflegt werden, da viele Bereiche auf diese Ebene des Stammsatzes Zugriff haben. Hier finden Sie die Informationen dazu, auf welches Abstimmkonto im Hauptbuch mitgebucht wird, ob ein Mahnverfahren für diesen Kunden hinterlegt wurde oder dazu, welche Zahlungsbedingungen gelten.

> **HINWEIS**
>
> **Abstimmkonto**
>
> Das Debitorenkonto ist ein Nebenbuch und benötigt somit eine Verbindung zum Hauptbuch. Das Abstimmkonto ist ein spezielles Sachkonto im Hauptbuch, das die Nebenbücher mit dem Hauptbuch verbindet. Jede Buchung auf einem Debitorenkonto (Nebenbuch) wird über die Abstimmkontentechnik in Echtzeit (Realtime) auf das Abstimmkonto im Hauptbuch gebucht.

- **Vertriebsbereichsebene**
  Die Vertriebsbereichsebene beinhaltet Informationen, die speziell einen Vertriebsbereich (Verkaufsorganisation/Vertriebsweg/Sparte) betreffen. Die Konditionen, die mit dem Kunden vereinbart wurden, werden auf dieser Ebene des Stammsatzes gepflegt. Bei den Buchungsvorgängen bedient sich das System dieser Daten aus dem Stammsatz und übernimmt sie zum Beispiel für Berechnungen und schreibt sie weiter in die Belege. In der folgenden Abbildung sehen Sie einen vollständigen Debitorenstammsatz mit allen drei Ebenen.

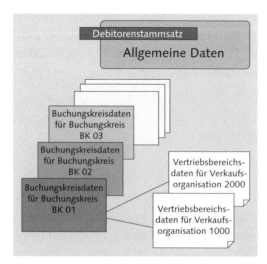

Überblick über einen kompletten Debitorenstammsatz

2.1 Debitorenstammsatz anlegen

Im Folgenden zeigen wir Ihnen, wie Sie einen Stammsatz in der Debitorenbuchhaltung anlegen, suchen und ändern können. Für das Anlegen eines Debitorenstammsatzes ist es hilfreich, einen bereits bestehenden Stammsatz als Vorlage zu verwenden. Wenn Sie einen Stammsatz auf der Basis einer Vorlage anlegen, werden bereits zahlreiche Informationen vom Vorlagedebitor in den neuen Stammsatz übernommen (zum Beispiel Kontengruppe, Abstimmkonto), und Sie müssen lediglich noch einige notwendige Änderungen und Eingaben vornehmen.

Wenn Sie einen Stammsatz anlegen, verlangt das System einige Eingaben von Ihnen, ohne die Sie den Stammsatz nicht einrichten können (Mussfelder). Die Eingabe einer Kontengruppe ist ein solches Mussfeld. Die Kontengruppe bestimmt, welche Felder in einem Debitorenstammsatz angezeigt werden. Sie legt den Nummernkreis fest und unterstützt Sie bei der Gruppierung Ihrer Debitoren (zum Beispiel je eine Kontengruppe für inländische und ausländische Debitoren). Die Kontengruppe kann eine alphanumerische Nummernvergabe erlauben.

Nummernkreise sind Kontengruppen zugewiesen. Die Nummernvergabe kann entweder intern (das SAP-System vergibt eine Kundennummer) oder extern (der Benutzer muss eine Kundennummer manuell eingeben) erfolgen.

Gehen Sie folgendermaßen vor, um einen Debitorenstammsatz anzulegen:

1. Folgen Sie im SAP-Easy-Access-Menü dem Pfad **Rechnungswesen** ▸ **Finanzwesen** ▸ **Debitoren** ▸ **Stammdaten** ▸ **Anlegen**. Um die Anwendung zu öffnen, platzieren Sie den Mauszeiger darauf, und führen Sie einen Doppelklick aus (Transaktionscode FD01).

2. Ihnen wird das Einstiegsbild zum Anlegen eines Debitorenstammsatzes angezeigt. Nun haben Sie die Möglichkeit, einen Stammsatz neu anzulegen und alle Eingaben manuell einzutragen, oder Sie bedienen sich eines Vorlagedebitors.

3. In unserem Beispiel legen wir einen Debitorenstammsatz mit Vorlage an. Als Erstes geben Sie im Feld **Debitor** einen neuen Debitor ein (zum Beispiel NEW00). Geben Sie im Feld **Buchungskreis** Ihren Buchungskreisschlüssel ein (zum Beispiel 1000). Das Feld **Kontengruppe** muss nicht befüllt werden, da das System die Kontengruppe der Vorlage übernimmt.

4. Im Bereich **Vorlage** geben Sie im Feld **Debitor** die Nummer eines in Ihrem System bereits gespeicherten Debitorenstammsatzes ein, den Sie als Vorlage verwenden möchten (zum Beispiel CUSTOMER00).

2 Debitorenstammsatz

Ebenfalls im Bereich **Vorlage** im Feld **Buchungskreis** geben Sie den Buchungskreisschlüssel ein, zu dem der Vorlagestammsatz gehört, in unserem Beispiel ebenfalls 1000. Dann klicken Sie auf ✓ (**Weiter**).

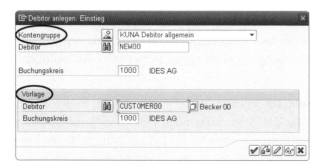

5 Nachdem Sie die Eingaben im Einstiegsbild bestätigt haben, gelangen Sie in die Eingabemaske zum Anlegen eines Stammsatzes. In der folgenden Abbildung sehen Sie im Bild **Debitor anlegen: Allgemeine Daten** die Registerkarte **Adresse**, die sich auf der Mandantenebene befindet.

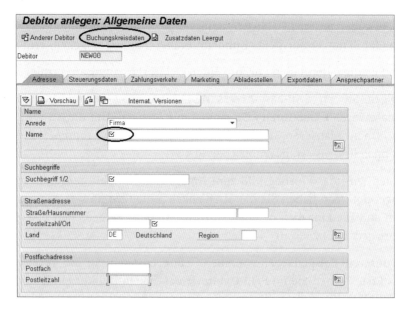

6 Sie können nun zwischen den verschiedenen Ebenen eines Debitorenstammsatzes hin- und herwechseln, indem Sie auf die Schaltfläche **Buchungskreisdaten** bzw. **Allgemeine Daten** in der Anwendungsfunktionsleiste klicken. Ob Sie sich auf der Ebene **Allgemeine Daten** oder **Buchungskreisdaten** befinden, können Sie der Titelleiste entnehmen. Navigieren Sie innerhalb der einzelnen Seiten über die Registerkarten.

2.1 Debitorenstammsatz anlegen

7 Wie Sie sehen, sind einige Felder bereits gefüllt. Sie können nun noch Änderungen vornehmen und weitere Angaben eintragen. In einigen Feldern ist eine Eingabe zwingend erforderlich ☑ (**Mussfeld**), da das SAP-System ohne einen Wert in einem solchen Feld den Stammsatz nicht speichert (dies betrifft zum Beispiel die Felder **Name**, **Land**, **Abstimmkonto** usw.). Geben Sie den Namen und die Anschrift des neuen Kunden in den entsprechenden Feldern ein; vervollständigen Sie den gesamten Stammsatz.

8 Navigieren Sie über die Registerkarten, und geben Sie noch weitere Informationen ein, wie zum Beispiel die Bankverbindung des Kunden auf der Registerkarte **Zahlungsverkehr**. Sie können sich die IBAN-Nummer vom System vorschlagen lassen. Klicken Sie dazu auf die Schaltfläche **IBAN**, überprüfen Sie gegebenenfalls den vorgeschlagenen Wert, und übernehmen Sie die Daten.

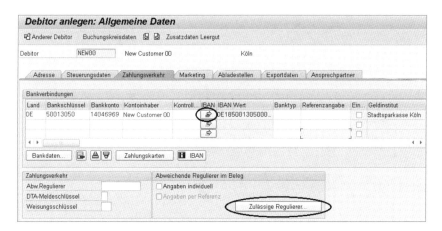

9 Über die Schaltfläche **Zulässige Regulierer** haben Sie die Option, einen abweichenden Regulierer anzugeben.

2 Debitorenstammsatz

[10] Nachdem Sie die allgemeinen Daten gepflegt haben, tragen Sie noch weitere Informationen in die Felder der Ebene **Buchungskreis** ein. Dazu klicken Sie in der Anwendungsfunktionsleiste auf die Schaltfläche **Buchungskreisdaten**.

[11] Auf der Registerkarte **Kontoführung** sehen Sie die Sachkontonummer des Abstimmkontos im Feld **Abstimmkonto**. Dieses Feld wurde als Vorschlagswert aus dem Vorlagestammsatz übernommen und kann daher geändert werden.

[12] Überprüfen Sie auf der Registerkarte **Zahlungsverkehr** den Zahlungsbedingungsschlüssel; er sollte auf »Sofort fällig« stehen (z. B. 0001 oder ZB00).

[13] Auf der Registerkarte **Korrespondenz** können Sie beispielsweise einen Mahnverfahrensschlüssel eintragen. Diesen Schlüssel benötigt das SAP-System, wenn der Kunde im automatischen Mahnprogramm berücksichtigt werden soll.

2.1 Debitorenstammsatz anlegen

[14] Wenn Sie alle notwendigen Einträge vorgenommen haben, sichern Sie den Stammsatz. Klicken Sie dazu auf die Schaltfläche 💾 (**Sichern**).

[15] Nachdem Sie den Stammsatz gesichert haben, wird Ihnen erneut das Einstiegsbild zur Eingabe eines weiteren Stammsatzes angezeigt. Schließen Sie dieses Fenster mit einem Klick auf ⊗ (**Abbrechen**). Ihr neuer Debitorenstammsatz wurde damit erfolgreich angelegt!

Sie haben soeben die ersten beiden Ebenen des Debitorenstammsatzes eingerichtet.

> **VIDEO**
> **Einen Debitorenstammsatz anlegen**
> Dieses Video zeigt Ihnen, wie Sie einen neuen Stammsatz für einen Kunden auf Basis einer Vorlage anlegen:
>
> *http://s-prs.de/v4158bz*

Der Kunde möchte nun Waren kaufen. Der Kundenauftrag muss angelegt und die Ware versendet werden, und der Kunde soll eine Rechnung erhalten. Um diese Geschäftsvorfälle im SAP-System zu buchen, muss auch die dritte Ebene, die Vertriebsbereichsdaten, im Stammsatz gepflegt werden.

2 Debitorenstammsatz

Die Stammdatenpflege kann in den Unternehmen unterschiedlich verteilt sein. Es hängt natürlich davon ab, welche Berechtigung ein Mitarbeiter zur Pflege von Stammdaten erhält. Es ist demnach möglich, dass Sie in der Buchhaltung tätig sind und nur die Buchungskreisdaten bzw. nur einen Teil der Buchungskreisdaten pflegen können. Die Vertriebsbereichsdaten werden von bestimmten Mitarbeitern aus der Verkaufsorganisation gepflegt, oder die Pflege der Stammdaten obliegt einer speziellen Abteilung.

Sofern Sie über eine Berechtigung zur zentralen Pflege der Stammsätze verfügen, können Sie auch aus der Buchhaltung heraus in den Bereich der Vertriebsbereichsdaten eines Stammsatzes gelangen. Wenn Sie sowohl die allgemeinen Daten, die Buchungskreisdaten als auch die Vertriebsbereichsdaten anlegen möchten, wählen Sie die zentrale Pflege. So geht's:

1 Folgen Sie dem Pfad **Rechnungswesen ▸ Finanzwesen ▸ Debitoren ▸ Stammdaten ▸ Zentrale Pflege ▸ Anlegen** im SAP-Easy-Access-Menü (Transaktionscode XD01).

2 Das Einstiegsbild öffnet sich. Sie erkennen dort, dass der obere Teil des Einstiegsbilds gleich geblieben ist. Aber nun stehen Ihnen darunter zusätzliche Felder zur Verfügung, die sich auf die Vertriebsbereichsdaten beziehen. Befüllen Sie die notwendigen Felder mit Werten, und tragen Sie nun auch die Schlüssel für die Verkaufsorganisation, für den Vertriebsweg und die Sparte ein.

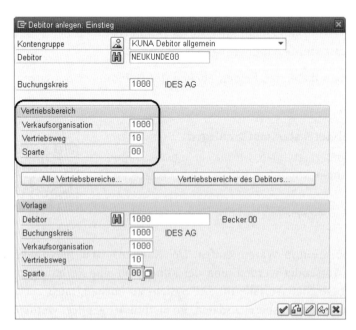

3 Nachdem Sie die Eingaben im Einstiegsbild mit ✓ (**Weiter**) bestätigt haben, wird Ihnen wieder die Eingabemaske für den neuen Stammsatz angezeigt. Nehmen Sie dort die notwendigen Änderungen bzw. Eintragungen vor.

4 Zusätzlich zu den beiden ersten Ebenen (Mandantenebene und Buchungskreisebene) können Sie nun auch die Vertriebsbereichsebene mit den notwendigen Werten befüllen. In der folgenden Abbildung sehen Sie die Registerkarte **Faktura** auf der Ebene der Vertriebsbereichsdaten.

In den Vertriebsbereichsdaten werden die mit dem Kunden vereinbarten Konditionen über Lieferung, Zahlung usw. gepflegt. Diese Ebene des Debitorenstammsatzes (im Vertrieb Kundenstammsatz genannt) wird zum Beispiel auch von der SAP-Komponente Vertrieb (SD) genutzt. Das Kundenauftragsmanagement findet hier alle nötigen Informationen für die Auftragsabwicklung.

2.2 Debitorenstammsatz suchen und ändern

Sie möchten den Stammsatz eines Kunden aufrufen, um etwas nachzuprüfen oder Änderungen am Stammsatz durchzuführen. Aber wie finden Sie den

2 Debitorenstammsatz

Stammsatz, wenn Sie die Kontonummer des Debitorenstammsatzes nicht kennen?

Das SAP-System bietet Ihnen die Möglichkeit, einen Stammsatz zu suchen, indem Sie Felder selektieren und so Ihre Suche verfeinern:

[1] Folgen Sie dem Pfad **Rechnungswesen** ▸ **Finanzwesen** ▸ **Debitoren** ▸ **Stammdaten** ▸ **Ändern/Anzeigen** im SAP-Easy-Access-Menü. Alternativ verwenden Sie den Transaktionscode FD02 zum Ändern oder FD03 zum Anzeigen.

[2] Es öffnet sich das Einstiegsbild. Rufen Sie nun durch einen Klick auf das Fernglassymbol (**Suchen**) die Suchfunktion auf. Alternativ klicken Sie auf die Schaltfläche im Feld **Debitor**, oder Sie betätigen die [F4]-Taste.

[3] Es öffnet sich ein Suchbild, in dem Sie Suchkriterien eingeben können, die die Anzahl der ermittelten Debitoren eingrenzen. Geben Sie hier ein Suchkriterium an, zum Beispiel im Feld **Suchbegriff** (sofern ein Suchbegriff im Stammsatz eingetragen wurde), und klicken Sie auf (**Weiter**).

[4] Sie erhalten eine Liste der vom System ermittelten Einträge. Haben Sie Ihren Debitoren gefunden, markieren Sie ihn, und klicken Sie anschließend auf (**Weiter**), um den Stammsatz zu öffnen.

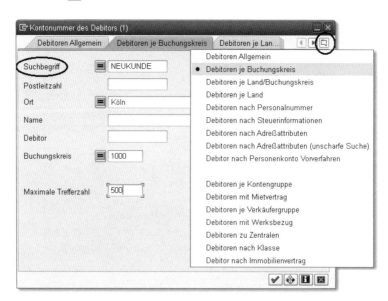

[5] Sie können nun Änderungen am Stammsatz vornehmen. Denken Sie unbedingt daran, Ihre Änderungen durch einen Klick auf die Schaltfläche (**Sichern**) auch zu sichern!

2.3 Debitorenstammsatz sperren

> **TIPP — Auswahl der Registerkarten**
>
> Über die Pfeile ◄ ► können Sie zwischen den Registerkarten hin- und herwechseln, indem Sie vor- und zurückblättern. Eine Übersicht über alle Registerkarten erhalten Sie durch einen Klick auf die Schaltfläche ⌷.

Sie können Stammsätze in eine persönliche Liste eintragen, um sie so immer »griffbereit« zu haben. Dazu markieren Sie den Stammsatz und klicken einmal auf die Schaltfläche 📇 (**Einfügen in persönliche Liste**).

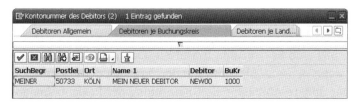

Debitor suchen (persönliche Liste)

> **HINWEIS — Wechseln zwischen Ändern und Anzeigen**
>
> Sie können zwischen dem Modus **Anzeigen** und **Ändern** hin- und herwechseln, ohne jedes Mal zum Einstiegsbild (SAP Easy Access) zurückkehren zu müssen. In der Anwendungsfunktionsleiste klicken Sie einfach auf die Schaltfläche ✏ (**Anzeigen – Ändern**), oder Sie betätigen die Taste F5, um den Modus zu wechseln.

2.3 Debitorenstammsatz sperren

Es kann notwendig sein, einen Debitorenstammsatz zu sperren, um zu verhindern, dass für dieses Konto Buchungen und Auftragsbearbeitungen durchgeführt werden. Sie können das Konto in einem oder mehreren Buchungskreisen sperren. Darüber hinaus können Sie es zentral für die Buchhaltung und gleichzeitig für den Vertrieb sperren (dies nennt man zentrale Sperre).

Es gibt verschiedene Arten von Sperren:

- **Buchungssperre**
  Bei der Buchungssperre wird das Debitorenkonto gesperrt, um zu verhindern, dass weiterhin darauf gebucht wird. Das Konto darf keine offenen

Posten mehr aufweisen, denn nach der Sperrung können Sie die offenen Posten nicht mehr ausgleichen. Dieser Vorgang ist beispielsweise notwendig, wenn Sie einen Debitorenstammsatz zum Löschen vormerken möchten.

- **Mahn- und Zahlsperre**
  Das Konto wird für Mahnungen und Zahlungen gesperrt. Das Mahnprogramm bzw. das Zahlprogramm wertet das Konto aus, aber es werden keine Mahnung geschrieben bzw. offenen Posten gezahlt.

- **Auftragssperre**
  Das Setzen der Auftragssperre verhindert, dass für dieses Konto eine Auftragsbearbeitung erfolgt.

- **Fakturasperre**
  Wird zum Beispiel eine Reklamation bearbeitet, kann eine Fakturasperre sinnvoll sein, wenn sich eine Abteilung mit dem Erfassen der Reklamation befasst und eine andere Abteilung die Überprüfung der Reklamation abwickelt. Die Faktura wird dann nicht an die Buchhaltung weitergeleitet.

In allen Bereichen – sowohl in der Buchhaltung als auch im Vertrieb – kann es notwendig sein, Sperren zu setzen.

Sie möchten verhindern, dass im Nebenbuch weiterhin Buchungen durchgeführt werden und dazu ein Sperrkennzeichen setzen (Buchungssperre). So geht's:

1 Folgen Sie dem Pfad **Rechnungswesen ▸ Finanzwesen ▸ Debitoren ▸ Stammdaten ▸ Sperren/Entsperren** im SAP-Easy-Access-Menü (Transaktionscode FD05).

2 Es öffnet sich das Einstiegsbild zur Sperrung bzw. Entsperrung eines Debitorenstammsatzes. Geben Sie die Kontonummer des Debitors im Feld **Debitor** an sowie den Buchungskreis im Feld **Buchungskreis**, und bestätigen Sie die Eingaben mit ✓ (**Weiter**) auf der Systemfunktionsleiste.

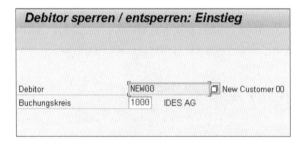

2.3 Debitorenstammsatz sperren

3 Sie gelangen in das Einstiegsbild für die Sperrung der Buchhaltungsdetails. Hier geben Sie an, ob sich die Sperrung auf den ausgewählten Buchungskreis bezieht (Ankreuzfeld **ausgewählter Buchungskreis**) oder sich über alle Buchungskreise (Ankreuzfeld **alle Buchungskreise**) ausdehnen soll. Sichern Sie Ihre Eingaben mit einem Klick auf 🖫 (**Sichern**).

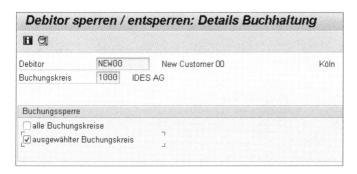

Soll sich die Sperre nicht nur auf die Buchhaltung beschränken, sondern auch die Vertriebsbereichsdaten betreffen, nutzen Sie die zentrale Sperre. Gehen Sie dazu folgendermaßen vor:

4 Folgen Sie dem Pfad **Rechnungswesen ▸ Finanzwesen ▸ Debitoren ▸ Stammdaten ▸ Zentrale Pflege ▸ Sperren/Entsperren** im SAP-Easy-Access-Menü (Transaktionscode XD05).

5 Im Einstiegsbild der Transaktion stehen Ihnen nun noch weitere Felder zur Verfügung: Auch können Sie nun Angaben zum Vertriebsbereich einfügen. Geben Sie im Feld **Debitor** den Kunden ein, den Sie im Stammsatz sperren möchten (zum Beispiel NEW00), und im Feld **Buchungskreis** Ihren Buchungskreis (zum Beispiel 1000). Geben Sie nun auch die Daten für den Vertriebsbereich ein (zum Beispiel Verkaufsorganisation 1000, Vertriebsweg 10 und Sparte 00), und klicken Sie auf ✅ (**Weiter**).

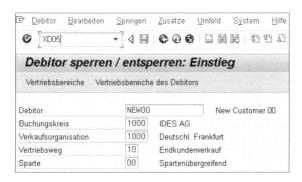

2 Debitorenstammsatz

6 Ihnen wird die Eingabemaske zur Sperrung des Stammsatzes angezeigt, in der Sie wieder angeben, ob der Stammsatz für alle Buchungskreise oder nur für den ausgewählten Buchungskreis gesperrt werden soll. Setzen Sie entsprechend den Haken in das Feld **alle Buchungskreise** oder das Feld **ausgewählter Buchungskreis**.

Da Sie die zentrale Pflege gewählt haben, können Sie auch spezielle Angaben zum Vertriebsbereich eintragen und die Sperrart bestimmen. Haben Sie alle Eingaben vorgenommen, sichern Sie den Vorgang durch einen Klick auf 🖫 (Sichern).

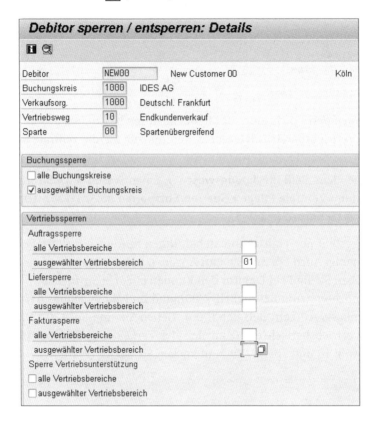

2.4 Debitorenverzeichnis erstellen

Die Geschäftsbeziehungen mit Kunden können sich über verschiedene Geschäftsbereiche und auch verschiedene Regionen oder Länder erstrecken. Ihre Kunden und somit die Stammsätze können nach verschiedenen Kriterien unterschieden und gegliedert werden.

2.4 Debitorenverzeichnis erstellen

Im SAP-System haben Sie die Möglichkeit, ein Debitorenverzeichnis abhängig von bestimmten Kriterien zu erstellen, zum Beispiel nach Land, Branche oder Kontengruppe. In diesem Abschnitt zeigen wir Ihnen, wie Sie ein Debitorenverzeichnis erstellen und wie Sie durch Ihre Datenselektion das Verzeichnis speziell nach Ihren Wünschen optimieren können. So geht's:

1 Folgen Sie dem Pfad **Rechnungswesen** ▸ **Finanzwesen** ▸ **Debitoren** ▸ **Infosystem** ▸ **Berichte zur Debitorenbuchhaltung** ▸ **Stammdaten** ▸ **Debitorenverzeichnis** im SAP-Easy-Access-Menü.

2 Ihnen wird die Eingabemaske angezeigt, in der Sie nun die Datenselektion durchführen, mit der das System den Bericht (das Debitorenverzeichnis) erstellen soll. Geben Sie im Feld **Buchungskreis** Ihren BUK-Schlüssel ein (zum Beispiel 1000).

3 Durch einen Klick auf die Schaltfläche 🕒 (**Ausführen**) würden Sie ein Verzeichnis *aller* Kunden aus Ihrem Buchungskreis erhalten. Wenn Sie den Bericht ausgeführt haben, gehen Sie mit 🔙 (**zurück**) in der Systemfunktionsleiste zurück, und nehmen Sie weitere Selektionen vor, um das Verzeichnis zu optimieren. Geben Sie beispielsweise eine Kontengruppe an.

4 Mithilfe der freien Abgrenzung können Sie zusätzliche Felder in die Selektionsmaske übernehmen, um sie mit Werten zu füllen. In unserem Beispiel möchten wir ein Verzeichnis nach der Kontengruppe erstellen. Klicken Sie hierzu oben links im Bildschirmbild auf die Schaltfläche 📧 (**Freie Abgrenzungen**).

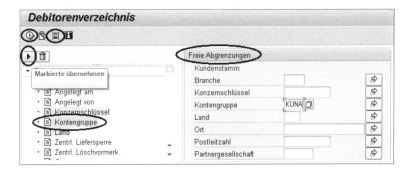

5 In der Eingabemaske erscheint oben ein Abschnitt mit den beiden Bereichen **Kundenstamm** und **Freie Abgrenzungen**. Klicken Sie in der Baumstruktur im Bereich **Kundenstamm** auf den Punkt **Kontengruppe** und anschließend auf die Schaltfläche ▶ (**Markierte übernehmen**). Damit haben Sie das Feld **Kontengruppe** nach rechts in den Bereich **Freie Abgrenzungen** übernommen.

2 Debitorenstammsatz

6 Tragen Sie in das Feld **Kontengruppe** eine Kontengruppe zum Beispiel für Debitoren Deutschland oder Debitoren allgemein ein (zum Beispiel KUNA), und klicken Sie dann auf 🚀 (**Ausführen**).

7 Sie erhalten nun ein Debitorenverzeichnis nach Ihren Selektionsmerkmalen (in unserem Beispiel selektiert nach der Kontengruppe). Auf diese Weise können Sie weitere Selektionsmerkmale bestimmen, um das Verzeichnis noch weiter zu optimieren.

2.5 Probieren Sie es aus!

Aufgabe 1

Legen Sie einen Stammsatz für einen neuen Debitor an. Bedienen Sie sich eines Vorlagedebitors. Pflegen Sie die Adressdaten, Konditionen und Bankdaten ein.

> **HINWEIS**
>
> **Kontengruppe des Vorlagekontos**
> Geben Sie für den neuen Stammsatz keine Kontengruppe an. Das System übernimmt für den neuen Stammsatz die Kontengruppe des Vorlagestammsatzes.

Felder und Registerkarten	Dateneingabe
Neuer Debitor	NEWKD00
BUK	1000
Vorlagedebitor	CUSTOMER00
Vorlage-BUK	1000
Adresse/Bankdaten	freie Wahl
Zahlungsbedingungen	zahlbar sofort

3 Tägliche Aufgaben in der Debitorenbuchhaltung

Wenn Sie in der Debitorenbuchhaltung eines Unternehmens tätig sind, haben Sie sicher täglich eine Reihe von Aufgaben zu bewältigen, zum Beispiel das Erfassen von Rechnungen oder Gutschriften. Die Debitorenbuchhaltung ist im SAP-System eine Nebenbuchhaltung, das heißt, dass die Buchungen auf einem Debitorenkonto über die Abstimmkontentechnik auf ein spezielles Sachkonto (Abstimmkonto) in das Hauptbuch gebucht werden.

In diesem Kapitel lernen Sie, wie Sie Ihre grundlegenden Aufgaben der Debitorenbuchhaltung im SAP-System erfüllen können.

Am Ende dieses Kapitels können Sie
- Debitorenrechnungen und -gutschriften in der Buchhaltung erfassen,
- Zahlungseingänge manuell erfassen,
- die Organisationseinheiten des Vertriebs erklären,
- erläutern, wann der Verkaufsvorgang im Vertrieb Auswirkungen auf das externe Rechnungswesen hat,
- Umbuchungen vornehmen.

3.1 Debitorenrechnungen und -gutschriften erfassen

Die meisten Geschäftsvorgänge in der Debitorenbuchhaltung werden im Vertrieb erfasst. Bei Rechnungen, die mit keinem Kundenauftrag verknüpft sind, fällt diese Aufgabe häufig auch der Buchhaltung zu. Das SAP-System stellt Ihnen zwei Möglichkeiten zur Verfügung, um Rechnungen oder Gutschriften zu buchen:

- die Einbildtransaktion (Enjoy-Transaktion)
- die Mehrbildtransaktion (komplexe Buchung)

Diese beiden Optionen betrachten wir in den folgenden Abschnitten im Detail.

Buchen mit der Enjoy-Transaktion

Die Enjoy-Transaktion erleichtert den Buchungsvorgang erheblich. Diese Anwendung beinhaltet nur ein einziges Bild, das in verschiedene Bereiche aufgeteilt ist. Um die einzelnen Felder mit Werten zu füllen, springen Sie mit der ⇆-Taste von Feld zu Feld, ohne das Bild zu verlassen.

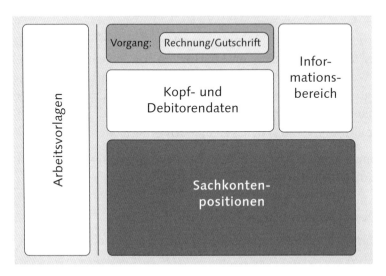

Die Enjoy-Transaktion (Einbildtransaktion) für die Rechnungs- und Gutschriftserfassung

Die Enjoy-Transaktion ist in die folgenden Bildbereiche aufgeteilt:

- **Arbeitsvorlagen**

  In diesem Bereich der Enjoy-Maske können Sie Erfassungsvarianten, Kontiervorlagen oder auch gemerkte Belege auswählen.

  Ein gemerkter Beleg ist ein Beleg, den Sie als Benutzer sichern, aber nicht vollständig buchen. Dies kann vorkommen, wenn Sie während der Eingabe noch Unklarheiten beseitigen müssen und die Daten nicht verlieren möchten, die Sie bisher schon in den Beleg eingegeben haben.

  Eine Kontiervorlage ist eine Vorlage, die Standardwerte für die Buchung eines Geschäftsvorfalls beinhaltet. Eine Kontiervorlage kann nach Wunsch geändert oder erweitert werden.

  Die Erfassungsvariante legt die Eingabefelder im Bereich der Sachkontenposition fest. Je nachdem, welche Felder (Zusatzkontierungen) Sie zu einem Buchungsvorgang benötigen, wählen Sie die entsprechende Erfassungsvariante aus.

3.1 Debitorenrechnungen und -gutschriften erfassen

- **Kopfdaten/Debitorendaten**
  Die Daten für den Belegkopf und die Debitorenposition werden in diesem Bereich erfasst. Diese Daten, etwa das Buchungsdatum und die Belegart (zum Beispiel DR für Debitorenrechnung oder DG für Debitorengutschrift), beziehen sich auf den gesamten Beleg.

> **HINWEIS**
>
> **Belegart**
> Die Belegarten differenzieren den Geschäftsvorfall (Beispiel: Debitorenrechnung = DR; Debitorenzahlung = DZ). Die Belegart ist mit der Vergabe der Belegnummern verknüpft. So können Sie später bereits an der Belegnummer erkennen, um welchen Geschäftsvorfall es sich bei dem jeweiligen Beleg handelt.

- **Informationsbereich**
  Im Informationsbereich werden der Belegsaldo und Informationen über den Debitor angezeigt. Hier finden Sie ein Icon bzw. eine Schaltfläche, über die Sie zu den Stammdaten bzw. zu den offenen Posten des Kunden gelangen.

- **Sachkontenpositionen**
  In diesem Abschnitt der Enjoy-Transaktion werden die Sachkontenpositionen für den Beleg erfasst.

Um Belege einfacher erfassen zu können, stellt Ihnen das SAP-System Vorschlagswerte zur Verfügung. Beispielsweise werden das aktuelle Tagesdatum als Buchungsdatum und die Belegart sowie die Buchungsperiode anhand des Geschäftsvorfalls und des Buchungsdatums vorgeschlagen. Haben Sie vorher bereits einen Beleg erfasst, empfiehlt Ihnen das System den Buchungskreis, in den Sie den vorangehenden Beleg aufgenommen haben.

Nachdem Sie Ihre Daten eingegeben haben, prüft das SAP-System deren Vollständigkeit und Richtigkeit. Wenn Sie zum Beispiel eine Debitorenrechnung buchen möchten und die Belegart DR im Beleg steht, können Sie in den **Grunddaten** im Feld **Debitor** nicht die Kontonummer eines Kreditors oder Sachkontos eingeben. Der Steuerschlüssel wird anhand des Geschäftsvorfalls kontrolliert (Eingangssteuer oder Ausgangssteuer). Der Saldo eines Belegs muss den Wert 0 aufweisen; sonst bucht das System den Vorgang nicht.

Sie beliefern Ihren Kunden mit Waren und stellen eine Rechnung aus, oder aber Sie möchten eine Gutschrift auf das Kundenkonto buchen. Im Folgenden zeigen wir Ihnen eine Beispielbuchung mit der Enjoy-Transaktion anhand einer Debitorenrechnung.

3 Tägliche Aufgaben in der Debitorenbuchhaltung

So geht's:

1 Wählen Sie den Menüpfad **Rechnungswesen ▸ Finanzwesen ▸ Debitoren ▸ Buchung ▸ Rechnung** im SAP-Easy-Access-Menü (Transaktionscode FB70). Eventuell werden Sie dazu aufgefordert, Ihren Buchungskreis anzugeben. Tragen Sie Ihren Buchungskreis ein, und bestätigen Sie Ihre Eingabe mit der ⏎-Taste.

2 Daraufhin gelangen Sie in die Einbildtransaktion (Enjoy-Bild). Die folgende Abbildung zeigt die Einbildtransaktion im Überblick. Als Nächstes müssen Sie die einzelnen Felder der Transaktion bearbeiten.

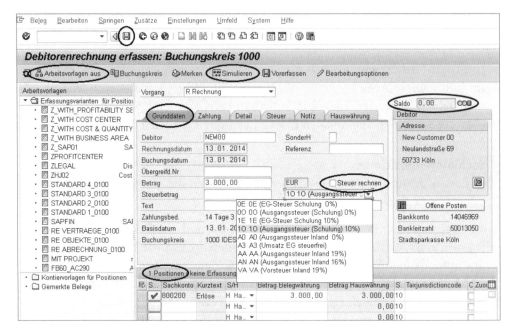

3 Auf der Registerkarte **Grunddaten** geben Sie die Kopfdaten des Belegs in die entsprechenden Felder ein, wie beispielsweise Debitorennummer (**Debitor**), **Rechnungsdatum** und **Betrag**. Die Pflichtfelder (mindestens Debitorenkontonummer, Betrag und Datum) müssen mit Werten gefüllt werden, denn sonst können Sie diesen Vorgang nicht weiterabwickeln. Sie erkennen diese Felder an dem kleinen Kästchen mit Haken ☑ (**Mussfeld**).

4 Wenn Sie einen Betrag in Fremdwährung buchen, können Sie mit einem Klick auf die Registerkarte **Hauswährung** im Feld **Umrechnungskurs** den derzeit aktuellen Umrechnungskurs einsehen und ihn abändern, sofern Sie die Berechtigung dazu besitzen.

3.1 Debitorenrechnungen und -gutschriften erfassen

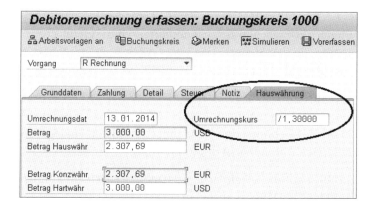

Beleg in Fremdwährung

Es ist möglich, Belege in einer Fremdwährung (zum Beispiel US-Dollar, USD) anzulegen. Der Fremdwährungsbetrag wird automatisch vom SAP-System mithilfe fester Umrechnungskurse in die Hauswährung umgerechnet.

5. Wechseln Sie wieder auf die Registerkarte **Grunddaten**.

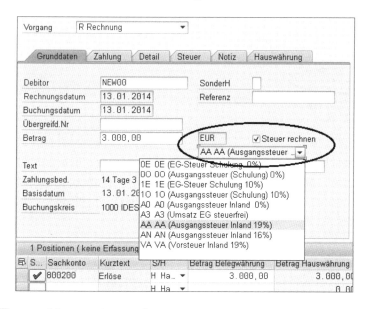

6. Im Feld **Steuerbetrag** können Sie einen Betrag für die Steuer eingeben (Eingangssteuer oder Ausgangssteuer). In unserem Beispiel handelt es sich um die Ausgangssteuer. Alternativ wählen Sie einen Steuersatz aus

69

3 Tägliche Aufgaben in der Debitorenbuchhaltung

(im Beispiel **AA AA (Ausgangssteuer Inland 19 %)** und markieren das Ankreuzfeld **Steuer rechnen**, um den Steuerbetrag vom System errechnen zu lassen. Lassen Sie den Steuerbetrag vom SAP-System errechnen, steht Ihnen das Eingabefeld **Steuerbetrag** nicht mehr zur Verfügung.

7 Bestätigen Sie Ihre Eingaben mit der ⏎-Taste. Das SAP-System übernimmt automatisch Informationen (Name, Adresse usw.) aus dem Debitorenstammsatz des Debitors, den Sie in den Grunddaten eingegeben haben, in den Bereich (Infobereich) des Enjoy-Bilds.

8 Durch einen Klick auf die Schaltfläche (**Debitor anzeigen**) können Sie in den Stammsatz des Debitors springen.

9 Mit einem Klick auf die Schaltfläche **Offene Posten** (**Liste der offenen Posten**) können Sie in die Offene-Posten-Liste des Kundenkontos wechseln. So können Sie während des Buchungsprozesses Angaben überprüfen, ohne den Vorgang abzubrechen.

Im Infobereich sehen Sie das Feld **Saldo**, an dem Sie den Belegsaldo zwischen den Soll- und den Haben-Positionen ablesen können. Daneben sehen Sie eine Art Ampelsymbol. Diese Ampel zeigt an, ob der Vorgang systemseitig gebucht werden kann oder nicht.

> **HINWEIS**
>
> **Saldoanzeige und Ampel**
>
> Die Ampel kann drei Farben anzeigen, die jeweils die folgende Bedeutung haben:
>
> - Rot = Fehlermeldung; Sie können den Vorgang nicht buchen.
> - Gelb = Hinweismeldung; Sie können den Vorgang buchen.
> - Grün = Erfolgsmeldung; Sie können den Vorgang buchen.

3.1 Debitorenrechnungen und -gutschriften erfassen

10 Im unteren Teil des Enjoy-Bilds befindet sich der Positionsdatenteil. Hier geben Sie die Gegenpositionen (Sachkontenpositionen) ein. Damit Ihnen im Positionsdatenteil alle Felder zur Verfügung stehen, die Sie für diese Debitorenrechnung benötigen, klicken Sie in der Anwendungsfunktionsleiste auf die Schaltfläche [Arbeitsvorlagen an].

11 Es öffnet sich der Bereich **Arbeitsvorlagen**. Hier haben Sie unter anderem die Möglichkeit, eine Erfassungsvariante zu wählen, die Ihnen die benötigten Felder in der Maske bereitstellt. Öffnen Sie die Option **Erfassungsvarianten**, indem Sie auf das Dreieck vor dem Ordnersymbol klicken.

12 Markieren Sie eine Erfassungsvariante, und übernehmen Sie die Variante in den Positionsdatenteil, indem Sie doppelt auf die markierte Erfassungsvariante klicken. Der Positionsdatenteil wird entsprechend der gewählten Erfassungsvariante angepasst.

13 Nachdem Sie eine Erfassungsvariante ausgewählt haben, schließen Sie die Arbeitsvorlagen durch einen Klick auf die Schaltfläche **Arbeitsvorlagen aus**, um das Eingabebild wieder zu vergrößern. Nun können Sie im Positionsdatenteil eine oder mehrere Sachkontenpositionen (Gegenbuchung) eingeben (im Beispiel 3.000,00). Das SAP-System führt hierbei automatisch eine Haben-Buchung durch und übernimmt den Steuerschlüssel aus der Soll-Position (Bild: **Grunddaten**).

3 Tägliche Aufgaben in der Debitorenbuchhaltung

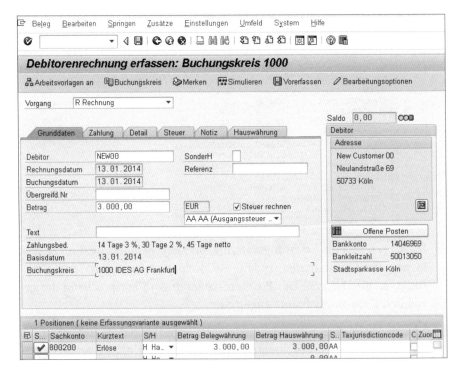

HINWEIS

Ändern der Vorschlagswerte

Die Vorschlagswerte, die das System aus dem Debitorenstammsatz in den Beleg übernommen hat, können selbstverständlich noch geändert werden. Genauso wie der Umrechnungskurs über die Registerkarte **Hauswährung** geändert werden kann, können beispielsweise auch die Zahlungsbedingungen im Beleg über die Registerkarte **Zahlung** verändert werden. Diese Änderungen der Bedingungen gelten für den aktuellen Beleg und verändern nicht die Werte im Stammsatz.

14 Wenn Sie prüfen möchten, ob Sie alle Eingaben vorgenommen haben, haben Sie die Möglichkeit, Ihre Buchung zu simulieren. Bei der Simulation zeigt Ihnen das SAP-System, wie die Buchung aussehen würde, und gibt die Positionen aus, die automatisch mitgebucht werden (zum Beispiel die Steuerposition). Klicken Sie in der Anwendungsfunktionsleiste auf die Schaltfläche Simulieren, um sich die Buchung mit der automatisch

3.1 Debitorenrechnungen und -gutschriften erfassen

erzeugten Steuerposition anzeigen zu lassen. Ein Beispiel für das Ergebnis sehen Sie in der folgenden Abbildung.

15. Um aus der Simulation wieder zurück zur Buchungsmaske zu gelangen, klicken Sie auf 🔙 (**Zurück**), oder Sie betätigen die F3-Taste.

16. Es erscheint eine Meldung, dass automatisch erzeugte Positionen gelöscht werden. Klicken Sie auf ✅ (**Weiter**).

17. Sind Sie sich der eingegebenen Daten sicher, und die Ampel zeigt Grün, können Sie den Vorgang buchen/sichern, indem Sie auf die Schaltfläche 💾 (**Buchen**) klicken.

18. Sie erhalten in der Statusleiste oder als Dialogfenster die Information über die Belegnummer. Notieren Sie sich die Belegnummer, und bestätigen Sie mit einem Klick auf **OK**.

19. Damit haben Sie den Buchungsvorgang abgeschlossen. Gehen Sie zurück in das Einstiegsbild von SAP (SAP-Easy-Access-Menü), indem Sie auf 🔙 (**Beenden**) klicken oder im Befehlsfeld den Befehl »/N« eingeben und bestätigen.

Stellen Sie sich vor, Sie müssen sich einen gebuchten Beleg mit allen Details noch einmal ansehen. Beispielsweise möchten Sie wissen, wer diesen Beleg gebucht hat, wann und welches Gegenkonto bei dieser Debitorenbuchung verwendet wurde, und Sie möchten die Kopfdaten prüfen. Um diese und weitere Informationen zu erhalten, lassen Sie sich die Kontodaten des Debitorenkontos anzeigen. Sie haben die Möglichkeit, über die Saldenanzeige oder über die Anzeige der Posten in die Kontodaten zu gelangen.

> **Eine Debitorenrechnung in der Enjoymaske buchen**
> Dieses Video zeigt Ihnen, wie Sie ganz einfach eine Debitorenrechnung im SAP-System buchen. Sie lernen dabei die Bildbereiche der Enjoymaske kennen:
> *http://s-prs.de/v4158fj*

Wählen Sie die Kontodaten des Debitors, und springen Sie von dort aus in die Belegübersicht eines einzelnen Belegs. Gehen Sie dazu folgendermaßen vor:

1 Folgen Sie dem Pfad **Rechnungswesen** ▸ **Finanzwesen** ▸ **Debitoren** ▸ **Konto** ▸ **Posten anzeigen/ändern** im SAP-Easy-Access-Menü (Transaktionscode FBL5N).

2 Geben Sie im Einstiegsbild im Feld **Debitorenkonto** die Kontonummer des Debitors ein, und vergessen Sie nicht, im Feld **Buchungskreis** Ihren Buchungskreis anzugeben.

3 Im Bereich **Auswahl der Posten** tragen Sie den Status (zum Beispiel **Offene Posten**) und ein Selektionsdatum ein. Wählen Sie (**Ausführen**), und Sie erhalten die Einzelpostenliste des Debitors.

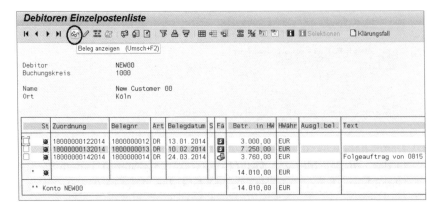

4 In der ersten Spalte innerhalb der Einzelpostenliste setzen Sie per Mausklick einen Haken in das Ankreuzfeld vor dem Beleg, den Sie sich

3.1 Debitorenrechnungen und -gutschriften erfassen

ansehen möchten. Klicken Sie anschließend auf das Brillensymbol 👓 (**Beleg anzeigen**). Es wird nun die erste Belegposition angezeigt.

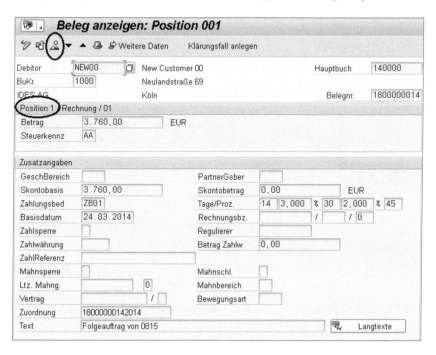

5️⃣ Im Bild **Beleg anzeigen: Position 001** wählen Sie die Belegübersicht durch einen Klick auf die Schaltfläche 👥 (**Belegübersicht**), um sich auch die Gegenposition und die vom SAP-System eventuell automatisch erzeugten Positionen (Steuerpositionen) ansehen zu können. Es öffnet sich nun das Bild **Beleg anzeigen: Erfassungssicht**.

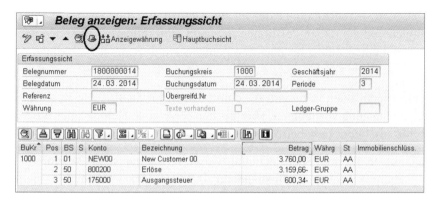

75

3 Tägliche Aufgaben in der Debitorenbuchhaltung

6 Per Klick auf die Schaltfläche (Belegkopf) rufen Sie die Kopfdaten des Belegs auf. Diese enthalten Informationen dazu, wer den Beleg wann erfasst hat und um welche Belegart es sich handelt, sowie einige weitere Daten, die Sie in der folgenden Abbildung sehen.

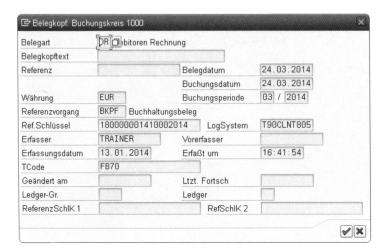

Da die Enjoy-Transaktion, die Sie in diesem Abschnitt kennengelernt haben, schnell an ihre Grenzen stößt, beschreiben wir im nächsten Abschnitt die Mehrbildtransaktion im Detail.

Buchen mit der Mehrbildtransaktion (komplexe Buchung)

Nicht immer sind die Buchungsvorgänge so einfach, dass Sie sie mit der Einbildtransaktion bearbeiten können. Für die komplexeren Buchungsvorgänge steht Ihnen die Mehrbildtransaktion zur Verfügung. In dieser Transaktion befinden sich nicht alle Felder für die Kopfdaten/Grunddaten, die Soll-Positionen und die Haben-Positionen in einem Bild, sondern stattdessen werden Sie von einem Bild zum nächsten geführt, um dort die notwendigen Angaben eintragen zu können.

Wir zeigen Ihnen in diesem Abschnitt Schritt für Schritt, wie Sie eine komplexe Buchung vornehmen. Hier buchen Sie eine Rechnung über die Mehrbildtransaktion; so gehen Sie dabei vor:

1 Folgen Sie dem Pfad **Rechnungswesen** ▸ **Finanzwesen** ▸ **Debitoren** ▸ **Buchung** ▸ **Rechnung allgemein** im SAP-Easy-Access-Menü (Transaktionscode F-22).

3.1 Debitorenrechnungen und -gutschriften erfassen

2 Sie gelangen nun in das erste Bild (**Debitorenrechnung erfassen: Kopfdaten**). Hier geben Sie die Kopfdaten ein; in unserem Beispiel pflegen Sie die folgenden Felder:

- Belegdatum
- Belegart
- Buchungskreis
- Buchungsdatum
- Periode
- Währung/Kurs

3 Im unteren Bereich des Bilds geben Sie im Feld **Bschl** den Buchungsschlüssel ein; verwenden Sie hier die F4-Hilfe und unter **Konto** die Kontonummer der ersten Belegposition. Die Felder **SHBKz** und **BWA** benötigen Sie zu einem späteren Zeitpunkt, wenn Sie die Sonderhauptbuchvorgänge und die Anlagenbuchungen bearbeiten.

Sind die Eingaben für dieses Bild abgeschlossen, klicken Sie auf ✓ (Weiter), oder Sie betätigen die ⏎-Taste.

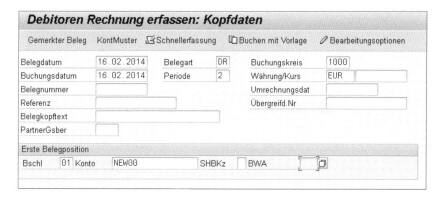

4 Nun gelangen Sie in das nächste Bild (**Debitorenrechnung erfassen: Korrigieren Debitorenposition**). Hier geben Sie für die erste Belegposition (Debitorenposition) im Bereich **Position 1/Rechnung/01** im Feld **Betrag** den Buchungsbetrag ein. Im Feld **Steuer** geben Sie den Steuerbetrag ein bzw. den Steuerschlüssel im Feld **Steuerkennz** und nehmen eventuell noch weitere Eingaben vor.

5 Im Bereich **Nächste Belegposition** geben Sie im Feld **Bschl** den Buchungsschlüssel und im Feld **Konto** eine Kontonummer für die nächste Belegposition ein (in unserem Beispiel die Gegenposition zur Debitorenposition).

3 Tägliche Aufgaben in der Debitorenbuchhaltung

Bestätigen Sie Ihre Eingaben wieder mit einem Klick auf ✅ (**Weiter**) oder mit der ⏎-Taste.

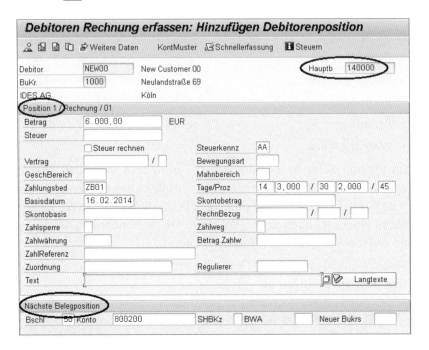

> **Abstimmkonto**
>
> Im Bild **Debitorenrechnung erfassen: Korrigieren Debitorenposition** sehen Sie oben rechts auch die Kontonummer des Abstimmkontos, auf dem diese Buchung im Hauptbuch mitgebucht wird (zum Abstimmkonto siehe auch Kapitel 2, »Debitorenstammsatz«).

6️⃣ In der folgenden Abbildung sehen Sie im Bereich **Position 2/Haben-Buchung/50** die Felder für die zweite Belegposition. Hier können Sie im Feld **Betrag** den Betrag für die Gegenbuchung eingeben und eventuell noch weitere Eingaben vornehmen, wie zum Beispiel im Feld **Text**. Auch für die Kosten- und Leistungsrechnung (Controlling) stehen hier Felder zur Verfügung, in die kostenrechnungsrelevante Kontierungen eingegeben werden können, wie zum Beispiel die Felder **Kostenstelle** und **Auftrag**. Der Steuerschlüssel im Feld **Steuerkennz** wird automatisch aus der ersten Position übernommen.

3.1 Debitorenrechnungen und -gutschriften erfassen

Debitoren Rechnung erfassen: Korrigieren Sachkontenposition

Weitere Daten KontMuster Schnellerfassung Steuern

Hauptbuchkonto 800200 Erlöse (Für Beispiele ohne Weiterleitung an CO-PA)
Buchungskreis 1000 IDES AG

Position 2 / Haben-Buchung / 50
Betrag 6.000,00 EUR
Steuerkennz AA

☐ Ohne Skonto
Kostenstelle   Auftrag
PSP-Element   Ergebnisobjekt
                          ImmobilienObj
                          Kundenauftrag

Special Region   Mehr
Zuordnung
Text   Langtexte

Nächste Belegposition
Bschl   Konto   SHBKz   BWA   Neuer Bukrs

[7] Nachdem Sie auch für die Gegenposition alle Angaben eingegeben haben, können Sie den Vorgang buchen, indem Sie auf die Schaltfläche 🗐 (**Sichern**) klicken.

[8] Wie es in der Anleitung zur Buchung mit der Enjoy-Transaktion beschrieben wurde, können Sie auch hier Ihre Buchung vorab simulieren. Sollte die Schaltfläche für die Simulation in der Anwendungsfunktionsleiste nicht angezeigt werden, kann die Simulation auch in der Menüleiste über **Beleg • Simulieren** angestoßen werden.

[9] Nach der Simulation können Sie den Vorgang abschließend buchen, indem Sie auf die Schaltfläche 🗐 (**Sichern**) klicken.

> **HINWEIS**
>
> **Mehrbildtransaktion**
>
> Die Mehrbildtransaktion eignet sich für die Buchung mehrerer Soll- und Haben-Positionen (komplexe Buchung). In unserem Beispiel haben wir lediglich eine Soll- und eine Haben-Position angegeben, um den Buchungsvorgang mit der Mehrbildtransaktion zu veranschaulichen. Daher wurde diese Buchung über insgesamt drei Eingabebilder abgewickelt. Mit ⏎ oder **Weiter** springen Sie in das nächste Bild, und das System erwartet dann eine weitere Positionseingabe. Das heißt natürlich, dass bei einer komplexeren Buchung mit mehreren Positionen auch entsprechend weitere Eingabebilder zu bearbeiten sind.

Nachdem wir die Buchung von Debitorenrechnungen behandelt haben, kommen wir im nächsten Schritt zum Zahlungseingang. Auf welche Art können Sie die Zahlungseingänge der Kunden im SAP-System buchen?

3.2 Zahlungseingang manuell erfassen

Je nachdem, in welchem Land Ihr Unternehmen seinen Geschäftssitz hat oder welche betrieblichen Gepflogenheiten in Ihrem Unternehmen herrschen, wird die Bearbeitung von Zahlungseingängen unterschiedlich behandelt. Zahlungseingänge können bis zum Erhalt der Kontoauszüge erst einmal auf sogenannten Verrechnungskonten (Bankverrechnungskonto, Scheckeingangsverrechnungskonto, Scheckausgangsverrechnungskonto usw.) gebucht werden. Nach dem Erhalt der Kontoauszüge werden diese Verrechnungskonten ausgeglichen, und es wird auf die »richtigen« Konten im Hauptbuch gebucht. Selbstverständlich kann man auch auf diese Zwischenbuchung verzichten und bucht die Zahlungseingänge direkt auf die »richtigen« Konten. Je nach Gepflogenheiten des Unternehmens können Teilbeträge, die vom Kunden überwiesen werden, verschiedenartig im System gebucht werden. Im Folgenden gehen wir auf die Buchung einer Teilzahlung, die Restpostenbildung und natürlich auch auf die Buchung eines vollständigen Ausgleichs ein. In diesem Zusammenhang sprechen wir auch die Toleranzgruppen an und erläutern, wie die Differenzbeträge gebucht werden.

Zahlungseingang mit vollständigem Ausgleich

Die offenen Posten eines Debitorenkontos werden ausgeglichen, wenn vom Kunden ein Zahlungseingang in voller Rechnungshöhe oder mit vereinbartem Skontoabzug eingeht. Sie haben jedoch auch die Möglichkeit, eine Position auszugleichen, obwohl eine geringe Differenz zwischen dem offenen Posten und dem Zahlungseingang besteht. Auch dann wird von einem vollständigen Ausgleich der offenen Rechnung gesprochen.

Zu diesem Zweck können im Customizing des SAP-Systems sogenannte Toleranzgruppen angelegt werden. Hier werden Einstellungen definiert, die für Zahlungsdifferenzen einen erlaubten Höchstbetrag vorsehen. Diese Einstellungen können sowohl auf der Ebene der Debitoren und Kreditoren (wie hoch darf die Buchung einer Zahlungsdifferenz für diesen Debitor/Kreditor sein?) als auch auf der Ebene der Benutzer (wie hoch darf die Differenz sein, die der Benutzer einbuchen darf?) vorgenommen werden. Die folgende Abbildung zeigt das Beispiel einer Toleranzgruppe, die im Customizing festgelegt wurde.

3.2 Zahlungseingang manuell erfassen

Sicht "Toleranzen Geschäftspartner" ändern: Detail

Buchungskreis	1000	IDES AG		Frankfurt
Währung	EUR			
Toleranzgruppe	1000			

Vorgaben für Ausgleichsvorgänge

Kulanztage Fälligkt	5	Anzuzeigendes Skontorecht	0
Basisdat.Verzugstage			

Zulässige Zahlungsdifferenzen

	Betrag	Prozent	Skontokorrektur bis
Ertrag	15,34	2,0 %	1,02
Aufwand	5,11	0,5 %	1,02

Zulässige Zahlungsdifferenzen für autom. Ausbuchen (Funktionscode AD)

	Betrag	Prozent
Ertrag		%
Aufwand		%

Angaben für die Buchung von Restposten aus Zahlungsdifferenzen

- ☑ Zahlungsbedingung aus Rechnung   Feste Zahlungsbedingung
- ☑ Skonto nur anteilig gewähren
- Mahnschlüssel

Toleranzen für Avise

	Betrag	Prozent
Restforderung ab		%
Restverbindlichk. ab		%

Toleranzgruppen festlegen

Im Folgenden erarbeiten wir die Vollzahlung, die Teilzahlung und die Restpostenbildung anhand eines Beispiels und überprüfen die Buchungen jeweils anhand der Einzelpostenliste.

Als Erstes stellen wir die Buchung eines Zahlungseingangs mit vollständigem Ausgleich vor. Der Kunde hat die erhaltene Rechnung pünktlich und in voller Höhe beglichen. Sie möchten diesen Zahlungseingang buchen. Gehen Sie folgendermaßen vor:

1. Wählen Sie den Pfad **Rechnungswesen ▸ Finanzwesen ▸ Debitoren ▸ Buchung ▸ Zahlungseingang** im SAP-Easy-Access-Menü (Transaktionscode F-28).

2. Sie gelangen in das Einstiegsbild für die Buchung (**Zahlungseingang buchen: Kopfdaten**). Das Einstiegsbild ist in drei Bereiche aufgeteilt. Im oberen Bereich geben Sie die Kopfdaten ein, wie zum Beispiel das Datum

in den Feldern **Belegdatum** und **Buchungsdatum**. Die Felder **Belegart**, **Periode**, **Buchungskreis** und **Währung/Kurs** werden automatisch vom System befüllt. Ergänzen Sie gegebenenfalls weitere Felder, wie zum Beispiel das Feld **Referenz** und **Belegkopftext**, um der Buchung mehr Informationsgehalt zu geben.

3 Im Bereich **Bankdaten** geben Sie im Feld **Konto** die Sachkontonummer Ihres Bankkontos an. Im Feld **Betrag** pflegen Sie den Betrag des Zahlungseingangs. Für zusätzliche Angaben stehen Ihnen hier noch weitere Felder zur Verfügung. Das System hat in unserem Beispiel ein Datum in das Feld **Valutadatum** eingefügt. Verwendet wird hier das aktuelle Datum als Vorschlagswert und kann somit geändert werden. Das Valutadatum ist der Tag der Wertstellung, also der Tag, an dem die Geldbewegung voraussichtlich stattfindet.

4 Im Bereich **Auswahl der offenen Posten** geben Sie die Nummer des Debitorenkontos (Feld **Konto**) und eventuell noch weitere Daten an. Das Feld **Kontoart** wurde bereits vom System mit dem Wert D (Debitor) befüllt. Da es sich hierbei um einen »normalen« Posten handelt, der ausgeglichen werden soll, wurde auch automatisch das Auswahlfeld **Normale OP** markiert.

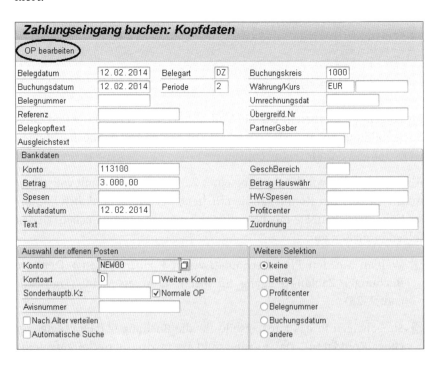

3.2 Zahlungseingang manuell erfassen

5 Wenn Sie alle notwendigen Felder in diesem Bild gepflegt haben, erzeugen Sie durch einen Klick auf die Schaltfläche OP bearbeiten ganz oben im Bild eine Liste der offenen Posten. Es öffnet sich nun das Bild **Zahlungseingang buchen Offene Posten bearbeiten**.

6 Die Informationsmeldung, wie viele Posten selektiert wurden, können Sie mit einem Klick auf die Schaltfläche ✔ OK schließen.

7 Sie müssen nun den Posten auswählen, der ausgeglichen werden soll. Dazu deaktivieren Sie alle anderen Positionen bzw. aktivieren den zum Ausgleich stehenden Posten. Aktivieren Sie die entsprechende Position durch einen Doppelklick. Alternativ können Sie die Position per Mausklick markieren und anschließend auf die Schaltflächen ↑ Posten / ↓ Posten (**Posten aktivieren/inaktivieren**) klicken.

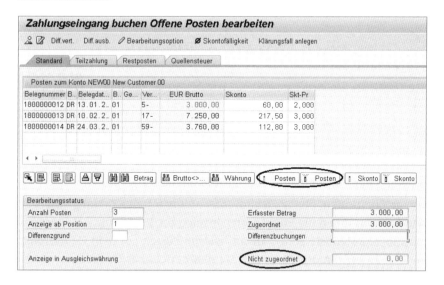

> **HINWEIS**
>
> **Aktivierte Posten**
> Die deaktivierten Positionen werden schwarz dargestellt, während die selektierte/aktivierte Position farbig hervorgehoben wird.

Erst wenn das Feld **Nicht zugeordnet** den Wert 0 aufweist, kann der Vorgang gebucht werden. Stünde in diesem Feld ein anderer Wert als 0, läge eine Differenz zwischen dem Zahlungseingang und dem offenen Posten vor, und der Vorgang könnte nicht als Vollzahlung gebucht werden.

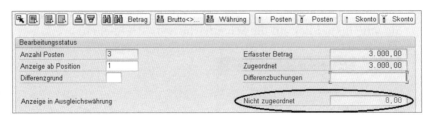

8. Als Nächstes buchen Sie den Zahlungseingang durch einen Klick auf 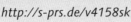 (**Sichern**).

9. Daraufhin erhalten Sie die Informationsmeldung, dass der Beleg gebucht wurde, unter der Angabe der Belegnummer. Bestätigen Sie die Informationsmeldung durch einen Klick auf **OK**.

10. Gehen Sie zurück in das SAP-Easy-Access-Menü (Einstiegsbild), indem Sie auf die Schaltfläche ☺ (**Beenden**) klicken. Alternativ können Sie auch im Befehlsfeld den Befehl »/N« eingeben.

> **VIDEO** **Zahlungseingang mit Ausgleich-Vollzahlung manuell buchen**
> Erfahren Sie in diesem Video, wie Sie einen offenen Posten aktivieren und mit der Zahlung ausgleichen:
> http://s-prs.de/v4158sk
>
>

Buchung der Vollzahlung in der Einzelpostenanzeige prüfen

Um zu überprüfen, ob die Debitorenrechnung mit der Zahlung ausgeglichen wurde, steht Ihnen die Einzelpostenanzeige zur Verfügung. Im Einstiegsbild zur Einzelpostenliste geben Sie an, welche Posten auf dem Debitorenkonto Sie sich ansehen möchten. Wenn Sie den Bericht ausführen lassen, stellt Ihnen das SAP-System eine Liste der Einzelposten bereit. Die Darstellung der Auflistung können Sie nach Ihren individuellen Bedürfnissen ändern.

Schauen Sie sich die Einzelpostenliste des Debitors an, um zu prüfen, wie das SAP-System Ihre Rechnung und den darauffolgenden Zahlungseingang darstellt. So geht's:

3.2 Zahlungseingang manuell erfassen

1 Folgen Sie dem Pfad **Rechnungswesen** ▸ **Finanzwesen** ▸ **Debitoren** ▸ **Konto** ▸ **Posten anzeigen/ändern** im SAP-Easy-Access-Menü (Transaktionscode FBL5N).

2 In der sich daraufhin öffnenden Maske geben Sie die Nummer des Debitorenkontos (Feld **Debitorenkonto**) und den Buchungskreis (Feld **Buchungskreis**) an. Markieren Sie eine der möglichen Optionen:

- **Offene Posten**
  offen zum Stichtag (zeigt die bis zum angegebenen Datum offenen Posten an)

- **Ausgeglichene Posten**
  Ausgleichsdatum (zeigt alle ausgeglichenen Posten bis zum angegebenen Datum an)

- **Alle Posten**
  Buchungsdatum (zeigt alle Posten bis zum angegebenen Datum an)

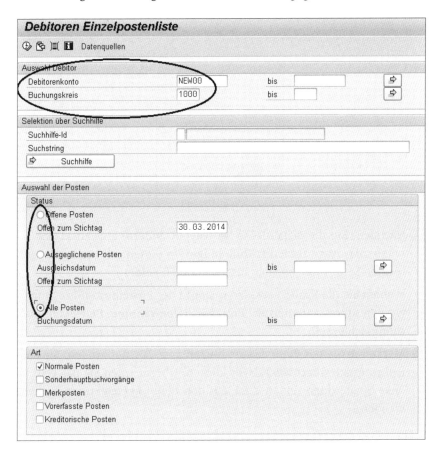

3 Tägliche Aufgaben in der Debitorenbuchhaltung

Für weitere Selektionen zur Anzeige der Einzelpostenliste stehen Ihnen zusätzliche Felder, beispielsweise im Bereich **Art**, zur Verfügung. Sie können hier die Art der Posten auswählen, die angezeigt werden sollen, ob es sich also um normale Posten, um Sonderhauptbuchvorgänge oder um Merkposten usw. handelt.

3 Klicken Sie auf 🔄 (**Ausführen**).

4 Ihnen wird nun die Einzelpostenliste des Debitors angezeigt. Sie können die Darstellung verändern oder erweitern. Eventuell möchten Sie ausgeblendete Spalten hinzufügen (zum Beispiel **Betrag in Belegwährung, Belegwährung, Buchungsschlüssel**) oder die Breite der Spalten (zum Beispiel **Text**) verringern. Klicken Sie dazu auf die Schaltfläche ⊞ (**Layout ändern**).

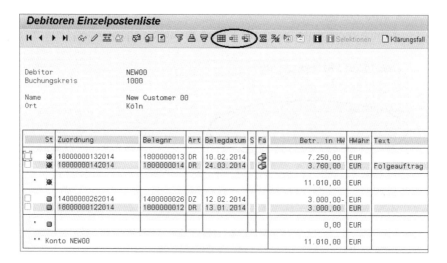

5 Nachdem Sie die Schaltfläche ⊞ (**Layout ändern**) angeklickt haben, erscheint das Auswahlbild **Layout ändern**. In diesem Bild sehen Sie auf der rechten Seite eine Liste der ausgeblendeten Felder.

Wählen Sie die Spalten aus, die später in der Einzelpostenliste aufgeführt werden sollen (zum Beispiel **Betrag in Belegwährung, Belegwährung, Buchungsschlüssel**).

6 Markieren Sie das Feld, das Sie hinzufügen möchten, indem Sie auf den Balken (graues Rechteck) davor klicken. Übernehmen Sie das Feld in die linke Spalte durch einen Klick auf den Pfeil ◀ (**selektierte Felder einblenden**).

3.2 Zahlungseingang manuell erfassen

7 Auf der linken Seite des Bilds sehen Sie die angezeigten Felder (Spalteninhalt). Ändern Sie die Spaltenbreite eines Felds (zum Beispiel das Feld **Text**) und dessen Position. Ändern Sie im Feld **Pos** die Positionsnummer und im Feld **Länge** die Feldlänge. Klicken Sie dann auf die Schaltfläche ✓ Übernehmen.

8 Somit haben Sie die ursprüngliche Darstellung der Einzelpostenliste verändert. In der nächsten Abbildung sehen Sie die Einzelpostenliste, nachdem Sie die Änderungen am Layout vorgenommen haben.

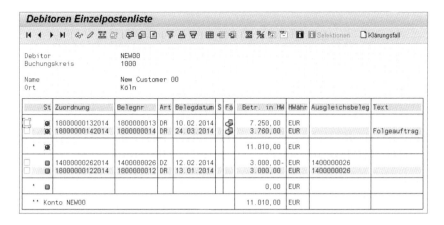

> **VIDEO**
>
> **Die Debitorenkonto-Einzelpostenliste bearbeiten**
> Dieses Video macht Sie mit dem Standardbericht zur Einzelpostenanzeige vertraut und zeigt, wie Sie dort ein Layout auswählen oder ändern:
>
> http://s-prs.de/v4158wv

Sicher möchten Sie diese Einstellungen nicht jedes Mal wiederholen, wenn Sie für einen Debitor die Einzelpostenliste aufrufen. Sie können diese Darstellung der Einzelposten sichern (**Layout sichern**), um sie zu einem späteren Zeitpunkt wieder aufzurufen. Dies funktioniert folgendermaßen:

1. Verlassen Sie das Bild **Debitoren Einzelpostenliste** noch nicht. Speichern Sie dieses Layout, damit Sie die Änderungen nicht immer wieder neu vornehmen müssen. Hierzu gehen Sie auf 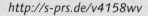 (**Layout sichern**).

2. Geben Sie Ihrem Layout eine Bezeichnung, und tragen Sie diese in das Feld **Layout** ein. Damit die Liste der verfügbaren Layouts nicht für alle Mitarbeiter zu lang wird, können Sie Ihr spezielles Layout benutzerspezifisch verwenden. Markieren Sie hierzu das Feld **Benutzerspezifisch**, und sichern Sie Ihr Layout mit einem Klick auf Sichern.

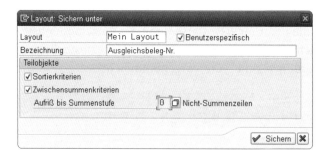

3. Nun erhalten Sie die Informationsmeldung, dass das Layout gesichert wurde. Bestätigen Sie diese Meldung.

4. Legen Sie Ihr Layout als »voreingestellt« fest. So wird Ihnen jedes Mal automatisch Ihr Layout angezeigt, sobald Sie die Einzelpostenliste aufrufen. Folgen Sie dazu dem Menüpfad **Einstellungen** ▸ **Anzeigevariante** ▸ **Verwaltung**.

5. Sie erhalten die Auflistung der Standardlayouts. In der Anwendungsfunktionsleiste klicken Sie auf **Benutzerlayout**, um die Liste der Benutzerlayouts zu erhalten.

3.2 Zahlungseingang manuell erfassen

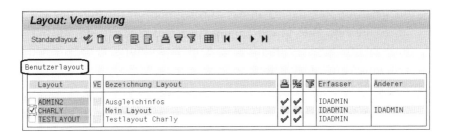

6 Markieren Sie das gewünschte Layout, und klicken Sie in der Anwendungsfunktionsleiste auf ![] (**Voreinstellung setzen**). Sichern Sie mit einem Klick auf das Diskettensymbol ![] (**Sichern**).

Sie haben ein Layout geändert, die Änderungen benutzerspezifisch gesichert und voreingestellt, sodass Ihnen von nun an automatisch das gewünschte Layout zur Verfügung gestellt wird, sobald Sie die Einzelpostenliste aufrufen.

Zahlungseingang als Teilzahlung

Ist eine Zahlungsdifferenz höher als der Höchstbetrag, der in der Toleranzgruppe erlaubt ist (liegt sie also außerhalb der Toleranz), kann eine Teilzahlung veranlasst werden. Die Positionen werden hierbei nicht ausgeglichen. Der Zahlungseingang wird als neuer offener Posten auf der Haben-Seite gebucht. Diese Haben-Position wird oberhalb des offenen Postens angezeigt, der bezahlt wird, und bezieht sich auch auf diesen Posten.

Der Kunde hat für eine Rechnung eine Zahlung geleistet, die nicht der Rechnungssumme entspricht. In solchen Fällen sind Sie dazu angehalten, den Zahlungseingang als Teilzahlung vorzunehmen.

> **HINWEIS** **Beispielbuchung**
>
> In unserem Beispiel existiert eine Rechnung in Höhe von 7.250,00 EUR auf dem Debitorenkonto. Der Kunde überweist einen Betrag in Höhe von 6.000,00 EUR. Es besteht daher eine Zahlungsdifferenz in Höhe von 1.250,00 EUR.

Buchen Sie einen Zahlungseingang als Teilzahlung. So geht's:

1 Folgen Sie dem Pfad **Rechnungswesen** • **Finanzwesen** • **Debitoren** • **Buchung** • **Zahlungseingang** im SAP-Easy-Access-Menü (Transaktionscode F-28).

3 Tägliche Aufgaben in der Debitorenbuchhaltung

2 Sie gelangen nun wieder in das Einstiegsbild für die Buchung des Zahlungseingangs. Wie in der Übung zuvor zur Vollzahlung müssen auch hier die drei Bereiche (**Kopfdaten, Bankdaten, Auswahl der offenen Posten**) mit Werten gefüllt werden.

3 Im oberen Bereich werden wieder die Kopfdaten eingegeben. Tragen Sie, ebenso wie in der vorangehenden Übung, das Datum in die Felder **Belegdatum** und **Buchungsdatum** ein. Geben Sie eventuell weitere Informationen ein, die dem Beleg mehr Informationsgehalt geben.

4 Im Bereich **Bankdaten** geben Sie die Sachkontonummer Ihres Bankkontos (Feld **Konto**) und den Zahlungsbetrag der Teilzahlung (Feld **Betrag**) an.

5 Im unteren Teil der Maske (**Auswahl der offenen Posten**) geben Sie die Nummer des Debitorenkontos (Feld **Konto**) und eventuell noch weitere Daten ein.

6 Klicken Sie auf die Schaltfläche OP bearbeiten, und Sie gelangen in das Bild **Zahlungseingang buchen Offene Posten bearbeiten**.

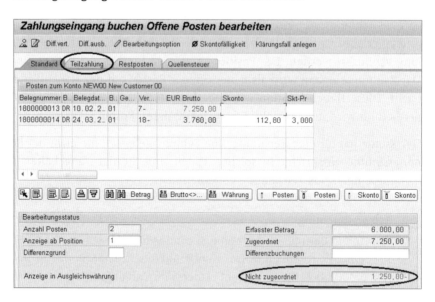

7 Auch hier aktivieren Sie den offenen Posten, der bezahlt werden soll, per Doppelklick auf die entsprechende Position oder durch einen Klick auf die Schaltflächen Posten Posten. Die Zahlungsdifferenz in Höhe von 1.250,00 EUR wird im Feld **Nicht zugeordnet** angezeigt.

8 Wechseln Sie nun auf die Registerkarte **Teilzahlung**. Klicken Sie doppelt auf die Spalte **Zahlungsbetrag**. Dadurch übernimmt das SAP-System automatisch den Zahlungsbetrag, den Sie zuvor angegeben haben (in unserem Beispiel 6.000,00 EUR). Durch den Wechsel auf die Registerkarte **Teilzahlung** registriert das System, dass keine Vollzahlung gebucht werden soll. Somit ergibt sich im Feld **Nicht zugeordnet** der Wert 0. Buchen Sie den Vorgang durch einen Klick auf 🖫 (**Sichern**).

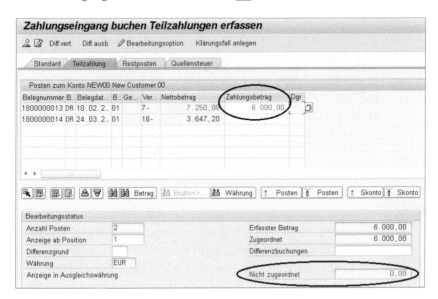

9 Eine Informationsmeldung teilt unter der Angabe der Belegnummer mit, dass der Beleg gebucht wurde. Bestätigen Sie die Informationsmeldung mit der ⏎-Taste. Gehen Sie nun zurück zum SAP-Easy-Access-Menü (Einstiegsbild). Klicken Sie dazu auf 🔙 (**Beenden**), oder geben Sie im Befehlsfeld den Befehl »/N« ein.

Buchung der Teilzahlung in der Einzelpostenanzeige prüfen

Prüfen Sie über die Einzelpostenanzeige, wie das SAP-System die Buchung des Zahlungseingangs als Teilzahlung darstellt. So geht's:

1 Folgen Sie dem Pfad **Rechnungswesen ▸ Finanzwesen ▸ Debitoren ▸ Konto ▸ Posten anzeigen/ändern** im SAP-Easy-Access-Menü (Transaktionscode FBL5N).

2 In der sich nun öffnenden Maske geben Sie die Nummer des Debitorenkontos (Feld **Debitorenkonto**) und den Buchungskreis (Feld **Buchungskreis**) an. Markieren Sie die Option **Alle Posten**, und klicken Sie auf 🕒 (**Ausführen**).

3 Tägliche Aufgaben in der Debitorenbuchhaltung

3 Es wird nun die Einzelpostenliste mit dem von Ihnen voreingestellten Layout angezeigt.

St	Zuordnung	Belegnr	Art	Belegdatum	S	Fä	Betr. in HW	HWähr	Ausgl.bel.	Text
	18000000132014	1400000027	DZ	25.03.2014			6.000,00-	EUR		
	18000000132014	1800000013	DR	10.02.2014			7.250,00	EUR		
	18000000142014	1800000014	DR	24.03.2014			3.760,00	EUR		Folgeauftrag
*							5.010,00	EUR		
	14000000262014	1400000026	DZ	12.02.2014			3.000,00-	EUR	1400000026	
	18000000122014	1800000012	DR	13.01.2014			3.000,00	EUR	1400000026	
*							0,00	EUR		
**	Konto NEW00						5.010,00	EUR		

4 Wie Sie in der Einzelpostenliste sehen, hat das SAP-System die Rechnung unter der Belegart DR und die Zahlung unter der Belegart DZ gebucht. Sie sehen auch, dass die Zahlung zu der dazugehörenden Rechnung oberhalb der Debitorenrechnung angezeigt wird. Durch den Status ⬤ wird zudem angezeigt, dass beide Positionen als »offen« ausgewiesen werden.

Zahlungseingang mit Restpostenbildung

Der Unterschied zwischen Teilzahlung und Restposten ist, dass der Status der alten Forderung nach der Buchung des Zahlungseingangs durch Restpostenbildung auf »ausgeglichen« steht. Dies wird dann gebucht, wenn klargestellt ist, dass der Kunde zu Recht nur einen Teil der offenen Forderung zahlt, beispielsweise weil eine erfolgte Lieferung fehlerhaft war und eine Nachlieferung erfolgen soll. Angenommen, Sie erhalten einen Zahlungseingang eines Kunden. Der Zahlungsbetrag liegt weit unter dem Rechnungsbetrag. Auch in diesem Fall gilt, dass die Differenz manuell gebucht werden muss, wenn eine Zahlungsdifferenz höher ist als der Höchstbetrag, der in der Toleranzgruppe erlaubt ist (außerhalb der Toleranz liegt). Sie werden angewiesen, den Zahlungseingang als Restposten zu bilden. Die Verfahrensweise gleicht dem Verfahren der Teilzahlungsbuchung, wobei die offene Rechnung hierbei aber ausgeglichen wird. Die Höhe der Zahlungsdifferenz wird als neuer offener Posten (Restposten) angelegt.

3.2 Zahlungseingang manuell erfassen

> **HINWEIS**
>
> **Beispielbuchung**
>
> In unserem Beispiel existiert eine Rechnung in Höhe von 7.800,00 EUR auf dem Debitorenkonto, und der Kunde überweist einen Betrag in Höhe von 7.200,00 EUR. Es besteht demnach eine Zahlungsdifferenz in Höhe von 600,00 EUR. Der Skontobetrag wird in unserem Beispiel nicht berücksichtigt und muss deaktiviert werden.

Gehen Sie folgendermaßen vor:

1. Folgen Sie dem Pfad, wie es im Abschnitt »Zahlungseingang mit vollständigem Ausgleich« beschrieben ist: **Rechnungswesen** ▸ **Finanzwesen** ▸ **Debitoren** ▸ **Buchung** ▸ **Zahlungseingang** (Transaktionscode F-28).

2. Sie gelangen nun in das Einstiegsbild für die Buchung (**Zahlungseingang buchen: Kopfdaten**). Das Einstiegsbild ist in drei Bereiche unterteilt.

3. Im oberen Bereich geben Sie die Kopfdaten ein, wie zum Beispiel das Datum in die Felder **Belegdatum** und **Buchungsdatum**. Die Felder **Belegart**, **Periode**, **Buchungskreis** und **Währung/Kurs** werden automatisch vom System befüllt. Ergänzen Sie gegebenenfalls weitere Felder, wie zum Beispiel die Felder **Referenz** und **Belegkopftext**, um der Buchung mehr Informationsgehalt zu geben.

4. Im Bereich **Bankdaten** geben Sie im Feld **Konto** die Sachkontonummer Ihres Bankkontos an. Im Feld **Betrag** pflegen Sie den Betrag des Zahlungseingangs. Für zusätzliche Angaben stehen Ihnen hier noch weitere Felder zur Verfügung.

5. Im Bereich **Auswahl der offenen Posten** geben Sie die Nummer des Debitorenkontos (Feld **Konto**) und eventuell noch weitere Daten an. Das Feld **Kontoart** wurde bereits vom System mit dem Wert D (Debitor) gefüllt.

   Da es sich hierbei um einen »normalen« Posten handelt, der ausgeglichen werden soll, wurde auch automatisch das Auswahlfeld **Normale OP** markiert.

6. Klicken Sie auf die Schaltfläche [OP bearbeiten].

7. Sie gelangen nun in das Bild **Zahlungseingang buchen Offene Posten bearbeiten**. Aktivieren Sie den offenen Posten, der bezahlt werden soll, durch einen Doppelklick auf die Position oder durch einen Klick auf die Schaltflächen [↑ Posten][↓ Posten].

3 Tägliche Aufgaben in der Debitorenbuchhaltung

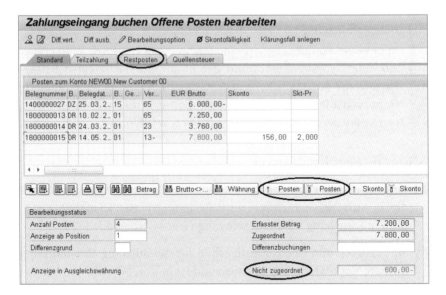

8. Wechseln Sie nun auf die Registerkarte **Restposten**, und klicken Sie doppelt auf die Spalte **Restposten**; das SAP-System übernimmt automatisch den Restbetrag (in unserem Beispiel 600,00 EUR) in das Feld **Restposten**.

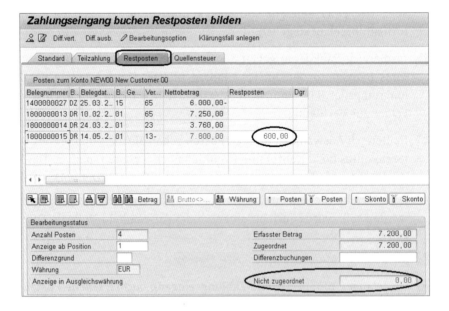

3.2 Zahlungseingang manuell erfassen

9 Das Feld **Nicht zugeordnet** muss wieder den Wert 0 aufweisen. Buchen Sie den Vorgang durch einen Klick auf 🖫 (**Sichern**).

10 Bestätigen Sie die Informationsmeldung, dass der Beleg gebucht wurde, und notieren Sie sich die Belegnummer.

11 Gehen Sie in das SAP-Easy-Access-Menü (Einstiegsbild) zurück, indem Sie auf 🔙 (**Beenden**) klicken oder im Befehlsfeld den Befehl »/N« eingeben.

Buchung des Restpostens in der Einzelpostenanzeige prüfen

Prüfen Sie über die Einzelpostenanzeige, wie das System die Buchung des Zahlungseingangs als Restposten ablegt. Schauen Sie sich dazu die Einzelpostenanzeige des Debitors an, und gehen Sie vor, wie im Abschnitt »Buchung der Vollzahlung in der Einzelpostenanzeige prüfen« weiter vorne in diesem Abschnitt beschrieben (Transaktionscode FBL5N):

1 Folgen Sie dem Pfad **Rechnungswesen ▸ Finanzwesen ▸ Debitoren ▸ Konto ▸ Posten anzeigen/ändern** im SAP-Easy-Access-Menü (Transaktionscode FBL5N).

2 Das Einstiegsbild öffnet sich. Geben Sie die Nummer des Debitorenkontos (Feld **Konto**) und den Buchungskreis (Feld **Buchungskreis**) an, und markieren Sie anschließend die Option **Alle Posten**. Führen Sie den Bericht aus, indem Sie auf 🕒 (**Ausführen**) klicken.

3 Es wird nun die Einzelpostenliste angezeigt. Wie Sie sehen, wird Ihnen die Einzelpostenliste mit Ihrem Layout dargestellt.

4 Wie Sie am Status 🔲 erkennen können, hat das System die ursprüngliche Debitorenrechnung mit der Buchung des Zahlungseingangs ausgeglichen (Belegarten DR und DZ). Die daraus resultierende Differenz, die Sie als Restposten gebucht haben, wird oben als neuer offener Posten (Restposten) angezeigt 🔘.

3 Tägliche Aufgaben in der Debitorenbuchhaltung

Debitoren Einzelpostenliste									

Debitor: NEW00
Buchungskreis: 1000
Name: New Customer 00
Ort: Köln

	St	Zuordnung	Belegnr	Art	Belegdatum	S	Fä	Betr. in HW	HWähr	Ausgl.bel.	Text
☐	●	1800000132014	1400000027	DZ	25.03.2014			6.000,00-	EUR		
☐	●	1800000132014	1800000013	DR	10.02.2014			7.250,00	EUR		
☐	●	1800000142014	1800000014	DR	24.03.2014			3.760,00	EUR		Folgeauftrag
☐	●	1800000152014	1400000026	DZ	05.06.2014			600,00	EUR		Restposten
*	●							5.610,00	EUR		
☐	■	1400000262014	1400000026	DZ	12.02.2014			3.000,00-	EUR	1400000026	
☐	■	1800000122014	1800000012	DR	13.01.2014			3.000,00	EUR	1400000026	
☐	■	1400000282014	1400000028	DZ	05.06.2014			7.800,00-	EUR	1400000028	
☐	■	1800000152014	1800000015	DR	14.05.2014			7.800,00	EUR	1400000028	
*	■							0,00	EUR		
**		Konto NEW00						5.610,00	EUR		

3.3 SAP Dispute Management

Im vorherigen Fall haben Sie einen Zahlungseingang des Kunden mit Bildung eines Restpostens gebucht. Es gilt nun zu ermitteln, warum der Kunde seine Rechnung nicht in vollem Umfang beglichen hat. Dafür kann es mehrere Gründe geben. Warum ist es für uns wichtig, diese Gründe so schnell wie möglich in Erfahrung zu bringen? Wenn ein Kunde beispielsweise mit unserer Ware oder mit der Abwicklung der Warenzustellung unzufrieden ist, ist es an uns, diese Umstände zu ändern und die Kundenzufriedenheit zu gewährleisten. Auch Schwachstellen in unserem Unternehmen im Bereich der Prozessabwicklung sollten ermittelt und beseitigt werden.

Das Lösen von Klärungsfällen ist ein manueller Prozess und sehr kostenintensiv. Wichtig ist der Informationsaustausch im Unternehmen und zwischen den Geschäftspartnern. Die Bearbeitung von Klärungsfällen ist ein wichtiger Punkt für das Qualitätsmanagement des Unternehmens.

Klärungsfälle können sowohl im SAP Dispute Management über das FSCM (Financial Supply Chain Management) als auch über die Debitorenbuchhaltung angelegt und bearbeitet werden.

3.3 SAP Dispute Management

1. Legen Sie einen Klärungsfall direkt aus der Einzelpostenanzeige zum Debitorenkonto an. Nehmen wir an, der Kunde hat Ihnen telefonisch mitgeteilt, dass er aufgrund einer unvollständigen Warenlieferung nicht den vollen Rechnungsbetrag (Forderung) überwiesen hat.

   Die vollständige Regulierung soll erfolgen, sobald die ausstehenden Positionen von uns geliefert werden. Rufen Sie zunächst die Einzelpostenliste des Kunden auf, und markieren Sie den Restposten.

2. Legen Sie für den Geschäftsvorfall einen Klärungsfall an, indem Sie auf die Schaltfläche ☐ Klärungsfall (**Klärungsfall anlegen**) klicken.

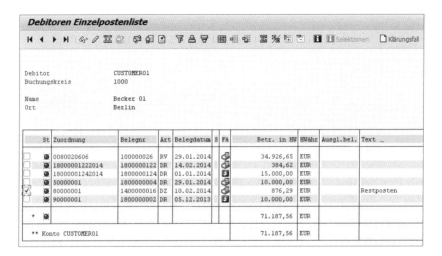

3. Geben Sie die notwendigen Informationen in die Eingabemaske ein. Für eine bessere Übersicht der Klärungsfälle legen Sie eine Überschrift im entsprechenden Feld fest, und im Feld **Ursache** geben Sie den Grund für die Zahlungsdifferenz an. Bestimmen Sie noch den Prioritätsgrad des Falls, und geben Sie den Bearbeiter und den Verantwortlichen in den gleichnamigen Feldern an. Im Folgenden sehen Sie eine solche Beispielbuchung mit dem Kunden Becker 01 (**Customer01**).

4. Im Bereich **Ansprechpartner** haben Sie die Möglichkeit, den Namen der Person anzugeben, die im Unternehmen Ihres Geschäftspartners für diesen Fall zuständig ist. Erklären Sie den Sachverhalt kurz, aber informativ im Abschnitt **Langtext**.

5. Sichern Sie Ihren Fall über das Diskettensymbol 💾, und der Klärungsfall wird angelegt.

3 Tägliche Aufgaben in der Debitorenbuchhaltung

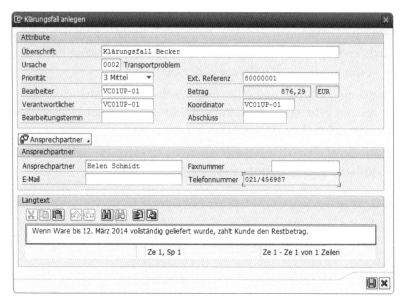

Klärungsfall anlegen – Eingabemaske

Als Sachbearbeiter im SAP Dispute Management können Sie den Klärungsfall zur Bearbeitung aufrufen. Beispielsweise können Sie dem betreffenden Kunden per Brief mitteilen, dass sich der Sachverhalt im Prüfungsvorgang befindet. Durch die Bearbeitung des Falls kann sich der Status des Klärungsfalls ändern. Wie weit der Fall vorangeschritten ist, kann jederzeit eingesehen werden. Durch eine Buchung in der Finanzbuchhaltung (vollständige Regulierung durch den Kunden) wird der Status des Klärungsfalls im SAP Dispute Management automatisch korrigiert.

Auf den nächsten Abbildungen sehen Sie Beispiele für die Bearbeitung eines Klärungsfalls im SAP Dispute Management.

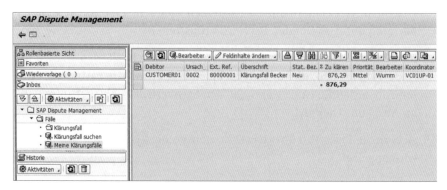

SAP Dispute Management – Übersicht der Klärungsfälle

3.4 Integration mit dem Vertrieb

Im Dialogbild der Klärungsfallbearbeitung kann der zu bearbeitende Fall ausgewählt werden. Im rechten Bildbereich sieht man eine Übersicht der in der Debitorenbuchhaltung angelegten Klärungsfälle.

Durch einen Doppelklick auf das Feld **Fall-ID** erhalten Sie die Details zum Klärungsfall.

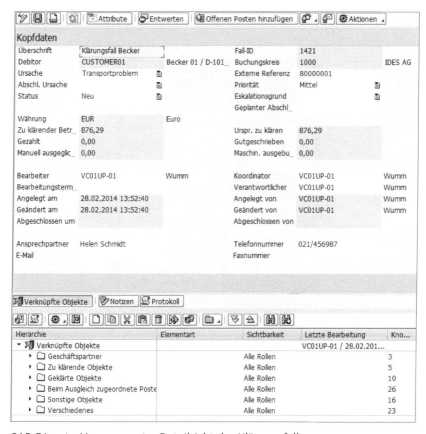

SAP Dispute Management – Detailsicht des Klärungsfalls

3.4 Integration mit dem Vertrieb

In den ersten Abschnitten dieses Kapitels haben wir gezeigt, wie Sie eine Debitorenrechnung in der Buchhaltung erfassen und damit einen Buchhaltungsbeleg anlegen. Was aber ist, wenn die Rechnungserfassung über den Vertrieb in der SAP-Komponente SD (Sales and Distribution) abgewickelt wird? In diesem Fall spielt die Integration eine große Rolle! Findet die Rechnungserfassung über den Vertrieb statt, hat dies unter anderem Auswirkungen auf das externe Rechnungswesen. Wird zum Beispiel eine Ausgangsrechnung im Vertrieb gebucht, generiert das SAP-System automatisch einen Buchhaltungsbeleg für die Finanzbuchhaltung (Debitorenbuchhaltung).

Wie in Kapitel 2, »Debitorenstammsatz«, dargestellt, besteht ein vollständiger Debitorenstammsatz aus drei Bereichen. Der dritte Bereich enthält die Vertriebsbereichsdaten. Die Vertriebsbereichsdaten entstehen aus der Kombination von Verkaufsorganisation, Vertriebsweg und Sparte:

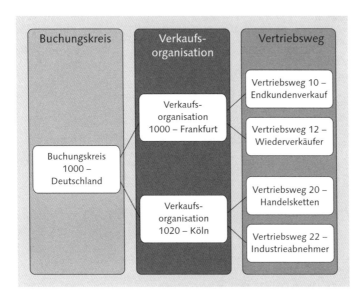

Die Organisationseinheiten Buchungskreis, Verkaufsorganisation und Vertriebsweg

- **Verkaufsorganisation**
  Verkaufsorganisationen sind für die Verkaufsabwicklung in einem Unternehmen zuständig, gleichgültig, ob es sich um Waren oder Dienstleistungen handelt. Es wird eine Zuordnung zwischen Verkaufsorganisationen und Werken geschaffen, die dann eine Beziehung zu einem Buchungskreis herstellt. Ein Werk gehört genau einem Buchungskreis an, kann aber mit verschiedenen Verkaufsorganisationen verknüpft sein. Dadurch können einem Buchungskreis mehrere Verkaufsorganisationen angehören.

- **Vertriebsweg**
  Der Vertrieb von Waren kann über verschiedene Vertriebswege erfolgen (zum Beispiel Endkundenverkauf, Wiederverkäufer, Industriekunden usw.). Ein Kunde kann von einer Verkaufsorganisation über mehrere Vertriebswege beliefert werden. Die Kombination aus Verkaufsorganisation und Vertriebsweg wird als Vertriebslinie bezeichnet.

- **Sparte**
Eine Sparte stellt eine Produktlinie dar, wie zum Beispiel Motorräder, Lacke oder Lebensmittel. Für jede Sparte können individuelle Vereinbarungen mit dem Kunden getroffen werden. Die Sparten werden der Vertriebslinie (Verkaufsorganisation und Vertriebsweg) zugeordnet. Die Kombination aus Vertriebslinie und Sparte ergibt dann den Vertriebsbereich.

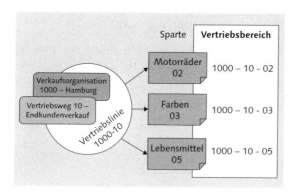

Der Vertriebsbereich

Die Vertriebsbereichsdaten im Debitorenstammsatz beinhalten spezifische Einstellungen für einen Kunden und müssen angelegt werden, bevor mit dem Kunden Geschäfte getätigt werden. Diese speziellen Absprachen mit dem Kunden können beispielsweise Teillieferungen oder Zahlungsbedingungen betreffen.

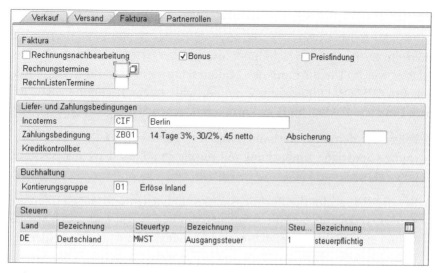

Debitorenstammsatz – Vertriebsbereichsdaten

Der Verkaufsvorgang kann mehrere Schritte beinhalten, angefangen bei den Vorverkaufsaktivitäten über die Auftragsbearbeitung bis hin zu Versand und Fakturierung. Aber nicht alle Buchungsvorgänge im Vertrieb haben direkten Einfluss auf die Finanzbuchhaltung. Buchhaltungsbelege werden automatisch vom SAP-System generiert, wenn im Vertrieb zum Beispiel ein Warenausgang gebucht wird. In der Materialwirtschaft wird ein Warenausgangsbeleg und im Rechnungswesen ein Buchhaltungsbeleg erzeugt. So kann der Warenausgang auf die entsprechenden Sachkonten gebucht werden.

Auch die Fakturierung im Vertrieb ist für die Finanzbuchhaltung von Belang; daher werden auch hier automatisch Buchhaltungsbelege generiert. So werden alle erforderlichen Daten an das Rechnungswesen übermittelt und die Forderungen und Erlöse auf die jeweiligen Konten gebucht.

3.5 Umbuchung

Zur Korrektur von Fehlbuchungen können in der Debitorenbuchhaltung Beträge umgebucht werden. Auch in den Abschlussarbeiten werden Umbuchungen vorgenommen, beispielsweise wenn Sie einen Zahlungseingang auf ein falsches Kundenkonto gebucht haben und diese Buchung nun korrigieren und den Zahlungseingang auf das tatsächliche Debitorenkonto umbuchen lassen möchten. Um eine reibungslose Umbuchung durchzuführen und das versehentlich bebuchte Debitorenkonto auszugleichen, bedienen Sie sich der Funktion **Umbuchung mit Ausgleich**, die Ihnen das SAP-System zur Verfügung stellt.

Nehmen Sie beispielsweise an, dass irrtümlich das Debitorenkonto NEW00 durch die Buchung eines Zahlungseingangs über 3.500,00 EUR im Haben entlastet wurde. Die Buchung des Zahlungseingangs sollte auf dem Debitorenkonto CUSTOMER00 erfolgen, um dort eine offene Rechnung auszugleichen. Um diese Fehlbuchung zu korrigieren, gehen Sie folgendermaßen vor:

1. Folgen Sie dem Pfad **Rechnungswesen** ▸ **Finanzwesen** ▸ **Debitoren** ▸ **Buchung** ▸ **Sonstige** ▸ **Umbuchung Mit Ausgleich** im SAP-Easy-Access-Menü (Transaktionscode F-30).

2. Es wird Ihnen nun die Buchungsmaske **Umbuchen und Ausgleichen** angezeigt. Tragen Sie hier die Kopfdaten des Belegs ein, und geben Sie das Datum in die Felder **Belegdatum** und **Buchungsdatum** ein. Die Felder **Belegart**, **Periode**, **Buchungskreis** und **Währung/Kurs** werden vom System

als Vorschlagswerte eingetragen. Die Werte für diese Felder schlägt das System anhand des Geschäftsvorfalls und des Buchungsdatums vor.

3 Im Bereich **Zu bearbeitender Vorgang** schlägt das System die Auswahl **Umbuchung mit Ausgleichen** vor. Belassen Sie diese Einstellung.

4 Unten im Bereich **Erste Belegposition** geben Sie die Daten für die erste Belegposition ein (Soll-Buchung für den Zahlungsausgang), um die Falschbuchung vom Konto (im Beispiel: NEW00) zu entfernen. Für die Soll-Buchung verwenden wir zum Beispiel den Buchungsschlüssel 05 (Zahlungsausgang) im Feld **Bschl**.

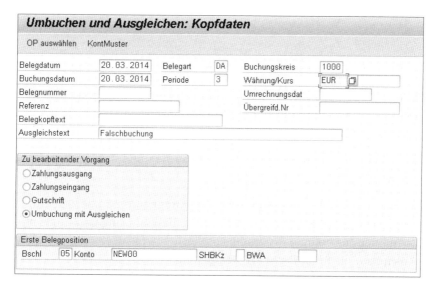

5 Im Feld **Konto** geben Sie die Kontonummer des Debitors ein, auf dem Sie den Zahlungsausgang falsch gebucht haben. In unserem Beispiel handelt es sich um das Debitorenkonto NEW00. Betätigen Sie nun die ⏎-Taste, um zum nächsten Bild zu gelangen.

6 Geben Sie in diesem Bild im Feld **Betrag** den umzubuchenden Betrag ein (in unserem Beispiel sind es 3.500,00 EUR).

7 Geben Sie unten im Bereich **Nächste Belegposition** einen Buchungsschlüssel für eine Haben-Buchung ein, zum Beispiel 15 (Zahlungseingang) oder 17 (sonstige Verrechnung) im Feld **Bschl**, und im Feld **Konto** geben Sie die Kontonummer des Debitors ein, der tatsächlich gezahlt hat (in unserem Beispiel CUSTOMER00).

Betätigen Sie nun die ⏎-Taste, und klicken Sie anschließend auf die Schaltfläche **OP auswählen**.

3 Tägliche Aufgaben in der Debitorenbuchhaltung

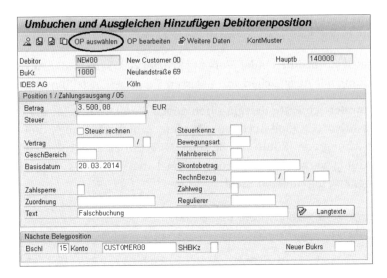

8 Sie erhalten eine Meldung über das Fehlen des Betrags usw. Bestätigen Sie diese Meldung mit der ⏎-Taste. Gegebenenfalls muss der Cursor auf dem Feld **Betrag** stehen. Bestätigen Sie nochmals mit der ⏎-Taste.

9 Es öffnet sich nun ein neues Bild (**Umbuchen und Ausgleichen Selektieren offene Posten**).

10 Tragen Sie in das Feld **Konto** die Debitorenkontonummer ein (zum Beispiel CUSTOMER00), auf die Sie den Zahlungseingang tatsächlich buchen und mit der offenen Rechnung ausgleichen wollen. Klicken Sie anschließend auf die Schaltfläche **OP bearbeiten**.

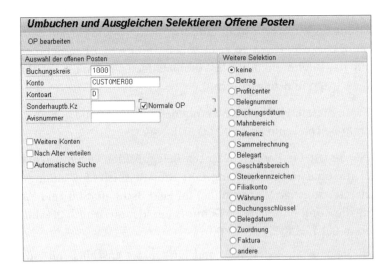

3.5 Umbuchung

11. Nun gelangen Sie in das Bild **Umbuchen und Ausgleichen Offene Posten bearbeiten**. Deaktivieren Sie alle nicht relevanten Positionen, bzw. aktivieren Sie die Position, die umgebucht werden soll. Das Feld **Nicht zugeordnet** muss dann auf 0 stehen.

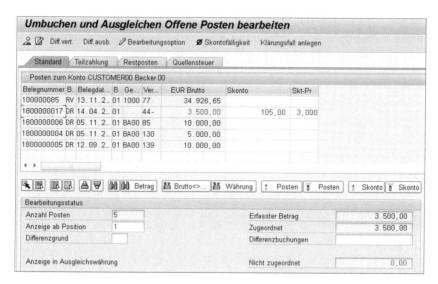

12. Möchten Sie sich die Buchung vor dem Sichern ansehen, können Sie über die Funktion **Simulieren**, die Sie über die Menüleiste erreichen, eine Belegübersicht aufrufen. Sie sehen in der Belegübersicht, wie die Umbuchung aussehen wird.

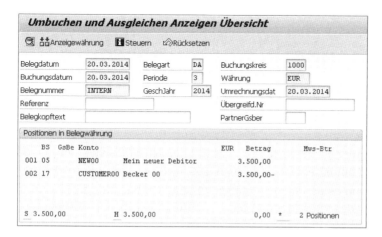

13. Buchen Sie den Vorgang mit einem Klick auf 🖫 (**Sichern**), wenn Sie mit der dargestellten Buchungsübersicht einverstanden sind.

3 Tägliche Aufgaben in der Debitorenbuchhaltung

14 Bestätigen Sie anschließend die Informationsmeldung über die erfolgreiche Buchung, und notieren Sie sich gegebenenfalls die Belegnummer des Vorgangs.

Kontrollieren Sie die Buchungsvorgänge in den jeweiligen Einzelpostenlisten der beiden Debitorenkonten. Folgen Sie anschließend dem Pfad **Rechnungswesen • Finanzwesen • Debitoren • Konto • Posten anzeigen/ändern** im SAP-Easy-Access-Menü (Transaktionscode FBL5N).

In der Einzelpostenliste des Kunden CUSTOMER00 sehen Sie eine Debitorenrechnung (Belegart DR) in Höhe von 3.500,00 EUR und einen Zahlungseingang, den wir mit der Umbuchung bewirkt haben (Belegart DA). Somit haben wir den ursprünglich falsch auf den Debitor NEW00 gebuchten Zahlungseingang auf den richtigen Kunden CUSTOMER00 umgebucht und gleichzeitig den OP (Rechnung) und die Zahlung miteinander ausgeglichen.

Debitoren Einzelpostenliste

Debitor	CUSTOMER00								
Buchungskreis	1000								
Name	Becker 00								
Ort	Berlin								

St	Zuordnung	Belegnr	Art	Belegdatum	S	Fä	Betr. in HW	HWähr	Ausgl.bel.	Text
☐	0080020575	100000085	RV	13.11.2013			34.926,65	EUR		
☐	50000000	1800000006	DR	05.11.2013			10.000,00	EUR		
☐	80000000	1800000004	DR	05.11.2013			5.000,00	EUR		
☐	90000000	1800000005	DR	12.09.2013			10.000,00	EUR		
*							59.926,65	EUR		
☑	16000000012014	1600000001	DA	20.03.2014			3.500,00-	EUR	1600000001	Falschbuchung
☑	18000000172014	1800000017	DR	14.04.2014			3.500,00	EUR	1600000001	
*							0,00	EUR		
**	Konto CUSTOMER00						59.926,65	EUR		

Einzelpostenliste – Umbuchung 1

In der folgenden Einzelpostenliste des Kunden NEW00 sehen wir den falsch gebuchten Zahlungseingang (Belegart DZ) in Höhe von 3.500,00 EUR. Als wir den Irrtum bemerkt haben, haben wir eine Umbuchung auf das Kundenkonto CUSTOMER00 vorgenommen. Hierdurch wurde der irrtümlich falsch auf das Konto NEW00 gebuchte Zahlungseingang mit der Belegart DA wieder ausgebucht.

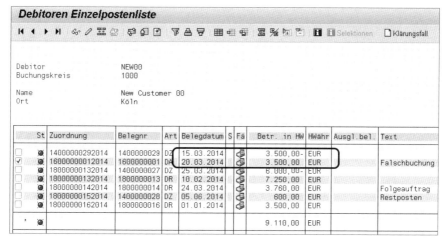

Einzelpostenliste – Umbuchung 2

3.6 Probieren Sie es aus!

Aufgabe 1

Buchen Sie auf Ihren neuen Debitor NEWKD00, den Sie in Kapitel 2, »Debitorenstammsatz«, angelegt haben, eine Rechnung. Die Höhe der Rechnung beträgt 7.000,00 EUR. Wählen Sie einen Steuerschlüssel für die Ausgangssteuer. Als Gegenkonto verwenden Sie ein Sachkonto für Erlöse (zum Beispiel 800200). Geben Sie als Buchungsdatum das aktuelle Tagesdatum ein. Simulieren Sie den Vorgang, bevor Sie ihn tatsächlich buchen.

Buchen Sie im Anschluss einen Zahlungseingang Ihres Kunden NEWKD00 in Höhe von 4.000,00 EUR als Teilzahlung. Geben Sie als Buchungsdatum das aktuelle Tagesdatum ein, und verwenden Sie als Bankkonto zum Beispiel das Sachkonto 113100.

Kontrollieren Sie schließlich beide Buchungen in der Einzelpostenliste.

4   Kreditorenstammsatz

Ebenso wie der Debitorenstammsatz, den Sie in Kapitel 2 kennengelernt haben, besteht auch der vollständige Kreditorenstammsatz aus drei Ebenen: Mandantenebene, Buchungskreisebene und Ebene der Einkaufsdaten. In diesem Kapitel schauen wir uns den Kreditorenstammsatz genauer an und zeigen Ihnen, wie Sie den Stammsatz anlegen, suchen und ändern können. Darüber hinaus lernen Sie weitere Funktionen rund um den Kreditorenstammsatz kennen, etwa das Kreditorenverzeichnis und das CpD-Konto (Conto pro Diverse).

> **In diesem Kapitel lernen Sie,**
> - wie Sie einen Kreditorenstammsatz anlegen,
> - wie Sie einen Kreditorenstammsatz suchen und ändern,
> - wie Sie ein Kreditorenverzeichnis erstellen,
> - was ein CpD-Konto ist.

4.1   Kreditorenstammsatz anlegen

Der Kreditorenstammsatz unterstützt Sie bei der Bearbeitung der Geschäftsvorfälle und minimiert die Eingabe bei der Buchung der Belege erheblich, wenn alle drei Ebenen des Stammsatzes vollständig gepflegt wurden. Wenn Sie in Ihrem Unternehmen die Geschäftsvorfälle im SAP-System erfassen, erzeugt das System für jede Buchung die entsprechenden Buchungsbelege. Das SAP-System unterstützt Sie bei der Erfassung der Belege, indem es einige Felder bereits mit Werten füllt, sodass Sie weniger manuelle Angaben vornehmen müssen. Dies erleichtert zum einen die Erfassung, und zum anderen finden weniger Fehleingaben statt. Viele dieser Daten zieht sich das System aus den einzelnen Ebenen des Stammsatzes. Daher ist es sehr wichtig, dass Stammdaten richtig und vollständig gepflegt werden.

Möchten Sie einen neuen Stammsatz für einen Lieferanten anlegen, erhält der Stammsatz auf drei verschiedenen Ebenen Informationen, die für die Buchung der Geschäftsvorfälle nötig sind. Ein vollständiger Kreditorenstammsatz besteht somit aus den folgenden Ebenen:

- **Mandantenebene**
  Auf der Mandantenebene enthält der Stammsatz allgemeine Informationen, auf die jeder Buchungskreis zugreifen kann, der mit dem entsprechenden Lieferanten Geschäfte tätigt. Diese Informationen sind zum Beispiel die Nummer des Kreditorenstammsatzes sowie Name und Anschrift des Lieferanten und des Ansprechpartners. Dadurch, dass die Kontonummer des Lieferanten auf der Mandantenebene zugeordnet wird, wird sichergestellt, dass alle Buchungskreise und Einkaufsorganisationen (EKO) dieselbe Kontonummer für einen Lieferanten verwenden.

- **Buchungskreisebene**
  Im Bereich der Buchungskreisdaten enthält der Stammsatz des Lieferanten spezifische Informationen, auf die nur der jeweilige Buchungskreis zugreifen kann. Hier findet sich zum Beispiel die Information des Sachkontos (Abstimmkonto) wieder, auf dem das SAP-System bei der Buchung eines Geschäftsvorfalls in der Kreditorenbuchhaltung diesen automatisch in das Hauptbuch mitbucht.

- **Einkaufsdatenebene**
  Die Ebene der Einkaufsdaten enthält spezielle Einstellungen zur Einkaufsorganisation, wie zum Beispiel Zahlungsbedingungen oder Mindestbestellwerte. Es ist möglich, dass mehrere Einkaufsorganisationen mit einem Lieferanten Geschäfte tätigen. Der Stammsatz des Kreditors enthält somit für jede Einkaufsorganisation spezielle Informationen, das heißt, dass ein Stammsatz mehrere Einkaufsorganisationsebenen enthalten kann.

> **HINWEIS**
> **Abstimmkonto**
> Auch die Kreditorenbuchhaltung gehört zur Nebenbuchhaltung und benötigt eine Verbindung zum Hauptbuch. Ein spezielles Sachkonto (Abstimmkonto) im Hauptbuch verbindet die Nebenbücher mit dem Hauptbuch. Jede Buchung auf einem Kreditorenkonto (Nebenbuch) wird über die Abstimmkontentechnik in Echtzeit (Realtime) auf das Abstimmkonto im Hauptbuch gebucht.

Die folgende Abbildung zeigt den Kreditorenstammsatz im Überblick. Sie sehen hier zum einen die Mandantenebene, auf der sich die allgemeinen Daten des Kreditors befinden (Name, Anschrift usw.), die Buchungskreisebene mit den spezifischen Daten der Buchungskreise (zum Beispiel Mahnschlüssel, Abstimmkonto usw.) und die Ebene der Einkaufsdaten mit den Informationen über die vereinbarten Konditionen (zum Beispiel Zahlungsbedingungen, Frachtbedingungen usw.).

4.1 Kreditorenstammsatz anlegen

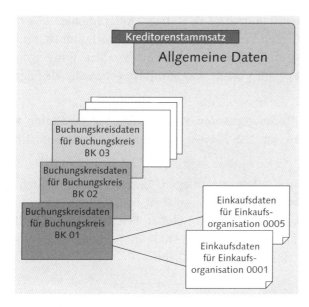

Der Kreditorenstammsatz

Sie haben die Möglichkeit, einen Stammsatz durch Angabe der Kontengruppe neu anzulegen und die Datenfelder des Stammsatzes manuell zu befüllen, oder aber Sie kopieren einen bereits im SAP-System hinterlegten Kreditorenstammsatz (Vorlagekreditor). Wenn Sie einen Kreditorenstammsatz mit Vorlage anlegen, wird eine Reihe von Daten aus dem Vorlagestammsatz (zum Beispiel Kontengruppe, Abstimmkonto) in den neuen Kreditorenstammsatz übernommen. Natürlich können Sie im neuen Stammsatz noch die notwendigen Änderungen und Eingaben vornehmen, die den neuen Kreditor betreffen.

Welche Felder in einem Kreditorenstammsatz angezeigt werden, hängt davon ab, welcher Kontengruppe der Stammsatz zugeordnet wurde. Die Kontengruppe unterstützt Sie auch bei der Gruppierung der Kreditorenstammdaten. Auch die Nummernvergabe der einzelnen Kontonummern hängt mit der Kontengruppe zusammen, und hieraus ergibt sich, ob die Kreditorennummer vom System vergeben wird (interne Nummernvergabe) oder vom Benutzer manuell eingegeben werden muss (externe Nummernvergabe). Die Kontengruppe kann eine alphanumerische Nummernvergabe erlauben.

Sie möchten mit einem neuen Lieferanten regelmäßig Geschäftsbeziehungen pflegen und die Daten des Lieferanten und die mit ihm getroffenen Vereinbarungen in einem Stammsatz im SAP-System festhalten. Um die Anzahl der Eingaben im neuen Stammsatz gering zu halten, bedienen Sie sich eines bereits bestehenden Lieferantenstammsatzes als Vorlage. Aufgrund dieser Vorlage werden Werte in den neuen Stammsatz automatisch übernommen, und es müssen nur geringfügige Änderungen durchgeführt werden. Wir zeigen Ihnen, wie Sie einen Kreditor mit Vorlage anlegen. Dazu gehen Sie wie folgt vor:

1. Folgen Sie dem Pfad **Rechnungswesen** ▸ **Finanzwesen** ▸ **Kreditoren** ▸ **Stammdaten** ▸ **Anlegen** im SAP-Easy-Access-Menü (Transaktionscode FB01).

2. Sie gelangen nun in das Bild **Kreditor anlegen: Einstieg**. Da die Kontengruppe des Vorlagestammsatzes (zum Beispiel AGENCY00) eine externe Nummernvergabe verlangt, tragen Sie im oberen Feld **Kreditor** manuell eine neue Kreditorennummer ein (hier KRED00). Im Feld **Buchungskreis** geben Sie den Buchungskreisschlüssel 1000 ein.

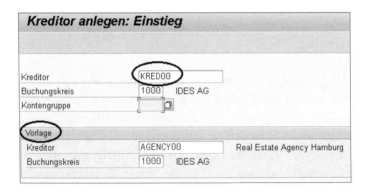

3. Im Bereich **Vorlage** geben Sie in diesem Beispiel AGENCY00 als Vorlagestammsatz und im Feld **Buchungskreis** zum Beispiel den Wert 1000 ein. Klicken Sie auf (**Weiter**), oder betätigen Sie die ↵-Taste.

4. Sie gelangen nun auf die Ebene der allgemeinen Daten (zu erkennen an der Titelleiste, die den Titel **Anschrift** zeigt). Geben Sie hier den Namen, die Adressdaten und die Bankdaten des Lieferanten an. Achten Sie auf die Mussfelder , die Sie mit einem Wert befüllen müssen; andernfalls erhalten Sie eine Fehlermeldung und können den Stammsatz nicht speichern.

5. Mit einem Klick auf die Schaltflächen (**Voriges Bild/Nächstes Bild**) können Sie im Stammsatz navigieren, um die einzelnen Felder mit Werten zu füllen. Alternativ gelangen Sie zum nächsten Bild, indem Sie die

4.1 Kreditorenstammsatz anlegen

⏎-Taste betätigen. Nachdem Sie die ⏎-Taste betätigt bzw. auf die Schaltflächen zum Weiterblättern geklickt haben, werden die Eingaben im aktuellen Bild bestätigt, und Sie gelangen in das nächste Bild.

6 So navigieren Sie erst einmal innerhalb der Mandantenebene und blättern zu den Bildern **Steuerung**, **Zahlungsverkehr** und **Ansprechpartner**. Überprüfen Sie, ob Sie in diesen Bildern Eingaben vorzunehmen haben, je nachdem, welche Informationen Sie über diesen Lieferanten haben. Blättern Sie dann weiter.

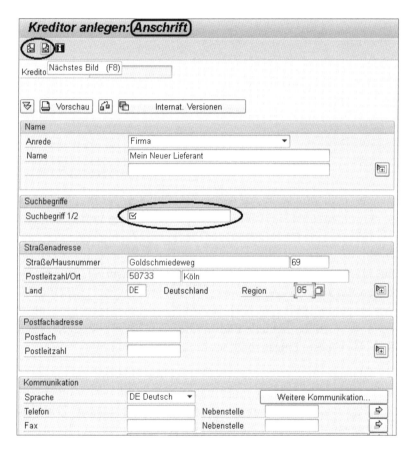

7 Im nächsten Bild befinden Sie sich bereits auf der Buchungskreisebene. Dies können Sie an der Bezeichnung der Titelleiste, **Kreditor anlegen: Kontoführung Buchhaltung**, erkennen. Einige Felder sind bereits durch das Vorlagekonto befüllt worden, wie zum Beispiel das Feld **Abstimmkonto**.

4 Kreditorenstammsatz

[8] Navigieren Sie nun weiter zu den anderen Bildern des Kreditorenstammsatzes, und schauen Sie sich die Einträge an, die vom Vorlagekonto übernommen wurden. Nehmen Sie gegebenenfalls Änderungen vor, und ergänzen Sie eventuell die vorliegenden Angaben. In einigen Feldern ist eine Eingabe zwingend erforderlich. Diese sogenannten Mussfelder erkennen Sie an dem kleinen Kästchen mit Haken ☑. Ohne einen Wert in diesem Feld speichert das SAP-System den Stammsatz nicht ab. Wenn Sie auch das aktuelle Bild mit der ⏎-Taste bestätigen, gelangen Sie in das nächste Eingabebild des Kreditorenstammsatzes.

[9] Das folgende Bild zeigt die Maske **Kreditor anlegen: Zahlungsverkehr Buchhaltung**. Hier wurden unter anderem die Zahlungsbedingungen und Zahlwege des Vorlagestammsatzes übernommen (Felder **Zahlungsbed** und **Zahlwege**). Nehmen Sie auch hier gegebenenfalls Änderungen vor, und ergänzen Sie eventuell die anderen Felder mit Werten. Mit der ⏎-Taste bestätigen Sie die Eingaben und gelangen in das nächste Bild des Stammsatzes.

4.1 Kreditorenstammsatz anlegen

- [10] Nachdem Sie die Felder in allen Bildern des Kreditorenstammsatzes überprüft, geändert und ergänzt haben, kann der neue Stammsatz gesichert werden. Klicken Sie hierzu auf das Diskettensymbol 💾.

- [11] Sie erhalten nun eine Meldung darüber, dass der Kreditorenstammsatz erfolgreich angelegt/gesichert wurde. Bestätigen Sie diese Meldung.

Sie können einen Kreditorenstammsatz auch zentral anlegen. Das heißt, dass alle drei Bereiche des Stammsatzes gepflegt werden: die Mandantenebene, die Buchungskreisebene und die Einkaufsdatenebene. Selbstverständlich können Sie sich auch hier eines Vorlagestammsatzes bedienen. Um den Kreditorenstammsatz zentral anzulegen, gehen Sie folgendermaßen vor:

- [1] Folgen Sie dem Pfad **Rechnungswesen** ▸ **Finanzwesen** ▸ **Kreditoren** ▸ **Stammdaten** ▸ **Zentrale Pflege** ▸ **Anlegen** im SAP-Easy-Access-Menü (Transaktionscode XK01).

- [2] Es öffnet sich das Bild **Kreditor anlegen: Einstieg**. Geben Sie hier die Nummer des neuen Kreditors im Feld **Kreditor** ein, und tragen Sie im Feld **Buchungskreis** den Buchungskreisschlüssel ein. Nun steht Ihnen ein weiteres Feld zur Verfügung, das Feld **Einkaufsorganisation**. Geben Sie den entsprechenden Wert in dieses Feld ein.

- [3] Möchten Sie mit einem Vorlagekonto arbeiten, geben Sie im Bereich **Vorlage** die Kreditorennummer des Vorlagekontos im Feld **Kreditor** an. Tragen Sie in die Felder **Buchungskreis** und **Einkaufsorganisation** ebenfalls

4 Kreditorenstammsatz

die Werte des Vorlagekreditors ein, und bestätigen Sie die Eingaben mit der ⏎-Taste oder mit der Schaltfläche ✅ (**Weiter**).

4 Ihnen wird nun das erste Bild zum neuen Kreditorenstammsatz angezeigt. Gehen Sie vor, wie es im vorangehenden Beispiel beschrieben wurde, und prüfen Sie die Felder der einzelnen Bilder. Navigieren Sie mit der ⏎-Taste oder mit den Schaltflächen zum Blättern 📄📄 von Bild zu Bild.

5 Nachdem Sie die allgemeinen Daten und die Buchungskreisdaten gepflegt haben, werden Ihnen die Bilder zur Eingabe der Einkaufsdaten angezeigt.

In der folgenden Abbildung sehen Sie die Einkaufsdaten. Das Bild ist in mehrere Bereiche unterteilt. Im Bereich **Konditionen** finden Sie die vereinbarten Konditionen, wie zum Beispiel die Bestellwährung, die Zahlungsbedingungen oder die Versandbedingungen.

6 Im Bereich **Verkaufsdaten** kann ein spezieller Ansprechpartner angegeben werden. Überprüfen Sie die einzelnen Werte in den Feldern, und bestätigen Sie das Bild mit der ⏎-Taste.

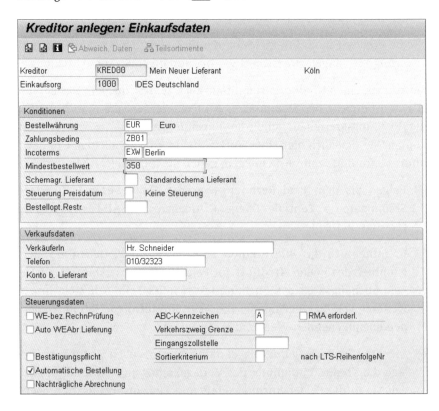

4.2 Kreditorenstammsatz suchen und ändern

7 Sie sehen nun das Bild **Kreditor anlegen: Partnerrollen**. In diesem Bild können spezielle Rollen (Partnerrollen) eingetragen werden. Ist der Lieferant beispielsweise nicht zugleich auch der Rechnungssteller oder Spediteur, kann dies hier vermerkt werden. Auch Ansprechpartner für verschiedene Angelegenheiten oder verschiedene Abteilungen können in diesem Bild gepflegt werden.

8 Speichern Sie den Kreditorenstammsatz durch einen Klick auf die Schaltfläche 🖫 (**Sichern**).

9 Kehren Sie durch einen Klick auf 🔙 (**Beenden**) zurück in das SAP-Easy-Access-Menü. Alternativ können Sie im Befehlsfeld den Befehl »/N« eingeben und die ⏎-Taste betätigen.

4.2 Kreditorenstammsatz suchen und ändern

Sie können Ihren bestehenden Stammsatz nachträglich ändern oder durch Eingaben ergänzen. Hierzu gilt es zunächst, den benötigten Stammsatz zu ermitteln. Wenn Sie sich in Bezug auf die Kontonummer des Kreditors, den Sie ändern möchten, nicht sicher sind, haben Sie die Möglichkeit, über die Suchfunktion zu Ihrem neuen Kreditorenstammsatz zu gelangen.

> **HINWEIS**
>
> **Suchfunktion**
>
> Wenn Sie einen Wert suchen und mit der Eingabe nicht sicher sind, können Sie zum Beispiel ein »*« (Platzhalter) in das Feld einsetzen. In unserem Beispiel haben wir den Wert »L« für den Anfangsbuchstaben und dann ein »*« als Platzhalter für die weiteren Zeichen eingegeben.

Angenommen, Sie haben sich die Nummer des neuen Kreditorenstammsatzes nicht notiert, müssen aber den Stammsatz aufrufen, um Änderungen vor-

4 Kreditorenstammsatz

zunehmen oder Ergänzungen durchzuführen. Über die Option **Kreditor ändern** kann die Hilfefunktion aufgerufen werden. So geht's:

1 Folgen Sie dem Pfad **Rechnungswesen ▸ Finanzwesen ▸ Kreditoren ▸ Stammdaten ▸ Ändern** (Transaktionscode FK02).

2 Das Einstiegsbild öffnet sich. Klicken Sie im Feld **Kreditor** auf die Schaltfläche, oder betätigen Sie die [F4]-Taste. Es öffnet sich ein Suchbild, in dem Sie Suchkriterien eingeben können, die die Anzahl der ermittelten Kreditoren eingrenzen.

3 Hier stehen Ihnen mehrere Registerkarten zur Verfügung, über die Sie mit den Pfeilen vor- und zurückblättern können. Oder Sie lassen sich alle Registerkarten anzeigen, indem Sie auf die Schaltfläche klicken.

4 Wählen Sie durch einen Mausklick zum Beispiel die Registerkarte **Kreditor je Buchungskreis** aus. Tragen Sie auf der Registerkarte im Feld **Buchungskreis** den Wert 1000 und im Feld **Suchbegriff** den bekannten Suchbegriff »Lieferant« oder, wie in unserem Beispiel, den Wert »L« und das Sternsymbol »*« als Platzhalter für die weiteren Stellen ein. Betätigen Sie anschließend die [↵]-Taste.

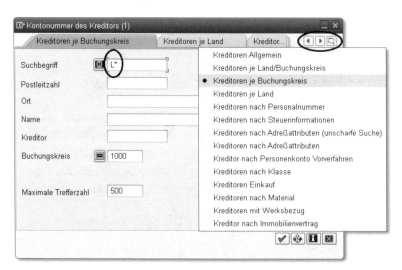

5 Sie erhalten nun eine Auflistung der vom SAP-System gefundenen Einträge. Haben Sie Ihren Kreditor in dieser Liste gefunden, öffnen Sie dessen Stammsatz durch einen Doppelklick. Sie können den gesuchten Kreditor auch in der Liste markieren und durch einen Klick auf (**Weiter**) öffnen.

[6] Nachdem Sie den Kreditorenstammsatz geöffnet haben, können Sie Änderungen vornehmen. Denken Sie unbedingt daran, Ihre Änderungen im Stammsatz durch einen Klick auf 💾 (**Sichern**) auch zu speichern!

> **TIPP**
>
> **Navigation über die Registerkarten**
> Über die Pfeile ◀ ▶ können Sie die Registerkarten wechseln. Eine Übersicht aller Registerkarten erhalten Sie durch einen Klick auf die Schaltfläche 🗇.

[7] Auch können Sie Kreditoren in eine persönliche Liste aufnehmen, um diese Stammsätze leichter abrufen zu können. Markieren Sie dazu den Kreditor, und klicken Sie auf 🔖 (**Einfügen in persönliche Liste**).

> **HINWEIS**
>
> **Ändern/Anzeigen**
> Sie können zwischen den Modi **Anzeigen** und **Ändern** hin- und herwechseln, ohne jedes Mal in das Einstiegsbild (SAP-Easy-Access-Menü) zurückkehren zu müssen. Hierzu klicken Sie einfach in der Anwendungsfunktionsleiste auf die Schaltfläche ✏️ (**Anzeigen/Ändern**), oder Sie betätigen die [F5]-Taste.

4.3 Kreditorenverzeichnis erstellen

Häufig ist es notwendig, ein Verzeichnis aller Lieferanten zu erstellen, die einer bestimmten Gruppierung zugeordnet sind. Gerade für Berichts- oder Prüfungszwecke wird das Verzeichnis herangezogen. Durch die Kontengruppe haben Sie bereits eine Art der Gruppierung kennengelernt (zum Beispiel Kontengruppe für alle Inlandskreditoren oder Kontengruppe für alle CpD-Kreditoren usw.). Aber vielleicht benötigen Sie ein Verzeichnis, das anders gruppiert ist als nach Kontengruppen. Das SAP-System stellt Ihnen ein Werk-

4 Kreditorenstammsatz

zeug bereit, mit dem Sie ein Kreditorenverzeichnis durch Datenselektion erstellen können, speziell nach Ihren Anforderungen.

Als Beispiel zeigen wir Ihnen, wie Sie ein Kreditorenverzeichnis nach der Kategorie »Ort« erstellen können.

1. Folgen Sie dem Pfad **Rechnungswesen ▸ Finanzwesen ▸ Kreditoren ▸ Infosystem ▸ Berichte zur Kreditorenbuchhaltung ▸ Stammdaten ▸ Kreditorenverzeichnis** im SAP-Easy-Access-Menü.

2. Es öffnet sich nun das Bild **Kreditorenverzeichnis**. Geben Sie in das Feld **Buchungskreis** Ihren Buchungskreisschlüssel ein (zum Beispiel 1000).

3. Würden Sie den Bericht nun ausführen lassen, erhielten Sie ein Verzeichnis aller Lieferanten in Ihrem Buchungskreis. Mithilfe einer freien Abgrenzung können Sie nun ein Verzeichnis nach Ihren Wünschen und Vorgaben erstellen. Klicken Sie dazu oben links im Bild auf die Schaltfläche 📋 (**Freie Abgrenzungen**).

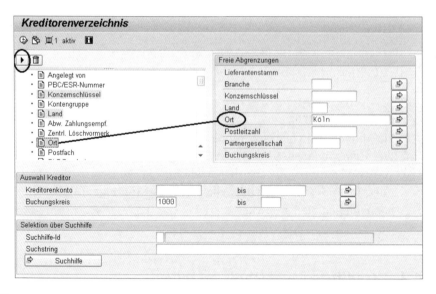

4. Markieren Sie in der Baumstruktur (links im Bild) zum Beispiel den Eintrag **Ort** mit einem Klick. Über die Schaltfläche ▶ (**Markierte übernehmen**) übernehmen Sie das Feld **Ort** nach rechts in den Bereich **Freie Abgrenzungen**. Tragen Sie in das Feld **Ort** zum Beispiel den Wert »Köln« ein, und klicken Sie dann auf die Schaltfläche ⊕ (**Ausführen**).

5. Sie erhalten nun ein Kreditorenverzeichnis nach Ihren Selektionsmerkmalen (in unserem Beispiel selektiert nach dem Ort, in dem der Kreditor

ansässig ist). Auf diese Weise können Sie weitere Selektionsmerkmale bestimmen, um das Verzeichnis noch weiter zu optimieren.

Das Kreditorenverzeichnis aufrufen

In diesem Video lernen Sie, wie Sie über das Infosystem der Kreditorenbuchhaltung einen Standardbericht zum Kreditorenverzeichnis aufrufen:

http://s-prs.de/v4158js

4.4 Einmallieferanten (CpD-Konto)

Nicht immer ist es sinnvoll, für jeden Kunden oder Lieferanten einen kompletten Stammsatz anzulegen. Für den Fall, dass einmalig oder nur selten Geschäfte mit einem Kunden oder Lieferanten getätigt werden, legen Sie einen speziellen Stammsatz für Einmalkunden/-lieferanten an, ein sogenanntes CpD-Konto (Conto pro Diverse).

Auf einem CpD-Konto werden die Verkehrszahlen einer Gruppe von Kunden/Lieferanten ausgewiesen. In diesem Stammsatz werden bestimmte Daten, wie zum Beispiel die Adresse und Bankverbindung, nicht im Stammsatz, sondern erst bei der Buchung im Beleg eingegeben.

Soll auf einem CpD-Konto gebucht werden, geben Sie die Werte in die entsprechenden Felder der Buchungsmaske ein, wie Sie es bisher auch getan haben. Dazu gehen Sie folgendermaßen vor:

1 Folgen Sie dem Pfad **Rechnungswesen ▸ Finanzwesen ▸ Kreditoren ▸ Buchung ▸ Rechnung** im SAP-Easy-Access-Menü (Transaktionscode FB60).

2 Geben Sie die notwendigen Informationen in den Bereichen **Grunddaten** und **Sachkontenposition** ein. In das Feld **Kreditor** geben Sie die Kontonummer für ein CpD-Konto ein. Tragen Sie das Datum in den Feldern **Rechnungsdatum** und **Buchungsdatum** sowie den Rechnungsbetrag in das Feld **Betrag** ein, und klicken Sie auf 🖫 (**Sichern**), oder betätigen Sie die ⏎-Taste. Das SAP-System bucht den Vorgang jetzt noch nicht.

3 Es erscheint nun eine Erfassungsmaske (**Anschrift und Bankdaten**) für die Adress- und Bankdaten des Kreditors. Tragen Sie hier mindestens den Namen und die vollständige Adresse des Kreditors ein. Nachdem Sie hier alle notwendigen Daten gepflegt haben, klicken Sie auf ✓ (**Weiter**).

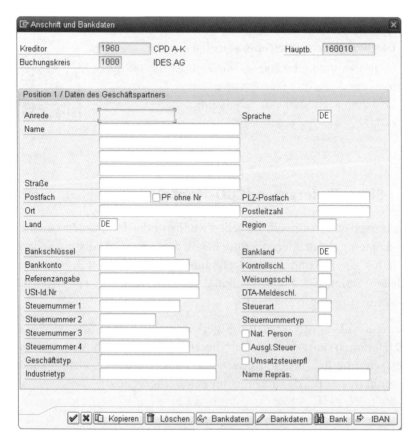

4 Sie gelangen wieder in das Enjoy-Bild (Einbildtransaktion) der Rechnung und können nun die Buchung vollenden und im Positionsbereich das Gegenkonto und weitere Daten des Vorgangs eingeben. Schließen Sie den Vorgang ab, indem Sie auf die Schaltfläche 🖫 (**Buchen**) klicken. Sie erhalten nun die Information, dass der Beleg gebucht wurde, und die Belegnummer wird angezeigt.

4.5 Probieren Sie es aus!

Aufgabe 1

Legen Sie einen neuen Kreditor an. Bedienen Sie sich dabei eines Vorlagekreditors. Pflegen Sie die Adressdaten, Konditionen und Bankdaten ein.

> **HINWEIS**
>
> **Kontengruppe des Vorlagekontos**
> Geben Sie für den neuen Stammsatz keine Kontengruppe an. Das SAP-System übernimmt für den neuen Stammsatz die Kontengruppe des Vorlagestammsatzes.

Felder/Registerkarten	Dateneingabe
Neuer Kreditor	KREDITOR00
BUK	1000
Vorlagekreditor	AGENCY00
Vorlage-BUK	1000
Adresse/Bankdaten	freie Wahl
Zahlungsbedingungen	freie Wahl

5 Tägliche Aufgaben in der Kreditorenbuchhaltung

Die Kreditorenbuchhaltung ist ebenso wie die Debitorenbuchhaltung (siehe Kapitel 3, »Tägliche Aufgaben in der Debitorenbuchhaltung«) eine Nebenbuchhaltung im SAP-System. Jede Buchung, die in der Kreditorenbuchhaltung erzeugt wird, muss auch im Hauptbuch abgebildet werden, denn von dort erhält das SAP-System die Werte für die Berichterstattung. Wenn Sie daher eine Buchung in der Kreditorenbuchhaltung vornehmen, bucht das System den Vorgang über die Abstimmkontentechnik in Echtzeit (Realtime) automatisch auf ein spezielles Sachkonto (Abstimmkonto) im Hauptbuch.

In diesem Kapitel schauen wir uns die Aufgaben an, die Sie als Mitarbeiter in der Kreditorenbuchhaltung tagtäglich zu bewältigen haben.

> **In diesem Kapitel erfahren Sie,**
> - wie Sie Kreditorenrechnungen in der Buchhaltung erfassen,
> - welcher Unterschied zwischen der Erfassungssicht und der Hauptbuchsicht besteht,
> - wie Sie manuelle Zahlungsausgänge (Ausgleich, Restposten, Teilzahlung) buchen,
> - welche Organisationseinheiten des Einkaufs für Sie relevant sind,
> - inwiefern die Vorgänge im Einkauf Auswirkungen auf die Buchhaltung haben,
> - wie Sie kreditorische Debitoren bearbeiten.

5.1 Kreditorenrechnungen und -gutschriften erfassen

Zahlreiche Vorgänge innerhalb der Geschäftsvorfälle mit Lieferanten werden im Einkauf (SAP-Komponente Materialwirtschaft, kurz MM) abgewickelt; einige davon nehmen unmittelbar Einfluss auf die Finanzbuchhaltung. Wird beispielsweise die Rechnung des Kreditors im Einkauf – und dort in der Rechnungsprüfung – gebucht, erzeugt das SAP-System automatisch einen Buchhaltungsbeleg zum Fakturabeleg dazu.

5 Tägliche Aufgaben in der Kreditorenbuchhaltung

Eine Lieferantenrechnung ohne Bezug zu einer Bestellung können Sie auch direkt in der Kreditorenbuchhaltung erfassen. Zum Buchen einer Kreditorenrechnung oder -gutschrift stehen Ihnen zwei Buchungsmasken zur Verfügung:

- die Einbildtransaktion (Enjoy-Transaktion)
- die Mehrbildtransaktion (komplexe Buchung)

Auf beide Transaktionen gehen wir in den folgenden Abschnitten detailliert ein.

Enjoy-Transaktion

Die Enjoy-Transaktion besteht nur aus einem einzigen Bild und erleichtert Ihnen somit das Buchen einer Rechnung oder Gutschrift. Dieses Bild ist in verschiedene Bereiche unterteilt, in denen Sie sich bewegen, um Ihre Daten zu pflegen. Sie gelangen mit der ⇆-Taste von Feld zu Feld, ohne das Bild zu verlassen.

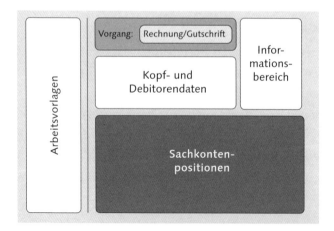

Kreditorenrechnung – Enjoy-Transaktion (Einbildtransaktion)

- **Arbeitsvorlagen**
  In diesem Bereich der Enjoy-Transaktion haben Sie die Auswahl zwischen Erfassungsvarianten, Kontiervorlagen und gemerkten Belegen. Angenommen, Sie möchten einen Beleg buchen und stellen fest, dass Ihnen für die vollständige Eingabe noch Daten fehlen. Um die bisher bereits in den Beleg eingegebenen Daten nicht zu verlieren, können Sie den Beleg »merken«. Dieser Beleg ist gesichert, aber nicht gebucht. Um ihn zu buchen, müssen Sie den gemerkten Beleg aufrufen und vollständig buchen.

Eine Kontiervorlage ist eine Vorlage, in der Standardwerte für die Buchung eines Geschäftsvorfalls angegeben sind. Eine Kontiervorlage kann nach Wunsch geändert oder erweitert werden. Es ist eine erhebliche Erleichterung, mit Kontiervorlagen zu arbeiten. Die Erfassungsvariante legt die Eingabefelder im Bereich der Sachkontenposition fest. Je nachdem, welche Felder (Zusatzkontierungen) Sie für einen Buchungsvorgang benötigen, wählen Sie die entsprechende Erfassungsvariante aus.

- **Kopf- und Kreditorendaten**
  In diesem Bereich erfassen Sie die Daten für den Belegkopf und die Kreditorenposition. Diese Daten beziehen sich auf den gesamten Beleg, wie zum Beispiel das Buchungsdatum und die Belegart.

- **Informationsbereich**
  Im Informationsbereich werden der Belegsaldo und Informationen über den Kreditor angezeigt. Hier finden Sie ein Icon bzw. eine Schaltfläche, über die Sie zu den Stammdaten und den offenen Posten des Lieferanten gelangen.

- **Sachkontenpositionen**
  In diesem Abschnitt der Enjoy-Transaktion werden die Sachkontenpositionen für den Beleg erfasst.

Das SAP-System hilft Ihnen bei der Erfassung der Belege, indem es einige Felder mit Vorschlagswerten befüllt. So werden Ihnen zum Beispiel das aktuelle Tagesdatum als Buchungsdatum sowie die Belegart und die Buchungsperiode vorgeschlagen. Haben Sie bereits zuvor einen Beleg erfasst, bietet Ihnen das SAP-System den Buchungskreis zur Auswahl an, in dem Sie den vorangehenden Beleg erfasst haben.

Das SAP-System führt eine Belegprüfung durch und kontrolliert die Vollständigkeit und Plausibilität der von Ihnen eingegebenen Daten. Möchten Sie eine Kreditorenrechnung buchen, und die Belegart KR ist im Beleg eingetragen, wird der Beleg u. a. von dieser Belegart gesteuert. Im Beleg können nur die Kontenarten verwendet werden, die über die Belegart erlaubt sind, d. h., dass die Belegart KR beispielsweise die Kontenart **Debitor** im Beleg nicht erlaubt. Der Steuerschlüssel wird anhand des Geschäftsvorfalls ermittelt (Eingangssteuer oder Ausgangssteuer). Auch der Saldo des Belegs wird geprüft und muss den Wert 0 aufweisen; anderenfalls bucht das System den Vorgang nicht.

Der Lieferant schickt Ihnen seine Rechnung über den Postweg zu. Der Wareneingang wurde bereits in der Materialwirtschaft (Einkauf) gebucht. Es ist nun Ihre Aufgabe, die Lieferantenrechnung in das System einzugeben. Im

5 Tägliche Aufgaben in der Kreditorenbuchhaltung

Folgenden zeigen wir Ihnen anhand einer Beispielbuchung, wie Sie eine Kreditorenrechnung über die Enjoy-Transaktion buchen.

So geht's:

1. Folgen Sie dem Menüpfad **Rechnungswesen** ▸ **Finanzwesen** ▸ **Kreditoren** ▸ **Buchung** ▸ **Rechnung** im SAP-Easy-Access-Menü (Transaktionscode FB60).

2. Daraufhin gelangen Sie in die Einbildtransaktion (Enjoy-Bild) **Kreditorenrechnung erfassen: Buchungskreis XXXX**. Die folgende Abbildung zeigt die Einbildtransaktion im Überblick. Als Nächstes müssen Sie die einzelnen Felder der Transaktion bearbeiten. Wenn Sie eine Kreditorengutschrift erfassen möchten, wählen Sie den entsprechenden Vorgang aus dem Feld **Vorgang** aus, das direkt über den Grunddaten zu finden ist.

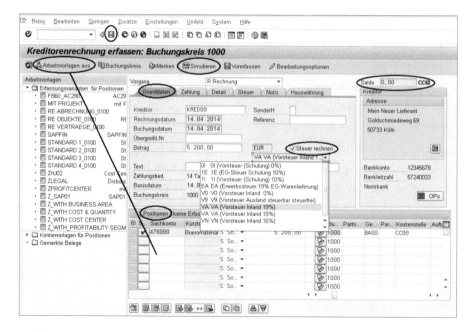

3. Die Kopfdaten geben Sie auf der Registerkarte **Grunddaten** ein. Die mit einem kleinen Kästchen mit Haken gekennzeichneten Felder ☑ (**Mussfeld**) sind Pflichtfelder und müssen mit Werten gefüllt werden (mindestens Kreditorenkontonummer im Feld **Kreditor** sowie **Betrag** und **Rechnungsdatum**). Andernfalls sichert das SAP-System den Vorgang nicht.

4. Wenn Sie einen Fremdwährungsbetrag buchen, wird der Betrag automatisch in die Hauswährung umgerechnet. Den Umrechnungskurs können Sie auf der Registerkarte **Hauswährung** einsehen und, wenn nötig, ändern – vorausgesetzt, Sie verfügen über die entsprechende Berechtigung.

5.1 Kreditorenrechnungen und -gutschriften erfassen

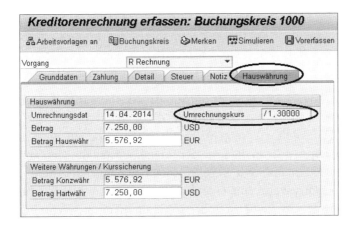

Betrag in Fremdwährung

Es ist möglich, Belege in Fremdwährung anzulegen. Der Fremdwährungsbetrag wird automatisch vom SAP-System mithilfe fester Umrechnungskurse in die Hauswährung umgerechnet.

5. Pflegen Sie weitere Daten auf der Registerkarte **Grunddaten**. Geben Sie den Steuerbetrag in das gleichnamige Feld ein, bzw. markieren Sie das Ankreuzfeld **Steuer rechnen**, und übernehmen Sie einen Steuerschlüssel aus dem Drop-down-Menü (im Beispiel 1I (Vorsteuer (Schulung) 10 %). Das SAP-System errechnet daraufhin den Steuerbetrag. Wenn Sie den Steuerbetrag vom System errechnen lassen und das dazugehörige Häkchen setzen, verschwindet das Feld **Steuerbetrag**. Bestätigen Sie Ihre Eingaben mit der ⏎-Taste.

5 Tägliche Aufgaben in der Kreditorenbuchhaltung

6 Nachdem Sie Ihre Eingaben bestätigt haben, übernimmt das SAP-System Informationen aus dem Kreditorenstammsatz in den Infobereich (oben rechts im Enjoy-Bild), wie zum Beispiel den Namen und, sofern im Stammsatz gepflegt, auch Adresse, Telefonnummer und Bankdaten.

7 Sie haben die Möglichkeit, aus der Buchungsmaske heraus in den Kreditorenstammsatz zu springen. Klicken Sie dazu im Infobereich auf die Schaltfläche [ ] (**Kreditor anzeigen**). Durch einen Klick auf die Schaltfläche [OPs] können Sie in die Liste der offenen Posten des Lieferantenkontos wechseln. In unserem Beispiel geben wir eine Rechnung ein. Würden Sie beispielsweise eine Gutschrift eingeben, könnten Sie hierüber in die Liste der offenen Posten des Lieferantenkontos wechseln, um den offenen Posten zu prüfen, der vielleicht mit der Gutschrift zusammenhängt, die Sie gerade eingeben.

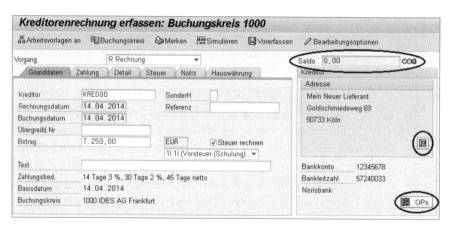

HINWEIS

Saldoanzeige und Ampel

Die Ampel [OOO] neben dem Feld **Saldo** kann drei Farben anzeigen, die jeweils die folgende Bedeutung haben:

- Rot = Fehlermeldung; Sie können den Vorgang nicht buchen.
- Gelb = Hinweismeldung; Sie können den Vorgang buchen.
- Grün = Erfolgsmeldung; Sie können den Vorgang buchen.

8 Nun fehlt noch die Gegenbuchung (Sachkontenpositionen) im unteren Bereich des Enjoy-Bilds, dem Positionsdatenteil. Wenn Sie zusätzliche Eingabefelder benötigen, wenn Sie zum Beispiel Eingaben für das Controlling (das interne Rechnungswesen) vornehmen müssen, können Sie

5.1 Kreditorenrechnungen und -gutschriften erfassen

mit einem Klick auf die Schaltfläche ![Arbeitsvorlagen an] in der Anwendungsfunktionsleiste einen weiteren Bereich in der Enjoy-Maske öffnen.

9 Es öffnet sich nun der Bereich **Arbeitsvorlagen**. Hier finden Sie unter anderem die Option **Erfassungsvariante**. Öffnen Sie diese Option, indem Sie auf das Dreieck vor dem Ordnersymbol klicken.

10 Wählen Sie eine Erfassungsvariante aus, die Ihnen die notwendigen Felder im Positionsdatenteil zur Verfügung stellt. Mit einem Doppelklick übernehmen Sie die Variante in den Positionsdatenteil.

11 Nachdem Sie eine Erfassungsvariante ausgewählt haben, können Sie die Arbeitsvorlagen mit einem Klick auf die Schaltfläche **Arbeitsvorlagen aus** schließen, um das Eingabebild wieder zu vergrößern.

12 Nun können Sie im Positionsdatenteil eine oder mehrere Sachkontenpositionen (Gegenbuchung) eingeben. Das System führt hierbei automatisch eine Soll-Buchung durch und übernimmt den Steuerschlüssel aus der Haben-Position (Registerkarte **Grunddaten**). Tragen Sie nun die Sachkontonummer im Feld **Sachkonto** ein, und geben Sie im Feld **Betrag Belegwährung** den Betrag und in den entsprechenden Feldern eine Kontierung für die Komponente CO (Management Accounting/Controlling) an. In unserem Beispiel wurden eine Kostenstelle und ein Geschäftsbereich in die Felder **Kostenstelle** und **Ge** (Geschäftsbereich) eingegeben.

5 Tägliche Aufgaben in der Kreditorenbuchhaltung

13 Nachdem Sie alle notwendigen Angaben vorgenommen haben, können Sie den Vorgang buchen. Um vorab zu prüfen, wie der Vorgang gebucht wird, können Sie ihn simulieren. Klicken Sie dazu auf die Schaltfläche *Simulieren* in der Anwendungsfunktionsleiste, und es öffnet sich die Belegübersicht, in der Sie die Details zu Ihrer Buchung einsehen können.

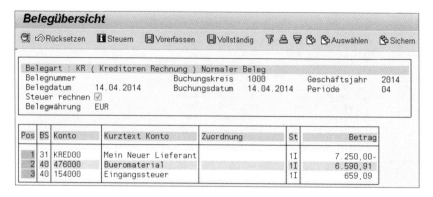

14 Verlassen Sie nun den Simulationsmodus mit einem Klick auf (Zurück) oder durch Betätigen der Taste [F3].

15 Sie erhalten daraufhin eine Informationsmeldung, die Sie darauf hinweist, dass automatisch erzeugte Positionen gelöscht werden. Klicken Sie auf **Weiter**.

16 Sind Sie sich der eingegebenen Daten sicher, und die Ampel neben dem Feld **Saldo** steht auf Grün, können Sie den Vorgang abschließen. Klicken Sie dazu auf (Buchen).

17 In der Statusleiste bzw. als Dialogfenster erhalten Sie die Information, mit welcher Belegnummer der Vorgang abgespeichert wurde. Notieren Sie sich die Belegnummer, und bestätigen Sie das Informationsfenster mit **OK**.

18 Nachdem Sie den Vorgang abgeschlossen haben, gelangen Sie sofort wieder in das Einstiegsbild des SAP-Easy-Access-Menüs, indem Sie im Befehlsfeld den Befehl »/N« eingeben.

> **VIDEO**
>
> **Eine Kreditorenrechnung mit mehreren Kontierungen erfassen**
>
> In diesem Video buchen Sie eine Kreditorenrechnung über die Enjoymaske. Wir gehen dabei auch auf besondere Kontierungsmöglichkeiten ein:
>
> *http://s-prs.de/v4158uv*

Mehrbildtransaktion (komplexe Buchung)

Haben Sie komplexere Buchungsvorgänge zu bewältigen, für die die Enjoy-Transaktion nicht geeignet ist, steht Ihnen die Mehrbildtransaktion zur Verfügung. Bei der Mehrbildtransaktion sind die für die Buchung benötigten Eingabefelder auf mehrere Seiten/Bilder verteilt.

Gehen Sie folgendermaßen vor, wenn Sie beispielsweise eine Kreditorenrechnung erfassen möchten:

1 Folgen Sie dem Pfad **Rechnungswesen ▸ Finanzwesen ▸ Kreditoren ▸ Buchung ▸ Rechnung allgemein** im SAP-Easy-Access-Menü (Transaktionscode F-43).

2 Nun befinden Sie sich im ersten Eingabebild (**Kreditoren Rechnung erfassen: Kopfdaten**). Geben Sie die notwendigen Werte in die Kopfdaten ein; hierzu zählen unter anderem die Felder **Belegdatum**, **Buchungsdatum**, **Belegart**, **Periode**, **Buchungskreis** und **Währung/Kurs**. Einige dieser Felder hat das SAP-System bereits automatisch mit Vorschlagswerten gefüllt.

3 Im Bereich **Erste Belegposition** geben Sie den Buchungsschlüssel im Feld **Bschl** ein (Buchungsschlüssel 31 steht für die Kontoart »Kreditor« und für eine Haben-Buchung), die Kontonummer des Kreditorenkontos im Feld **Konto**.

Haben Sie alle Angaben eingetragen, klicken Sie auf ✓ (**Weiter**), oder Sie drücken die ⏎-Taste.

5 Tägliche Aufgaben in der Kreditorenbuchhaltung

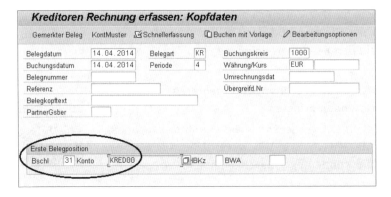

[4] Nun gelangen Sie in das nächste Bild **Kreditoren Rechnung erfassen: Hinzufügen Kreditorenposition**. Hier geben Sie für die erste Belegposition im Bereich **Position 1/Rechnung/31** im Feld **Betrag** den Buchungsbetrag sowie im Feld **Steuer** den Steuerbetrag bzw. den Steuerschlüssel im Feld **Steuerkennz** an und nehmen eventuell noch weitere Angaben vor. So können Sie im Beleg zum Beispiel die Zahlungsbedingungen ändern oder einen informativen Text oder eine Zuordnung hinzufügen.

[5] Im Bereich **Nächste Belegposition** geben Sie im Feld **Bschl** einen Buchungsschlüssel (Buchungsschlüssel 40 für die Soll-Buchung eines Sachkontos) und im Feld **Konto** die Kontonummer des Sachkontos für die nächste Belegposition ein. Bestätigen Sie Ihre Eingaben mit einem Klick auf 🗹 (**Weiter**) oder mit der ⏎-Taste.

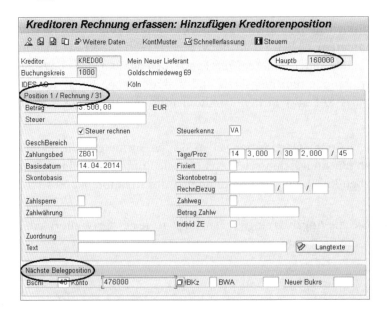

134

5.1 Kreditorenrechnungen und -gutschriften erfassen

HINWEIS

Abstimmkonto

Oben rechts im Feld **Hauptb** sehen Sie auch die Kontonummer des Abstimmkontos, auf dem diese Buchung im Hauptbuch mitdurchgeführt wird.

6 Im folgenden Bild **Kreditoren Rechnung erfassen: Korrigieren Sachkontenposition** sehen Sie im Bereich **Position 2/Soll-Buchung/40** die Felder für die zweite Belegposition. Hier können Sie den Betrag für die Gegenbuchung eingeben und eventuell noch weitere Eingaben vornehmen. Da es sich hier um ein Aufwandskonto handelt und die Daten in das Controlling übermittelt werden müssen, erwartet das System die Eingabe einer kostenrechnungsrelevanten Kontierung. In unserem Beispiel haben wir die Felder **Kostenstelle** und **FunktBereich** mit Werten gefüllt.

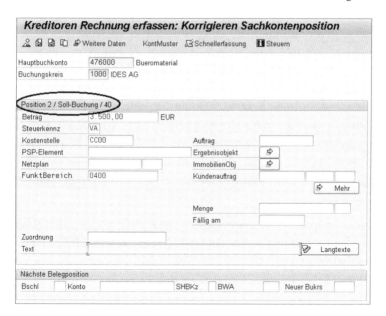

7 Nachdem Sie auch für die Gegenposition alle Werte angegeben haben, können Sie den Vorgang buchen, indem Sie auf die Schaltfläche 🗎 (**Buchen**) klicken.

8 Wie in der Buchung mit der Enjoy-Transaktion können Sie sich auch hier Ihre Buchung vorab anzeigen lassen. Klicken Sie dazu in der Anwendungsfunktionsleiste auf die Schaltfläche 🗒 (**Belegübersicht anzeigen**).

9 Nach der Ansicht können Sie den Vorgang abschließend buchen, indem Sie auf die Schaltfläche 🗎 (**Buchen**) klicken.

> **HINWEIS**
>
> **Mehrbildtransaktion**
>
> Müssen Sie innerhalb einer Buchung mehrere Soll- und Haben-Positionen (komplexe Buchung) eingeben, in der auch verschiedene Buchungsschlüssel verwendet werden müssen, eignet sich ausgezeichnet die Mehrbildtransaktion. Über diese Eingabemaske lassen sich verschiedene Positionen darstellen. In unserem Beispiel wurden lediglich eine Soll- und eine Haben-Position in drei Eingabebildern gebucht, um den Buchungsvorgang mit der Mehrbildtransaktion zu demonstrieren. Werden mehrere Positionen eingegeben, sind selbstverständlich einige Eingabebilder mehr zu bearbeiten.

Belegaufteilung (neues Hauptbuch)

Wie in Abschnitt 1.7, »Organisationseinheiten im Finanzwesen«, erläutert, haben Sie im neuen Hauptbuch die Möglichkeit, über verschiedene Entitäten (Merkmale) einen Bericht zu erstellen, wie zum Beispiel eine Bilanz nach Profit-Center oder Segment. Hierzu sind einige Einstellungen im Customizing Voraussetzung. Dazu gehören die Aktivierung der Belegaufteilung, auch Belegsplit genannt, eine Null-Saldo-Stellung für eine ausgeglichene Bilanzdarstellung sowie die Vererbung der Merkmale in die Kreditoren- und Steuerzeilen des Belegs. Diese Einstellungen werden in der Regel vom verantwortlichen Systemadministrator vorgenommen oder sind bereits bei der Implementierung des SAP-Systems durch die SAP-Berater eingestellt worden.

In der neuen Hauptbuchhaltung können Sie mehrere Controllingobjekte (CO-Objekte) auf eine Aufwandsbuchung verteilen. Dabei wird sowohl ein Buchhaltungsbeleg als auch gleichzeitig ein Beleg im Controlling erzeugt. Den gebuchten Beleg können Sie sich in der Erfassungssicht und in der Hauptbuchsicht ansehen.

Dies klingt erst einmal sehr theoretisch; daher zeigen wir Ihnen anhand eines konkreten Beispiels mit Abbildungen, was es genau mit dem Belegsplit in der neuen Hauptbuchhaltung auf sich hat. Angenommen, Sie müssen den Aufwand in einer Kreditorenrechnung auf zwei unterschiedliche Kostenstellen verteilen: Jede Kostenstelle hat im Stammsatz ein Profit-Center hinterlegt, und für diese Profit-Center ist wiederum im Stammsatz ein Segment hinterlegt. Dies bedeutet, dass mit der Buchung auf die Kostenstellen jeweils eine Ableitung zu einem Profit-Center und einem Segment erfolgt.

5.1 Kreditorenrechnungen und -gutschriften erfassen

In diesem Beispiel zeigen wir Ihnen den Stammsatz einer Kostenstelle und eines Profit-Centers. In den jeweiligen Stammsätzen können Sie erkennen, welche Informationen dort hinterlegt und welche Ableitungen eingetragen sind.

Der Stammsatz der Kostenstelle in unserem Beispiel zeigt auf der Registerkarte **Grunddaten** unter anderem einen Eintrag im Feld **Profitcenter**. Wird demnach innerhalb einer Buchung in einer Belegposition das Feld **Kostenstelle** gefüllt, übernimmt das System automatisch die Information über das Profit-Center aus dem Stammsatz der Kostenstelle. Der Wert für das Profit-Center wird in der Belegposition in das Feld **Profitcenter** eingefügt.

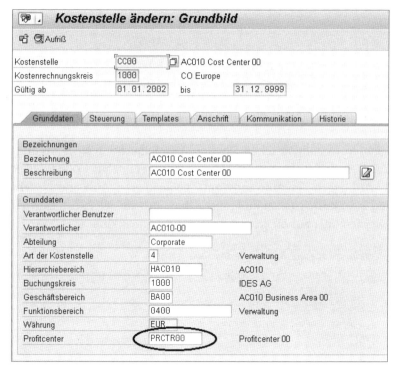

Stammsatz einer Kostenstelle – Ableitung zum Profit-Center

Ein Profit-Center wird als Stammsatz im SAP-System angelegt. Im Stammsatz kann ein Segment eingetragen werden, sodass bei einer Buchung, in der das Profit-Center angegeben wird, die Information über das Segment automatisch abgeleitet werden kann. Das SAP-System trägt in der Belegzeile im Feld **Segment** automatisch den Wert ein.

5 Tägliche Aufgaben in der Kreditorenbuchhaltung

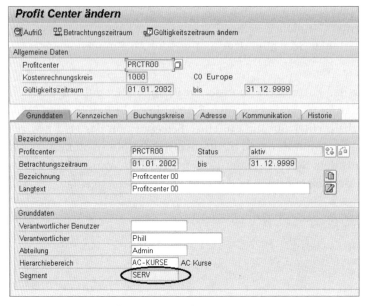

Stammsatz eines Profit-Centers – Ableitung zum Segment

In der folgenden Abbildung sehen Sie eine Beispielbuchung einer Kreditorenrechnung. Der Rechnungsbetrag beläuft sich insgesamt auf 1.000,00 EUR netto und wird gegen ein Aufwandskonto gebucht. Der Aufwand bezieht sich aber auf zwei Kostenstellen und muss daher auch auf zwei Kostenstellen aufgeteilt werden (hier auf die Kostenstellen CC00 und 1000).

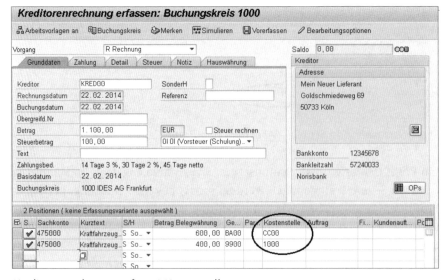

Kreditorenrechnung auf zwei Kostenstellen

5.1 Kreditorenrechnungen und -gutschriften erfassen

Nachdem Sie die Kreditorenrechnung gebucht haben, lassen Sie sich den Beleg anzeigen, um zu sehen, ob eine Ableitung durchgeführt wurde. In der nächsten Abbildung sehen Sie den gebuchten Beleg in der Erfassungssicht. Dabei handelt es sich um die Sicht, in der Sie auch die Eingaben für die Buchung vorgenommen haben. Wie Sie erkennen können, hat das SAP-System über die beiden angegebenen Kostenstellen eine Ableitung zu den Profit-Centern und Segmenten erzeugt.

Kreditorenrechnung simulieren (Ableitung der Merkmale)

Aber wie sieht der Beleg in der Hauptbuchhaltung aus, und wie werden die Positionen, die Steuerzeile und die Beträge auf die abgeleiteten Merkmale aufgeteilt? In der Anwendungsfunktionsleiste finden Sie die Schaltfläche **Hauptbuchsicht**. Wenn Sie auf diese Schaltfläche klicken, zeigt Ihnen das System die Buchung an, wie sie in der Hauptbuchhaltung dargestellt wird.

Kreditorenrechnung simulieren (Belegsplit) – Hauptbuchsicht

Hier sehen Sie nun, wie der Beleg gesplittet wurde und wie die Vererbung auf die Kreditorenzeile und Steuerzeile gegriffen hat. Bei der Erfassung hatten wir nur die Aufwandsposition aufgeteilt. Hier sehen Sie aber, wie auch die Kreditorenzeile gesplittet wurde. Eine Bilanz, beispielsweise nach Profit-Centern, wäre also möglich. Der Saldo der beiden Profit-Center beträgt null (Null-Saldo-Stellung).

> **HINWEIS**
>
> **Layout**
>
> Werden die Spalten für Kostenstelle, Profit-Center, Segment usw. nicht dargestellt, ändern Sie das Layout entsprechend ab (siehe den Abschnitt »Buchung der Vollzahlung in der Einzelpostenanzeige prüfen« in Abschnitt 3.2).

5.2 Zahlungsausgang manuell erfassen

Sie erhalten Waren oder Dienstleistungen von Ihren Lieferanten und damit verbunden selbstverständlich auch die entsprechenden Rechnungen. Sie möchten die offenen Rechnungen nun begleichen, eventuell unter der Berücksichtigung von Skontoabzug. In diesem Abschnitt behandeln wir die Vollzahlung, die Zahlung mit gleichzeitigem Drucken eines Schecks, den Zahlungsausgang als Teilzahlung und die Buchung eines Restpostens.

Zahlungsausgang mit vollständigem Ausgleich

Ein offener Posten ist dann ausgeglichen, wenn auf die Kreditorenrechnung ein Zahlungsausgang in voller Höhe erfolgt, eventuell unter der Berücksichtigung eines Skontoabzugs. Die folgende Anleitung zeigt, wie Sie einen Zahlungsausgang vornehmen:

1. Wählen Sie den Pfad **Rechnungswesen** ▸ **Finanzwesen** ▸ **Kreditoren** ▸ **Buchung** ▸ **Zahlungsausgang** ▸ **Buchen** im SAP-Easy-Access-Menü (Transaktionscode F-53).

2. Sie gelangen nun in das Einstiegsbild **Zahlungsausgang buchen: Kopfdaten**. Das Bild ist in drei Bereiche unterteilt: Im oberen Bereich geben Sie die Kopfdaten in den Feldern **Belegdatum**, **Buchungsdatum**, **Referenz**, **Buchungskreis** und **Belegart** ein. Einige Felder wurden bereits vom SAP-System mit Vorschlagswerten belegt, wie zum Beispiel die Felder **Periode** und **Währung/Kurs**.

5.2 Zahlungsausgang manuell erfassen

3. Im zweiten Bereich **Bankdaten** tragen Sie die Sachkontonummer Ihres Bankkontos im Feld **Konto** und den Betrag des Zahlungsausgangs im Feld **Betrag** ein und nehmen gegebenenfalls noch weitere Angaben in den zur Verfügung stehenden Feldern vor, um der Buchung mehr Informationsgehalt zu geben.

4. Im unteren Bereich **Auswahl der offenen Posten** tragen Sie die Nummer des Kreditorenkontos im Feld **Konto** ein. Das System trägt automatisch den Wert »K« in das Feld **Kontoart** ein, und das Auswahlfeld **Normale OP** wird ebenfalls automatisch vom System markiert.

Nachdem Sie alle notwendigen Felder ausgefüllt haben, klicken Sie auf die Schaltfläche OP bearbeiten.

Zahlungsausgang buchen: Kopfdaten			
OP bearbeiten			
Belegdatum	02.05.2014	Belegart KZ	Buchungskreis 1000
Buchungsdatum	02.05.2014	Periode 5	Währung/Kurs EUR
Belegnummer			Umrechnungsdat
Referenz			Übergreifd.Nr
Belegkopftext			PartnerGsber
Ausgleichstext			

Bankdaten			
Konto	113100		GeschBereich
Betrag	3.500,00		Betrag Hauswähr
Spesen			HW-Spesen
Valutadatum	15.01.2014		Profitcenter
Text			Zuordnung

Auswahl der offenen Posten		Weitere Selektion
Konto	KRED00	⦿ keine
Kontoart	K ☐ Weitere Konten	○ Betrag
Sonderhauptb.Kz	☑ Normale OP	○ Profitcenter
Avisnummer		○ Belegnummer
☐ Nach Alter verteilen		○ Buchungsdatum
☐ Automatische Suche		○ andere

HINWEIS

Belegart

Die Belegarten differenzieren den Geschäftsvorfall (Beispiel: Kreditorenrechnung = KR; Kreditorenzahlung = KZ). Die Belegart ist mit der Vergabe der Belegnummern verknüpft. So können Sie später bereits an der Belegnummer erkennen, um welchen Geschäftsvorfall es sich beim jeweiligen Beleg handelt.

5 Tägliche Aufgaben in der Kreditorenbuchhaltung

5 Nun erhalten Sie eine Liste der offenen Posten. Wählen Sie den Posten aus, der ausgeglichen werden soll, indem Sie ihn aktivieren bzw. alle anderen Positionen deaktivieren. Klicken Sie dazu doppelt auf die entsprechenden Positionen oder auf die Schaltflächen [Posten][Posten] (**Posten aktivieren/inaktivieren**).

> **HINWEIS**
>
> **Aktivierte Posten**
>
> Die deaktivierten Positionen werden schwarz dargestellt, während die selektierte/aktivierte Position farbig hervorgehoben wird.

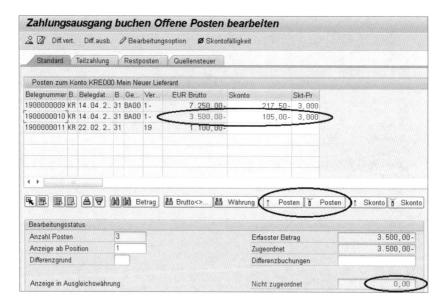

6 Erst wenn das Feld **Nicht zugeordnet** den Wert 0 aufweist, kann der Vorgang gebucht werden. Buchen Sie den Zahlungsausgang durch einen Klick auf 💾 (**Sichern**).

7 Daraufhin erhalten Sie eine Informationsmeldung, dass der Beleg gebucht wurde, unter der Angabe der vergebenen Belegnummer. Bestätigen Sie diese Meldung durch einen Klick auf die Schaltfläche ✔ OK.

8 Gehen Sie zurück in das Einstiegsbild des SAP-Easy-Access-Menüs, indem Sie auf 🔙 (**Beenden**) klicken oder im Befehlsfeld den Befehl »/N« eingeben.

Zahlungsausgang buchen mit gleichzeitigem Drucken eines Schecks

Sie begleichen eine Rechnung Ihres Lieferanten und möchten dafür den Zahlungsausgang buchen sowie gleichzeitig einen Scheck drucken. So geht's:

1 Wählen Sie den Pfad **Rechnungswesen** ▸ **Finanzwesen** ▸ **Kreditoren** ▸ **Buchung** ▸ **Zahlungsausgang** ▸ **Buchen + Formulardruck** im SAP-Easy-Access-Menü (Transaktionscode F-58).

2 Es öffnet sich das Einstiegsbild **Zahlung mit Druck: Kopfdaten**. Im oberen Bereich **Vorgaben für Zahlweg und Formular** müssen Sie in den entsprechenden Feldern Angaben zu Buchungskreis, Zahlweg und Hausbank vornehmen. Im Feld **Scheckstapelnummer** können Sie eine Nummer für einen Scheckstapel angeben, in dem die Schecknummern vordefiniert sind. Das SAP-System verwendet dann die vordefinierten Nummern des Stapels für die ausgegebenen Schecks. Verwenden Sie keinen vordefinierten Scheckstapel, ist die bei Buchung erzeugte Belegnummer zugleich auch die Schecknummer. Diese Angaben können Sie manuell in die entsprechenden Felder eingeben, oder Sie wählen die Wertehilfe [F4]. Sie erhalten dann eine Auflistung der möglichen Eingaben für das jeweilige Feld. Lassen Sie sich den Zahlbetrag errechnen, indem Sie das Ankreuzfeld **Zahlbetrag errechnen** markieren.

3 Im unteren Bereich **Ausgabesteuerung** machen Sie Angaben zur Ausgabesteuerung: Geben Sie hier unter anderem den Drucker an, und aktivieren Sie das Ankreuzfeld **Empfängersprache** mit einem Häkchen. Wenn Sie die Daten gepflegt haben, klicken Sie auf die Schaltfläche **Zahlungen erfassen**.

5 Tägliche Aufgaben in der Kreditorenbuchhaltung

> **HINWEIS**
>
> **Empfängersprache**
>
> Ist das Kennzeichen **Empfängersprache** gesetzt, werden die Formulare in der jeweiligen Sprache des Empfängers gelesen und gedruckt. Ist das Formular in der gewünschten Sprache nicht gepflegt, wird die Originalsprache des Formulars verwendet.

4 Das folgende Bild **Zahlung mit Druck Kopfdaten** ist ebenfalls in mehrere Bereiche unterteilt. Hier müssen Sie nur im Bereich **Zahlungsempfänger** den Kreditor eingeben. Klicken Sie dann auf die Schaltfläche **OP bearbeiten**.

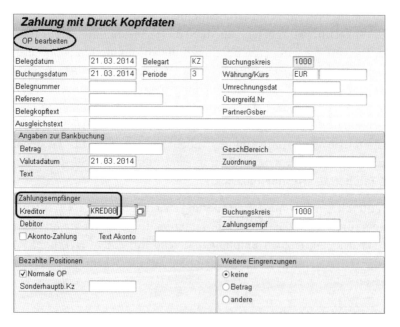

5 Sie gelangen nun in das nächste Bild **Zahlung mit Druck Offene Posten bearbeiten**. Aktivieren Sie mit einem Doppelklick den offenen Posten, den Sie mit Ihrem Zahlungsausgang ausgleichen möchten. Der Posten wird dadurch farblich hervorgehoben, während die nicht aktivierten Positionen schwarz dargestellt werden. Ist der Posten aktiviert, sehen Sie im Feld **Zugeordnet** den Zahlungsausgangsbetrag, gegebenenfalls gekürzt durch die Berücksichtigung von Skonto.

5.2 Zahlungsausgang manuell erfassen

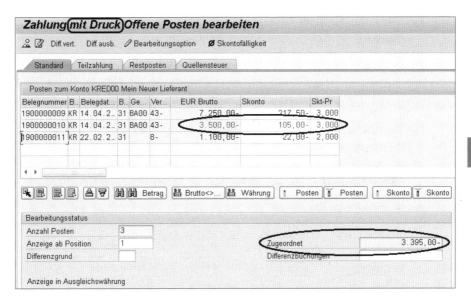

6 Bevor Sie den Vorgang über die Schaltfläche **Buchen** beenden, können Sie die Buchung zunächst simulieren, um sie sich erst einmal anzuschauen. Gehen Sie hierzu über die Menüleiste **Beleg ▸ Simulieren**.

5 Tägliche Aufgaben in der Kreditorenbuchhaltung

7 Schließen Sie den Vorgang ab, und klicken Sie auf die Schaltfläche 🔲 (**Buchen**).

8 Sie erhalten nun eine Informationsmeldung über die erfolgreiche Buchung unter der Angabe der Belegnummer. Bestätigen Sie diese Information mit der ⏎-Taste.

9 Daraufhin wird automatisch eine Übersicht über die erzeugten Listen des Druckers angezeigt.

10 Wenn Sie mit der Maus über der Bezeichnung **Scheck/Check** schweben, wandelt sich der Mauszeiger in ein Handsymbol um. Klicken Sie auf Ihren Scheck (mit dem Cursor-Handsymbol).

11 Sie erhalten nun eine Liste der Spool-Dateien. Markieren Sie das Auswahlfeld vor der gewünschten Spool-Datei, und klicken Sie auf das Brillensymbol 👓 (**Inhalt anzeigen**).

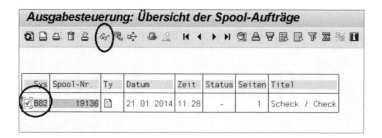

12 Der Scheck wird angezeigt.

5.2 Zahlungsausgang manuell erfassen

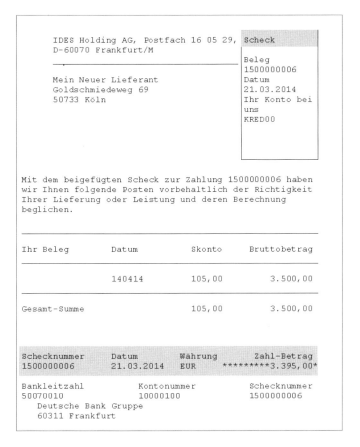

Auch in der Kreditorenbuchhaltung kommt es vor, dass eine Rechnung nicht vollständig ausgeglichen werden soll. Dafür gibt es verschiedene Gründe. So gibt es vielleicht an der Ware oder Dienstleistung des Lieferanten etwas zu beanstanden, und Sie haben sich mit dem Lieferanten auf eine Teilzahlung geeinigt.

Selbstverständlich können Sie auch in der Kreditorenbuchhaltung – ebenso wie in der Debitorenbuchhaltung – einen Restposten bilden oder eine Teilzahlung buchen. Dazu gehen Sie wie bei einer Vollzahlung vor, und wechseln Sie später auf die Registerkarte **Restposten** bzw. **Teilzahlung**.

Zahlungsausgang als Teilzahlung

Wird eine Teilzahlung gebucht, wird die Position nicht ausgeglichen. Der Zahlungsausgang wird als neuer offener Posten auf der Soll-Seite gebucht. Diese Soll-Position wird oberhalb des offenen Postens angezeigt, auf den sich der Zahlungsausgang bezieht.

5 Tägliche Aufgaben in der Kreditorenbuchhaltung

Buchen Sie einen Zahlungsausgang als Teilzahlung, indem Sie folgendermaßen vorgehen:

1 Wählen Sie den Pfad **Rechnungswesen** • **Finanzwesen** • **Kreditoren** • **Buchung** • **Zahlungsausgang** • **Buchen** im SAP-Easy-Access-Menü (Transaktionscode F-53).

2 Sie gelangen nun in das Einstiegsbild, das in drei Bereiche unterteilt ist. Im oberen Bereich **Kopfdaten** geben Sie das Beleg- und Buchungsdatum in den entsprechenden Feldern ein. Sofern nicht bereits vom System als Vorschlagswert eingetragen, müssen noch die Belegart und der Buchungskreis in die Felder **Belegart** und **Buchungskreis** eingegeben werden. Im Feld **Ausgleichstext** kann ein Informationstext eingetragen werden.

3 Im Bereich **Bankdaten** geben Sie die Sachkontonummer Ihres Bankkontos im Feld **Konto** und den Zahlungsbetrag der Teilzahlung im Feld **Betrag** ein. Auch in diesem Bereich können Sie einen Text eingeben.

4 Anstatt den Text manuell einzugeben, haben Sie die Möglichkeit, eine sogenannte Textschablone auszuwählen. Im SAP-System kann hierzu eine Tabelle mit vordefinierten Textpassagen hinterlegt werden. Diese Textpassagen können später durch die Angabe der entsprechenden ID in die Belege übertragen werden. Dazu geben Sie im Feld **Text** die Schablonen-ID ein.

5 Kennen Sie diese nicht, können Sie mit der Feldhilfe, die Sie mittels der F4-Taste öffnen, oder per Klick auf die Schaltfläche (**Wertehilfe**) die

Schablonenauswahl im Feld öffnen. Dort wählen Sie dann eine Schablonen-ID aus (hier PP für Teilzahlung).

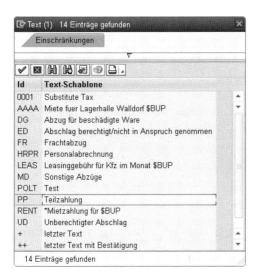

6 Im unteren Bereich **Auswahl der offenen Posten** geben Sie die Nummer des Kreditorenkontos im Feld **Konto** an. Das System trägt im Feld **Kontoart** die Kontoart ein und markiert automatisch das Auswahlfeld **Normale OP**. Die Selektion der offenen Posten können Sie noch genauer angeben. Dazu stehen Ihnen rechts im Bereich **Weitere Selektion** Auswahlknöpfe zur Verfügung. Klicken Sie anschließend auf die Schaltfläche OP bearbeiten.

7 Sie gelangen nun wieder in das Bild **Zahlungsausgang buchen Offene Posten bearbeiten**. Auch hier aktivieren Sie den offenen Posten, der bezahlt werden soll, durch einen Doppelklick auf die Position oder mittels der Schaltflächen Posten Posten (**Posten aktivieren** bzw. **inaktivieren**), dazu muss der Cursor auf dem entsprechenden offenen Posten stehen.

5 Tägliche Aufgaben in der Kreditorenbuchhaltung

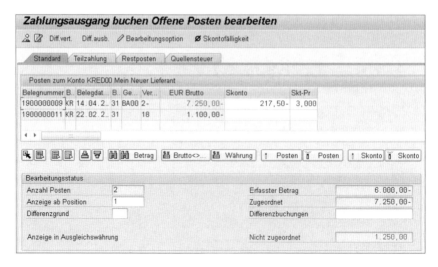

8 Nachdem Sie den offenen Posten aktiviert haben, auf dem Sie den Zahlungsausgang als Teilzahlung buchen möchten, wird der Differenzbetrag (unter Berücksichtigung von Skonto) im Feld **Nicht zugeordnet** ausgewiesen.

9 Wechseln Sie nun auf die Registerkarte **Teilzahlung**, und klicken Sie doppelt auf das Feld **Zahlungsbetrag**. Das SAP-System überträgt in dieses Feld den Zahlungsausgangsbetrag, den Sie buchen möchten. Das Feld **Nicht zugeordnet** muss nun den Wert 0 aufweisen, und Sie können den Vorgang mit einem Klick auf das Diskettensymbol 💾 buchen.

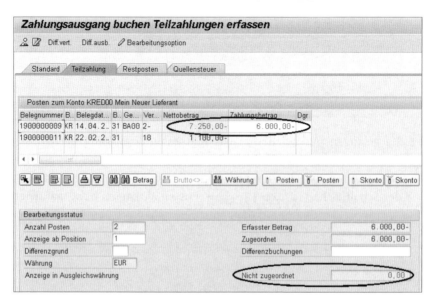

5.2 Zahlungsausgang manuell erfassen

[10] Nachdem Sie den Vorgang gebucht haben, erhalten Sie eine Informationsmeldung mit der Belegnummer. Gehen Sie dann mit einem Klick auf die Schaltfläche 🔙 (**Beenden**) in das SAP-Easy-Access-Menü zurück, oder geben Sie im Befehlsfeld den Befehl »/N« ein.

Buchung in der Einzelpostenanzeige prüfen

Über die Einzelpostenanzeige können Sie prüfen, wie das SAP-System die Buchung der Teilzahlung im Konto des Kreditors darstellt.

So geht's:

[1] Folgen Sie dem Pfad **Rechnungswesen** ▸ **Finanzwesen** ▸ **Kreditoren** ▸ **Konto** ▸ **Posten anzeigen/ändern**.

[2] Es öffnet sich nun das Bild **Kreditoren Einzelpostenliste**. Geben Sie im Feld **Kreditorenkonto** die Nummer des Kreditorenkontos und im Feld **Buchungskreis** den Buchungskreisschlüssel ein, und markieren Sie die Option **Alle Posten**. Klicken Sie nun noch auf 🕒 (**Ausführen**), und die Einzelpostenliste wird angezeigt.

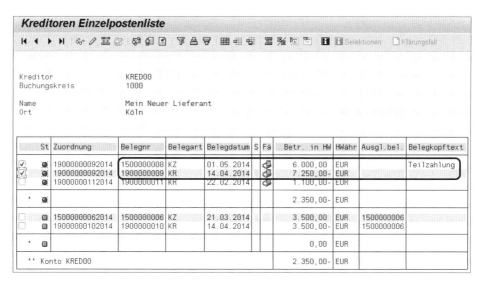

Das System hat die Rechnung unter der Belegart KR und den Zahlungsausgang unter der Belegart KZ gebucht. Die Zahlung zu der dazugehörigen Rechnung wird oberhalb der Kreditorenrechnung angezeigt. Durch den Status 🔘 wird zudem angezeigt, dass beide Positionen als »offen« ausgewiesen werden.

Zahlungsausgang mit Restpostenbildung

Möchten Sie einen Zahlungsausgang als Restposten buchen, ist die Verfahrensweise ähnlich wie bei der Buchung einer Teilzahlung. Die Zahlungsdifferenz, die zwischen der Kreditorenrechnung und dem Zahlungsausgang entsteht, wird aber bei diesem Verfahren als neuer offener Posten (Restposten) gebucht, und der ursprüngliche offene Posten (Kreditorenrechnung) wird ausgeglichen.

> **BEISPIEL**
>
> **Beispielbuchung**
>
> In unserem Beispiel existiert eine Rechnung in Höhe von 6.000,00 EUR auf dem Kreditorenkonto. Wir leisten eine Zahlung in Höhe von 4.500,00 EUR. Daher besteht eine Zahlungsdifferenz in Höhe von 1.500,00 EUR. Der Skontobetrag (180,00 EUR) wird berücksichtigt, und daraus ergibt sich eine Differenz in Höhe von 1.320,00 EUR.

So geht's:

1. Folgen Sie dem Pfad **Rechnungswesen ▸ Finanzwesen ▸ Kreditoren ▸ Buchung ▸ Zahlungsausgang ▸ Buchen** im SAP-Easy-Access-Menü (Transaktionscode F-53).

2. Sie gelangen nun in das Einstiegsbild **Zahlungsausgang buchen: Kopfdaten**. Gehen Sie vor, wie im Abschnitt »Zahlungsausgang als Teilzahlung« beschrieben, und füllen Sie mindestens die folgenden Felder aus:
   - Belegdatum
   - Buchungsdatum
   - Belegart
   - Buchungskreis
   - Währung/Kurs

3. Im Bereich **Bankdaten** sind die folgenden Felder relevant:
   - Konto
   - Betrag

4. Im Bereich **Auswahl der offenen Posten** pflegen Sie:
   - Konto
   - Kontoart

   Wählen Sie dann die Schaltfläche **OP bearbeiten**.

5.2 Zahlungsausgang manuell erfassen

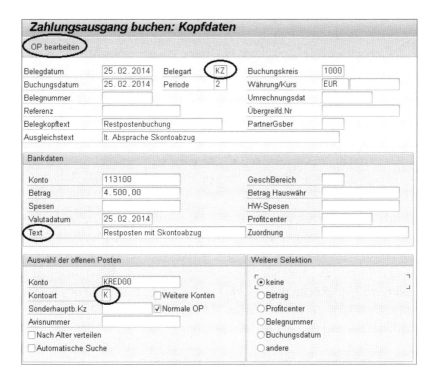

[5] Daraufhin wird Ihnen das Bild **Zahlungsausgang buchen Offene Posten bearbeiten** angezeigt. Bestätigen Sie die Informationsmeldung, wie viele Posten selektiert wurden, mit einem Klick auf ✓ OK.

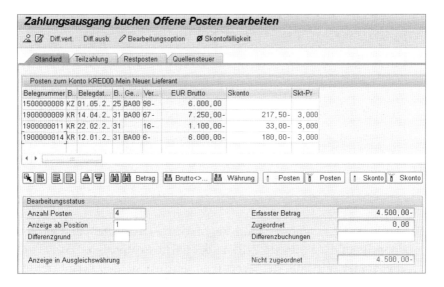

5 Tägliche Aufgaben in der Kreditorenbuchhaltung

> **Bearbeitungsoptionen**
>
> Sie können wählen, ob das Bild **Offene Posten bearbeiten** die Posten im aktivierten oder deaktivierten Modus anzeigen soll. Sind die Posten erst einmal aktiv, müssen Sie alle Posten deaktivieren, die Sie nicht ausgleichen möchten. Ist die Liste der offenen Posten lang, wäre diese Verfahrensweise sehr aufwendig. Sind alle Posten erst einmal inaktiv, müssen Sie lediglich den einen Posten aktivieren, auf den Sie den Zahlungsausgang buchen möchten. Die entsprechenden Einstellungsmöglichkeiten erreichen Sie über die Schaltfläche [Bearbeitungsoption].

[6] Noch ist der Posten inaktiv. Daher findet sich im Feld **Erfasster Betrag** der Zahlungseingang in Höhe von 4.500,00 EUR, und im Feld **Zugeordnet** findet sich ebenfalls der Betrag 4.500,00 EUR. Aktivieren Sie den offenen Posten, auf dem Sie den Zahlungsausgang buchen und einen Restposten bilden möchten. Dazu klicken Sie doppelt auf den Posten oder auf die Schaltfläche [Posten] (**Posten aktivieren**). Hierdurch hat sich nun der Differenzbetrag im Feld **Nicht zugeordnet** verändert.

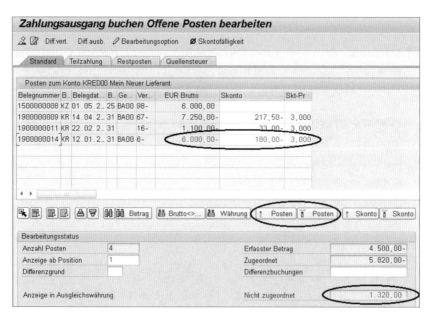

[7] Wechseln Sie nun noch auf die Registerkarte **Restposten**, und klicken Sie doppelt auf die aktivierte Zeile in der Spalte **Restposten**. Das Feld **Nicht zugeordnet** zeigt nun den Wert 0 an. Buchen Sie den Restposten durch einen Klick auf das Diskettensymbol [ ] (**Sichern**).

5.2 Zahlungsausgang manuell erfassen

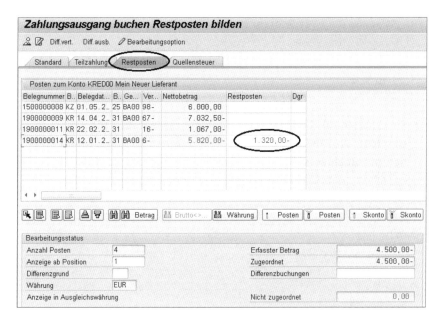

8. Sie erhalten anschließend eine Informationsmeldung; bestätigen Sie diese Meldung über die Belegnummer, und gehen Sie durch einen Klick auf (Beenden) zurück in das SAP-Easy-Access-Menü.

Buchung des Restpostens in der Saldenanzeige prüfen

Um die Buchung des Restpostens zu prüfen, öffnen Sie zunächst die Saldenanzeige und springen von dort aus in die Einzelpostenliste. Schauen Sie sich dazu das Konto des Lieferanten im SAP-System an. Sie bleiben in der Nebenbuchhaltung, der Kreditorenbuchhaltung.

Gehen Sie folgendermaßen vor:

1. Folgen Sie dem Pfad **Rechnungswesen** ▸ **Finanzwesen** ▸ **Kreditoren** ▸ **Konto** ▸ **Salden anzeigen** im SAP-Easy-Access-Menü (Transaktionscode FK10N).

2. Es öffnet sich das Bild **Saldenanzeige Kreditoren**. Geben Sie in den Feldern **Kreditor**, **Buchungskreis** und **Geschäftsjahr** die Kreditorennummer, den Buchungskreisschlüssel und das Geschäftsjahr an, das Sie sich anzeigen lassen möchten. Mit einem Klick auf (Ausführen) wird die Saldenanzeige aufgerufen.

5 Tägliche Aufgaben in der Kreditorenbuchhaltung

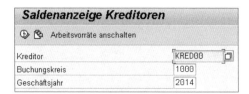

3 Sie erhalten die Saldenanzeige des Kreditorenkontos für das ausgewählte Geschäftsjahr. In den einzelnen Spalten sehen Sie unter anderem die Salden pro Buchungsseite (Soll- bzw. Haben-Buchungen) sowie je Zeile entsprechend den Saldo pro Periode (siehe Abbildung).

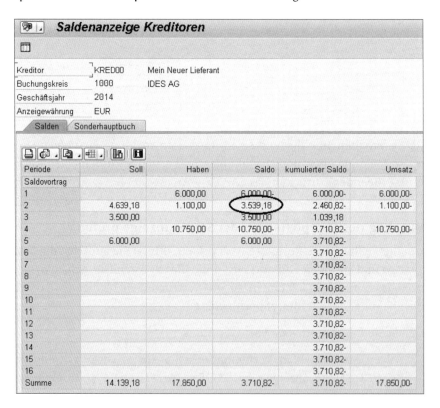

4 Möchten Sie sich alle Buchungen einer Periode ansehen, klicken Sie doppelt auf die entsprechende Position. Möchten Sie sich also die Periode 2 ansehen, klicken Sie in der Spalte **Saldo** doppelt auf das Feld **Periode 2**.

5 Nun sind Sie über die Saldenanzeige in die Einzelpostenliste des Kreditorenkontos gesprungen. Der Restbetrag unserer Buchung wird hier als neuer offener Posten dargestellt, und der ursprüngliche offene Posten (Kreditorenrechnung) ist ausgeglichen.

5.2 Zahlungsausgang manuell erfassen

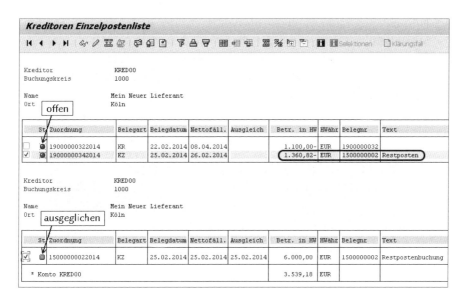

6. Die Darstellung der Einzelpostenliste können Sie über eine Layoutveränderung einstellen. Hierzu klicken Sie in der Anwendungsfunktionsleiste auf die Schaltfläche ▦ (**Layout ändern**). Es öffnet sich nun ein Bereich mit zwei Übersichten: zum einen die Übersicht der angezeigten Felder (**Spalteninhalt**) und zum anderen die Übersicht der ausgeblendeten Felder.

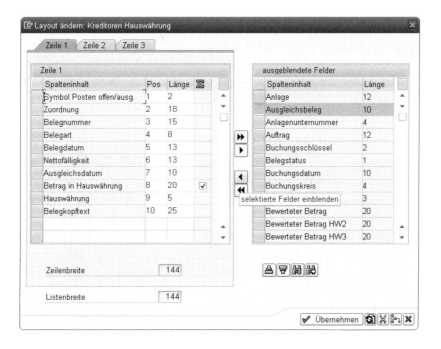

7 Nun haben Sie die Möglichkeit, weitere Felder in den Bereich **Spalteninhalt** zu übernehmen, um sich die Werte dieser Felder in der Einzelpostenanzeige darstellen zu lassen. Markieren Sie das Feld, das übernommen werden soll, und klicken Sie auf die Schaltfläche ◄ **(selektierte Felder einblenden)**. Mit einem Klick auf die Schaltfläche ✔ Übernehmen übernimmt das SAP-System diese Änderung in die aktuelle Anzeige der Einzelpostenliste.

> **VIDEO**
>
> **Die Kreditoren-Saldenanzeige aufrufen und in die Einzelpostenanzeige springen**
>
> In diesem Video erfahren Sie, wie Sie die Kontodaten eines Kreditors über die Saldenanzeige aufrufen:
>
> http://s-prs.de/v4158eb

Kehren Sie in das Einstiegsbild **SAP Easy Access** zurück, indem Sie den Befehl »/N« in das Befehlsfeld eingeben.

> **HINWEIS**
>
> **Saldenanzeige – Einzelpostenliste**
>
> Fragen Sie sich, warum Sie in der abgebildeten Einzelpostenliste nicht auch die ursprüngliche Kreditorenrechnung über 6.000,00 EUR sehen? Der Grund ist, dass Sie über die Saldenanzeige nur in die Periode 2 der Einzelpostenliste gesprungen sind, die Kreditorenrechnung aber bereits in Periode 1 gebucht wurde. Möchten Sie auch diese Buchung sehen, gehen Sie über die Transaktion **Posten anzeigen/ändern** (Transaktionscode FBL1N) und lassen sich alle Posten anzeigen: **Rechnungswesen** • **Finanzwesen** • **Kreditoren** • **Konto** • **Posten anzeigen/ändern**.

Verrechnung zwischen Debitor und Kreditor

Wir haben bereits häufiger erwähnt, dass die Geschäftsvorfälle, die in den Nebenbüchern gebucht werden, zeitgleich automatisch auf die Abstimmkonten im Hauptbuch gebucht werden. Im Hauptbuch ist es nicht möglich, einzelne Posten im Abstimmkonto für Verbindlichkeiten mit dem Abstimmkonto für Forderungen zu verrechnen. Ist ein Lieferant aber zugleich auch Kunde, können Verrechnungen auf der Ebene der Nebenbücher vorgenommen werden. Mit dem Zahlprogramm und dem Mahnprogramm ist es dann möglich, offene Posten miteinander zu verrechnen. Um dies zu bewerkstelligen, müssen vorab einige Einstellungen in den Stammsätzen vorgenommen

5.2 Zahlungsausgang manuell erfassen

werden, die Sie – je nach Berechtigung zur Stammdatenpflege – selbst definieren können:

- Ein Debitorenstammsatz und ein Kreditorenstammsatz müssen angelegt werden.
- Die Kreditorenkontonummer muss in den Stammsatz des Debitors eingegeben werden oder umgekehrt.

Mit diesen beiden Einstellungen ist die Voraussetzung für die Verrechnung auf der Mandantenebene geschaffen.

Jeder Buchungskreis kann aber für sich entscheiden, ob eine Verrechnung der offenen Posten durchgeführt werden soll. Im Feld **Verrechnung mit Debitor** im Kreditorenkonto bzw. im betreffenden Feld im Debitorenkonto wird festgelegt, dass eine solche Verrechnung stattfinden soll.

Erst nachdem Sie auf der Mandantenebene (**Allgemeine Daten**) das Feld **Debitor** im Bereich **Kontosteuerung** befüllt haben, wird auf der Buchungskreisebene das Feld angeboten, in dem Sie die Verrechnung zulassen.

Sie sehen in der folgenden Abbildung den Bereich der allgemeinen Daten (Mandantenebene) des Kreditorenstammsatzes. Im Feld **Debitor** wird die Debitorennummer des Debitorenstammsatzes eingetragen.

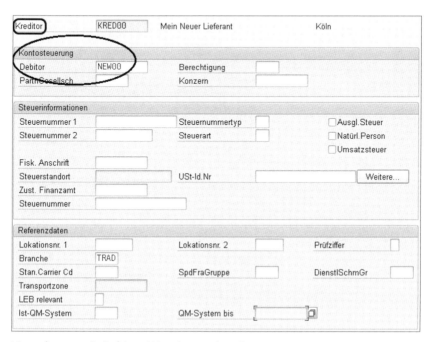

Verrechnung mit Debitor (Mandantenebene)

5 Tägliche Aufgaben in der Kreditorenbuchhaltung

Wenn Sie diese Änderung im Stammsatz sichern, wird eine Meldung angezeigt, dass der Kundenstammsatz (Debitorenstammsatz) entsprechend aktualisiert wird. Das heißt, dass Sie die Kreditorenkontonummer im Debitorenstammsatz nicht manuell angeben müssen und das SAP-System diese Verknüpfung herstellt. Das nächste Bild zeigt diesen Eintrag auf der Mandantenebene des Debitorenstammsatzes.

Durch die Angabe der Kontonummer in den Kreditoren- und Debitorenstammsätzen wird die Voraussetzung dazu geschaffen, offene Posten zu verrechnen. Wünscht der Buchungskreis diese Verrechnung, muss in den jeweiligen Stammsätzen auf der Buchungskreisebene das Feld **Verrechnung mit Debitor** bzw. **Kreditor** aktiviert werden.

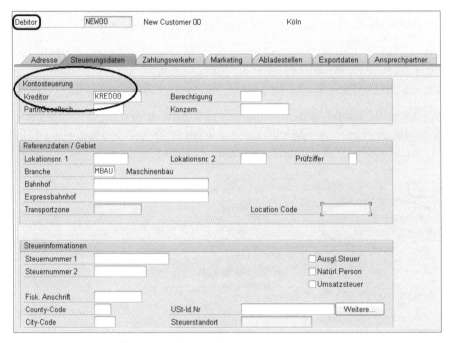

Verrechnung mit Kreditor (Mandantenebene)

Die Abbildung zeigt die Ebene **Buchungskreisdaten** des Debitorenstammsatzes.

5.2 Zahlungsausgang manuell erfassen

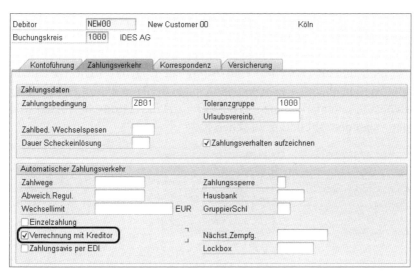

Verrechnung mit Kreditor (Buchungskreisebene)

Das Ankreuzfeld **Verrechnung mit Kreditor** kann nun markiert werden, um die Verrechnung zu erlauben.

Im Dialog dazu wird im Kreditorenstammsatz auf der Buchungskreisebene ebenfalls das Feld **Verr. mit Debi.** markiert.

Verrechnung mit Debitor (Buchungskreisebene)

Sind diese Einstellungen in den Stammsätzen definiert, ist es möglich, die offenen Posten in der Einzelpostenliste des jeweiligen Kontos anzuzeigen. Rufen Sie dazu die Transaktion FBL1N auf (Einzelpostenliste in der Kreditorenbuchhaltung), und markieren Sie das Ankreuzfeld **Debitorische Posten**. In der Debitorenbuchhaltung verwenden Sie dazu die Transaktion FBL5N (Einzelpostenliste), und markieren Sie das Ankreuzfeld **Kreditorische Posten**, wie es in der folgenden Abbildung zu sehen ist.

Kreditorische und debitorische Posten anzeigen

Durch einen Klick auf die Schaltfläche ⊕ (**Ausführen**) wird Ihnen die Einzelpostenliste angezeigt.

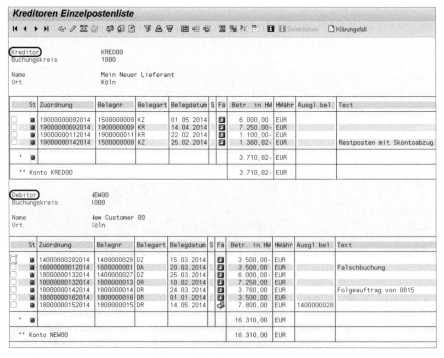

Einzelpostenanzeige von Kreditor und Debitor

Wie Sie an diesem Beispiel erkennen können, wird eine Kreditorenrechnung innerhalb der Einzelpostenliste des Kreditorenkontos angezeigt. Im unteren Bereich sehen Sie gleichzeitig die Einzelpostenliste des Debitors mit einer Debitorenrechnung.

Über das Zahlprogramm können Sie nun diese Posten miteinander verrechnen. So wird beispielsweise keine Kreditorenrechnung vom System bezahlt, wenn der Kunde noch eine Debitorenrechnung mit einem höheren Wert ausgleichen muss.

5.3 Integration mit dem Einkauf

In Kapitel 4, »Kreditorenstammsatz«, haben wir die Kreditorenstammsätze und Kreditorenrechnungen aus Sicht der Buchhaltung behandelt. Die Vereinbarungen und Bedingungen mit unseren Lieferanten werden aber nicht in der Buchhaltung, sondern im Einkauf verhandelt und auf der dritten Ebene des Kreditorenstammsatzes gepflegt, der Ebene der Einkaufsdaten. Auch die Rechnungsprüfung wird in der Regel nicht in der Buchhaltung durchgeführt, sondern im Einkauf. Im SAP-System wird der Einkauf durch die Komponente Materialwirtschaft (MM für englisch Materials Management) unterstützt.

Die Integration der Buchhaltung (SAP-Komponente FI) mit Einkauf und Materialwirtschaft spielt daher eine große Rolle. Findet die Rechnungsprüfung über die Materialwirtschaft statt, hat dies Auswirkungen auf das externe Rechnungswesen, und das SAP-System generiert automatisch einen Buchhaltungsbeleg in der Finanzbuchhaltung (Kreditorenbuchhaltung).

Jede Komponente im SAP-System beinhaltet Organisationselemente, die für die Bearbeitung der einzelnen Vorgänge benötigt werden. Im Folgenden erläutern wir die Organisationseinheiten des Einkaufs (Materialwirtschaft).

Organisationseinheiten im Einkauf

Die wichtigsten Organisationseinheiten in der Materialwirtschaft sind das Werk und die Einkaufsorganisation. Das Werk kann der Hauptsitz eines Unternehmens sein, ein Tätigkeitsbereich innerhalb eines Unternehmens, ein zentrales Warenlager oder anderes. Ein Werk muss einem einzelnen Buchungskreis zugeordnet sein, aber einem Buchungskreis können mehrere

Werke zugewiesen werden. Ein Werk muss außerdem mindestens einer Einkaufsorganisation zugeordnet sein.

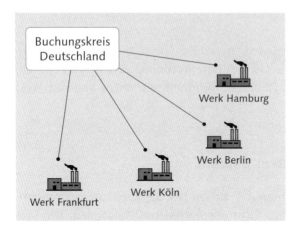

Zuordnung von Werken zu einem Buchungskreis

Die Einkaufsorganisation kann unterschiedlich aufgebaut sein. Es kann ein konzernweiter Einkauf, ein unternehmensspezifischer Einkauf oder ein werksspezifischer Einkauf durchgeführt werden:

- **Konzernweiter Einkauf**
  Beim konzernweiten Einkauf ist die Einkaufsorganisation für verschiedene Buchungskreise zuständig.
- **Unternehmensspezifischer Einkauf**
  Beim unternehmensspezifischen Einkauf ist die Einkaufsorganisation für die Einkaufsaktivitäten eines einzigen Buchungskreises verantwortlich.
- **Werksspezifischer Einkauf**
  Beim werksspezifischen Einkauf führt die Einkaufsorganisation Aktivitäten für bestimmte Werke durch und damit auch gegebenenfalls für mehrere Buchungskreise.

Einkaufsdaten im Kreditorenstammsatz

Jede Einkaufsorganisation hat ihre eigenen Einkaufsdaten, die im Stammsatz des Kreditors verfügbar gemacht werden müssen. Diese spezifischen Informationen im Stammsatz des Kreditors sind für den Beschaffungsvorgang in der Materialwirtschaft wichtig.

Über die Transaktion **Zentrale Pflege** können Sie auf den gesamten Stammsatz des Kreditors zugreifen, auch auf die Einkaufsdaten. Folgen Sie dem

5.3 Integration mit dem Einkauf

Pfad **Rechnungswesen** ▸ **Finanzwesen** ▸ **Kreditoren** ▸ **Stammdaten** ▸ **Zentrale Pflege** ▸ **Anzeigen** (Transaktionscode XK03) bzw. **Ändern** (Transaktionscode XK02), und geben Sie im Feld **Konto** die Kreditorennummer sowie im Feld **Buchungskreis** den Buchungskreisschlüssel ein. Da Sie die **Zentrale Pflege** gewählt haben, steht Ihnen das Feld **EinkOrganisation** zur Verfügung. Tragen Sie dort den entsprechenden Wert ein. Geben Sie in den Bereichen **Allgemeine Daten**, **Buchungskreisdaten** und **Einkaufsorganisationsdaten** die einzelnen Bilder des Stammsatzes an, die Sie sich ansehen bzw. ändern möchten. Es wird nun der Kreditorenstammsatz angezeigt. Blättern Sie in den Seiten des Stammsatzes mithilfe der Schaltflächen 🔳🔳 (**Voriges/Nächstes Bild**) bis zum Bild **Kreditor anzeigen** (bzw. **Kreditor ändern**): **Einkaufsdaten**. In diesem Bild sehen Sie unter anderem die vereinbarten Konditionen, wie zum Beispiel im Feld **Incoterms** oder im Bereich **Verkaufsdaten** die Angabe eines Ansprechpartners.

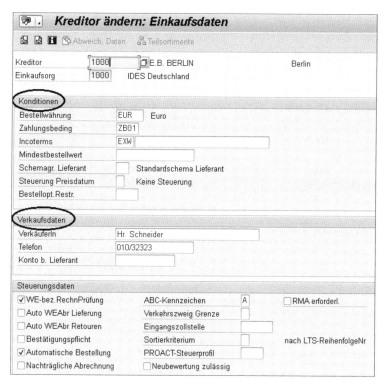

Einkaufsdaten im Kreditorenstammsatz

Im Bild **Kreditor anzeigen** (bzw. **Kreditor ändern**): **Partnerrollen** können verschiedene Rollen vergeben bzw. eingetragen werden. So ist der Kreditor vielleicht nicht zugleich der Lieferant usw.

5 Tägliche Aufgaben in der Kreditorenbuchhaltung

Partnerrollen im Kreditorenstammsatz

5.4 Probieren Sie es aus!

Aufgabe 1

Buchen Sie eine Rechnung in Höhe von 5.500,00 EUR auf Ihren Kreditor00, den Sie in Kapitel 4, »Kreditorenstammsatz«, angelegt haben, verwenden Sie einen Steuerschlüssel für die Eingangssteuer. Geben Sie als Buchungsdatum das aktuelle Tagesdatum ein. Als Gegenkonto geben Sie zum Beispiel die Sachkontonummer 470000 (Aufwandskonto) ein. Benötigt das System eine kostenrechnungsrelevante Kontierung, geben Sie zum Beispiel die Kostenstelle CC00 ein.

Felder/Registerkarten	Dateneingabe
Kreditor	Kreditor00
Rechnungsbetrag	5.500,00 EUR
Steuerschlüssel	beliebig – Eingangssteuer
Aufwandskonto (Gegenkonto)	zum Beispiel 470000
Kostenstelle	zum Beispiel CC00

Buchen Sie auf diese Rechnung nun einen Zahlungsausgang in Höhe von 4.500,00 EUR als Restposten. Als Bankkonto verwenden Sie beispielsweise das Sachkonto 113100.

Kontrollieren Sie schließlich die Rechnungsbuchung und den Zahlungsausgang als Restposten in der Einzelpostenliste des Kreditors.

6 Mahnwesen

Sicher haben Sie schon einmal eine Mahnung an einen Kunden versenden müssen. Wenn Sie nur eine kleine Anzahl Kunden betreuen, ist es nicht allzu schwierig, den Überblick zu behalten. Wenn Sie jedoch einen großen Kundenstamm verwalten und täglich zahlreiche Geschäftsvorfälle bearbeiten, ist es schon etwas aufwendiger, alle Fristen, Bedingungen und Vereinbarungen im Auge zu behalten. Dieses Kapitel zeigt Ihnen, wie das Mahnwesen im SAP-System Sie bei Ihren Tätigkeiten unterstützt.

Am Ende dieses Kapitels können Sie
- Mahnungen automatisch erstellen lassen,
- die Mahnvorschlagsliste bearbeiten,
- den Mahnlauf löschen und neu erstellen,
- Mahnbriefe erstellen.

6.1 Mahnfunktionen

Die SAP-Komponente FI unterstützt Sie dabei, Mahnungen zu erstellen und zu bearbeiten und die wesentlichen Fragen rund um das Mahnwesen zu beantworten: Welcher Kunde ist mit der Zahlung in Verzug oder hat nur einen Teil der ausstehenden Rechnung beglichen? Hat der Kunde bereits eine Mahnung erhalten? Fallen Mahnzinsen bzw. Mahngebühren an, und in welcher Höhe? Im SAP-System können Sie alle Vorgänge automatisieren, die mit diesen Fragen zusammenhängen: Offene Posten werden analysiert und überfällige Posten entsprechend angemahnt.

Die Mahnstufe wird automatisch vom SAP-System ermittelt. Ausgehend von der Mahnstufe werden die Mahngebühren und Mahnzinsen berechnet, und es wird bestimmt, welcher Mahntext verwendet wird.

Über die Mahnhistorie wird aufgezeichnet, welche Mahnbriefe bereits versendet wurden.

6 Mahnwesen

So wie Sie manuell Mahnungen erstellen, geht auch das SAP-System vor:

1 Als Erstes werden die anzumahnenden Posten selektiert, und anschließend wird die Mahnstufe ermittelt.

2 Daraufhin können die Gebühren und Zinsen berechnet werden.

3 Als Nächstes wird der Mahnbrief aufgesetzt, ausgedruckt und versendet.

4 Ein Durchschlag wird archiviert und der Vorgang auf Wiedervorlage gelegt. So können Sie nachverfolgen, ob der Kunde den angemahnten Betrag zahlt oder nicht.

5 Gegebenenfalls muss ein weiterer Mahnbrief mit der nächsten Mahnstufe ausgegeben werden.

In der folgenden Abbildung sind die Mahnfunktionen, die das SAP-System durchläuft, in einer Übersicht dargestellt.

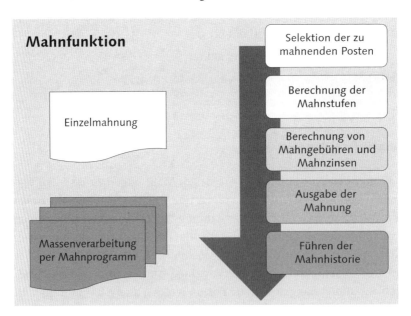

Die Mahnfunktionen im SAP-System

Eine Mahnung kann automatisch für ein einzelnes Konto (einzelner Mahnbrief) oder über das Mahnprogramm für eine Auswahl von Konten erstellt werden.

In den folgenden Abschnitten zeigen wir Ihnen, welche Schritte Sie im SAP-System ausführen müssen, um Ihre Mahnvorgänge effizient zu bearbeiten.

6.2 Mahnverfahren

Im Mahnverfahren des SAP-Systems werden die Einstellungen für das Mahnen vorgenommen, das heißt, dass das Mahnverfahren die Mahnung steuert. Dazu gehören unter anderem die Bestimmung der Mahnabstände, die Kulanztage in Bezug auf die Fälligkeit und die Anzahl der Mahnstufen.

Um einen Kunden in das automatische Mahnverfahren aufzunehmen, müssen Sie entsprechende Eintragungen im Stammsatz des Kunden vornehmen. Daher wird ein Schlüssel für das Mahnverfahren im Debitorenstammsatz eingetragen. Wird dann das Programm für das automatische Mahnen angestoßen, zieht sich das SAP-System im Stammsatz des Kunden bzw. des Lieferanten den Schlüssel für das Mahnverfahren. Der Eintrag des Mahnverfahrens wird im Stammsatz auf der Buchungskreisebene vorgenommen. Das entsprechende Feld befindet sich auf der Registerkarte **Korrespondenz**.

> **HINWEIS**
>
> **Stammdatenpflege**
> Bevor Sie mit der Erstellung der Mahnbriefe beginnen, überprüfen Sie, ob im Stammsatz ein Mahnverfahren hinterlegt ist und ob die Adressdaten vollständig eingepflegt wurden.

Natürlich kann auch ein Einmalkunde angemahnt werden; dazu wird in einem CpD-Konto (Conto pro Diverse) ein Mahnverfahren angegeben.

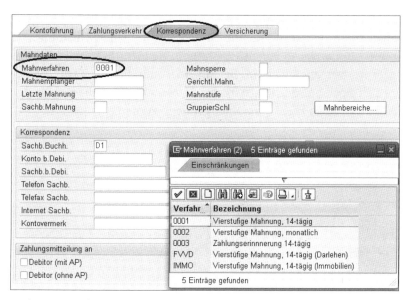

In den Stammdaten hinterlegtes Mahnverfahren

6 Mahnwesen

Sie haben die Möglichkeit, verschiedene Mahnverfahren zu definieren. SAP bietet mehrere Standardmahnverfahren an, die Sie auch als Vorlage für weitere Mahnverfahren nutzen können.

6.3 Notwendige Parameter eingeben

Das Mahnprogramm selektiert die fälligen offenen Posten der Geschäftspartner, ermittelt die jeweiligen Mahnstufen und erstellt daraufhin die Mahnbriefe. Hierzu durchläuft das Mahnprogramm mehrere Arbeitsschritte. Einer dieser Schritte ist die Eingabe der Parameter. Das Mahnprogramm benötigt von Ihnen Information dazu, für welchen Buchungskreis welche Konten geprüft werden sollen und an welchem Stichtag die Fälligkeitsprüfung stattfinden soll. Hierzu können Sie einen bestehenden Mahnlauf als Vorlage verwenden und dort die Termine entsprechend anpassen.

Gehen Sie folgendermaßen vor, um die Parameter für das Mahnprogramm zu pflegen:

1 Wählen Sie den Pfad **Rechnungswesen** ▸ **Finanzwesen** ▸ **Debitoren** ▸ **Periodische Arbeiten** ▸ **Mahnen** im SAP-Easy-Access-Menü (Transaktionscode F150).

2 Im nun folgenden Bild tragen Sie im Feld **Ausführung am** ein, wann das Programm ausgeführt werden soll, und geben dem Mahnlauf eine Identifikation (Feld **Identifikation**), um ihn von anderen Mahnläufen zu unterscheiden. Diese zusätzliche Identifikation dient der Unterscheidung von mehreren Läufen, die an einem Tag starten. Die Identifikation kann vom Benutzer frei vergeben werden. Betätigen Sie nun die ⏎-Taste; Sie befinden sich noch auf der Registerkarte **Status**. Wie Sie sehen, zeigt der Status an, dass noch keine Parameter gepflegt wurden.

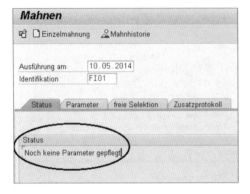

6.3 Notwendige Parameter eingeben

3. Wechseln Sie nun auf die Registerkarte **Parameter**. Geben Sie im Feld **Mahndatum** ein, wann gemahnt werden soll. Das Datum, bis zu dem die gebuchten Belege berücksichtigt werden sollen, pflegen Sie im Feld **Belege gebucht bis**. Das Mahndatum ist zugleich das Ausstellungsdatum der Mahnbriefe und dient als Berechnungsgrundlage der Verzugstage. Geben Sie noch Ihren Buchungskreis (Feld **Buchungskreis**) und im Bereich **Kontoeinschränkungen** im Feld **Debitor** das Debitorenkonto an, das geprüft werden soll. Möchten Sie mehrere Debitorenkonten angeben, tragen Sie das entsprechende Kontenintervall in den Feldern **von** und **bis** für **Debitor** ein.

> **TIPP**
>
> **Feldhilfen nutzen**
>
> Denken Sie an die Feldhilfen! Wenn Sie sich bei einem Feld nicht ganz sicher sind, wie es verwendet werden kann, bedienen Sie sich der Feldhilfe [F1]. Über den Performance Assistant können Sie auch die Hilfe zur Anwendung über die Schaltfläche ✎ aufrufen.

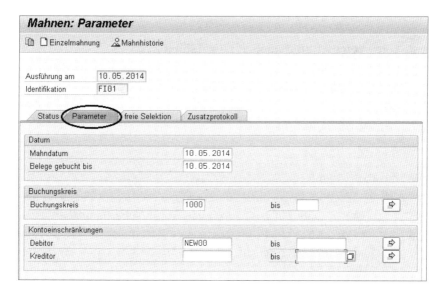

4. Haben Sie die Parameter gepflegt, speichern Sie die Eingaben mit einem Klick auf 💾 (**Sichern**).

5. Kehren Sie nun zurück auf die Registerkarte **Status**. Wie Sie sehen, hat sich der Status geändert. Er lautet nun **Parameter wurden gepflegt**.

6 Mahnwesen

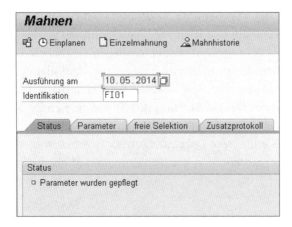

[6] Wechseln Sie nun auf die Registerkarte **Zusatzprotokoll**. Im Zusatzprotokoll können Sie eventuelle Änderungen des Mahnbestands nachvollziehen. Tragen Sie hier in das Feld **Debitor** das Debitorenkonto/die Debitorenkonten ein, und klicken Sie auf 🖫 (**Sichern**).

[7] Kehren Sie zurück zur Registerkarte **Status**.

> **VIDEO**
> **Einen kompletten Mahnlauf durchführen**
> In diesem Video starten wir einen Mahnlauf, generieren eine Vorschlagsliste und nehmen dort Änderungen vor:
> http://s-prs.de/v4158kg

> **HINWEIS**
> **Zusatzprotokoll**
> Die Verarbeitungslogik des Mahnprogramms wird sehr detailliert angezeigt. Daher sollte ein Zusatzprotokoll nur in Ausnahmefällen erzeugt werden, denn bei einem umfangreichen Mahnbestand werden hohe Systemressourcen verbraucht.

Bleiben Sie in diesem Bild, um im nächsten Schritt den Mahnvorschlag zu erstellen.

6.4 Mahnvorschlag bearbeiten

Wenn Sie einen Mahnlauf starten, zieht sich das SAP-System die Konten, die in den Parametern angegeben wurden, und überprüft sie auf überfällige Posten. Daraufhin wird geprüft, ob Mahnbriefe verschickt werden müssen, und es werden die entsprechenden Mahnstufen vergeben.

Das SAP-System legt einen Mahnvorschlag mit allen Mahndaten an. In diesem Mahnvorschlag werden die Posten und Konten aufgelistet, die nach Ihren eingegebenen Parametern vom System selektiert wurden und für die eine Mahnung ausgegeben werden kann. Diesen Mahnvorschlag können Sie bearbeiten oder löschen und neu erstellen.

Der Mahnvorschlag ist nicht zwingend erforderlich und kann daher ausgelassen werden. Wenn Sie die Option **Mahndruck mit einplanen** nicht auswählen, generiert das System keinen Vorschlag und druckt die Mahnbriefe direkt aus, nachdem das Programm ausgeführt worden ist. Nun möchten Sie sich einen Mahnvorschlag erstellen lassen, um ihn zu prüfen. Noch immer befinden Sie sich im Bild **Mahnen** auf der Registerkarte **Status**.

1 Wählen Sie die Option **Mahnlauf einplanen** über die Schaltfläche Einplanen (Taste F7).

2 Im Bild **Selektion und Druck einplanen** markieren Sie das Ankreuzfeld **Start sofort** und klicken dann auf die Schaltfläche Einplanen.

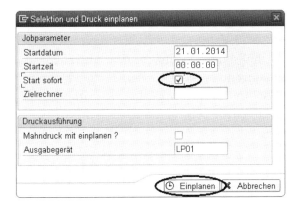

3 Sie erhalten die Meldung, dass die Mahnselektion eingeplant wurde. Bestätigen Sie diese Meldung mit der ⏎-Taste. Auf der Registerkarte **Status** ist der Vermerk »Mahnselektion läuft« zu sehen. Aktualisieren Sie den Status über ⏎, bis der Status **Mahnselektion ist fertig** lautet.

Normalerweise wird der Mahnvorschlag als Hintergrundverarbeitung eingeplant – zu Zeiten, in denen die Systembelastung geringer ist. Um aber den Mahnlauf sofort durchzuführen und zu sehen, ob wir erfolgreich gearbeitet haben, planen wir in diesem Beispiel den Mahnvorschlag sofort ein.

6 Mahnwesen

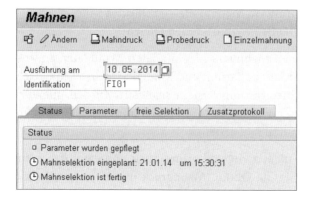

4 Klicken Sie nun auf die Schaltfläche [Ändern] (**Mahnungen ändern**), um den Mahnvorschlag einzusehen und eventuell zu ändern.

5 Es wird Ihnen das Selektionsbild **Mahnbestand** angezeigt. Das SAP-System befüllt die Felder **Tag der Ausführung** und **Identifikation** automatisch mit Vorschlagswerten aus dem zuletzt bearbeiteten Vorgang. Wenn die Daten nicht bereits bestehen, geben Sie den Tag der Ausführung und die Identifikation des Mahnlaufs in die entsprechenden Felder ein und im Feld **Kontoart (D/K)** den Wert »D« für Debitoren sowie den Buchungskreis im Feld **Buchungskreis**. Klicken Sie anschließend auf die Schaltfläche (**Ausführen**).

6 Sie erhalten nun eine Mahnliste, die Sie überprüfen. Anschließend nehmen Sie entweder Änderungen vor, oder Sie belassen die Mahnliste so, wie sie ist. Möchten Sie Änderungen vornehmen, markieren Sie die Mahnung im Auswahlfeld und klicken auf die Schaltfläche **Mahnung ändern**.

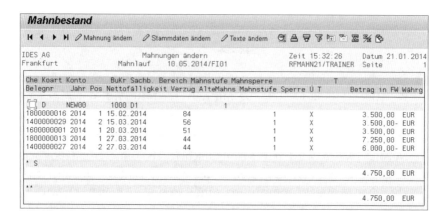

7 Nachdem Sie den Mahnvorschlag eingesehen haben, kehren Sie zurück zum Bild **Mahnen**, indem Sie zweimal auf den grünen Pfeil 🔄 (**Zurück**) klicken. Bleiben Sie für den nächsten Schritt in diesem Bild.

> **HINWEIS**
>
> **Mahnliste**
> Sollten Ihnen in diesem Bild keine Mahnungen angezeigt werden, hat sich irgendwo ein Fehler eingeschlichen. Schauen Sie sich das Vorschlagsprotokoll an, um den Fehler zu finden (**Zusätze ▸ Protokoll Mahnlauf**). Wenn Sie den Mahnvorschlag löschen möchten, um die Eingaben noch einmal ganz neu einzupflegen, wählen Sie über die Menüleiste **Mahnungen ▸ Mahnlauf löschen**. Beheben Sie den Fehler, und starten Sie den Mahnvorschlag erneut.

6.5 Mahnbriefe drucken

Sie haben den Mahnvorschlag geprüft und eventuelle Änderungen vorgenommen, oder aber Sie waren mit dem Mahnvorschlag einverstanden und haben ihn so belassen. Nun möchten Sie den Mahndruck starten. Dabei werden die Mahnbriefe erstellt und die Mahndaten (Mahnstufe und Mahndatum) im Stammsatz und in den Belegen erfasst/aktualisiert.

Auch der Mahndruck wird in der Regel in der Hintergrundverarbeitung durchgeführt. Aber auch hier möchten Sie sehen, was Sie buchen, und wählen die Verarbeitung für den sofortigen Druck. Gehen Sie folgendermaßen vor, um einen Mahnbrief zu drucken; Sie befinden sich noch immer im Bild **Mahnen**.

1 Planen Sie den Mahndruck durch einen Klick auf die Schaltfläche [Mahndruck] ein. Alternativ können Sie auch die Taste [F6] betätigen.

2 Im daraufhin erscheinenden Bild soll der Druck eingeplant werden. Geben Sie das Startdatum und die Startzeit in den entsprechenden Feldern an, bzw. markieren Sie das Ankreuzfeld **Start sofort**, um den Job für die sofortige Ausführung zu starten. Geben Sie dieses Mal auch ein Ausgabegerät im Bereich **Druckausführung** an. Durch einen Klick auf [Drucken] stoßen Sie den Druck Ihrer Mahnung an.

6 Mahnwesen

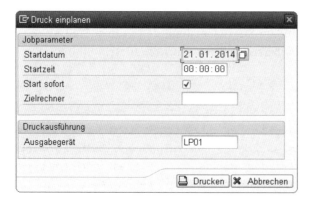

3 Sie erhalten die Meldung, dass der Mahnjob erfolgreich eingeplant wurde. Bestätigen Sie diese Meldung mit der ⏎-Taste (**Weiter**).

4 Der Status lautet nun **Mahndruck läuft**. Bestätigen Sie den Status so lange mit ⏎, bis er auf **Mahndruck ist fertig** aktualisiert wurde. Bleiben Sie in diesem Bild.

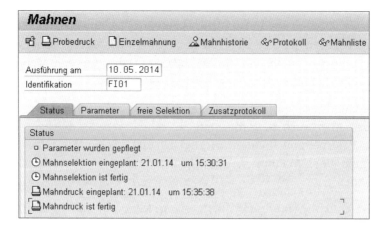

Nachdem der Mahndruck gelaufen ist, können Sie sich die automatisch erstellte Mahnung ansehen. So geht's:

1 Folgen Sie dem Menüpfad **System ▸ Dienste ▸ Ausgabesteuerung**.

2 Sie gelangen nun zur Ausgabesteuerung für die Auswahl der Spool-Aufträge. Die Felder sind durch das System bereits mit Vorschlagswerten gefüllt worden, und Sie müssen keine Änderungen oder Ergänzungen vornehmen. Klicken Sie auf die Schaltfläche ⏎ (**Ausführen**).

6.5 Mahnbriefe drucken

3 Sie erhalten eine Übersicht über die Spool-Aufträge. Markieren Sie den von Ihnen erstellten Auftrag (Ihren Mahnbrief), indem Sie das Ankreuzfeld vor **Spool-Nr.** markieren und auf das Brillensymbol (**Inhalt anzeigen**) klicken. Der Mahnbrief wird nun im Bildschirmbild angezeigt.

4 In der folgenden Abbildung sehen Sie die in unserem Beispiel erstellte Mahnung.

6 Mahnwesen

```
IDES Holding AG, Postfach 16 05 29,    1. Mahnung
D-60070 Frankfurt/M
                                       Datum
                                       10.05.2014
New Customer 00                        Unser Sachbearbeiter
Neulandstraße 69
50733 Köln                             Telefon

                                       Telefax

                                       Ihr Konto bei uns
                                       NEW00

                                       Berücksichtigt sind Buchungen bis
                                       einschl.


Sehr geehrte Damen und Herren,

nachstehend aufgeführte Rechnungen sind zur Zahlung fällig.

Sollten Sie die fälligen Beträge inzwischen zur Zahlung angewiesen
haben, bitten wir Sie, dieses Schreiben als gegenstandslos zu
betrachten.

Mit freundlichen Grüßen

IDES AG


Beleg       Datum        Währg        Betrag       Fälligkeit  Verzug  M

1800000016  01.01.2014   EUR          3.500,00     15.02.2014  84      1
1400000029  15.03.2014   EUR          3.500,00-    15.03.2014  56      1
1600000001  20.03.2014   EUR          3.500,00     20.03.2014  51      1
1800000013  10.02.2014   EUR          7.250,00     27.03.2014  44      1
1400000027  25.03.2014   EUR          6.000,00-    27.03.2014  44      1

Mahngebühr               EUR          2,50

Summe fälliger Posten    EUR          4.752,50
Saldo des Kontos         EUR          4.750,00



            Friedrich-Wagner-Straße 16  · D-60318 Frankfurt/M · Postfach 16 05 29
            D-60070 Frankfurt/M · Telefon (0 69) 99-0 · Telefax (0 69) 99 12 77 ·
                         Internet: IDESAG@SAP-AG.COM
```

5 Kehren Sie nun zurück in das Einstiegsbild des SAP-Easy-Access-Menüs. Nachdem der Druck der Mahnungen ausgegeben worden ist, wird die Mahnhistorie in den Debitorenstammsätzen sowie in den Belegen aktualisiert. In der folgenden Abbildung sehen Sie einen Teil des Debitorenstammsatzes aus unserem Beispiel. Auf der Registerkarte **Korrespondenz** ist im Feld **Letzte Mahnung** das Datum der Mahnung automatisch eingefügt worden. Die Mahnstufe (1. Mahnung) wurde im Feld **Mahnstufe** ebenfalls automatisch aktualisiert.

6.5 Mahnbriefe drucken

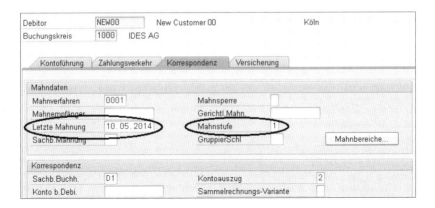

6 Auch der Beleg wurde vom SAP-System automatisch aktualisiert. Die folgende Abbildung zeigt einen Teil des Belegs (Debitorenrechnung). Wie es in der Abbildung zu sehen ist, wurden im Feld **Ltz. Mahng.** das Mahndatum und die Mahnstufe eingetragen.

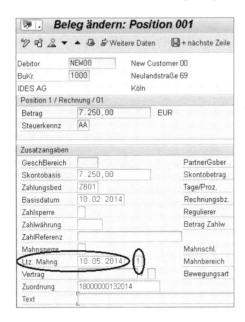

Mahndaten im Stammsatz und im Beleg nachvollziehen

Dieses Video demonstriert, wo das Mahnprogramm die Mahnhistorie fortschreibt. Sie lernen, wie Sie den Stammsatz sowie die gemahnten Belege anzeigen:

http://s-prs.de/v4158lq

6.6 Mahnsperre setzen

Wenn Sie verhindern möchten, dass ein Kunde trotz Zahlungsverzug angemahnt wird, setzen Sie eine Mahnsperre. Diese Einstellung wird ebenfalls im Stammsatz des Kunden auf der Registerkarte **Korrespondenz** festgelegt. Durch das Setzen der Mahnsperre im Stammsatz wird verhindert, dass ein Kunde beim automatischen Mahnverfahren in der Mahnvorschlagsliste berücksichtigt wird.

Auch ein einzelner Posten kann mit einem Sperrschlüssel versehen werden und wird dann vom Mahnprogramm nicht berücksichtigt. Das Mahnprogramm erstellt eine Ausnahmeliste, in der die gesperrten Konten bzw. Posten aufgeführt werden.

Sie können eine Mahnsperre aber auch für einen einzigen Mahnlauf setzen. Dazu gehen Sie in die Vorschlagsliste, positionieren den Cursor auf der entsprechenden Zeile in der Liste, klicken auf die Schaltfläche **Mahnung ändern** und setzen eine Mahnsperre. Eine so gesetzte Mahnsperre gilt nur für den aktuellen Mahnlauf und wird weder im Stammsatz noch in der Belegposition vermerkt.

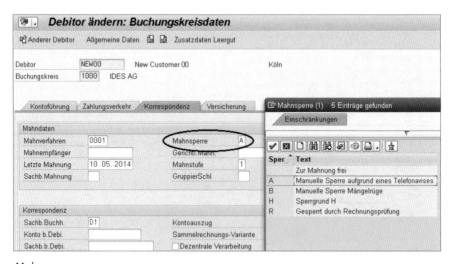

Mahnsperre

6.7 Probieren Sie es aus!

Aufgabe 1

Buchen Sie zuerst die folgende Debitorenrechnung:

- Buchen Sie auf Ihrem Debitor NEWKD00 eine Rechnung in Höhe von 16.000,00 EUR. Verwenden Sie den Steuerschlüssel für die Ausgangssteuer, und markieren Sie das Ankreuzfeld für **Steuer rechnen**. Als Gegenkonto verwenden Sie ein Erlöskonto (zum Beispiel 800200).
- Damit die Rechnung den Status **überfällig** erhält und für die nächste Übung verwendet werden kann, müssen Sie das Buchungsdatum vordatieren. Verwenden Sie daher als Buchungsdatum das aktuelle Tagesdatum abzüglich 10 Tage (zum Beispiel 30.07. – 10 Tage = 20.07.).

Aufgabe 2

Nun können Sie den Mahnlauf anlegen und starten:

Legen Sie einen Mahnlauf an. Geben Sie das aktuelle Tagesdatum und eine beliebige Identifikation an, und pflegen Sie die Parameter ein. Dazu geben Sie in den Feldern **Mahndatum** und **Belege gebucht bis** das aktuelle Tagesdatum ein. Befüllen Sie anschließend die Felder **Buchungskreis** und **Debitor** (NEWKD00), und sichern Sie Ihre Eingaben. Entscheiden Sie selbst, ob Sie das Zusatzprotokoll aktivieren möchten.

Erstellen Sie einen Mahnvorschlag, und lassen Sie sich die Mahnvorschlagsliste anzeigen.

Starten Sie nun den Mahndruck. Geben Sie die sofortige Ausführung (**Start sofort**) an, und tragen Sie ein Ausgabegerät ein (eventuell beim Administrator erfragen).

Gehen Sie über die Ausgabesteuerung, und lassen Sie sich eine Übersicht der Spool-Aufträge anzeigen.

Wählen Sie Ihre Spool-Auftragsnummer aus, und lassen Sie sich den Mahnbrief anzeigen.

Aufgabe 3

Überprüfen Sie die Mahnhistorie:

Schauen Sie sich die Buchungskreisdaten des Debitorenstammsatzes an. Wurden die Mahnung (Datum) und die Mahnstufe vom System eingetragen?

Ist die Mahnhistorie auch im Beleg (Rechnungsbeleg 16.000,00 EUR) aktualisiert worden?

7 Dauerbelege

Es gibt Buchungen, die in regelmäßigen Abständen wiederholt auftreten, wie zum Beispiel Mietzahlungen oder Zahlungen von Gebühren und Versicherungsbeiträgen. Für solche Buchungen stellt SAP ein Dauerbuchungsprogramm zur Verfügung. Mit diesem Programm werden die entsprechenden Buchungsbelege automatisch vom SAP-System erstellt und offene Posten auf dem Konto generiert, die dann später (zum Beispiel durch das Zahlprogramm) bezahlt und ausgeglichen werden können. Damit das Dauerbuchungsprogramm die notwendigen Informationen für die Buchungen erhält, muss vorab ein Dauerbuchungs(ur)beleg (im Folgenden Dauerbeleg genannt) erstellt werden.

In diesem Kapitel lernen Sie,
- einen Dauerbeleg zu erfassen,
- das Dauerbuchungsprogramm auszuführen,
- eine Batch-Input-Mappe abzuspielen.

7.1 Dauerbeleg erfassen

Damit das Dauerbuchungsprogramm die notwendigen Buchungen vornehmen kann, müssen Sie dem System einen Dauerbeleg zur Verfügung stellen. Dieser Beleg dient dem Programm als Vorlage und enthält alle Informationen, die das Dauerbuchungsprogramm benötigt, um die Buchungsbelege zu generieren und die offenen Posten zu bilden. Vergleichbar ist dieses Verfahren mit dem Dauerauftrag, den Sie bei Ihrer Bank einrichten, um regelmäßige Zahlungen zu veranlassen.

Die folgenden Angaben müssen im Dauerbeleg vorgenommen werden:

- **Erste Ausführung**
  Dieses Datum gibt an, wann der früheste Termin für einen Echtbeleg erzeugt werden soll.

- **Letzte Ausführung**
  Dieses Datum gibt den spätesten Termin an, an dem ein Echtbeleg erzeugt werden soll.
- **Abstand in Monaten**
  Hier geben Sie den zeitlichen Abstand (in Monaten) zwischen zwei Ausführungen an.
- **Tag der Ausführung**
  Geben Sie in diesem Feld den Kalendertag an, an dem die Dauerbuchung ausgeführt werden soll.
- **Ausführungsplan**
  Soll der Rhythmus der Ausführung nicht regelmäßig stattfinden (zum Beispiel monatlich), sondern unregelmäßig an bestimmten Tagen, kann im Customizing (Systemeinstellungen) eine Tabelle mit den genauen Tagen definiert werden (Ausführungsplan).
- **Kontonummer**
  Hier geben Sie die Kontonummer der Konten an, die bebucht werden sollen.
- **Buchungsbetrag**
  In diesem Feld geben Sie den Buchungsbetrag an.

> **HINWEIS**
> **Keine Kontenveränderung durch den Dauerbeleg**
> Der Dauerbeleg ist kein Buchhaltungsbeleg, das heißt, dass allein anhand dieses Belegs noch keine Buchung vorgenommen wird und somit auch noch keine Veränderung auf dem Konto stattfindet. Erst das Dauerbuchungsprogramm führt eine richtige Buchung durch. Die Konten werden bebucht, und ein Buchhaltungsbeleg wird generiert.

So legen Sie einen Dauerbeleg an:

1 Folgen Sie dem Pfad **Rechnungswesen ▸ Finanzwesen ▸ Debitoren/Kreditoren ▸ Buchung ▸ Referenzbelege ▸ Dauerbeleg** im SAP-Easy-Access-Menü (Transaktionscode FBD1).

2 Ihnen wird nun das Bild angezeigt, in dem die Kopfdaten des Dauerbelegs eingegeben werden. Geben Sie im Bereich **Ausführung der Dauerbuchung** an, wann die erste und die letzte Ausführung stattfinden sollen sowie an welchem Tag und mit welchem Abstand in Monaten die Dauerbuchung ausgeführt werden soll. Im Feld **Ausführungsplan** (hier leer) kann eine unregelmäßige Ausführung definiert werden.

7.1 Dauerbeleg erfassen

3 Im Bereich **Informationen für den Belegkopf** geben Sie die Belegart (hier KR) und eventuell einen Belegkopftext an (hier: »Dauerbuchung für Miete«).

4 Im Bereich **Erste Belegposition** geben Sie im Feld **Bschl** den Buchungsschlüssel für eine Kreditoren-Haben-Buchung (hier: 31) an, und die Kontonummer des Geschäftspartners tragen Sie im Feld **Konto** ein. Die Methode der Buchung eines Dauerbelegs entspricht der Buchung einer Rechnung in der Mehrbildtransaktion.

Klicken Sie auf ✓ (**Weiter**) oder ↵.

5 Geben Sie im folgenden Bild im Bereich **Position 1/Rechnung/31** den Buchungsbetrag und, falls gewünscht, im Feld **Text** einen Positionstext für die erste Belegposition (Kreditorenposition) an (hier: »Dauerbuchung Miete«).

6 Im Bereich **Nächste Belegposition** geben Sie für die zweite Belegposition (Sachkontenposition – Mietaufwand) im Feld **Bschl** den Buchungsschlüssel für die Soll-Buchung (40) und im Feld **Konto** die Sachkontonummer der Gegenbuchung ein.

Bestätigen Sie Ihre Eingaben mit ↵ oder ✓ (**Weiter**).

7 Dauerbelege

```
Dauerbuchung erfassen Hinzufügen Kreditorenposition

  👤 📋 📋 📋   ➡ Weitere Daten      KontMuster   🔍 Schnellerfassung   ℹ Steuern

Kreditor         KRED00       Mein Neuer Lieferant            Hauptb   160000
Buchungskreis    1000         Goldschmiedeweg 69
IDES AG                       Köln
┌─ Position 1 / Rechnung / 31 ──────────────────────────────────────────┐
│ Betrag           1.500,00              EUR                            │
│ Steuer                                                                │
│                  ☐ Steuer rechnen       Steuerkennz    **             │
│ GeschBereich                                                          │
│ Zahlungsbed      ZB01                   Tage/Proz  14  3,000 / 30  2,000 / 45 │
│ Basisdatum       23.01.2014             Fixiert        ☐              │
│ Skontobasis                             Skontobetrag                  │
│                                         RechnBezug        /      /    │
│ Zahlsperre       ☐                      Zahlweg                       │
│ Zahlwährung                             Betrag Zahlw                  │
│                                         Individ ZE      ☐             │
│ Zuordnung                                                             │
│ Text             Dauerbuchung Miete                        ✏ Langtexte│
└───────────────────────────────────────────────────────────────────────┘
┌─ Nächste Belegposition ───────────────────────────────────────────────┐
│ Bschl  40  Konto  470000       ☐HBKz      BWA                         │
└───────────────────────────────────────────────────────────────────────┘
```

7 Im nächsten Bild sind im Bereich **Position 2/Soll-Buchung/40** im Feld **Betrag** die Eingaben für den Betrag der Gegenposition (Sachkontenposition) sowie im Feld **Steuerkennz** das Steuerkennzeichen erforderlich. Muss eine kostenrechnungsrelevante Kontierung angegeben werden (für die Komponente CO, Controlling), stehen hier zu diesem Zweck mehrere Felder zur Verfügung. In unserem Beispiel haben wir eine Kostenstelle im Feld **Kostenstelle** angegeben und die Eingabe mit ⏎ bestätigt. Das Feld **FunktBereich** wird vom SAP-System automatisch mit einem Wert gefüllt. Diesen Wert zieht sich das SAP-System aus dem Stammsatz der Kostenstelle.

> **HINWEIS**
>
> **Beispielbuchung**
>
> Da wir in diesem Beispiel einen Mietaufwand buchen, geben wir ein Steuerzeichen an, das keine Steuer berechnet. Das Mietaufwandskonto erfordert eine kostenrechnungsrelevante Kontierung; daher geben wir noch eine Kostenstelle an, und der Funktionsbereich wird vom SAP-System aus dem Stammsatz der Kostenstelle abgeleitet.

7.1 Dauerbeleg erfassen

8. Bevor Sie den Dauerbeleg buchen, ist es sinnvoll, sich die Belegübersicht anzusehen, um die Buchung zu prüfen. Klicken Sie dazu auf die Schaltfläche (**Belegübersicht**) in der Anwendungsfunktionsleiste.

9. Wenn Sie mit der vorgeschlagenen Buchung einverstanden sind, schließen Sie den Vorgang mit einem Klick auf (**Sichern**) ab.

7 Dauerbelege

10. Sie erhalten eine Meldung, dass der Beleg erfolgreich gebucht wurde, und eine Belegnummer wird vergeben. Bestätigen Sie diese Erfolgsmeldung mit der ⏎-Taste, und kehren Sie damit zurück in das SAP-Easy-Access-Menü.

> **VIDEO**
>
> **Einen Dauerbeleg (Urbeleg) erfassen**
>
> Dieses Video zeigt Ihnen, wie Sie einen Dauerbuchungs-Urbeleg anlegen, um regelmäßige Buchungen auszuführen:
>
> http://s-prs.de/v4158us

7.2 Dauerbeleg ändern

Es ist möglich, sich einen gespeicherten Dauerbeleg anzeigen zu lassen. Darüber hinaus können einige Felder geändert werden.

Wenn Sie einen bestehenden Dauerbeleg abändern möchten, gehen Sie folgendermaßen vor:

1. Wählen Sie den Pfad **Rechnungswesen ▸ Finanzwesen ▸ Debitoren ▸ Beleg ▸ Referenzbelege ▸ Dauerbeleg ▸ ändern** im SAP-Easy-Access-Menü (Transaktionscode FBD2).

2. Sie gelangen in das Einstiegsbild der Transaktion. Dort müsste die Belegnummer bereits mit dem zuletzt gebuchten Beleg vorbelegt sein. Selbstverständlich können Sie die Belegnummer auch manuell eingeben. Bestätigen Sie die Eingaben durch einen Klick auf 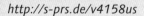 (**Weiter**).

3. Der gespeicherte Dauerbeleg wird angezeigt.

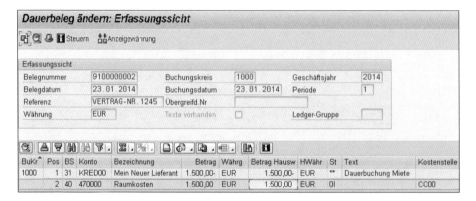

7.2 Dauerbeleg ändern

4 Möchten Sie auch die Dauerbuchungsdaten für die Dauerbuchung noch einmal überprüfen oder abändern, wählen Sie in der Menüleiste **Springen • Dauerbuchungsdaten** (Taste F7).

5 Alle Felder, die weiß hinterlegt sind, sind änderbare Felder. Alle anderen Werte, die in grau hinterlegten Feldern angezeigt werden, können Sie nicht ändern. Wenn Sie Änderungen vorgenommen haben, müssen Sie den Beleg nochmals mit einem Klick auf das Diskettensymbol sichern (**Sichern**), damit die Änderungen im Beleg auch übernommen werden.

6 Angenommen, Ihnen ist die Belegnummer des Dauerbelegs nicht bekannt und die Belegnummer, die das System vorschlägt, ist nicht der Beleg, den Sie abändern möchten. Dann können Sie sich eine Belegliste von allen Dauerbelegen anzeigen lassen, die Sie selbst angelegt haben. Dazu geben Sie im Einstiegsbild keine Belegnummer ein, sondern klicken in der Anwendungsfunktionsleiste auf die Schaltfläche **Belegliste**. Hier markieren Sie das Auswahlfeld **Nur eigene Belege** und klicken auf **Ausführen**.

7 Sie erhalten eine Liste der Belege, die Sie angelegt haben. Wählen Sie den entsprechenden Dauerbeleg mit einem Doppelklick aus.

> **VIDEO**
>
> **Einen Dauerbeleg (Urbeleg) suchen und ändern**
> Es kann vorkommen, dass sich regelmäßig durchzuführende Buchungen ändern. Diese Änderungen können teilweise im Urbeleg durchgeführt werden:
> *http://s-prs.de/v4158ow*

7.3 Dauerbuchungsprogramm ausführen

Um die Dauerbuchung tatsächlich auszuführen und Echtbelege zu erzeugen, müssen Sie das Dauerbuchungsprogramm zu einem bestimmten Zeitpunkt explizit starten. Das Dauerbuchungsprogramm wird daraufhin innerhalb einer angegebenen Periode (Abrechnungszeitraum) in regelmäßigen Abständen ausgeführt.

Die Dauerbelege, bei denen das Datum der nächsten Buchung in die angegebene Periode fällt, werden ausgewählt, und das SAP-System generiert automatisch eine Batch-Input-Mappe.

1. Folgen Sie dem Pfad **Rechnungswesen** ▶ **Finanzwesen** ▶ **Kreditoren** ▶ **Periodische Arbeiten** ▶ **Dauerbuchungen** ▶ **Ausführen** im SAP-Easy-Access-Menü (Transaktionscode F.14).

2. Sie gelangen nun in das Bild **Buchungsbelege aus Dauerbelegen erstellen**. Dort können Sie manuell die notwendigen Angaben eintragen, oder aber Sie verwenden eine Variante.

> **HINWEIS**
>
> **Variante verwenden**
> Wenn Sie häufig ähnliche Daten eingeben müssen, können Sie die Daten, die Sie im Dialog eingegeben haben, als Variante sichern. Diese Variante können Sie dann immer wieder verwenden. Dies erspart Ihnen die Eingabe von sich wiederholenden Daten.

3. Liegt bereits eine passende Variante für Ihre Buchung vor, wählen Sie über die Menüleiste den Weg **Springen** ▶ **Varianten** ▶ **Holen**. Wählen Sie eine Variante mit einem Doppelklick aus, und die entsprechenden Felder werden gefüllt.

7.3 Dauerbuchungsprogramm ausführen

4 Haben Sie keine passende Variante gefunden, geben Sie die Daten manuell ein. Befüllen Sie nun die Mussfelder mit folgenden Daten:

- den Buchungskreis in das Feld **Buchungskreis**
- das Geschäftsjahr in das Feld **Geschäftsjahr**
- im Bereich **Allgemeine Abgrenzungen** die Belegart in das Feld **Belegart** und das aktuelle Buchungsdatum in das Feld **Buchungsdatum**
- im Bereich **Weitere Abgrenzungen** den Abrechnungszeitraum in das Feld **Abrechnungszeitraum**
- im Bereich **Ausgabesteuerung** einen Mappennamen in das Feld **Name der Batch-Input-Mappe** und Ihre Benutzerkennung in das Feld **Benutzername**

Den Namen der Mappe können Sie frei wählen (hier »Miete«). Klicken Sie auf 🕒 (**Ausführen**).

5 Sie erhalten nun eine Informationsmeldung, dass die Mappe angelegt wurde. Bestätigen Sie die Meldung durch einen Klick auf **OK**, und bleiben Sie in diesem Bild.

VIDEO

Das Dauerbuchungsprogramm starten und eine Buchung über die Saldenanzeige nachvollziehen

In diesem Video erfahren Sie, wie Sie das Dauerbuchungsprogramm starten, um aus dem von uns vorher angelegten Urbeleg Echtbelege zu erzeugen:

http://s-prs.de/v4158xa

Nachdem Sie die erforderlichen Angaben der Buchungswerte eingetragen haben, haben Sie eine Batch-Input-Mappe erstellt. Das SAP-System bereitet alle Buchungen vor und legt sie in diese Mappe. Solange die Batch-Input-Mappe nicht abgespielt wird, werden auch noch keine Daten in den Konten gebucht. In einer Mappe stehen die Buchungen gewissermaßen bereit, und das System wartet auf den Startschuss. Lesen Sie im Folgenden, wie Sie die Buchungen ausführen lassen und Belege erzeugen.

7.4 Batch-Input-Mappe abspielen

Sie haben in Abschnitt 7.3, »Dauerbuchungsprogramm ausführen«, erfahren, wie Sie eine Batch-Input-Mappe erstellen können. Um die Buchungen aus dieser Mappe tatsächlich auszuführen, muss diese Mappe abgespielt werden. Erst dann erhalten Sie eine Belegnummer, und die Buchung wird kontiert. So geht's:

1 Gehen Sie über die Menüleiste, und wählen Sie **System** ▸ **Dienste** ▸ **Batch-Input** ▸ **Mappen**.

7.4 Batch-Input-Mappe abspielen

2 Sie erhalten nun eine Mappenübersicht. Markieren Sie Ihre Mappe, indem Sie auf den Balken davor klicken, und spielen Sie die Mappe anschließend durch einen Klick auf die Schaltfläche Abspielen ab.

3 Markieren Sie im folgenden Bild den Auswahlknopf **Sichtbar abspielen**, und klicken Sie dann auf die Schaltfläche **Abspielen**. Die Batch-Input-Mappen werden in der Regel in der Hintergrundverarbeitung abgespielt. Um aber zu sehen, welche einzelnen Schritte das SAP-System hierbei durchläuft, werden wir die Verarbeitung sichtbar abspielen.

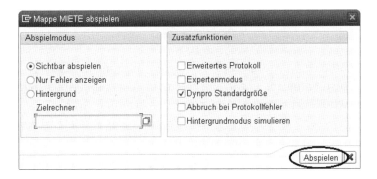

4 Da Sie die Mappe sichtbar abspielen lassen, sehen Sie die einzelnen Schritte der Mietaufwandsbuchung gegen den Kreditor. Sie müssen jedes Bild mit ⏎ bzw. mit ✅ (**Weiter**) bestätigen. Auch hier handelt es sich wieder um die Buchung der Mehrbildtransaktion, das heißt, dass die einzelnen Buchungsschritte pro Position in separaten Bildern angezeigt werden.

5 Haben Sie alle Bilder mit ⏎ oder **Weiter** bestätigt, wird Ihnen die Meldung angezeigt, dass das Abspielen der Batch-Input-Mappe beendet wurde. Klicken Sie nun auf die Schaltfläche **Batch-Input beenden**. Anschließend kehren Sie in das SAP-Easy-Access-Menü zurück.

7 Dauerbelege

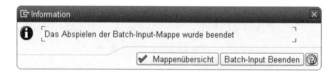

Das SAP-System hat jetzt eine Buchung generiert: eine Kontierung auf dem Kreditorenkonto und eine Kontierung auf dem Aufwandskonto. Ein Steuerkonto wurde nicht bebucht, da wir ein Steuerkennzeichen gewählt haben, das keinen Steuerbetrag berechnet.

In unserem Beispiel sollte ein offener Posten auf dem Kreditorenkonto KRED00 gebucht worden sein. Um dies zu überprüfen, schauen Sie in die Einzelpostenliste des Kontos und lassen sich die offenen Posten anzeigen.

Kreditor	KRED00									
Buchungskreis	1000									
Name	Mein Neuer Lieferant									
Ort	Köln									
St	Zuordnung	Belegnr	Belegart	Belegdatum	S	Fä	Betr. in HW	HWähr	Ausgl.bel.	Text
	19000000182014	1900000018	KR	01.02.2014			1.500,00-	EUR		Dauerbuchung Miete
	19000000142014	1900000014	KR	12.01.2014			6.000,00-	EUR	1500000009	
*							7.500,00-	EUR		
**	Konto KRED00						7.500,00-	EUR		

Offene Posten nach dem Dauerbuchungsprogramm

Auch der Dauerbeleg wurde nach der erfolgten Buchung aktualisiert. Das Feld **Nächste Ausführung am** wurde entsprechend unserem Beispiel automatisch auf den 01.03.2014 datiert. Um dies zu überprüfen, wählen Sie den Pfad **Rechnungswesen ▸ Finanzwesen ▸ Debitoren ▸ Beleg ▸ Referenzbelege ▸ Dauerbeleg ▸ Anzeigen** (Transaktionscode FBD3). Rufen Sie die speziellen Eingaben zur Dauerbuchung auf, und gehen Sie in der Menüleiste über **Springen ▸ Dauerbuchungsdaten** (Taste F7).

7.5 Probieren Sie es aus!

Aufgabe 1

Erstellen Sie einen Dauerbeleg. Verwenden Sie dazu die Kontonummer des Kreditorenstammsatzes aus Aufgabe 1 in Kapitel 4, »Kreditorenstammsatz«, und die Daten aus der folgenden Tabelle.

Felder/Registerkarten	Dateneingabe
Buchungskreis	1000
Erste Ausführung	01. des nächsten Monats (Beispiel: 01.07.2011)
Letzte Ausführung	01. des Vormonats im nächsten Jahr (Beispiel: 01.06.2012)
Abstand in Monaten	1
Tag der Ausführung	1
Belegart	KR
Referenz	Ihre Wahl
Buchungsschlüssel	31 (Kreditoren Haben)
Konto	Ihr Kreditor aus Kapitel 4 (KREDITOR00)
Betrag	1.800,00 EUR
Zahlungsbedingungen	Bitte einen ZB-Schlüssel für »sofort zahlbar« wählen.
Text	Ihre Wahl
Buchungsschlüssel	40 (Sachkonten Soll)
Konto	Sachkonto für Aufwandsbuchung (Beispiel: 470000)
Betrag für Gegenbuchung	1.800,00 EUR
Kostenrechnungsrelevante Kontierung	falls erforderlich (Beispiel: Kostenstelle CC00)

Buchen Sie diesen Vorgang, um den Dauerbeleg zu erstellen.

Aufgabe 2

Starten Sie das Dauerbuchungsprogramm. Tragen Sie die notwendigen Daten in die Maske ein, und führen Sie das Programm aus, um eine Batch-Input-Mappe zu erstellen.

Aufgabe 3

Damit Echtbelege gebucht werden, muss die Batch-Input-Mappe abgespielt werden. Spielen Sie Ihre Mappe ab, und kontrollieren Sie dann die Buchung des offenen Postens in der Einzelpostenliste Ihres Kreditors.

8 Automatischer Zahlungsverkehr

In Kapitel 5, »Tägliche Aufgaben in der Kreditorenbuchhaltung«, haben Sie bereits den manuellen Zahlungsverkehr kennengelernt. Für eine einzelne Zahlung ist diese Vorgehensweise sicher ausreichend, wenn Sie aber zum Beispiel in der Kreditorenbuchhaltung mehrere offene Posten begleichen möchten, ist die manuelle Verfahrensweise zu langwierig.

Das SAP-System ermöglicht es, diesen Vorgang mithilfe des sogenannten Zahlprogramms zu automatisieren. Die offenen Posten werden bei der Nutzung des Zahlprogramms unter Berücksichtigung Ihrer Eingaben und Selektionen vom SAP-System ermittelt und automatisch vom Programm ausgeglichen, und es werden die Konten und Belege gebucht.

> **In diesem Kapitel lernen Sie,**
> - welche Elemente im Zahlungsverkehr wichtig sind,
> - wie Sie die Parameter für das Zahlprogramm pflegen,
> - wie der Vorschlagslauf durchgeführt wird,
> - wie der Zahlvorschlag bearbeitet bzw. geändert wird,
> - wie der Zahllauf gestartet wird und die Zahlungsträger gedruckt werden.

8.1 Elemente des Zahlungsverkehrs

Wenn Sie das automatische Zahlprogramm nutzen, geht das SAP-System nicht anders vor, als wenn Sie einen manuellen Zahlungsvorgang buchen würden. In beiden Fällen spielen die folgenden zentralen Elemente bzw. Aufgaben im Zahlungsverkehr eine Rolle:

- Wahl des Zahlwegs
- Wahl der Bank
- Selektion der zu zahlenden Posten
- Berechnung des Zahlbetrags
- Berücksichtigung der Skontofristen
- Buchung des Zahlungsbelegs
- eventuell die Ausgabe des Zahlungsträgers

Das SAP-System stellt die für jedes Land spezifischen und üblichen Zahlwege und Formulare zur Verfügung. Ein Zahlweg gibt an, auf welche Art Zahlungen geleistet werden (zum Beispiel per Scheck, Überweisung usw.). Zahlwege werden im Stammsatz des Geschäftspartners oder von Ihnen in den einzelnen Posten hinterlegt. Wird ein Zahlweg im offenen Posten angegeben, hat diese Eingabe Priorität vor dem Eintrag im Stammsatz.

> **Scheck als Zahlweg**
>
> Achten Sie unbedingt darauf, im Stammsatz des Geschäftspartners die vollständige Adresse zu pflegen, wenn Sie den Zahlweg *Scheck* wählen. Fehlt die Adresse oder ist sie unvollständig, ist dieser Zahlweg nicht gültig.

Das Zahlprogramm ist für den internationalen Zahlungsverkehr ausgelegt und kann sowohl für Zahlungsausgänge als auch für Zahlungseingänge verwendet werden. In der Regel wird das Zahlprogramm überwiegend für Zahlungsausgänge eingesetzt.

Das Zahlprogramm durchläuft mehrere Schritte, und bei der Lektüre dieses Kapitels werden Sie feststellen, dass es ähnlich wie das Mahnprogramm aufgebaut ist, das in Kapitel 6, »Mahnwesen«, beschrieben wird.

8.2 Parameter für das Zahlprogramm eingeben

Wenn Sie einen Zahllauf anlegen, geben Sie zum einen an, an welchem Tag das Zahlprogramm ausgeführt werden soll, und zum anderen geben Sie dem Zahllauf eine Identifikation. Ebenso wie beim Mahnprogramm dient die Identifikation der Unterscheidung von mehreren Läufen am selben Tag.

Sie navigieren über verschiedene Registerkarten, um die notwendigen Felder mit Werten zu füllen. Haben Sie die Eingaben in einem Bereich vorgenommen, sichern Sie diese und wechseln erst nach dem Sichern auf die nächste Registerkarte. Die Feldeingaben müssen jeweils mit der ⏎-Taste bestätigt werden. Auf der Registerkarte **Status** können Sie den jeweils aktuellen Stand des Verfahrens einsehen. Sollten Sie in der Anwendungsfunktionsleiste nicht alle Funktionsschaltflächen finden, liegt es daran, dass Sie sich nicht auf der Registerkarte **Status** befinden, auf die Sie nach dem Bearbeiten der einzelnen Registerkarten immer wieder zurückkehren müssen.

Solange noch keine Parameter gepflegt wurden, sehen Sie auf der Registerkarte **Status** den Status **Noch keine Parameter erfasst**.

8.2 Parameter für das Zahlprogramm eingeben

Zur Parameterpflege gehören unter anderem die Angabe der Konten, die in den automatischen Zahllauf einbezogen werden sollen, sowie die Angabe der Buchungskreise (mehrere Buchungskreise durch Komma trennen), des Zahlwegs und des Buchungsdatums. So pflegen Sie die Parameter für das Zahlprogramm:

1. Folgen Sie dem Pfad **Rechnungswesen ▸ Finanzwesen ▸ Kreditoren ▸ Periodische Arbeiten ▸ Zahlen** im SAP-Easy-Access-Menü (Transaktionscode F110).

2. Sie gelangen nun in die Eingabemaske **Maschineller Zahlungsverkehr: Status**. Legen Sie im Feld **Tag der Ausführung** fest, wann die Ausführung stattfinden soll, und geben Sie dem Zahllauf eine Identifikation über das gleichnamige Feld. Bestätigen Sie mit der ⏎-Taste oder mit einem Klick auf 🗸 (**Weiter**).

3. Wechseln Sie auf die Registerkarte **Parameter**, und geben Sie das Buchungsdatum und das Datum ein, bis zu dem die offenen Posten bei der Bearbeitung berücksichtigt werden sollen (Feld **Belege erfasst bis**).

4. Geben Sie im Bereich **Steuerung der Zahlungen** Ihren Buchungskreis und den Zahlweg (zum Beispiel Scheck = S) an. Nutzen Sie für dieses Feld die F4-Taste, um die Wertehilfe aufzurufen.

5. Im Bereich **Konten** pflegen Sie Informationen dazu, welches bzw. welche Kreditorenkonten angesprochen werden sollen. Ein Unternehmen bzw. ein Bereich der Buchhaltung (zum Beispiel die Kreditorenbuchhaltung) führt den Zahllauf normalerweise für alle Kreditorenkonten aus. Der Zahllauf wird in der Regel auch nicht auf einen Zahlweg beschränkt, sondern es werden alle verwendeten Zahlwege angegeben. Tragen Sie außerdem das nächste Buchungsdatum ein (**Nächst.Budat**).

Sichern Sie anschließend Ihre Eingaben mit einem Klick auf 💾 (**Sichern**).

8 Automatischer Zahlungsverkehr

```
Maschineller Zahlungsverkehr: Parameter
   Wechsel/ZahlAuff..

Tag der Ausführung    28.02.2014
Identifikation         ZAHL1

  Status  Parameter  freie Selektion  Zusatzprotokoll  Druck und Datenträger

Buchungsdatum    28.02.2014    Belege erfasst bis    28.02.2014
                               DebitorenPos fällig bis
Steuerung der Zahlungen
Buchungskreise                              Zahlwege   Nächst.Budat
1000                                        S          31.03.2014

Konten
  Kreditor            KRED00        bis
  Debitor                           bis

Fremdwährungen
  Kurstyp für Umrechnung
```

> **HINWEIS**
>
> **Nächstes Buchungsdatum**
> Um die Fälligkeit einer Verbindlichkeit zu prüfen, muss dieses Datum angegeben werden. Ist ein Posten zum Datum des nächsten Zahllaufs bereits überfällig, oder ginge bis zum nächsten Zahllauf Skonto verloren, wird die Regulierung im aktuellen Zahllauf vorgenommen.

6. Wählen Sie die Registerkarte **Zusatzprotokoll**, um das Zusatzprotokoll zu aktivieren, und markieren Sie die folgenden Ankreuzfelder:

   - **Prüfung der Fälligkeit**: Dieses Kennzeichen legt fest, dass die Fälligkeitsprüfung für die offenen Posten protokolliert wird. In der Regel wird dieses Kennzeichen nur bei Probeläufen gesetzt.
   - **Zahlwegauswahl in allen Fällen**: Die Auswahl der Zahlwege und Banken wird protokolliert. Auch hier gilt, dass dieses Kennzeichen in der Regel bei Probeläufen gesetzt wird.
   - **Zahlwegauswahl falls nicht erfolgreich**: Wenn Ihre Eingaben zum Zahlweg fehlschlagen, wird die Auswahl der Zahlwege und Banken im Protokoll aufgezeichnet. Anhand des Protokolls ist zu ersehen, an welcher

Stelle die Angaben fehlen (Stammsatz des Geschäftspartners oder Konfiguration des Zahlprogramms).

- **Positionen der Zahlungsbelege**: Die gebuchten Belege werden im Protokoll gedruckt.
- Geben Sie im Feld **Kreditoren (von/bis)** das Kreditorenkonto bzw. die Kreditorenkonten an, die in diesem Zahllauf geprüft werden sollen. Sichern Sie Ihre Eingaben durch einen Klick auf 🖫 (**Sichern**).

7. Wechseln Sie nun auf die Registerkarte **Status**, und bleiben Sie für die weitere Bearbeitung des Zahllaufs in diesem Bild (siehe nächster Abschnitt).

Grundsätzlich ist es möglich, an dieser Stelle den Zahllauf sofort auszuführen. Das SAP-System würde sogleich alle notwendigen Buchungen vornehmen und die entsprechenden Konten ausgleichen. Um sich vor diesem endgültigen Vorgang nochmals abzusichern, bietet Ihnen das Zahlprogramm die Möglichkeit, einen Vorschlagslauf durchzuführen und sich die Zahlungsvorschläge des Programms in einer Liste anzeigen zu lassen.

8.3 Vorschlagslauf durchführen

Das SAP-System schlägt Ihnen aufgrund der Parameter, die Sie eingegeben haben, Buchungen zur Zahlung vor. Bevor Sie den eigentlichen Zahllauf ausführen, haben Sie die Gelegenheit, diesen Zahlungsvorschlag auszudrucken und die Zahlungsdaten zu prüfen. Diese Vorgehensweise bietet sich an, um eventuelle Fehlbuchungen zu vermeiden. Sie können den Zahlungsvorschlag bearbeiten und Posten ganz aus dem Zahllauf entfernen oder Zahlungen ändern. Normalerweise wird der Zahlungsvorschlag für die Hintergrundverarbeitung eingeplant. Gehen Sie folgendermaßen vor, um einen Vorschlagslauf durchzuführen:

1. Sie befinden sich noch immer im Bild **Maschineller Zahllauf: Status** auf der Registerkarte **Status** (siehe Abschnitt 8.2, »Parameter für das Zahlprogramm eingeben«). Klicken Sie auf die Schaltfläche 📅 Vorschlag (**Vorschlag einplanen**).

2. Es erscheint nun das Fenster **Vorschlag einplanen**. Hier können Sie ein Startdatum und eine Startuhrzeit für die Hintergrundverarbeitung eingeben. In diesem Beispiel soll der Vorschlag sofort ausgeführt werden; markieren Sie deshalb das Ankreuzfeld **Start sofort**. Um alle freien Ressour-

cen des SAP-Systems auszuschöpfen, geben Sie im Feld **Zielrechner** keinen Wert an. Bei der Angabe eines bestimmten Zielrechners kann das SAP-System nur die freie Kapazität dieses Rechners nutzen und nicht auf andere Rechner ausweichen, selbst wenn bei diesen noch freie Ressourcen verfügbar sein sollten. Bestätigen Sie dies mit einem Klick auf ✓.

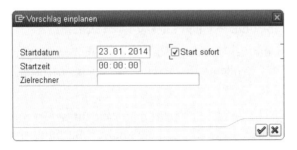

3 Sie erhalten nun eine Meldung, die besagt, dass der Vorschlag eingeplant wurde. Bestätigen Sie diese Meldung mit der ⏎-Taste.

4 Sie gelangen anschließend wieder zurück auf die Registerkarte **Status**. Aktualisieren Sie den Status mit der ⏎-Taste oder mit dem Icon Status, bis der Status **Zahlungsvorschlag wurde erstellt** lautet.

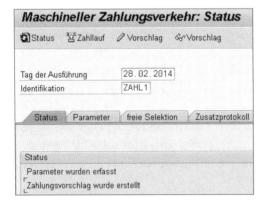

Bei der Durchführung des Vorschlagslaufs arbeitet das Programm mehrere Arbeitsschritte ab. Die Konten und Belege, die laut der Parametereingabe ermittelt wurden, werden auf fällige Posten geprüft. Die fälligen Posten werden gruppiert, und die Zahlwege, Hausbanken und Partnerbanken werden ausgewählt.

5 Lassen Sie sich den Vorschlag anzeigen. Klicken Sie dazu auf die Schaltfläche Vorschlag (**Vorschlag anzeigen**).

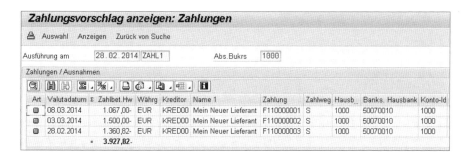

Die Vorschlagsliste zeigt eine Auflistung der Buchungen, die beim Start des Zahllaufs durchgeführt werden. Die Liste zeigt unter anderem den Betrag, den Geschäftspartner, den Zahlweg und die Bank-/Kontoinformationen. Wenn Sie nicht alle Felder einer Zeile in Ihrem Bildschirmbild sehen können, gelangen Sie mit der Tabulatortaste zu den weiteren Feldern der Zeile. Mit der Laufleiste rechts im Bild können Sie in der Übersicht nach oben bzw. nach unten scrollen.

8.4 Zahlungsvorschlag bearbeiten/löschen

Nachdem Sie die Vorschlagsliste geprüft haben, stellen Sie fest, dass eine Buchung tatsächlich geändert werden muss, bevor Sie den Zahllauf starten. Nun müssen Sie sich den Zahlungsvorschlag im Änderungsmodus anzeigen lassen, um die entsprechende Position zu ändern. Dazu kehren Sie auf die Registerkarte **Status** zurück.

1. Sie befinden sich noch in der Anzeige der Vorschlagsliste (siehe die Abbildung oben). Mit einem Klick auf 🔙 (**Zurück**) kehren Sie auf die Registerkarte **Status** zurück. Klicken Sie dort auf die Schaltfläche 🖉 Vorschlag (**Vorschlag bearbeiten**).

2. Je nach Systemeinstellung bzw. Berechtigung wird Ihnen ein Fenster mit der Aufforderung angezeigt, eine Sachbearbeiterkennung einzugeben. Die Berechtigung kann so weit eingeschränkt werden, dass Sie keine Möglichkeit dazu erhalten, die Vorgänge des Zahllaufs eines anderen Sachbearbeiters einzusehen. Markieren Sie **Alle Sachbearbeiter**, und bestätigen Sie die Eingabe mit ✓ (**Weiter**).

3. Möchten Sie nur die Positionen aus dem Zahlungsvorschlag bearbeiten, die einem bestimmten Sachbearbeiter zugeordnet sind, setzen Sie das Kennzeichen **Ausgewählter Sachbearbeiter** und geben ein entsprechendes Kürzel ein.

8 Automatischer Zahlungsverkehr

4 Danach wird Ihnen der Zahlungsvorschlag nochmals angezeigt, aber dieses Mal im Modus **Bearbeiten**. Wählen Sie einen Posten aus, indem Sie den Cursor in der Zeile platzieren und auf **Ändern** klicken.

5 Es wird Ihnen nun das Bild **Ändern Zahlung** angezeigt. Die weiß unterlegten Felder können geändert werden. Bestätigen Sie Ihre Eingaben mit einem Klick auf ✓ (**Weiter**). Wenn Sie die Position mit einer Zahlsperre versehen möchten, doppelklicken Sie auf die Zeile, und geben Sie in das entsprechende Feld eine Zahlsperre ein. Bestätigen Sie, und sichern Sie Ihre Änderungen.

6 Kehren Sie zurück auf die Registerkarte **Status**.

> **Zahlungsvorschlag löschen**
>
> Sollten keine Zahlungen in Ihrem Vorschlag angezeigt werden oder Sie nur eine Ausnahmeliste erhalten haben, hat sich irgendwo in Ihren Eingaben ein Fehler eingeschlichen. Sie können den Vorschlag löschen, die Fehler beheben und den Zahlungsvorschlag erneut starten. Dazu gehen Sie über die Menüleiste und wählen **Bearbeiten ▸ Vorschlag ▸ Löschen** (Tastenkombination ⇧+F6).

Nachdem der Zahlungsvorschlag eingesehen und gebilligt worden ist, wird der Zahllauf gestartet, um die Zahlungsausgänge zu buchen, die Ausgleichsbuchungen vorzunehmen und gegebenenfalls Zahlungsträger zu drucken.

8.5 Zahllauf starten und Zahlungsträger drucken

Für den Ausdruck der Zahlungsträger benötigt das Druckprogramm eine Vorlage, die in der Regel als Variante hinterlegt ist. Das SAP-System wird bereits mit einer Vielzahl von Vorlagen ausgeliefert, die verschiedene landesspezifische Anforderungen erfüllen.

1 Sie befinden sich im Vorgang **Maschineller Zahlungsverkehr**. Wechseln Sie dort auf die Registerkarte **Druck und Datenträger**, und geben Sie die entsprechenden Varianten für die Druckprogramme an. Da wir in unserem Beispiel nur einen Zahlungsausgang mit Scheck ausführen, benötigen wir auch nur eine Variante für den Scheckdruck.

2 Wählen Sie die Variante, die für Scheckzahlungen hinterlegt ist (zum Beispiel die Variante *Scheck* für RFFOD_S). Geben Sie dazu im Feld **Variante** den Wert »Scheck« ein.

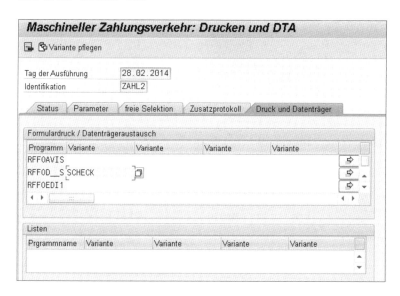

3 Klicken Sie auf 💾 (**Sichern**), und kehren Sie zurück auf die Registerkarte **Status**.

8 Automatischer Zahlungsverkehr

Sie haben den Zahlungsvorschlag geprüft und für gut befunden. Nun kann der eigentliche Zahllauf gestartet werden, damit die Zahlung auch gebucht wird.

Für das Druckprogramm haben Sie eine Variante angegeben. Der Zahlungsträger (in unserem Beispiel ein Scheck) kann nun ausgedruckt werden. Starten Sie jetzt den Zahllauf! So geht's:

1 Wählen Sie **Zahllauf einplanen**, oder betätigen Sie die [F7]-Taste.

2 Markieren Sie im nächsten Bild das Ankreuzfeld **Start sofort** und danach das Ankreuzfeld **Zahlungsträger erstellen**. Bestätigen Sie dies anschließend mit der [↵]-Taste oder mit einem Klick auf ✓ (**Weiter**).

3 Bestätigen Sie die Informationsmeldung, die Sie anschließend erhalten, mit der [↵]-Taste.

4 Dann aktualisieren Sie so lange den Status mit der [↵]-Taste, bis Sie eine Meldung erhalten, dass der Zahllauf ausgeführt sowie die Buchungsaufträge erzeugt und erledigt wurden.

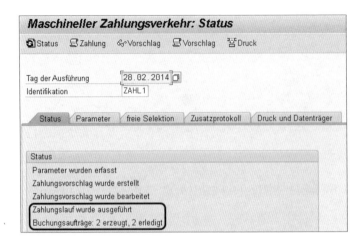

8.5 Zahllauf starten und Zahlungsträger drucken

[5] Lassen Sie sich nun den automatisch erstellten Scheck anzeigen. Rufen Sie dazu die Spool-Liste auf, indem Sie im Menü **System • Dienste • Ausgabesteuerung** wählen.

[6] Sie gelangen in das Auswahlbild der Ausgabesteuerung. Einige Felder sind bereits mit Werten befüllt worden, die das System automatisch aus den letzten Eingaben zum Zahllauf gezogen hat. Wählen Sie nun ⊕ (**Ausführen**) oder [F8].

[7] Sie erhalten eine Übersicht über die Spool-Aufträge. Sie sehen zwei Spool-Aufträge: die Zahlungsbegleitliste und Ihren Scheck. Markieren Sie das Ankreuzfeld in der Zeile, in der der Scheck gelistet ist.

[8] Klicken Sie dann auf das Brillensymbol 👓 (**Anzeigen**) in der Anwendungsfunktionsleiste. Der automatisch vom SAP-System erstellte Scheck wird nun angezeigt.

207

8 Automatischer Zahlungsverkehr

```
       IDES Holding AG, Postfach 16 05 29,    Scheck
       D-60070 Frankfurt/M                    Vorschlagslauf
                                              Beleg
                                              F110000001
       Mein Neuer Lieferant                   Datum
       Goldschmiedeweg 69                     28.02.2014
       50733 Köln                             Ihr Konto bei
                                              uns
                                              KRED00



Mit dem beigefügten Scheck zur Zahlung F110000001 haben
wir Ihnen folgende Posten vorbehaltlich der Richtigkeit
Ihrer Lieferung oder Leistung und deren Berechnung
beglichen.


Ihr Beleg         Datum           Skonto        Bruttobetrag

                  220214          33,00            1.100,00

Gesamt-Summe                      33,00            1.100,00


Schecknummer      Datum         Währung        Zahl-Betrag
F110000001        28.02.2014    EUR        *********1.067,00*

Bankleitzahl         Kontonummer            Schecknummer
50070010             10000100               F110000001
   Deutsche Bank Gruppe
   60311 Frankfurt

*NULL***NULL***NULL***NULL**                              DE

*EINS***NULL**SECHS**SIEBEN*   EUR    *********1.067,00*


                               60441 Frankfurt
       Mein Neuer Lieferant
       Goldschmiedeweg 69      28.02.2014
       50733 Köln
                               IDES AG
                               International Demo
System AG


   00001100000010  00100001000  000001067000  500700100  010
```

8.5 Zahllauf starten und Zahlungsträger drucken

Wenn Sie nun noch prüfen möchten, ob der automatische Zahlungsausgang tatsächlich auf den entsprechenden Konten gebucht wurde, können Sie sich das Kreditorenkonto über die Einzelpostenliste ansehen. Außer der Kreditorenrechnung mit der Belegart KR müsste auch der Ausgleichsbeleg mit der Belegart ZP (Zahlprogramm) angezeigt werden.

St	Zuordnung	Belegnr	Belegart	Belegdatum	S	Fä	Betr. in HW	HWähr	Ausgl.bel.
☐ ■	19000000112014	1900000011	KR	22.02.2014			1.100,00-	EUR	2000000005
☐ ■	20000000052014	2000000005	ZP	28.02.2014			1.100,00	EUR	2000000005
* ■							0,00	EUR	
**	Konto KRED00						0,00	EUR	

Einzelpostenliste nach dem Zahllauf

In unserem Beispiel haben wir einen Zahllauf gestartet, der nur eine Position beinhaltet; daher war keine große Datenmenge erforderlich. Ein Zahllauf wird in der Regel für mehrere Konten und auch mit mehreren Zahlwegen usw. durchgeführt. Die Dateneingabe wird dadurch etwas umfangreicher. Um die Pflege der Daten in einem Zahllauf zu minimieren und zu vereinfachen, ist es möglich, einen bestehenden Zahllauf zu kopieren. Sofern schon vor dem Start des Zahlprogramms bekannt ist, dass ausgewählte Konten oder Posten nicht bezahlt werden sollen, obwohl sie fällig sind, kann eine Zahlsperre gesetzt werden. Durch diese Zahlsperre wird das Konto oder der Posten gar nicht erst im Zahllauf berücksichtigt und nicht im Zahlungsvorschlag aufgeführt. Somit lassen sich dann auch die Änderungen der Vorschlagsliste auf ein Minimum reduzieren. Im Folgenden beschreiben wir, wie ein Zahllauf kopiert werden kann und wie eine Zahlsperre gesetzt wird.

Zahllauf kopieren

Ein Zahllauf wird in regelmäßigen Abständen angestoßen, zum Beispiel wöchentlich. Um die Dateneingabe zu vereinfachen, die sich für viele Werte wiederholt, kann ein bestehender Zahllauf kopiert werden.

1. Wechseln Sie für den maschinellen Zahlungsverkehr über **Rechnungswesen ▸ Finanzwesen ▸ Kreditoren ▸ Periodische Arbeiten ▸ Zahlen** in die Transaktion F110.

2. Geben Sie nun für den neuen Zahllauf den Tag der Ausführung und die Identifikation ein, und bestätigen Sie die Eingaben mit der ⏎-Taste.

3. Wechseln Sie auf die Registerkarte **Parameter**, und wählen Sie im Menü **Bearbeiten Parameter kopieren** (Taste F9). Sie werden nun dazu aufge-

fordert, den Vorlagezahllauf anzugeben. Tragen Sie im Bild **Kopieren** im Bereich **Vorlage** die Identifikation des Zahllaufs im Feld **Identifikation** ein, die Sie als Vorlage kopieren möchten, verwenden Sie hierzu die F4 -Hilfe. Im Bereich **Anpassungen** setzen Sie den Haken bei **Datumsangeben anpassen**, und bestätigen Sie Ihre Angaben mit ✓ (**Weiter**).

4 Die Parameterwerte des Vorlagezahllaufs werden nun übernommen. Nehmen Sie eventuell notwendige Änderungen in den kopierten Werten vor. Sie können nun noch die weiteren erforderlichen Angaben in den entsprechenden Feldern eintragen. Fahren Sie fort, wie es in Abschnitt 8.3, »Vorschlagslauf durchführen«, zum Zahlprogramm beschrieben wurde.

Zahlsperre

Möchten Sie ein Konto oder einzelne Posten für die Zahlung sperren, können Sie ein Kennzeichen setzen, eine sogenannte Zahlungssperre. Die Zahlungssperre können Sie im Stammsatz des Geschäftspartners oder in einer Belegposition setzen. Ein fälliger offener Posten wird dann nicht bezahlt und in der Liste der Ausnahmen (Ausnahmeliste) im Zahllauf aufgeführt. Wenn Sie den Zahlungsvorschlag bearbeiten, können Sie Zahlsperren entfernen oder eine Zahlsperre setzen, sofern die jeweilige Zahlsperre eine Bearbeitung erlaubt (Systemeinstellung/Customizing).

Um beispielsweise in einem Stammsatz eine Zahlsperre zu setzen, gehen Sie folgendermaßen vor:

1 Rufen Sie den Stammsatz des Geschäftspartners (zum Beispiel Kreditor) im Änderungsmodus auf, indem Sie den Pfad **Rechnungswesen** ▸ **Finanzwesen** ▸ **Kreditoren** ▸ **Stammdaten** ▸ **Ändern** wählen (Transaktionscode FK02).

2 Es öffnet sich nun das Bild **Kreditor ändern: Einstieg**. Geben Sie im Feld **Kreditor** die Kreditorennummer und im Feld **Buchungskreis** die Buchungskreisnummer ein.

3 Markieren Sie das Auswahlfeld **Zahlungsverkehr** im Bereich **Buchungskreisdaten**, und bestätigen Sie Ihre Angaben mit der ⏎-Taste.

4 Es öffnet sich nun das Bild **Kreditor ändern: Zahlungsverkehr Buchhaltung**. Im Feld **Zahlungssperre** können Sie ein Kennzeichen für die Zahlungssperre setzen; mit der F4 -Taste können Sie sich eine Liste der möglichen Zahlungssperren anzeigen lassen. Vergessen Sie nicht, Ihre

Änderungen im Stammsatz durch einen Klick auf 🖫 (**Sichern**) zu speichern.

8.6 Probieren Sie es aus!

Aufgabe 1

Legen Sie einen Zahllauf in Anlehnung an die Aufgaben 1–3 aus Kapitel 7, »Dauerbelege«, (Dauerbuchung) an. Verwenden Sie die Angaben in der folgenden Tabelle. Vergessen Sie nicht, zwischendurch zu sichern!

Felder/Registerkarten	Dateneingabe
Tag der Ausführung	01. des nächsten Monats
Identifikation	beliebig
Parameterpflege	
Buchungsdatum	01. des nächsten Monats
Belege erfasst bis	01. des nächsten Monats
Buchungskreise	1000
Zahlwege	S
Nächstes Buchungsdatum	eine Woche nach Buchungsdatum
Kreditor	KREDITOR00
Zusatzprotokoll	
Prüfung der Fälligkeit	markieren
Zahlwegauswahl in allen Fällen	markieren
Positionen der Zahlungsbelege	markieren
Kreditoren (von/bis)	KREDITOR00

Wenn Sie alle Angaben auf den Registerkarten eingetragen haben, wechseln Sie auf die Registerkarte **Status**. Wählen Sie dort **Vorschlag einplanen**, und geben Sie für die Planung die sofortige Ausführung an. Aktualisieren Sie den Status so lange, bis Sie die Meldung über die Fertigstellung des Zahlungsvorschlags erhalten.

Zeigen Sie den Zahlungsvorschlag an, und wählen Sie dazu **Vorschlag anzeigen** aus. Ein Scheck in Höhe von 1.800,00 EUR aus der Dauerbuchung (Aufgabe 1–3 aus Kapitel 7) sollte nun aufgeführt werden.

> **HINWEIS**
>
> **Sperrkennzeichen**
>
> Bei allen nicht relevanten Zahlungen, die in der Vorschlagsliste aufgeführt werden, muss ein Sperrkennzeichen gesetzt werden. Gehen Sie dazu in die Funktion **Zahlungsvorschlag bearbeiten**, und doppelklicken Sie auf die Position, die Sie für den aktuellen Zahllauf sperren möchten. Klicken Sie in der Anwendungsfunktionsleiste auf den Button **Alle sperren**, und geben Sie das Kennzeichen für die Zahlungssperre ein.

Für den Druck muss nun noch die Variante hinterlegt werden. Kehren Sie auf die Registerkarte **Status** zurück, und wechseln Sie dann auf die Registerkarte **Druck und Datenträger**. Wählen Sie die Variante für Scheck aus, und geben Sie den Wert »Scheck« ein. Sichern Sie Ihre Angaben, und kehren Sie zur Registerkarte **Status** zurück.

Nun können Sie den Zahllauf tatsächlich starten. Wählen Sie **Zahllauf einplanen**, und markieren Sie **Start sofort**. Wählen Sie anschließend **Zahlungsträger erstellen**, und bestätigen Sie Ihre Eingaben. Aktualisieren Sie den Status mit ⏎ so lange, bis Sie die Meldung erhalten, dass der Zahllauf ausgeführt wurde und die Buchungsaufträge erzeugt und erledigt sind.

Lassen Sie sich den Scheck anzeigen, und wechseln Sie anschließend in die Ausgabesteuerung. Gegebenenfalls müssen Sie im Feld **Erzeuger** Ihre Benutzerkennung eingeben (der Wert ist in der Regel vorbelegt und muss nicht explizit angegeben werden). Klicken Sie nun noch auf **Ausführen**, markieren Sie anschließend das Auswahlfeld in der Zeile, in der Ihr Scheck angezeigt wird, und lassen Sie sich mithilfe des Brillensymbols den Inhalt anzeigen.

9 Sachkontenstammsätze

Jeder Buchungskreis (das heißt jedes Unternehmen) im SAP-System führt ein Hauptbuch, dessen zentrale Aufgabe darin besteht, das gesamte externe Rechnungswesen in der landesspezifischen Rechnungslegung abzubilden. Diese Darstellung erfolgt auf Sachkonten, die entweder direkt oder indirekt über Nebenbücher bebucht werden (Abstimmkonten).

Bevor Buchungen auf Sachkonten erfolgen können, muss dem Buchungskreis in der Systemkonfiguration (Customizing) ein operativer Kontenplan zugewiesen werden. Mit dem SAP-System werden viele länderspezifische Kontenpläne standardmäßig ausgeliefert; es können aber auch noch weitere Kontenpläne im System definiert werden. Der Kontenplan ist ein Verzeichnis von Sachkonten und enthält in geordneter Form die Definition aller Sachkonten wie die Kontonummer, die Kontenbezeichnung, die Sachkontenart (Bilanzkonto oder GuV-Konto) und auch steuernde Informationen. Wird dem Buchungskreis ein Kontenplan zugewiesen, ist das Hauptbuch gemäß diesem Kontenplan aufgebaut.

In diesem Kapitel erfahren Sie,
- wie Sie einen Sachkontenstammsatz anlegen,
- wie Sie einen Sachkontenstammsatz suchen und ändern,
- wie Sie ein Sachkontenverzeichnis erstellen,
- wie sich die Kontodaten über die Saldenanzeige/Einzelpostenanzeige anzeigen lassen,
- wie sich die spezielle Rolle des Abstimmkontos darstellt.

9.1 Sachkontenstammsatz anlegen

Die Sachkonten bilden die Grundlage zur Erstellung von Bilanz und Gewinn- und Verlustrechnung. Auf den Bestandskonten, die in der Bilanz aufgeführt werden, werden die Zugänge und Abgänge der Bestände geführt. Am Ende des Geschäftsjahres werden diese Konten abgeschlossen, und der Saldo wird zum Geschäftsjahreswechsel auf sich selbst vorgetragen (Saldovortrag). Auf den Erfolgskonten, die in der Gewinn- und Verlustrechnung (GuV) aufgeführt werden, werden die Aufwendungen und Erträge erfasst. Diese Konten werden über die Gewinn- und Verlustrechnung abgeschlossen und gehen mit dem Saldo 0 in das neue Geschäftsjahr über. Die Berichterstattung (Bilanz) erfolgt aus den Werten der Sachkonten und somit aus dem Hauptbuch.

Der vollständige Stammsatz eines Sachkontos beinhaltet zwei Segmente, das Kontenplansegment und das Buchungskreissegment. Das Kontenplansegment enthält Informationen über die Kontonummer, die Kontenbezeichnung und die Sachkontenart (Erfolgskonto in der GuV bzw. Bestandskonto in der Bilanz).

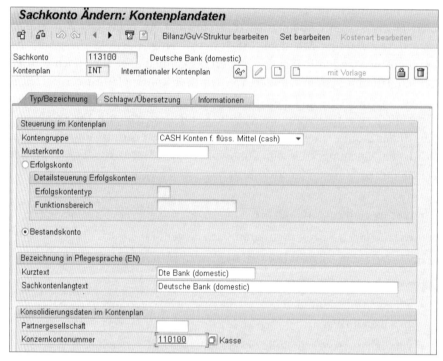

Sachkontenstammsatz – Kontenplansegment

Das Kontenplansegment des Sachkontos erhält das Konto durch den Kontenplan. Verwenden mehrere Buchungskreise denselben Kontenplan, sieht das Kontenplansegment der Sachkonten in den Hauptbüchern dieser Buchungskreise gleich aus. Somit greifen diese Buchungskreise auf dieselben buchungskreisübergreifenden Informationen eines Sachkontos zu.

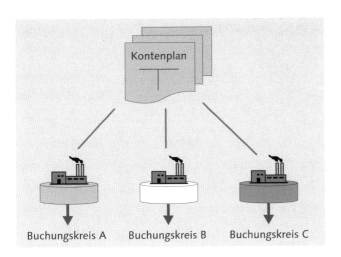

Zuordnung eines operativen Kontenplans

Wenn Sie das Kontenplansegment eines Sachkontos einsehen möchten, müssen Sie die Kontonummer des Sachkontos und den Kontenplan angeben. Die allgemeinen Informationen eines Sachkontos verteilen sich auf drei Registerkarten:

- **Registerkarte »Typ/Bezeichnung«**
  Hier finden Sie Angaben über die Kontengruppe, ob es sich um ein Erfolgskonto oder ein Bestandskonto handelt, die Bezeichnung des Sachkontos (Kurz- und Langtext), das für Dialoganzeigen und Auswertungen verwendet wird, sowie Konsolidierungsdaten (siehe den Hinweiskasten »Konzernkontenplan«).

  Möchten Sie einen neuen Sachkontenstammsatz anlegen, müssen Sie dem Stammsatz eine Kontengruppe zuweisen. Die Kontengruppen dienen der Organisation und Verwaltung der Sachkonten. Die Konten, die zu einer Kontengruppe gehören, haben ähnliche betriebswirtschaftliche Funktionen, wie zum Beispiel eine Kontengruppe für Bankkonten, für Ertragskonten usw. Den Kontengruppen sind in der Konfiguration Nummernkreise zugeordnet, über die gesteuert werden kann, welche Kontonummer für eine bestimmte Kontoart (Bankkonto, Ertragskonto usw.) zulässig ist. Die Nummernvergabe der Sachkonten wird extern vergeben, das heißt, dass der Benutzer die Kontonummer manuell eintragen muss, wenn er einen neuen Sachkontenstammsatz anlegen möchte. Die Kontengruppen steuern den Bildaufbau der Sachkontenstammsätze im Buchungskreissegment. Sie bestimmen die Darstellung (Feldstatus), welche Felder optional oder obligatorisch sind bzw. überhaupt nicht angezeigt werden.

Feldstatusgruppe pflegen: Steuerung

Feldnachweis

Allgemeine Daten
Kontenplan INT   Gruppe CASH
Konten f. flüss. Mittel (cash)

Seite 1 / 1

Steuerung

	Ausblenden	Musseingabe	Kanneingabe	Anzeigen
Währung	○	●	○	○
Steuerkategorie	○	○	●	○
Abstimmkonto	○	○	●	○
Kursdifferenz	○	○	●	○
Kontoführung extern	○	○	●	○
Salden nur in Hauswährung	○	○	●	○
Alternative Kontonummer	○	○	●	○
Inflationsschlüssel	●	○	○	○
Toleranzgruppe	○	○	●	○

Kontengruppe – Feldstatus

- **Registerkarte »Schlagw./Übersetzung«**
  An dieser Stelle finden Sie Schlagwörter und die Sprachen, in denen Texte angezeigt, erfasst und gedruckt werden können.

- **Registerkarte »Informationen«**
  Hier erhalten Sie Angaben darüber, wann und von wem das Sachkonto angelegt wurde, und ein Feld mit Informationen zum Konzernkontenplan.

> **HINWEIS**
>
> **Konzernkontenplan**
>
> Nicht alle Buchungskreise verwenden denselben operativen Kontenplan; daher wird zu Konsolidierungszwecken zusätzlich ein Konzernkontenplan genutzt, dem die operativen Kontenpläne in der Konfiguration zugeordnet sind. Alle Konten erhalten eine Konzernkontonummer, die für gleichbedeutende Konten in unterschiedlichen Kontenplänen einheitlich ist. Die Definition der Bilanz sowie der Gewinn- und Verlustrechnung aus Konzernsicht kann dann unter der Konzernkontonummer erfolgen und muss nicht pro Land separat ausgeprägt werden (Konzernbilanz).

Das zweite Segment eines Sachkontenstammsatzes ist das Buchungskreissegment. Soll ein Sachkonto in einem Buchungskreis verwendet werden, müssen dem Sachkontenstammsatz zusätzlich zum Kontenplansegment spezifische Daten mitgegeben werden.

9.1 Sachkontenstammsatz anlegen

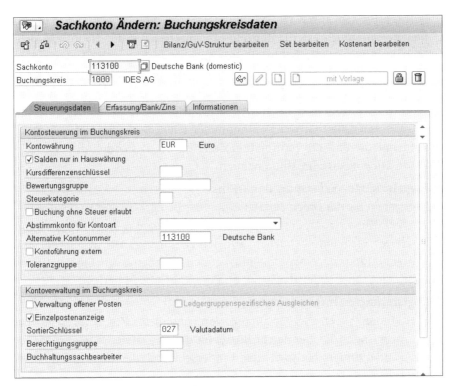

Sachkontenstammsatz – Buchungskreissegment

Auf der Ebene der Buchungskreisdaten befinden sich speziell für einen Buchungskreis hinterlegte Daten über das Sachkonto. Für diesen Bereich benötigt das SAP-System nicht die Informationen über den Kontenplan, sondern den Schlüssel für den Buchungskreis. Die Informationen werden auf drei Registerkarten aufgeteilt:

- **Registerkarte »Steuerungsdaten«**
  Hier finden Sie unter anderem die Kontowährung, mit der das Sachkonto geführt wird. Ist die Kontowährung gleich der Buchungskreiswährung (Hauswährung), kann in allen Währungen auf dieses Konto gebucht werden; die Fremdwährungsbeträge werden automatisch in die Buchungskreiswährung umgerechnet. Ist die Kontowährung ungleich der Hauswährung des Buchungskreises, kann nur in der Kontowährung gebucht werden, mit der das Sachkonto geführt wird.

  Wenn Sie das Kennzeichen **Salden nur in Hauswährung führen** setzen, werden die Salden des Kontos nur in der Hauswährung fortgeschrieben. Setzen Sie das Kennzeichen **Einzelpostenanzeige**, werden die einzelnen

Belegpositionen angezeigt, die auf das Sachkonto gebucht wurden. Im neuen Hauptbuch ist die Einzelpostenanzeige für die Hauptbuchsicht immer aktiviert. Soll die Einzelpostenanzeige auch in der Erfassungssicht aktiv sein, muss zuvor das Kennzeichen **Einzelpostenanzeige** gesetzt worden sein, ebenso wie es für die Verwaltung der offenen Posten der Fall sein muss. Darüber hinaus finden sich auf dieser Registerkarte auch die Angabe einer alternativen Kontonummer (siehe Hinweiskasten »Landeskontenplan«) und die Information darüber, ob es sich bei diesem Sachkonto um ein Abstimmkonto handelt.

- **Registerkarte »Erfassung/Bank/Zins«**
  Hier geben Sie die Daten zur Steuerung der Belegerfassung an (Feldstatusgruppe). Diese steuert den Bildaufbau bei der Buchung eines Belegs, wenn Sie dieses Sachkonto bebuchen. Für den Fall, dass es sich wie in der Beispielabbildung um ein Geldkonto handelt, werden noch Informationen über den Schlüssel der Hausbank und die Konto-ID hinterlegt.

- **Registerkarte »Informationen«**
  Hier können Sie ersehen, wann und von wem dieses Konto angelegt wurde. Auch finden Sie hier den Schlüssel für den operativen Kontenplan und den Länderkontenplan sowie den Länderschlüssel, den Kostenrechnungskreis usw.

> **HINWEIS**
>
> **Landeskontenplan (alternativer Kontenplan)**
>
> Sollen mehrere Buchungskreise demselben Kostenrechnungskreis angehören, muss diesen Buchungskreisen derselbe operative Kontenplan zugeordnet werden. Die Finanzberichte müssen landesspezifische Anforderungen erfüllen; daher muss den Buchungskreisen zusätzlich noch der jeweilige Landeskontenplan zugewiesen werden. Der Landeskontenplan stellt die Kontenstruktur dar, die nach Landesrecht vorgeschrieben ist. Die Kontonummer des Sachkontos aus dem Landeskontenplan wird im Feld **Alternative Kontonummer** im Stammsatz eingetragen.

Wenn Sie einen Sachkontenstammsatz anlegen, können Sie den kompletten Stammsatz in einem Vorgang erfassen (zentrale Pflege, Transaktionscode FS00). Auch können Sie den Stammsatz getrennt nach Kontenplansegment (Transaktionscode FSP0) oder Buchungskreissegment (Transaktionscode FSS0) pflegen. Ob Sie einen Sachkontenstammsatz zentral, je Segment oder vielleicht überhaupt nicht pflegen dürfen, hängt von der Berechtigung ab, die Ihnen zugewiesen wurde.

9.1 Sachkontenstammsatz anlegen

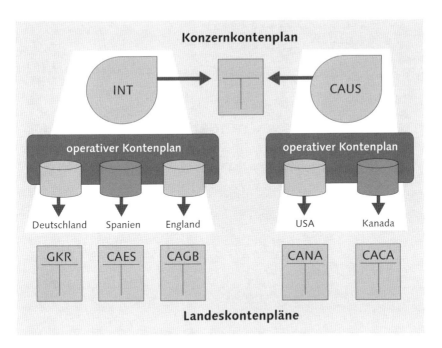

Zuordnung von Konzernkontenplan und Landeskontenplan

Sie haben nun die Möglichkeit, einen neuen Sachkontenstammsatz anzulegen und alle Felder manuell einzugeben, oder Sie bedienen sich eines Vorlagekontos. Hierzu wählen Sie ein Sachkonto aus, das ähnliche betriebswirtschaftliche Merkmale aufweist wie das neue Konto, das Sie anlegen möchten. Durch das Vorlagekonto werden im neuen Stammsatz bereits zahlreiche Felder mit Werten gefüllt, die als Vorschlagswerte gelten und entsprechend geändert werden können. So geht's:

1. Legen Sie einen Sachkontenstammsatz zentral und mit Vorlage an: Wählen Sie **Rechnungswesen** ▸ **Finanzwesen** ▸ **Hauptbuch** ▸ **Stammdaten** ▸ **Sachkonten** ▸ **Einzelbearbeitung** ▸ **Zentral** (Transaktionscode FS00).

2. Da für die Sachkonten nur die externe Nummernvergabe existiert, müssen Sie im Feld **Sachkonto** die Kontonummer eingeben, für die Sie einen Stammsatz anlegen möchten. Da auch hier die Nummernvergabe von der Kontengruppe abhängig ist, ist es hilfreich, die Baumdarstellung einzublenden und sich die bereits vergebenen Kontonummern anzeigen zu lassen. Hierzu wählen sie in der Menüleiste **Einstellungen** ▸ **Baumdarstellung**. Markieren Sie **Konten im Navigationsbaum anzeigen**, und bestätigen Sie. Sie erhalten die Meldung, dass die geänderte Einstellung erst nach erneutem Transaktionsaufruf wirksam wird.

9 Sachkontenstammsätze

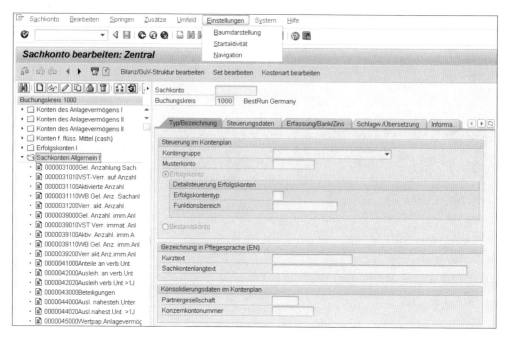

3. Brechen Sie also die Anwendung ab, um sie erneut aufzurufen und die Baumdarstellung sichtbar zu machen. Nachdem Sie die Sachkontonummer eingetragen haben, geben Sie noch den Buchungskreis (Feld **Buchungskreis**) an, und klicken Sie dann auf die Schaltfläche **mit Vorlage**.

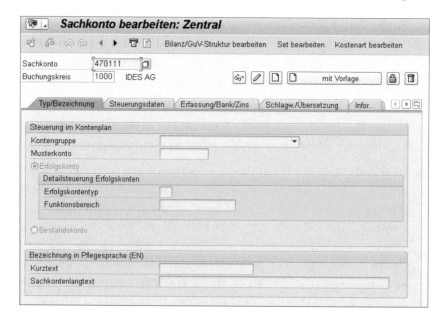

4 Sie gelangen nun in das Bild, in dem Sie das Vorlagekonto und den Buchungskreis des Vorlagekontos eingeben müssen, das Sie kopieren möchten. Bestätigen Sie Ihre Eingaben mit der ⏎-Taste.

5 Ihnen wird das erste Bild des neuen Sachkontenstammsatzes angezeigt, in dem bereits einige Felder vom Vorlagekonto mit Werten gefüllt wurden. Nun können Sie zwischen den Registerkarten wechseln, die Felder ändern und weitere Felder mit Werten befüllen. Da Sie die zentrale Pflege gewählt haben, stehen Ihnen hier alle Registerkarten des Kontenplansegments und des Buchungskreissegments zur Verfügung.

6 Prüfen Sie, ob die alternative Kontonummer des Vorlagekontos mitkopiert wurde. Sollte dies der Fall sein, entfernen Sie diese Kontonummer aus dem neuen Stammsatz, bzw. Sie tragen dort die richtige alternative Kontonummer für den neuen Stammsatz ein.

7 Haben Sie alle Daten eingepflegt, sichern Sie den Stammsatz durch einen Klick auf 💾 (**Sichern**).

Möchten Sie einen Sachkontenstammsatz ohne Vorlagekonto anlegen, folgen Sie ebenfalls dem Menüpfad **Rechnungswesen** ▸ **Finanzwesen** ▸ **Hauptbuch** ▸ **Stammdaten** ▸ **Sachkonten** ▸ **Einzelbearbeitung** ▸ **Zentral**; zum Anlegen klicken Sie jedoch auf die Schaltfläche 📄 (**Anlegen**). Mit dieser Verfahrensweise sind allerdings noch keine Daten als Vorschlagswerte angegeben, und das System benötigt erst einmal die Angabe einer Kontengruppe.

Erst mit der Angabe, zu welcher Kontengruppe dieses neue Sachkonto gehören soll, kann das SAP-System Ihnen eine entsprechende Eingabemaske zur Verfügung stellen, denn die Kontengruppe steuert den Bildaufbau der Stammdatenpflege.

9.2 Sachkontenstammsatz suchen und ändern

Sie können einen bestehenden Stammsatz eines Sachkontos ändern bzw. ergänzen. Dazu müssen Sie in die Stammsatzpflege navigieren (zum Beispiel über den Transaktionscode FS00 für die zentrale Pflege), die Sachkontonummer im dafür vorgesehenen Feld eintragen und zudem den Buchungskreis angeben. Wenn Sie Ihre Eingaben mit der ⏎-Taste bestätigen, wird Ihnen der Sachkontenstammsatz angezeigt.

Aber wie können Sie den Sachkontenstammsatz aufrufen, wenn Sie sich in Bezug auf die Kontonummer nicht sicher sind? Um diese Sachkontonummer herauszufinden, müssen Sie eine der Suchfunktionen des SAP-Systems nutzen.

Gehen Sie folgendermaßen vor:

1 Folgen Sie dem Menüpfad **Rechnungswesen** ▸ **Finanzwesen** ▸ **Hauptbuch** ▸ **Stammdaten** ▸ **Sachkonten** ▸ **Einzelbearbeitung** ▸ **Zentral**, bzw. geben Sie den Transaktionscode FS00 im Befehlsfeld ein. Rufen Sie dann über das Feld **Sachkonto** die F4-Hilfe auf, indem Sie auf die Schaltfläche in diesem Feld klicken oder die F4-Taste Ihrer Tastatur betätigen.

2 Es wird Ihnen nun ein Suchbild angezeigt. Wählen Sie beispielsweise die Registerkarte **Sachkontonummer im Buchungskreis**, und geben Sie im Feld **Buchungskreis** den Buchungskreisschlüssel ein. Wenn Sie auf die Schaltfläche klicken, erhalten Sie eine Auflistung der zur Verfügung stehenden Registerkarten. Bestätigen Sie dies einfach mit (**Weiter**).

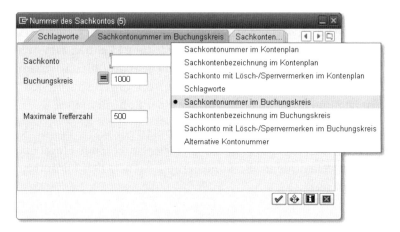

3 Sie erhalten eine Auflistung der vom System gefundenen Einträge. Gehen Sie nun über die Suchfunktion (**Suchen**), und geben Sie zum Beispiel die ersten zwei Ziffern der Sachkontonummer ein und direkt dahinter einen Stern (*) als Platzhalter für weitere Ziffern.

4 Das SAP-System springt nun an die Stelle der Liste, an der die Konten mit den ersten zwei Ziffern beginnen, die Sie angegeben haben.

9.2 Sachkontenstammsatz suchen und ändern

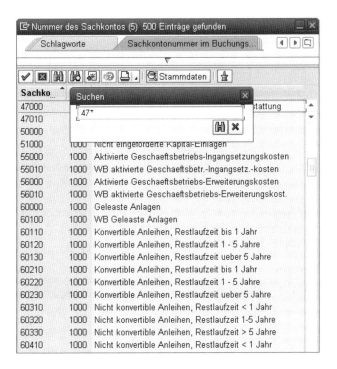

[5] Haben Sie Ihr Sachkonto in dieser Liste gefunden, öffnen Sie den Stammsatz per Doppelklick, oder Sie markieren das Sachkonto und klicken auf die Schaltfläche ✔ (**Weiter**).

[6] Nachdem Sie den Sachkontenstammsatz geöffnet haben, können Sie Änderungen vornehmen, aber denken Sie unbedingt daran, Ihre Änderungen im Stammsatz durch einen Klick auf das Diskettensymbol 💾 (**Sichern**) zu sichern!

Sie können Sachkontenstammsätze auch in eine persönliche Liste aufnehmen, um diese Stammsätze leichter abzurufen. Markieren Sie dazu das Sachkonto aus der Werteliste, und klicken Sie auf 🔲 (**Einfügen in persönliche Liste**).

> **HINWEIS**
>
> **Ändern/Anzeigen**
>
> Sie können zwischen den Modi **Anzeigen** und **Ändern** hin- und herwechseln, ohne jedes Mal in das Einstiegsbild von SAP (SAP-Easy-Access-Menü) zurückkehren zu müssen. In der Anwendungsfunktionsleiste klicken Sie einfach auf die Schaltfläche 🖉, um vom Modus **Ändern** in den Modus **Anzeigen** zu wechseln und umgekehrt.

9.3 Sachkontenverzeichnis erstellen

Wenn Sie einen Überblick über eine bestimmte Kategorie von Sachkonten oder eine Auflistung aller Sachkonten benötigen, die Ihnen der zugeordnete operative Kontenplan zur Verfügung stellt, können Sie sich hierzu eine Liste erstellen lassen. Das SAP-System bietet Ihnen die Möglichkeit, Verzeichnisse zu erstellen, die ganz auf Ihre Bedürfnisse oder Erfordernisse abgestimmt sind. Durch die Kontengruppe haben Sie bereits eine Art der Gruppierung kennengelernt, aber Sie können sich Ihre Sachkonten auch nach anderen Merkmalen sortieren und anzeigen lassen. Gehen Sie dazu folgendermaßen vor:

1. Lassen Sie sich das Sachkontenverzeichnis Ihres Buchungskreises anzeigen. Folgen Sie hierzu zunächst dem Pfad **Rechnungswesen ▸ Finanzwesen ▸ Hauptbuch ▸ Infosystem ▸ Berichte zum Hauptbuch ▸ Stammdaten ▸ Sachkontenverzeichnis**.

2. Sie gelangen nun in das Einstiegsbild. Geben Sie hier mindestens Ihren Buchungskreis an, und klicken Sie anschließend auf ⊕ (**Ausführen**). Möchten Sie das Sachkontenverzeichnis weiter eingrenzen, benötigt das System weitere Angaben, wonach das Verzeichnis erstellt werden soll. Dazu stehen Ihnen im Einstiegsbild weitere Felder zur Verfügung.

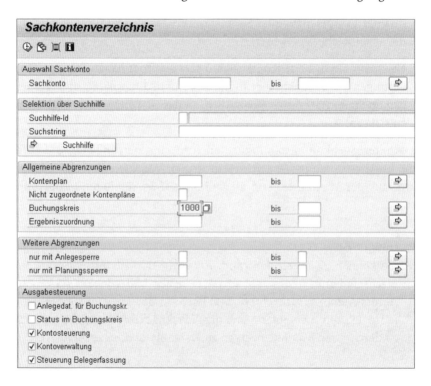

9.3 Sachkontenverzeichnis erstellen

3 Sie erhalten nun ein Verzeichnis aller Sachkonten, die in Ihrem Buchungskreis angelegt worden sind. Für jedes Sachkonto wird ein Bereich dargestellt, der sowohl das Kontenplansegment als auch das Buchungskreissegment aufweist.

4 Kehren Sie nun zurück in das SAP-Easy-Access-Menü. Geben Sie dazu im Befehlsfeld den Befehl »/N« ein, und bestätigen Sie dies mit der ⏎-Taste, oder klicken Sie so lange auf die Schaltfläche ⬅ (Zurück), bis Sie in das Einstiegsbild von SAP gelangen.

5 Um den Unterschied zwischen Sachkontenverzeichnis und Kontenplanverzeichnis zu sehen, rufen Sie das Kontenplanverzeichnis auf. Wählen Sie hierzu wieder den Menüpfad **Rechnungswesen ▸ Finanzwesen ▸ Hauptbuch ▸ Infosystem ▸ Berichte zum Hauptbuch ▸ Stammdaten**, und öffnen Sie den Punkt **Kontenplan**.

6 Geben Sie im Einstiegsbild zum Beispiel den Kontenplan an, der Ihrem Buchungskreis (in unserem Beispiel INT) in der Konfiguration zugewiesen wurde, und klicken Sie auf ⊕ (**Ausführen**).

9 Sachkontenstammsätze

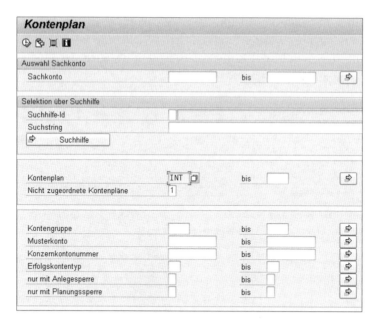

7 Nun erhalten Sie ein Verzeichnis der Sachkonten, die im angegebenen Kontenplan (im Beispiel INT) aufgeführt sind.

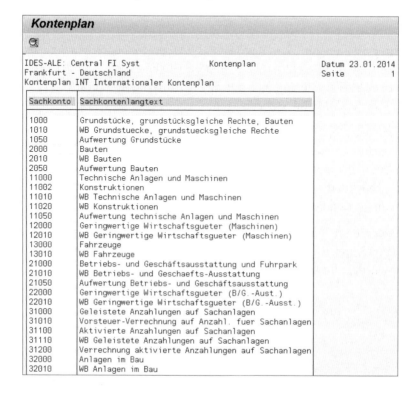

Hier finden Sie jeweils das Kontenplansegment mit allgemeinen Informationen zu jedem Sachkonto, die für alle Buchungskreise gelten.

Sie können sich das Kontenplansegment eines Sachkontos genauer anzeigen lassen. Nutzen Sie dazu die Suchfunktion [H] (**Suchen**), und geben Sie die Sachkontonummer ein. Hierdurch führt Sie das System an die Stelle im Kontenplanverzeichnis, an der sich das Konto befindet. Markieren Sie die Kontonummer des Sachkontos, und klicken Sie auf die Lupe [Q] (**Auswählen**), bzw. klicken Sie doppelt auf die Kontonummer. Es öffnet sich nun das Kontenplansegment zu diesem Sachkonto.

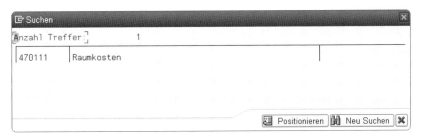

Suchfunktion innerhalb des Kontenplanverzeichnisses

Sie haben in diesem Abschnitt das Sachkontenverzeichnis und das Kontenplanverzeichnis kennengelernt. Selbstverständlich können Sie beide Verzeichnisse speziell nach Ihren Anforderungen erstellen, indem Sie nach bestimmten Kriterien selektieren. Dazu bietet Ihnen das SAP-System die Möglichkeit der freien Abgrenzung.

1. Folgen Sie dem Pfad **Rechnungswesen** ▸ **Finanzwesen** ▸ **Hauptbuch** ▸ **Infosystem** ▸ **Berichte zum Hauptbuch** ▸ **Stammdaten**, und wählen Sie den Knotenpunkt **Sachkontenverzeichnis** bzw. **Kontenplanverzeichnis** aus.

2. Im Einstiegsbild zu den Verzeichnissen klicken Sie auf die Schaltfläche [H] (**Freie Abgrenzung**).

3. Im oberen linken Bild sehen Sie die zur Verfügung stehenden Felder, über die Sie selektieren können. Wählen Sie ein oder mehrere Felder aus, und übernehmen Sie sie in den Bereich **Freie Abgrenzungen**, indem Sie oben links im Bild auf den Pfeil [▶] (**Markierte übernehmen**) klicken.

4. Geben Sie die Werte in die Selektionsfelder ein, und klicken Sie auf [⊕] (**Ausführen**). Sie erhalten nun ein Verzeichnis nach Ihren Selektionskriterien.

9 Sachkontenstammsätze

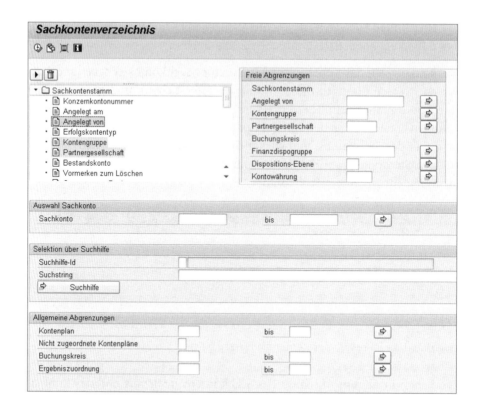

9.4 Kontodaten eines Sachkontos anzeigen

Zur Kontoanalyse stehen Ihnen die Saldenanzeige und die Einzelpostenanzeige zur Verfügung. Die einzelnen Posten eines Sachkontos können Sie sich allerdings nur anzeigen lassen, wenn im Stammsatz des Sachkontos das Auswahlfeld **Einzelpostenanzeige** ausdrücklich aktiviert wurde (**Stammsatz** • **Buchungskreissegment** • Registerkarte **Steuerungsdaten**).

Über die Saldenanzeige erhalten Sie einen Überblick über die Verkehrszahlen eines Sachkontos. Sie können sich den Saldo eines Kontos anzeigen lassen und von dort aus die Struktur so weit aufreißen, dass Sie zur Einzelpostenanzeige und weiter bis zur Belegebene gelangen.

In der Kontoanalyse können Sie eine Anzeigevariante auswählen (**Layout wählen**) oder eine Variante über die Option **Layout ändern** selbst definieren. Gehen Sie hierzu folgendermaßen vor:

9.4 Kontodaten eines Sachkontos anzeigen

1 Sehen Sie sich die Saldenanzeige eines beliebigen Sachkontos an. Wählen Sie **Rechnungswesen ▸ Finanzwesen ▸ Hauptbuch ▸ Konto ▸ Salden anzeigen** bzw. **Salden anzeigen (neu)**.

2 Geben Sie die Kontonummer des Sachkontos, den Buchungskreis und das Geschäftsjahr an.

3 Möchten Sie sich zu diesem Sachkonto nicht die komplette Saldenanzeige auflisten lassen, sondern selektiert nach einem bestimmten Merkmal, klicken Sie hierzu auf **Freie Selektion** (neues Hauptbuch). Im klassischen Hauptbuch können Sie nach dem Geschäftsbereich selektieren. Tragen Sie im entsprechenden Feld die gewünschte Selektion ein (zum Beispiel im Feld **Profitcenter**), und klicken Sie auf (**Speichern**).

4 Klicken Sie anschließend auf die Schaltfläche (**Ausführen**), um sich die Saldenanzeige ansehen zu können.

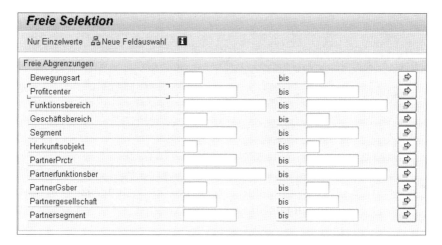

5 In der folgenden Abbildung sehen Sie eine Saldenanzeige, selektiert nach Profit-Center. Klicken Sie nun auf die Schaltfläche (**Weitere Merkmale anzeigen**). Sie sehen dann noch einmal genau, nach welchem Merkmal selektiert wurde. Die Salden werden für das angegebene Geschäftsjahr pro Geschäftsperiode angezeigt und nach Soll-Buchungen, Haben-Buchungen und nach Saldo pro Periode gruppiert.

9 Sachkontenstammsätze

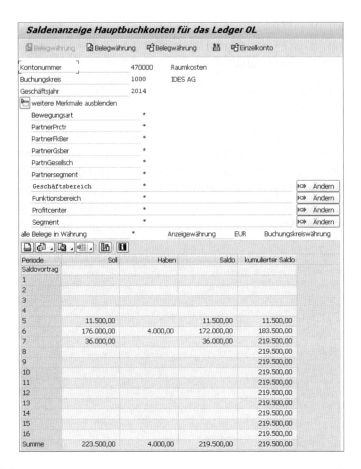

[6] Wenn Sie auf eine bestimmte Periode pro Spalte doppelklicken, erhalten Sie die Einzelposten nur für diese eine Periode.

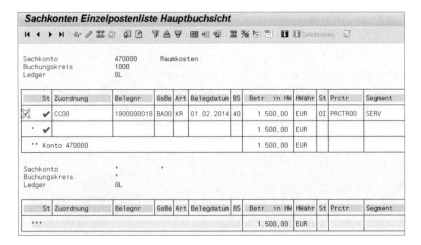

9.4 Kontodaten eines Sachkontos anzeigen

7 Markieren Sie das Auswahlfeld vor einer Belegposition, und klicken Sie auf das Brillensymbol (**Anzeigen**). Sie erhalten nun die Beleganzeige für die Position des Sachkontos, das Sie über die Saldenanzeige aufgerufen haben.

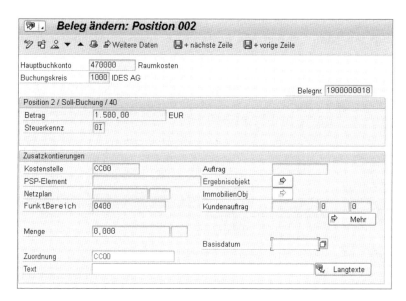

8 Möchten Sie sich zu dieser Buchung den kompletten Buchungsbeleg mit den Gegenpositionen ansehen, wechseln Sie zur Belegübersicht. Klicken Sie hierzu auf (**Belegübersicht**).

Das SAP-System bietet Ihnen die Möglichkeit, einen Bericht für die offenen Posten eines Kontos aufzurufen. In dieser Liste werden die Posten als **offen** oder **ausgeglichen** gekennzeichnet. Die Verwaltung von offenen Posten ist erforderlich, wenn Sie Geschäftsvorfälle auf Gegenbuchungen prüfen müssen. Für das Bankverrechnungskonto, das Gehaltsverrechnungskonto oder das WE-/RE-Konto (Verrechnungskonto für den Waren-/Rechnungseingang) muss die Verwaltung der offenen Posten verwendet werden.

9 Sachkontenstammsätze

1 Um die Liste der offenen Posten eines Sachkontos aufzurufen, wählen Sie den Menüpfad **Rechnungswesen** ▸ **Finanzwesen** ▸ **Hauptbuch** ▸ **Konto** ▸ **Posten anzeigen/ändern** bzw. **Posten anzeigen/ändern (neu)**.

2 Im Einstiegsbild geben Sie die Kontonummer des Sachkontos und den Buchungskreis an, und im Bereich **Auswahl der Posten** wählen Sie einen Status aus (zum Beispiel **Alle Posten**). Klicken Sie anschließend auf ⊕ (**Ausführen**), und die Einzelpostenliste wird angezeigt.

St	Zuordnung	Belegnr	GsBe	Art	Belegdatum	BS	Betr. in HW	HWähr	St	Ausgl.bel.	Prctr	Segment	Text
	0000000056210	1500000000	1000	KZ	02.01.2014	50	562,10-	EUR			1010	MANF	
	0000000056210	1500000002	1000	KZ	14.01.2014	50	562,10-	EUR			1010	MANF	
	0000000056210	1500000004	1000	KZ	20.01.2014	50	562,10-	EUR			1010	MANF	
	0000000056210	1500000007	1000	KZ	21.01.2014	50	562,10-	EUR			1010	MANF	
	0000000106700	2000000005	9900	ZP	28.02.2014		426,80-	EUR			1402	SERV	
	0000000106700	2000000005	BA00	ZP	28.02.2014		640,20-	EUR			PRCTR00	SERV	
	0000000150000	2000000004	BA00	ZP	28.02.2014	50	1.500,00-	EUR			PRCTR00	SERV	
	0000000339500	1500000006	BA00	KZ	21.03.2014		3.395,00-	EUR			PRCTR00	SERV	
	0000011543000	1500000003	BA00		17.01.2014		115.430,00-	EUR			PRCTR00	SERV	
*							123.640,40-	EUR					
	0000000106700	2000000000	9900	ZP	28.02.2014		426,80-	EUR		2000000002	1402	SERV	
	0000000106700	2000000000	BA00	ZP	28.02.2014		640,20-	EUR		2000000002	PRCTR00	SERV	
	0000000106700	2000000002	9900	ZP	28.02.2014		426,80	EUR		2000000002	1402	SERV	
	0000000106700	2000000002	BA00	ZP	28.02.2014		640,20	EUR		2000000002	PRCTR00	SERV	
	0000000150000	2000000001	BA00	ZP	28.02.2014	50	1.500,00	EUR		2000000003	PRCTR00	SERV	
	0000000150000	2000000003	BA00	ZP	28.02.2014	40	1.500,00	EUR		2000000003	PRCTR00	SERV	
*							0,00	EUR					
** Konto 113101							123.640,40-	EUR					

9.5 Die spezielle Rolle der Abstimmkonten

Wie in Kapitel 2, »Debitorenstammsatz«, und Kapitel 4, »Kreditorenstammsatz«, erläutert, befinden sich die Nebenbuchkonten nicht im Hauptbuch; daher muss eine Verbindung zwischen Nebenbuch und Hauptbuch geschaffen werden. Abstimmkonten sind spezielle Sachkonten im Hauptbuch, die solch eine Verbindung darstellen. Eine Buchung in einem Nebenbuch wird gleichzeitig auf dem entsprechenden Abstimmkonto im Hauptbuch mitgebucht (Echtzeit). Abstimmkonten werden durch die Abstimmkontentechnik von SAP ausschließlich über die Nebenbücher bebucht, können also nicht direkt bebucht werden.

Die Nebenbuchkonten erhalten im Stammsatz (im Buchungskreissegment) den Eintrag der Sachkontonummer des Abstimmkontos, auf das im Hauptbuch gebucht werden soll.

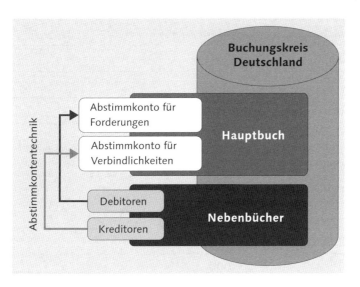

Abstimmkontentechnik

Das Sachkonto, das als Abstimmkonto fungieren soll, muss im Stammsatz als solches definiert werden (**Sachkontenstammsatz** ▸ **Buchungskreissegment** ▸ Registerkarte **Steuerungsdaten**). Im Stammsatz geben Sie an, für welche Kontoart dieses Sachkonto als Abstimmkonto steht, zum Beispiel Abstimmkonto für Debitorenkonten. Eine Differenzierung in den Nebenbüchern, wie zum Beispiel den Debitorenkonten, lässt sich nur durch die unterschiedlichen Abstimmkonten realisieren (zum Beispiel Abstimmkonto jeweils für Inlandskunden, für Kunden innerhalb der EU, für Kunden aus Asien usw.).

Bei den Abstimmkonten ist die Einzelpostenverwaltung nicht aktiviert, da die Einzelposten in den Nebenbuchkonten verwaltet werden.

9.6 Probieren Sie es aus!

Aufgabe 1

Legen Sie über die zentrale Pflege jeweils einen Stammsatz für ein Aufwandskonto und für ein Bestandskonto an. Verwenden Sie dazu einen im System bereits vorhandenen Sachkontenstammsatz als Vorlagekonto. Achten Sie beim Vorlagekonto darauf, dass Sie jeweils ein Aufwandskonto und ein Bestandskonto als Vorlage verwenden. Entfernen Sie von beiden Stammsätzen die alternative Kontonummer.

9 Sachkontenstammsätze

Felder/Registerkarten	Dateneingabe
Neues Aufwandskonto	400111
BUK	1000
Vorlagekonto (Aufwand)	400000
Vorlage-BUK	1000
Alternative Kontonummer	entfernen
Neues Bestandskonto	113011
BUK	1000
Vorlagekonto (Bestandskonto)	113100
Vorlage-BUK	1000
Alternative Kontonummer	entfernen

Ändern Sie die Bezeichnungen der Konten in der Registerkarte **Typ/Bezeichnung**. Wechseln Sie in die Registerkarte **Schlagw/Übersetzung**, und tragen Sie auch dort die Sachkontenbezeichnung im Bereich **Übersetzung** für die Sprache Deutsch ein.

10 Belegerfassung

Für jede Buchung, die Sie vornehmen, gleichgültig ob über Neben- oder Hauptbuchhaltung, wird im SAP-System mindestens ein Beleg gespeichert. Das SAP-System folgt demnach dem Belegprinzip. Auch können durch die Buchung eines Geschäftsvorfalls mehrere Belege erzeugt werden: Wird zum Beispiel ein Wareneingang im SAP-System gebucht, werden gleichzeitig ein Materialbeleg für die Bestandsführung und ein Buchhaltungsbeleg für die Finanzbuchhaltung erzeugt.

Auch können Sie einen Beleg über zwei verschiedene Buchungsmasken – Mehrbildtransaktion und Einbildtransaktion (Enjoy-Transaktion) – buchen (siehe Kapitel 3, »Tägliche Aufgaben in der Debitorenbuchhaltung«, und Kapitel 5, »Tägliche Aufgaben in der Kreditorenbuchhaltung«). Den gebuchten Beleg können Sie jederzeit aufrufen, teilweise ändern oder gar stornieren. In diesem Kapitel gehen wir näher auf diese Aspekte ein und sehen uns den Aufbau eines Belegs an. Wir zeigen, welche Felder inwieweit abgeändert werden können, ohne den Beleg vollständig zu stornieren.

In diesem Kapitel erfahren Sie,
- wie ein Beleg in der Hauptbuchhaltung erfasst wird,
- dass Geschäftsvorfälle durch Belegarten differenziert werden,
- mehr über steuernde Funktionen im Beleg,
- wie Sie Belege suchen, anzeigen, ändern oder stornieren können.

10.1 Belege erfassen

Wenn Sie einen Beleg im SAP-System erfassen, erhalten Sie nach erfolgreicher Buchung eine Belegnummer. Die Belegnummernvergabe wird durch die Belegart gesteuert, die die verschiedenen Geschäftsvorfälle differenziert. In jedem gebuchten Beleg sind demnach Daten enthalten, die ihn eindeutig identifizieren:

- Belegnummer
- Buchungskreis
- Geschäftsjahr

Der Beleg unterteilt sich in Belegkopf und Belegpositionen. Der Belegkopf enthält Informationen, die sich auf den gesamten Beleg beziehen, wie zum Beispiel das Buchungsdatum, das Belegdatum oder die Information im Feld **Referenz**. Der Teil der Belegpositionen kann zwischen 2 und 999 Belegpositionen beinhalten und enthält Informationen, die sich jeweils auf die einzelne Position beziehen, wie zum Beispiel den Buchungsschlüssel oder die Kontonummer. In der folgenden Abbildung sehen Sie die Unterteilung der Bereiche in einem Sachkontenbeleg.

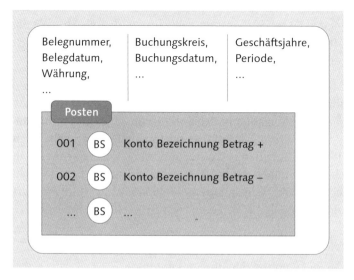

Aufbau eines Belegs im SAP-System

Ein Beleg im SAP-System enthält wichtige Steuerungselemente: die Belegart im Bereich des Belegkopfs und die Buchungsschlüssel im Bereich der Belegpositionen.

Die Belegarten werden auf der Mandantenebene definiert und stehen somit allen Buchungskreisen zur Verfügung. Die Belegart differenziert die unterschiedlichen Geschäftsvorfälle und steuert, welche Kontenarten in einem Beleg bebucht werden können. Angenommen, Sie verwenden die Belegart SK (Kassenbeleg), dann würde das System die Kontonummer eines Kreditors oder einer Anlage nicht akzeptieren, sondern lediglich die Kontoart Sachkonto. Wiederum gibt es eine Belegart, die Buchungen auf alle Kontoarten zulässt (AB = Allgemeine Belege). Auch legt die Belegart die Nummernvergabe der Belegnummer fest. Jeder Belegart wird ein Nummernkreis zugeordnet, der wiederum einen Zahlenbereich festlegt. Die Belegnummernkreise werden pro Buchungskreis definiert.

10.1 Belege erfassen

Die folgende Tabelle zeigt Ihnen die gebräuchlichsten Belegarten, die für die täglichen, allgemein üblichen Geschäftsvorfälle Verwendung finden.

Belegart	Bedeutung
AA	Anlagenbuchung
AB	Allgemeine Belege
DR	Debitorenrechnung
DG	Debitorengutschrift
DZ	Debitorenzahlung
DS	Debitorenstorno
KR	Kreditorenrechnung
KG	Kreditorengutschrift
KZ	Kreditorenzahlung
SA	Sachkontenbuchung

Übersicht über die wichtigsten Belegarten im SAP-System

Der Buchungsschlüssel ist ein zweistelliger numerischer Schlüssel, der pro Belegposition angegeben werden muss. Er legt fest, ob auf der Soll-Seite oder auf der Haben-Seite eines Kontos gebucht wird. Der Buchungsschlüssel definiert auch, welche Kontoart in der Buchungsposition erlaubt ist. Wird in einer Position beispielsweise der Buchungsschlüssel 40 angegeben, legen Sie damit eine Soll-Buchung für ein Sachkonto fest, und das System würde eine andere Kontoart nicht akzeptieren. Der Buchungsschlüssel bestimmt auch die Erfassungszeile und damit den Feldstatus der Position. Wählen Sie beispielsweise einen Buchungsschlüssel für einen Sonderhauptbuchvorgang, steuert dieser Buchungsschlüssel nicht nur die erlaubte Kontoart und ob es sich um eine Soll- oder Haben-Position handelt, sondern dieser Buchungsschlüssel steuert auch, dass ein Wert (Sonderhauptbuchschlüssel) in das Feld **SHBKz** eingegeben werden muss (Mussfeld).

Wie Sie einen Beleg in der Nebenbuchhaltung erfassen, haben Sie bereits in den Kapiteln zu den Buchungsvorgängen in der Debitorenbuchhaltung und Kreditorenbuchhaltung kennengelernt. In der Hauptbuchhaltung stehen Ihnen ebenfalls zwei Anwendungen zur Verfügung, mit denen Sie Sachkontenbuchungen erfassen können: die Einbildtransaktion (Enjoy-Transaktion) und die Mehrbildtransaktion.

10 Belegerfassung

Im Folgenden nehmen wir eine Sachkontenbuchung in der Einbildtransaktion (Enjoy-Transaktion) vor und gehen dabei besonders auf einige Felder ein:

1 Wählen Sie den Menüpfad **Rechnungswesen** ▸ **Finanzwesen** ▸ **Hauptbuch** ▸ **Buchung** ▸ **Sachkontenbeleg erfassen** (Transaktionscode FB50).

2 Das Eingabebild der Enjoy-Transaktion erscheint. In dieser Transaktion befinden sich alle zur Verfügung stehenden Felder in einem Bild. Auf der Registerkarte **Grunddaten** werden das Belegdatum, das Buchungsdatum und die Belegwährung in den entsprechenden Feldern angegeben. Im Feld **Referenz** können Sie zum Beispiel die Belegnummer eines Originalbelegs oder eine Vertragsnummer eingeben, auf die sich der Vorgang bezieht. Im Feld **Belegkopftext** können Sie noch einen informativen Text zum Vorgang eingeben. Im Feld **Währung** wird Ihnen vom SAP-System die Buchungskreiswährung vorgeschlagen. Wenn Sie den Beleg in einer Fremdwährung buchen möchten, können Sie diesen Vorschlagswert entsprechend ändern. Nutzen Sie in diesem Feld die Wertehilfe über die F4 -Taste.

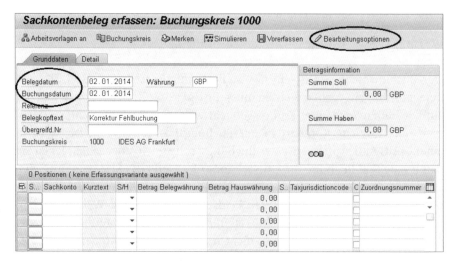

3 Über die Registerkarte **Detail** erhalten Sie weitere Informationen, wie beispielsweise den Umrechnungskurs für die in Fremdwährung gebuchten Beträge.

4 Einige Werte werden Ihnen bereits als Vorschlagswerte angegeben. So wird zum Beispiel das Tagesdatum als Buchungsdatum vorgeschlagen. Über die Bearbeitungsoptionen können Sie bestimmte Werte als Standardwerte definieren und zum Beispiel das Buchungsdatum als Standard-

10.1 Belege erfassen

wert für das Belegdatum einsetzen lassen. Auch die Belegart können Sie sich hierüber anzeigen lassen oder sogar als ein eingabebereites Feld definieren. Klicken Sie dazu in der Anwendungsfunktionsleiste auf die Schaltfläche [🖉 Bearbeitungsoption].

Bearbeitungsoptionen Buchhaltung

Belegerfassung

Allgemeine Erfassungsoptionen
- ☐ Belege nur in Hauswährung
- ☐ Betragsfelder nur für Belegwährung
- ☐ Umrechnungskurs aus erster Belegposition
- ☐ Belege ohne Sonderhauptbuchvorgänge
- ☐ Belege nicht buchungskreisübergreifend
- ☐ Belege nur vollständig vorerfaßbar
- ☐ PartnGeschäftsb. im Kopfbild ausblenden
- ☐ Steuern auf netto rechnen
- ☐ Text in Sachkontenerfassung kopieren
- ☐ Steuerkennzeichen nicht kopieren
- ☐ Schnellerfassung über ESR-Nummer
- ☐ ESR Erfassung mit Kontrollanzeige
- ☐ Keine Kontrollsummen fortschreiben
- ☐ Automatische Negativbuchung

Vorschlag Belegwährung
- ● Hauswährung
- ○ letzte verwendete Belegwährung
- ○ keine

Vorschlag Buchungskreis
- ☐ Bukrs.-vorschlag unterdrücken

Spezielle Optionen für Einbildtransaktionen
- ☐ Vorgang ausblenden
- ☐ Endbetragvorschlag
- ☐ S/H-Kennzeichen als Vorzeichen
- ☐ Periode anzeigen
- ☐ Buchen in Sonderperiode ermöglichen
- ☐ Zahlungsfr.basis immer übernehmen

Belegart-Option [2 Belegart ist eingabebereit ▼]
- ☑ Belegdatum gleich Buchungsdatum
- ☐ Komplexe Suche nach Geschäftspart
- ☐ Letztes Steuerkennz. vorschlagen
- ☐ Steuerkennz.: Nur Kurztext anzeigen

1 Belegart wird angezeigt
2 Belegart ist eingabebereit
3 Anzeige mit Kurzbezeichnung
4 Eingabe mit Kurzbezeichnung
Belegart ausgeblendet

5 Nachdem Sie die Grunddaten eingegeben haben, widmen Sie sich den Belegpositionen. Im unteren Bereich der Enjoy-Maske befindet sich der Positionsdatenteil. Hier geben Sie pro Position die Sachkontonummer ein, die bebucht werden soll, die Information, ob es sich um eine Soll- oder Haben-Buchung handelt, und den Betrag pro Position. Darüber hinaus geben Sie für jede Position noch den Steuerschlüssel an sowie eventuell Zusatzkontierungen für die Controllingkomponente (CO), wie zum Beispiel Geschäftsbereiche, Aufträge oder Kostenstellen.

Erst wenn Sie mindestens zwei Positionen eingegeben haben und sich die Soll-Position und die Haben-Position ausgleichen (Saldo 0), zeigt die Ampel Grün an, und Sie können den Vorgang buchen. Das Ampelsymbol finden Sie oben rechts im Enjoy-Bild im Bereich **Betragsinformation**.

10 Belegerfassung

6 In einigen Buchungsvorgängen müssen mehr Eingaben vorgenommen werden als in anderen. Die benötigten Felder für diese Eingaben werden Ihnen in sogenannten Erfassungsvarianten zur Verfügung gestellt. Stehen nicht alle Felder bereit, die Sie für die Buchung benötigen, können Sie eine passende Erfassungsvariante auswählen. In der Einbildtransaktion können Sie durch einen Klick auf die Schaltfläche [Arbeitsvorlagen an] in der Anwendungsfunktionsleiste den Bereich der Arbeitsvorlagen öffnen und schließen.

7 Nun öffnet sich links im Enjoy-Bild der Bereich **Arbeitsvorlagen**, in dem die Erfassungsvarianten angeboten werden. Mit einem Klick auf das Dreieck vor dem Ordnersymbol **Erfassungsvarianten** erhalten Sie eine Auflistung, aus der Sie mit einem Doppelklick eine Erfassungsvariante auswählen. Der Positionsdatenteil im Enjoy-Bild erweitert sich mit den entsprechenden Feldern der gewählten Erfassungsvariante.

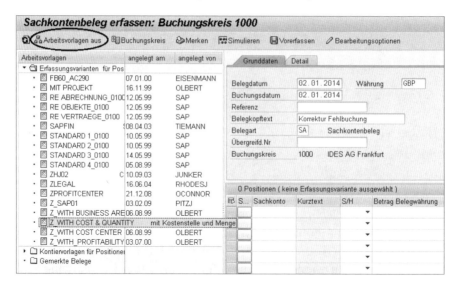

8 Nachdem Sie eine Erfassungsvariante ausgewählt haben, können Sie mit einem Mausklick auf die Schaltfläche [Arbeitsvorlagen aus] den Bereich der Arbeitsvorlagen schließen, um das Enjoy-Bild wieder auf dem ganzen Monitor anzuzeigen. Geben Sie nun die Werte in die einzelnen Belegpositionen ein.

9 Mit einem Doppelklick auf eine Positionszeile gelangen Sie in das Detailbild der Position, in dem Sie weitere Eingabefelder sehen.

10.1 Belege erfassen

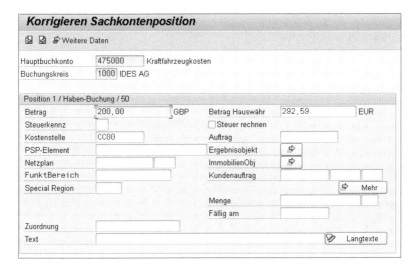

10. Wenn Sie in einem Buchungsvorgang mehrere Positionen erfassen müssen, die sich kaum voneinander unterscheiden, können Sie mit der Funktion **Kopieren** die Eingaben aus einer Position kopieren und in andere Positionszeilen übernehmen. Hierzu markieren Sie eine Belegposition und klicken auf die Schaltfläche [ ] (**Zeilen kopieren**).

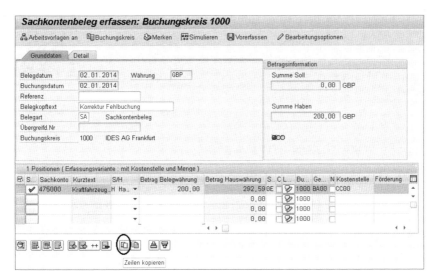

11. Nachdem Sie alle Daten eingegeben haben, können Sie den Beleg buchen oder ihn vorab simulieren, um sich die Belegübersicht anzusehen und nochmals zu überprüfen, ob die Buchung stimmig ist oder Änderungen notwendig sind. Dazu klicken Sie in der Anwendungsfunktionsleiste auf die Schaltfläche [Simulieren]. Nachdem Sie die Belegübersicht geprüft ha-

241

ben, wechseln Sie mit einem Klick auf die Schaltfläche ⬅ (**Zurück**) wieder zum vorangehenden Bild.

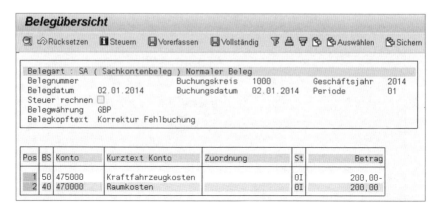

[12] Buchen Sie den Vorgang nun durch einen Klick auf die Schaltfläche 💾 (**Buchen**). Mit dieser Buchung erhalten Sie eine Belegnummer, die Ihnen durch eine Informationsmeldung angezeigt wird. Bestätigen Sie diese Meldung mit einem Klick auf ✔ OK.

> **VIDEO**
>
> **Ein Sachkontenverzeichnis erstellen und einen Beleg als Vorbereitung zum Storno buchen**
>
> Verfolgen Sie in diesem Video, wie Sie über das Infosystem der Hauptbuchhaltung ein Verzeichnis von Sachkonten aufrufen:
>
> *http://s-prs.de/v4158ha*
>
>

> **HINWEIS**
>
> **Automatisch generierte Belege**
>
> Die Eingabe einer kostenrechnungsrelevanten Position im Beleg, wie zum Beispiel einer Kostenstelle, hat zur Folge, dass auch in der SAP-Komponente CO (Controlling) automatisch vom System ein Beleg generiert wurde, ohne dass Sie für dieses Modul einen zusätzlichen Buchungsvorgang ausführen mussten.

Sie haben nun erfolgreich einen Sachkontenbeleg in der Hauptbuchhaltung erfasst und dabei die Vorzüge der Enjoy-Transaktion von SAP kennengelernt. Einen gebuchten Beleg können Sie sich noch einmal anzeigen lassen. Wie Sie Belege im SAP-System suchen und sich anzeigen lassen, erfahren Sie im folgenden Abschnitt.

10.2 Belege suchen und anzeigen

Über die Bereiche Debitoren-, Kreditoren- und Hauptbuchhaltung können Sie sich die gebuchten Belege anzeigen lassen, sie teilweise ändern und auch stornieren. Die Vorgehensweise für diese Transaktionen ist in allen genannten Bereichen gleich: Sie erreichen die gewünschte Transaktion entweder über den Menübaum, oder Sie geben den Transaktionscode in das Befehlsfeld ein, der in allen Bereichen derselbe ist.

In der folgenden Tabelle sind die Transaktionscodes der einzelnen Vorgänge aufgeführt.

Vorfall	Transaktionscode
Beleg anzeigen	FB03
Beleg ändern	FB02
Beleg stornieren	FB08
Belegänderung anzeigen	FB04

Transaktionscodes für die Bearbeitung von Belegen

Lassen Sie sich unter der Benutzung der Suchfunktion einen Beleg anzeigen. In unserem Beispiel verwenden wir den Sachkontenbeleg, den wir in Abschnitt 10.1, »Belege erfassen«, gebucht haben. Um den Beleg zu suchen, gehen Sie folgendermaßen vor:

1 Wählen Sie über den Menübaum den Pfad **Rechnungswesen ▸ Finanzwesen ▸ Debitor** (als Beispiel) **▸ Beleg ▸ anzeigen**, oder geben Sie alternativ den Transaktionscode FB03 in das Befehlsfeld ein.

2 Das Bild **Beleg anzeigen: Einstieg** wird angezeigt, und es wird Ihnen im Feld **Belegnummer** die Belegnummer des zuletzt gebuchten Belegs vorgeschlagen. Auch der Buchungskreisschlüssel und das Geschäftsjahr werden Ihnen in den Feldern **Buchungskreis** und **Geschäftsjahr** in der Regel vom System vorgeschlagen.

3 Angenommen, es ist nicht der zuletzt gebuchte Beleg, den Sie suchen, aber Sie kennen die Belegnummer des gewünschten Belegs nicht. Um die Suchfunktion kennenzulernen, die Ihnen das SAP-System anbietet, suchen Sie nun nach diesem Beleg. Falls die Felder **Buchungskreis** und

10 Belegerfassung

Geschäftsjahr nicht bereits vom System mit Werten vorbelegt worden sind, nehmen Sie diese Eintragungen manuell vor. Klicken Sie nun in der Anwendungsfunktionsleiste auf die Schaltfläche ⊞Belegliste.

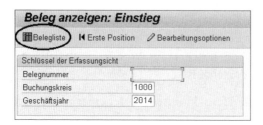

4 Im folgenden Bild **Liste Belege** können Sie die Suche so weit eingrenzen, dass die darin erhaltene Liste nicht unvorteilhaft lang ausfällt. Nehmen Sie zum Beispiel Eingaben in den folgenden Feldern vor:

- **Buchungsdatum**
- **Geschäftsjahr**
- **Ledger** bzw. **Ledger-Gruppe** (im neuen Hauptbuch)
- **Belegart**
- **Nur eigene Belege** (Auswahlfeld)

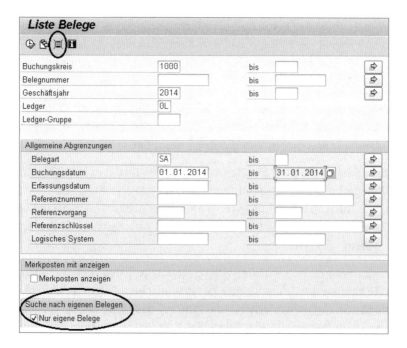

10.2 Belege suchen und anzeigen

[5] Zusätzlich können Sie noch weitere Felder mit Werten befüllen, die die Suche weiter eingrenzen. Dazu wählen Sie die Funktion **Freie Abgrenzung** mit einem Mausklick auf die Schaltfläche ▦ (**Freie Abgrenzung**) aus.

[6] Es öffnet sich nun ein zusätzlicher Bildbereich, der in zwei Bereiche unterteilt ist. Auf der linken Seite sehen Sie Belegfeldbezeichnungen, die Sie in Ihre Suche einbeziehen können. Markieren Sie das gewünschte Feld, und mit einem Klick auf die Schaltfläche ▶ (**Feld übernehmen**) wird das Feld in den rechten Bildbereich **Freie Abgrenzung** übernommen. Nun steht Ihnen auch dieses Feld zur Verfügung, und Sie können dort einen Wert zur Selektion eingeben. Klicken Sie auf die Schaltfläche ⊕ (**Ausführen**).

[7] Sie erhalten nun eine Liste der vom System gefundenen Belege. Die Liste, die Sie erhalten, gliedert sich in mehrere Spalten. Sie haben die Möglichkeit, das Layout der angezeigten Liste zu verändern, und können zum Beispiel weitere Spalten einblenden oder einfach nur die Reihenfolge der Spalten ändern. Klicken Sie hierzu auf die Schaltfläche ▦ (**Layout ändern**).

[8] Es öffnet sich nun der Bildbereich **Layout ändern**, der ebenfalls zwei Teilbereiche beinhaltet: den Bereich **Angezeigte Spalten** und den Bereich **Spaltenvorrat**. Wählen Sie aus dem Teilbereich **Spaltenvorrat** die Spalten aus, die später in der Belegliste aufgeführt werden sollen. Hierzu markieren Sie die entsprechende Zeile mit einem Mausklick, und mit einem Klick auf die Schaltfläche ◀ (**Markierte übernehmen**) übernehmen Sie die Zeile in den Teilbereich **Angezeigte Spalten**.

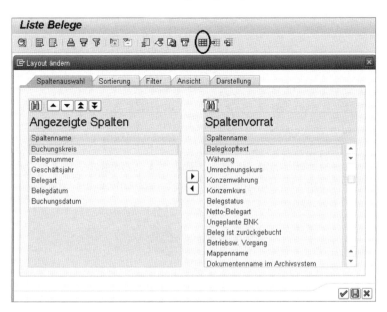

10   Belegerfassung

[9] Klicken Sie auf die Schaltfläche ✓ (Übernehmen), und es wird Ihnen die Liste der vom System gefundenen Belege gemäß Ihrer Layoutänderung angezeigt.

[10] Haben Sie in der Belegliste den Beleg gefunden, den Sie sich ansehen möchten, wählen Sie ihn mit einem Doppelklick auf die entsprechende Zeile aus, oder Sie markieren die Belegzeile mit einem Klick auf den grauen Balken vor der Zeile und klicken anschließend auf das Lupensymbol 🔍 (Anzeigen).

[11] Daraufhin erscheint das Bild **Beleg anzeigen: Erfassungssicht**. Wechseln Sie mit einem Klick auf 🖉 in den Änderungsmodus. Sollte in Ihrem Unternehmen die neue Hauptbuchhaltung aktiviert worden sein, haben Sie an dieser Stelle auch die Möglichkeit, sich den Beleg in der Hauptbuchsicht anzeigen zu lassen (siehe den Abschnitt »Belegaufteilung (neues Hauptbuch)« in Kapitel 5).

[12] Mit einem Mausklick auf die Schaltfläche 📄 (**Belegkopf**) in der Anwendungsfunktionsleiste erhalten Sie die Informationen über die Eingaben im Bereich **Belegkopf**.

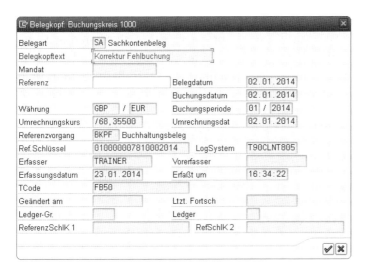

[13] Mit der Eingabe des Befehls »/N« in das Befehlsfeld gelangen Sie wieder zurück in das Einstiegsbild des SAP-Easy-Access-Menüs.

Nachdem Sie einen Beleg gebucht haben, sollten Sie ihn sich noch einmal anzeigen lassen, um ihn zu überprüfen. Mithilfe der Suchfunktion haben Sie nun den Beleg gefunden und ihn sich anzeigen lassen. Über die Funktion **Freie Abgrenzung** haben Sie weitere Felder für die Selektion füllen können. Später bei der Ausgabe der Liste haben Sie über die Funktion **Layout-Änderung** noch die eine oder andere Änderung der Listenausgabe durchgeführt und an Ihre persönlichen Anforderungen angepasst.

Im nächsten Abschnitt zeigen wir Ihnen anhand eines Beispiels, wie Sie Änderungen am gebuchten Beleg vornehmen und über die Funktion **Änderungsanzeige** die Möglichkeit haben, durchgeführte Änderungen anzuzeigen.

10.3 Belege ändern und die Änderungen anzeigen

In einigen Fällen ist es notwendig, einzelne Felder in bereits gebuchten Belegen zu verändern bzw. zu korrigieren, ohne dass gleich der gesamte Beleg storniert werden muss. Gebuchte Belege können unter bestimmten Einschränkungen geändert werden. In der Systemkonfiguration wird definiert, welche Felder im Belegkopf und welche Felder in den Belegpositionen geändert werden dürfen (Änderungsregeln). Als Faustregel gilt, dass die Werte in einem gebuchten Beleg, die die Bilanzsumme (sowohl auf der Aktiv- als auch auf der Passivseite) verändern, nicht geändert werden sollen. Hier müsste der Beleg dann tatsächlich storniert und nochmals ganz neu mit den entsprechenden Änderungen gebucht werden. In der folgenden Abbildung (Sicht »Belegänderungsregeln« ändern: Detail) sehen Sie als Beispiel die Systemeinstellung für die Änderung des Felds **Belegkopftext** im Bereich **Belegkopf**.

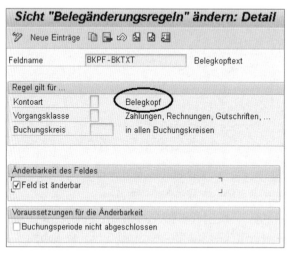

Systemeinstellung für die Belegänderungsregeln (Belegkopf)

Die nächste Abbildung zeigt die Systemeinstellung für die Änderbarkeit des Felds **Zuordnung** im Bereich **Belegposition**.

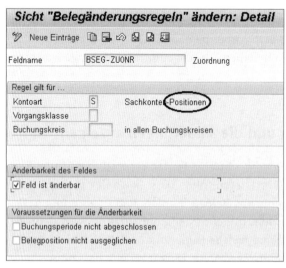

Systemeinstellung für die Belegänderungsregeln (Belegposition)

10.3 Belege ändern und die Änderungen anzeigen

Belegänderungsregeln können nach Kontoart und Buchungskreis definiert werden. Auch Bedingungen für die Feldänderung können gestellt werden. So kann zum Beispiel die Bedingung definiert werden, dass die Buchungsperiode noch offen sein soll, die Position noch nicht ausgeglichen sein darf.

Beleg ändern

Als Nächstes zeigen wir Ihnen, wie Sie eine Änderung in einem gebuchten Beleg vornehmen. Dazu rufen Sie den Beleg über den Modus **Ändern** auf. Wie bereits eingangs in diesem Kapitel geschildert, können Sie sowohl aus der Debitoren- und der Kreditoren- als auch aus der Hauptbuchhaltung heraus einen Beleg aufrufen und ändern. Der Transaktionscode ist immer derselbe. So geht's:

1. Geben Sie in das Befehlsfeld den Transaktionscode FB02 ein. Alternativ wählen Sie über das SAP-Easy-Access-Menü den Pfad **Rechnungswesen ▸ Finanzwesen ▸ Hauptbuch ▸ Beleg ▸ Ändern**.

2. Es erscheint nun das Bild **Beleg ändern: Einstieg**. Der zuletzt gebuchte Beleg wird im Feld **Belegnummer** vorgeschlagen. Handelt es sich dabei bereits um den Beleg, den Sie ändern möchten, können Sie den vorgegebenen Wert übernehmen. Falls nicht, geben Sie die entsprechende Belegnummer manuell in das Feld ein. Befüllen Sie noch die Felder **Buchungskreis** und **Geschäftsjahr**, und bestätigen Sie Ihre Eingaben mit einem Klick auf die Schaltfläche ✅ (**Weiter**).

3. Sie gelangen in die Belegübersicht **Beleg ändern: Erfassungssicht**. Wenn Sie sich nun die einzelnen Positionen ansehen möchten, um dort Änderungen vorzunehmen, markieren Sie die entsprechende Position und klicken auf das Lupensymbol 🔍 (**Anzeigen**), oder Sie klicken doppelt auf die betreffende Zeile. Daraufhin öffnet sich die gewählte Position (**Beleg ändern: Position 001**). Die weiß hinterlegten Felder sind änderbar; alle an-

deren Felder, die grau hinterlegt sind, dürfen entsprechend den Änderungsregeln nicht geändert werden.

4 Möchten Sie Änderungen im Belegkopf vornehmen, klicken Sie in der Positionsübersicht auf die Schaltfläche (Belegkopf).

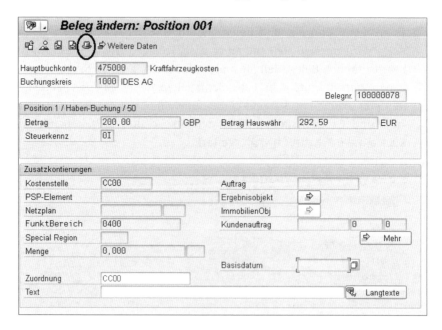

5 Sie erhalten nun die Daten des Belegkopfs und können auch hier Änderungen in den weiß unterlegten Feldern vornehmen. Bestätigen Sie Ihre Änderungen mit der ⏎-Taste, und sichern Sie sie mit einem weiteren Klick auf das Diskettensymbol (Sichern) im Beleg ab.

10.3 Belege ändern und die Änderungen anzeigen

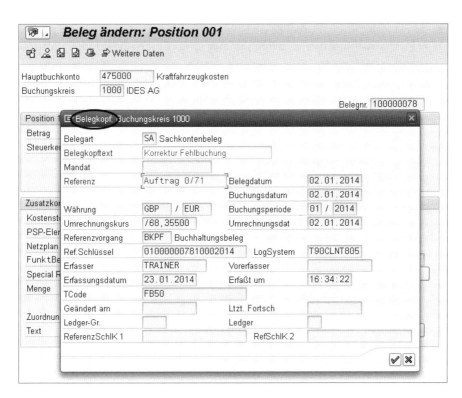

Sie haben nun erfolgreich einen gebuchten Beleg geändert und mussten somit keine Belegstornierung vornehmen. Es ist möglich, sich die durchgeführten Änderungen über die Änderungsanzeige noch einmal anzeigen zu lassen. Wie das funktioniert, erfahren Sie im nächsten Abschnitt.

Belegänderungen anzeigen

Das SAP-System dokumentiert alle Änderungen, die an bereits gebuchten Belegen vorgenommen worden sind. Der Änderungsanzeige können Sie alle relevanten Informationen über die Änderung entnehmen, wie zum Beispiel welcher Benutzer den Beleg geändert hat oder welche Felder und welche Werte darin geändert worden sind. Um sich die Änderungen eines Belegs anzeigen zu lassen, können Sie wieder über die verschiedenen Bereiche des Finanzwesens navigieren oder den Transaktionscode FB04 in das Befehlsfeld eingeben. Gehen Sie nun folgendermaßen vor:

1 Wenn Sie über den Bereich der Hauptbuchhaltung navigieren möchten, wählen Sie den Pfad **Rechnungswesen** ▸ **Finanzwesen** ▸ **Hauptbuch** ▸ **Beleg** ▸ **Änderung anzeigen** (Transaktionscode FB04).

10 Belegerfassung

2 Das Einstiegsbild zur Belegänderungsanzeige erscheint. Geben Sie in den Feldern **Buchungskreis**, **Belegnummer** und **Geschäftsjahr** die entsprechenden Werte ein, bzw. übernehmen Sie die vom SAP-System vorgeschlagenen Werte. Im Bereich **Zeitraum der Änderung** stehen Ihnen weitere Felder für die Selektion zur Verfügung, falls Ihnen die Belegnummer nicht bekannt sein sollte. Bestätigen Sie Ihre Eingaben mit einem Mausklick auf die Schaltfläche ✓ (**Weiter**).

3 Das Bild **Beleg-Änderungen: Geänderte Felder** wird geöffnet und zeigt Ihnen eine Liste der Felder, in denen Änderungen vorgenommen worden sind.

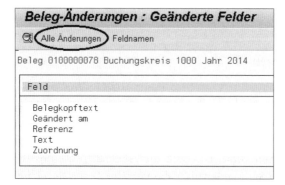

4 Klicken Sie nun doppelt auf eine Zeile (zum Beispiel am Feld **Zuordnung**), und Sie erhalten detaillierte Informationen über die in diesem Feld vorgenommene Änderung.

10.3 Belege ändern und die Änderungen anzeigen

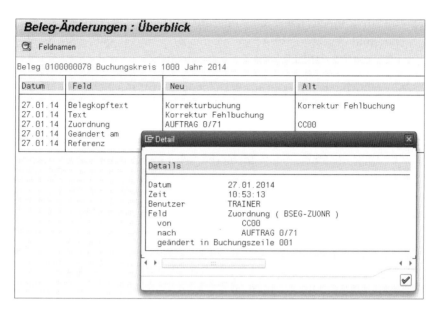

5. Einen Überblick über alle geänderten Felder erhalten Sie durch einen Klick auf die Schaltfläche **Alle Änderungen**. Daraufhin wird Ihnen das Bild **Beleg-Änderungen: Überblick** mit den Spalten **Datum**, **Feld**, **Neu** und **Alt** angezeigt. In diesen Spalten erhalten Sie genaue Informationen über die Änderungen in den jeweiligen Feldern.

6. Mit einem Klick auf die Schaltfläche **Feldnamen** können Sie sich die Bezeichnung der Feldnamen anzeigen lassen (siehe folgende Abbildung).

7 Um am schnellsten aus der Änderungsanzeige wieder zurück in das Einstiegsbild des SAP-Easy-Access-Menüs zu gelangen, geben Sie den Befehl »/N« in das Befehlsfeld ein.

Es gibt gebuchte Belege, die aus verschiedenen Gründen abgeändert werden müssen. Müssen Sie beispielsweise eine Korrektur des Buchungsbetrags vornehmen, können Sie über die Funktion der Belegänderung nichts bewirken. In diesem Fall muss der Beleg storniert und noch einmal neu eingebucht werden. Wie Sie einen Beleg stornieren, wird im nächsten Abschnitt erklärt.

10.4 Belege stornieren

Wie es in Abschnitt 10.3, »Belege ändern und die Änderungen anzeigen«, beschrieben wurde, können in einem bereits gebuchten Beleg nicht alle Felder geändert werden. Wenn Sie daher Änderungen in einem Beleg vornehmen möchten, die in diesem Umfang über die Belegänderung nicht realisierbar sind, müssen Sie den entsprechenden Beleg stornieren und gegebenenfalls noch einmal eingeben. Sie erreichen die Anwendung zum Stornieren eines Belegs wieder über die verschiedenen Bereiche der Finanzbuchhaltung, oder Sie geben den dazugehörigen Transaktionscode in das Befehlsfeld ein.

Nehmen Sie nun an, Sie möchten den Sachkontenbeleg, den wir in diesem Kapitel gebucht haben, endgültig stornieren. Wie das geht, lesen Sie auf den folgenden Seiten.

1 Wählen Sie den Menüpfad **Rechnungswesen** ▸ **Finanzwesen** ▸ **Hauptbuch** ▸ **Beleg** ▸ **Stornieren** ▸ **Einzelstorno** (Transaktionscode FB08).

2 Es erscheint das Bild **Beleg stornieren: Kopfdaten**. Im Bereich **Angaben zum Beleg** schlägt Ihnen das SAP-System Werte in den Feldern **Belegnummer**, **Buchungskreis** und **Geschäftsjahr** vor. Übernehmen Sie diese Werte, oder tragen Sie die entsprechenden Werte manuell ein.

3 Im Bereich **Angaben zur Stornobuchung** geben Sie den Stornogrund und das Buchungsdatum in den gleichnamigen Feldern ein.

10.4 Belege stornieren

4. Im Feld **Stornogrund** haben Sie die Möglichkeit, über die [F4]-Taste die Wertehilfe aufzurufen; Sie erhalten eine Auflistung der möglichen Eingaben für dieses Feld.

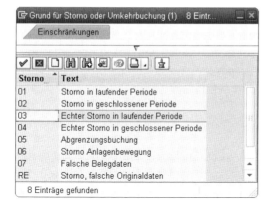

5. Sie haben die Möglichkeit, sich vor der Stornierung den Beleg anzeigen zu lassen, um noch einmal zu überprüfen, ob die Buchung auch nach Ihren Vorstellungen durchgeführt wird. Klicken Sie hierzu auf die Schaltfläche [Anzeige vor Storno], und es wird Ihnen die Buchungsübersicht angezeigt. Sind Sie sicher, dass es sich um den richtigen zu stornierenden Beleg handelt, gehen Sie mit einem Klick auf [ ] (**Zurück**) wieder in das Bild **Beleg stornieren: Kopfdaten** zurück und klicken dort auf das Diskettensymbol [ ] (**Buchen**), um die Stornierung zu buchen.

6. Sie erhalten nun die Informationsmeldung, dass der Vorgang gebucht wurde, und die Belegnummer des Stornobelegs wird angezeigt. Bestätigen Sie die Meldung mit der [↵]-Taste.

10 Belegerfassung

> **VIDEO**
>
> **Einen Sachkontenbeleg stornieren**
> Dieses Video zeigt Ihnen Klick für Klick, wie Sie einen Beleg stornieren. Wir nutzen die Suchfunktion, um nach dem gewünschten Beleg zu suchen:
> http://s-prs.de/v4158jz

Nun haben Sie alle Vorgänge von der Erfassung eines Belegs über die Änderung bis hin zur Stornierung einmal durchgearbeitet. Die Informationen über die Voraussetzungen zur Belegänderung und Belegstornierung werden Ihnen sicher dabei helfen, die jeweiligen Vorgänge leichter zu bearbeiten.

10.5 Probieren Sie es aus!

Aufgabe 1

Buchen Sie über die Hauptbuchhaltung einen Sachkontenbeleg in der Enjoy-Transaktion. Buchen Sie Kapitalrücklagen (zum Beispiel 71000 im Haben) gegen Stammkapital (zum Beispiel 70000 im Soll) in Höhe von 500,00 EUR. Geben Sie sowohl einen Belegkopftext als auch einen Text pro Belegposition ein (Text: eigene Wahl), und tragen Sie eine Referenz im entsprechenden Feld ein. Buchen Sie anschließend den Beleg.

Aufgabe 2

Nehmen Sie Änderungen im Beleg vor. Suchen Sie Ihren Beleg über die Belegliste, und lassen Sie sich den Beleg im Änderungsmodus anzeigen. Schauen Sie sich an, welche Felder im Belegkopf und in den Belegpositionen geändert werden können. Ändern Sie mindestens das Feld **Referenz**, und nehmen Sie einen Eintrag im Feld **Zuordnung** vor. Sichern Sie schließlich die Änderungen.

Aufgabe 3

Lassen Sie sich die Änderungen anzeigen.

Aufgabe 4

Zum Abschluss stornieren Sie diesen Beleg wieder.

11 Sonderhauptbuchvorgänge

In den bisherigen Kapiteln haben Sie die verschiedenen Nebenbuchhaltungen und die Hauptbuchhaltung kennengelernt, und Sie haben erfahren, wie Sie verschiedene Geschäftsvorfälle im SAP-System bearbeiten und buchen. Es gibt jedoch auch spezielle Geschäftsvorfälle, die besondere Buchungsanforderungen stellen, um sie gesondert ausweisen zu können. Diese Vorgänge nennt man Sonderhauptbuchvorgänge. Sonderhauptbuchvorgänge treten sowohl in der Debitoren- als auch in der Kreditorenbuchhaltung auf und werden sowohl in den Nebenbüchern als auch im Hauptbuch getrennt ausgewiesen, um nicht gemeinsam mit den Forderungen und Verbindlichkeiten bilanziert zu werden. Geschäftsvorfälle, für die Sonderhauptbuchvorgänge eingesetzt werden, sind zum Beispiel Anzahlungen, Anzahlungsanforderungen, Wechsel oder auch Einzelwertberichtigungen, zum Beispiel von zweifelhaften Forderungen.

In diesem Kapitel erfahren Sie,
- wie Sie Anzahlungsanforderungen im SAP-System buchen,
- wie Sie geleistete und erhaltene Anzahlungen bearbeiten,
- wie Sie Wechsel im SAP-System behandeln,
- wie Sie Bürgschaften buchen.

11.1 Einführung

»Gewöhnliche« Geschäftsvorfälle in der Debitoren- oder Kreditorenbuchhaltung werden automatisch auf entsprechende Abstimmkonten im Hauptbuch gebucht. Auf diese Weise ist gewährleistet, dass im Hauptbuch die Werte der Nebenbücher in der Summe verfügbar sind und Sie somit jederzeit eine Bilanz erstellen können. Durch die Salden der Abstimmkonten können die Verbindlichkeiten und Forderungen direkt ausgewiesen werden.

Möchten Sie in den Nebenbüchern einen gesonderten Vorgang buchen, verwenden Sie dazu einen speziellen Buchungsschlüssel für Sonderhauptbuchvorgänge, der spezielle Hauptbuchkonten anspricht (abweichendes Abstimmkonto) und nicht das reguläre Abstimmkonto. Das SAP-System bucht den Vorgang auf einem abweichenden Abstimmkonto (Sonderhauptbuchkonto), damit ein gesonderter Ausweis der Buchung erfolgen kann.

In der Debitorenbuchhaltung lauten die Standard-Buchungsschlüssel für die Sonderhauptbuchvorgänge 09 für Soll-Buchung und 19 für Haben-Buchung.

Die Standard-Buchungsschlüssel für die Sonderhauptbuchvorgänge in der Kreditorenbuchhaltung lauten 29 für Soll-Buchung und 39 für Haben-Buchung.

Zur Veranschaulichung sehen Sie in der folgenden Abbildung die Nebenbücher Debitor und Kreditor. Vertreten werden diese Nebenbücher im Hauptbuch durch die jeweiligen Abstimmkonten für Forderungen bzw. Verbindlichkeiten. Buchen Sie beispielsweise eine Anzahlung, werden im Buchungsvorgang der entsprechende Buchungsschlüssel und ein Sonderhauptbuchkennzeichen verwendet, die zudem Auskunft über den Vorgang der Sonderbuchung geben. Durch diesen Buchungsvorgang wird in der Hauptbuchhaltung nicht das reguläre Abstimmkonto angesprochen, sondern ein Sonderhauptbuchkonto für erhaltene bzw. geleistete Anzahlungen.

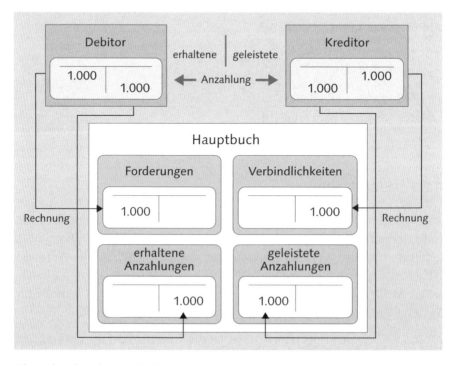

Abweichendes Abstimmkonto

Bei der Buchung eines Sonderhauptbuchvorgangs verwenden Sie zusätzlich zum speziellen Buchungsschlüssel ein Sonderhauptbuchkennzeichen. Durch die Eingabe dieser beiden Werte ermittelt das System das abweichende Abstimmkonto. In der nächsten Abbildung sehen Sie die Wertehilfe, die Ihnen eine Reihe von Sonderhauptbuchkennzeichen anbietet.

Sonderhauptbuchkennzeichen

Welches abweichende Abstimmkonto bebucht werden soll, ist abhängig vom Sonderhauptbuchkennzeichen und dem im Stammsatz der Nebenbücher (Debitor/Kreditor) hinterlegten Abstimmkonto. Im Customizing werden die Sonderhauptbuchkonten definiert. In der folgenden Abbildung sehen Sie ein Beispiel für eine solche Customizing-Einstellung. In diesem Beispiel wird für die Kontoart D (Debitor) in Verbindung mit dem Sonderhauptbuchkennzeichen A (Anzahlung) eine Kontenzuordnung definiert. In der linken Spalte **Abstimmkonto** sehen Sie die möglichen Abstimmkonten für Forderungen, die im Stammsatz der Debitorenkonten hinterlegt werden. Wird ein Sonderhauptbuchvorgang gebucht, bei dem ein Debitorenkonto eines dieser Abstimmkonten aufweist, wird das abweichende Abstimmkonto aus der Spalte **Sonderhauptbuchkonto** (in diesem Beispiel Konto 170000) bebucht.

11 Sonderhauptbuchvorgänge

```
Konfiguration Buchhaltung pflegen : Sonderhauptbuch - Konten
  Eigenschaften

Kontenplan           INT    Internationaler Kontenplan
Kontoart             D      Debitor
Sonderhauptb.Kennz.  A      Anzahlung
Kontenzuordnung
Abstimmkonto  Sonderhauptbuchkonto  Finanzdispo-Ebene  AugSt-Verrechnung
  140000         170000                                      A
  140010         170000                                      A
  141000         170000                                      A
  141010         170000                                      A
```

Kontenfindung – abweichendes Abstimmkonto

Die Sonderhauptbuchvorgänge können grundlegend in drei Klassen eingeteilt werden, die bei der Buchung auch unterschiedlich behandelt werden:

- **Anzahlungen**
  - Anzahlungsanforderung
  - Anzahlung
- **Wechsel**
  - Wechselanforderung
  - Wechsel
  - Scheck/Wechsel
- **Sonstige**
  - Einzelwertberichtigungen
  - Bürgschaft
  - Zinsen

Die Werte dieser Buchungen werden auf unterschiedliche Arten im System gesichert. In der Systemeinstellung der einzelnen Sonderhauptbuchkennzeichen wird definiert, ob es sich um eine Buchung mit automatischer Gegenbuchung handelt, um einen Merkposten oder um eine freie Sachkontenbuchung. Im Folgenden erläutern wir Ihnen die unterschiedlichen Buchungsvorgänge.

Die automatische Gegenbuchung (statistische Buchung) bucht den Vorgang immer auf dasselbe Gegenkonto, wie zum Beispiel die Buchung einer Bürgschaft. Das Gegenkonto wird in der Systemkonfiguration hinterlegt, und das System kann die Gegenbuchung automatisch vornehmen. Diese Buchungen (statistische Buchungen) werden in der Bilanz nicht aufgeführt.

Buchungen, die nicht im Hauptbuch angezeigt werden, sondern lediglich dazu dienen, an Zahlungen zu erinnern, sind Merkposten (einzeilige Kontierungen), wie zum Beispiel Anzahlungsanforderungen. Es werden keine Verkehrszahlen fortgeschrieben. Der Posten ist in der Einzelpostenliste zu sehen, beeinflusst aber nicht den Saldo des Kontos. Das Zahlprogramm und das Mahnprogramm können auf Merkposten zugreifen.

Die freie Gegenbuchung erzeugt eine richtige Buchung im Hauptbuch und ist Teil der Bilanz. Ein Beispiel für eine solche Buchung ist, wenn Sie einem Kunden eine Anzahlungsanforderung geschickt haben und daraufhin vom Debitor eine Zahlung in Höhe der Anforderung eingeht. Die geleistete Anzahlung des Kunden stellt, sofern noch keine Leistung von Ihnen erbracht wurde, eine Verbindlichkeit dar und darf deshalb das Abstimmkonto für Forderungen nicht beeinflussen. In diesem Fall weist das Sonderhauptbuchkonto (abweichendes Abstimmkonto) Anzahlungen im Bereich der Verbindlichkeiten aus. Wird die Leistung oder Lieferung erbracht, erhält der Kunde von Ihnen eine Rechnung, und die Anzahlung wird als Zahlung auf dem Debitorenkonto umgebucht.

11.2 Anzahlungsanforderung

Eine Anzahlungsanforderung ist eine einzeilige Kontierung (statistischer Merkposten), die daran erinnert, dass eine Anzahlung zu leisten ist. Bei der Buchung einer Anzahlungsanforderung findet keine Fortschreibung der Verkehrszahlen statt. Da in der Buchung alle Informationen enthalten sind, die das Zahl- oder Mahnprogramm benötigt, kann eine Anzahlungsanforderung maschinell bezahlt und angemahnt werden.

Wir unterscheiden die debitorische und die kreditorische Anzahlungsanforderung. Liegt vom Kunden eine Einzugsermächtigung vor, kann bei einer debitorischen Anzahlungsanforderung das Zahlprogramm verwendet werden, um die Anzahlung zu verarbeiten.

Eine kreditorische Anzahlungsanforderung wird gebucht, um eine Anzahlung automatisch mit dem Zahlprogramm regulieren zu können. Schauen wir uns die Buchung einer Anzahlungsanforderung im folgenden Beispiel an:

11 Sonderhauptbuchvorgänge

1 Um eine Anzahlungsanforderung zu buchen, wählen Sie den Pfad **Rechnungswesen • Finanzwesen • Debitoren** bzw. **Kreditoren • Buchung • Anzahlung • Anforderung** (Transaktionscode F-37 für Debitoren oder F-47 für Kreditoren).

2 Es öffnet sich das Einstiegsbild **Anzahlungsanforderung Debitor/Kreditor: Kopfdaten** für die Buchung einer Anzahlungsanforderung. Im Verlauf unserer Beispielabbildungen sehen Sie die Buchung einer Anzahlungsanforderung gegenüber einem Debitor. Sie geben in den Feldern **Belegdatum** und **Buchungsdatum** das jeweilige Datum ein, und das SAP-System füllt automatisch die Felder **Belegart**, **Periode**, **Buchungskreis** und **Währung/Kurs** mit Vorschlagswerten.

3 Im Bereich **Debitor** geben Sie im Feld **Konto** die Debitorennummer und im Feld **Ziel-Sonderhb.Kz.** den Vorgang für die Buchung ein. Verwenden Sie über die F4 -Taste die Wertehilfe für dieses Feld. Bestätigen Sie nun die Eingaben mit der ⏎ -Taste, und es wird Ihnen die Eingabemaske für die Debitorenposition angezeigt.

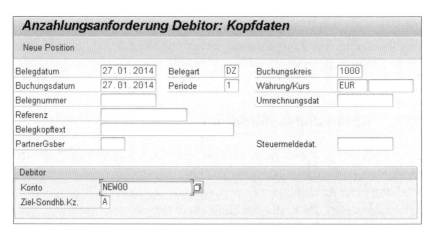

4 Im Bild **Anzahlungsanforderung Debitor Hinzufügen Debitorenposition** geben Sie den Betrag für die Anzahlungsanforderung und den Steuerbetrag in die gleichnamigen Felder ein. Im Feld **Steuerkennz** geben Sie das Steuerkennzeichen für den Vorgang ein, mit dem das System die Eingaben prüfen kann. Möchten Sie den Steuerbetrag vom System errechnen lassen, setzen Sie das Kennzeichen im Feld **Steuer rechnen** und lassen das Feld **Steuerbetrag** leer. Im Feld **Fällig am** geben Sie das Datum an, zu dem die Anzahlungsanforderung fällig wird.

11.2 Anzahlungsanforderung

5 Füllen Sie gegebenenfalls weitere Felder aus, um dem Vorgang mehr Informationsinhalt zu verleihen. Oben rechts im Bild sehen Sie im Feld **Hauptb** die Sachkontonummer des abweichenden Abstimmkontos (Sonderhauptbuchkonto), auf dem dieser Vorgang im Hauptbuch gebucht wird.

```
Anzahlungsanforderung Debitor Hinzufügen Debitorenposition

  Weitere Daten    Neue Position

Debitor      NEW00        New Customer 00           Hauptb   196000
BuKr.        1000         Neulandstraße 69
IDES AG                   Köln
Position 1 / Anzahlungsanforderg. / 09 F
Betrag       2.000,00     EUR
Steuerbetrag
Steuerkennz  A0  ✓ Steuer rechnen
GeschBereich              Mahnbereich
Fällig am    01.04.2014   Regulierer
Zahlsperre                Zahlweg
Auftrag
                          Profitcenter
                          PSP-Element
Zuordnung                 Verkaufsb.
Text         Anzahlungsanforderung Auftrag 07/R        Langtexte
```

6 Über den Menüpunkt **Bearbeiten ▸ Neue Position** können Sie weitere Belegpositionen zu diesem Geschäftspartner eingeben.

7 Wählen Sie den Menüpunkt **Bearbeiten ▸ Position kopieren**, um die bereits eingegebene Position zu kopieren, eine weitere Position zu erfassen und sich die Eingaben teilweise zu ersparen.

8 Haben Sie alle notwendigen Eingaben durchgeführt, können Sie den Vorgang durch einen Klick auf 💾 (**Buchen**) buchen. Im Anschluss daran erhalten Sie eine Meldung über die erfolgreiche Buchung und die Information über die Belegnummer. Bestätigen Sie diese Meldung mit einem weiteren Klick auf ✓ OK.

Mit der erfolgreichen Buchung der Anzahlungsanforderung haben Sie eine einzeilige Kontierung geschaffen (Merkposten), mit der der Geschäftspartner an eine Zahlung erinnert wird. In der Buchung haben Sie ein Fälligkeitsdatum eingegeben, sodass der Kunde bei Nichteinlösen der Anzahlungsanforderung über das Mahnprogramm daran erinnert werden kann.

11.3 Geleistete Anzahlungen

Sie buchen eine Anzahlungsanforderung in Ihr SAP-System gegenüber Ihrem Lieferanten. Auf diese Anzahlungsanforderung hin wird eine Anzahlung an den Lieferanten geleistet und gebucht. Zu diesem Zeitpunkt stellt die Anzahlung, die Sie geleistet haben, eine Forderung gegenüber dem Lieferanten dar. Diese darf aber nicht mit den Verbindlichkeiten verrechnet werden und wird auf einem abweichenden Abstimmkonto (Geleistete Anzahlungen) gebucht. Die vom Lieferanten erhaltene Rechnung buchen Sie nun in das System ein. Zu diesem Zeitpunkt muss eine Verrechnung der Anzahlung durchgeführt werden. Der Betrag der geleisteten Anzahlung ist nun keine Anzahlung mehr und wird als regulärer Zahlungsausgang im normalen Abstimmkonto geführt. Dies möchten wir anhand eines Beispiels erläutern:

1. Sie leisten eine Anzahlung auf eine noch nicht erbrachte Lieferung im Wert von 4.500,00 EUR.

    Buchungssatz: Geleistete Anzahlung an Bank

2. Sie erhalten die Ware des Lieferanten im Wert von 6.500,00 EUR und buchen die entsprechende Lieferantenrechnung im SAP-System ein.

    Buchungssatz: Wareneingang an Verbindlichkeiten

3. Die Anzahlung in Höhe von 4.500,00 EUR wird umgebucht/verrechnet.

    Buchungssatz: Verbindlichkeiten an Geleistete Anzahlung

4. Sie überweisen den Differenzbetrag zwischen Anzahlungswert und Lieferwert in Höhe von 2.000,00 EUR.

    Buchungssatz: Verbindlichkeiten an Bank

Es ist nun Ihre Aufgabe, eine Anzahlung, die an den Lieferanten überwiesen wurde, im System zu buchen. Gehen Sie hierzu folgendermaßen vor:

1. Wählen Sie den Pfad **Rechnungswesen** ▸ **Finanzwesen** ▸ **Kreditoren** ▸ **Buchung** ▸ **Anzahlung** ▸ **Anzahlung** (Transaktionscode F-48).

2. Im Einstiegsbild **Kreditorenanzahlung buchen: Kopfdaten** geben Sie die Kopfdaten ein. Füllen Sie mindestens die Felder **Belegdatum, Buchungsdatum, Belegart, Buchungskreis** und **Währung/Kurs** mit Werten.

3. Im Bereich **Kreditor** geben Sie im Feld **Konto** die Nummer des Geschäftspartners und im Feld **Sonderhauptb.Kz** den Schlüssel für den Vorgang ein. Nutzen Sie für dieses Feld die Wertehilfe, die Sie über die [F4]-Taste erreichen. Im Feld **Konto** im Bereich **Bank** geben Sie die Sachkontonum-

11.3 Geleistete Anzahlungen

mer Ihres Bankkontos, den Betrag der Anzahlung im gleichnamigen Feld und das Valutadatum an. Bestätigen Sie Ihre Eingaben mit der ⏎-Taste.

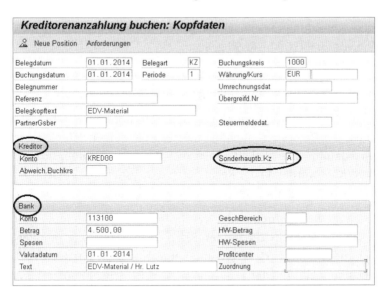

4 Sie gelangen nun in das Bild **Kreditorenanzahlung buchen Hinzufügen Kreditorenposition**. Geben Sie hier den Betrag der Anzahlung noch einmal ein sowie die Fälligkeit und das Steuerkennzeichen zur Berechnung des Steuerbetrags, und setzen sie das Kennzeichen **Steuer rechnen**. Nachdem Sie alle notwendigen Eingaben vorgenommen haben, speichern Sie den Vorgang, indem Sie auf die Schaltfläche 💾 (**Buchen**) klicken.

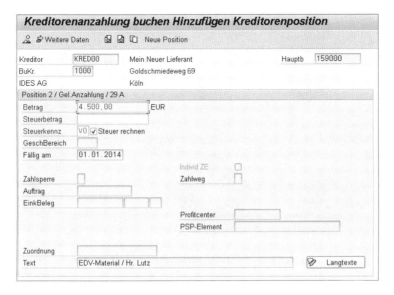

11 Sonderhauptbuchvorgänge

Der Kreditor liefert Ihnen die Ware und sendet Ihnen eine Rechnung zu. Nachdem Sie diese Rechnung im SAP-System gebucht haben, wird die Anzahlung nicht mehr als solche behandelt und verrechnet. Verrechnen Sie nun die geleistete Anzahlung in Höhe von 4.500,00 EUR mit den Verbindlichkeiten in Höhe von 6.500,00 EUR. So geht's:

1 Folgen Sie dem Menüpfad **Rechnungswesen ▸ Finanzwesen ▸ Kreditoren ▸ Buchung ▸ Anzahlung ▸ Verrechnung** (Transaktionscode F-54).

2 Im Eingabebild **Kreditorenanzahlung auflösen: Kopfdaten** geben Sie die Kopfdaten des Belegs ein. Befüllen Sie dazu die Felder **Belegdatum** und **Buchungsdatum**. Die Felder **Belegart**, **Periode**, **Buchungskreis** und **Währung/Kurs** werden in der Regel durch das System mit Vorschlagswerten vorbelegt. Überprüfen Sie diese Werte, und ändern Sie sie bei Bedarf.

3 Geben Sie die Kontonummer des Kreditors im Feld **Konto** und eventuell noch weitere Daten ein, die für den Beleg wichtig sind, wie zum Beispiel die Rechnungsnummer des Lieferanten und einen informativen Text. Im Feld **Rechnung** gibt Ihnen das System bereits die Belegnummer der dazugehörigen Rechnung (Kreditorenrechnung, die in das SAP-System eingegeben wurde) und im Feld **Geschäftsjahr** das entsprechende Geschäftsjahr an. Bestätigen Sie Ihre Eingaben mit einem Klick auf 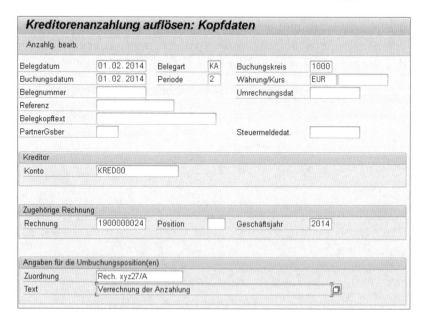 (Weiter).

4 Im nächsten Bild erhalten Sie eine Auswahl an Anzahlungen. Die Zeile unterteilt sich in mehrere Spalten, die Ihnen unter anderem Auskunft

11.3 Geleistete Anzahlungen

über die Belegnummer der gebuchten Anzahlung und über den Anzahlungsbetrag geben. Die Felder sind grau hinterlegt; daher können Sie die Werte darin nicht ändern.

Das Feld **Umbuchung** ist weiß hinterlegt. Möchten Sie den gesamten Betrag umbuchen, markieren Sie die Anzahlung, die mit der Verbindlichkeit verrechnet werden soll, und buchen den Vorgang mit einem Mausklick auf 🔘 (**Buchen**), ohne den Betrag zu verändern.

5 Auch haben Sie die Möglichkeit, Teilbeträge zu verrechnen. Dazu tragen Sie den entsprechenden Teilbetrag, der verrechnet werden soll, in das Feld **Umbuchung** ein. Sie erhalten die Meldung über die erfolgreiche Buchung des Vorgangs mit der Angabe der Belegnummer. Bestätigen Sie die Meldung mit einem Klick auf die Schaltfläche ✓ OK.

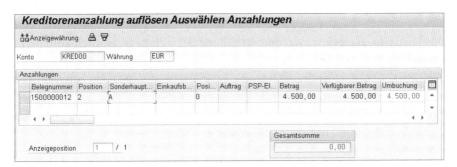

Über die Einzelpostenliste können Sie sich die gebuchten Einzelposten auf dem Kreditorenkonto ansehen. In der nun folgenden Abbildung sehen Sie die Kontodaten des Lieferantenkontos, auf dem Sie den Vorgang der Anzahlungsverrechnung gebucht haben.

Einzelpostenliste nach der Anzahlungsverrechnung

Hier sehen Sie die Buchung der geleisteten Anzahlung, die Buchung der Lieferantenrechnung und die Buchung der Anzahlungsverrechnung.

Durch die Verrechnung der Anzahlung mit der nachfolgenden Kreditorenrechnung hat sich der Saldo des Lieferantenkontos verringert. So ähnlich werden auch die erhaltenen Anzahlungen der Kunden im System gebucht. Im nächsten Abschnitt sehen wir uns die einzelnen Vorgänge zur erhaltenen Anzahlung sowie zur Debitorenrechnung und deren Verrechnung an.

11.4 Erhaltene Anzahlungen

Angenommen, Sie haben eine Anzahlungsanforderung gebucht, auf die der Kunde reagiert und eine Anzahlung leistet. Die erhaltene Anzahlung stellt eine Verbindlichkeit gegenüber dem Kunden dar, darf aber nicht mit den Forderungen verrechnet werden. Erhaltene Anzahlungen werden auf einem abweichenden Abstimmkonto (Erhaltene Anzahlungen) im Bereich der Verbindlichkeiten dargestellt. Später wird die Leistung oder Lieferung an den Kunden erbracht, und der Kunde erhält eine Rechnung. Nun ist die Anzahlung nicht länger eine Anzahlung, und der Betrag muss als Zahlung auf dem normalen Abstimmkonto aufgeführt werden.

Auch hier beginnen wir mit einem Beispiel:

1. Sie erhalten eine Anzahlung auf eine noch nicht erbrachte Lieferung im Wert von 5.000,00 EUR.

    Buchungssatz: Bank an Erhaltene Anzahlung

2. Sie liefern die Ware im Wert von 7.000,00 EUR an den Kunden und geben im SAP-System die entsprechende Debitorenrechnung ein.

    Buchungssatz: Forderungen an Umsatzerlöse/Warenausgang

3. Die Anzahlung in Höhe von 5.000,00 EUR wird umgebucht/verrechnet.

    Buchungssatz: Erhaltene Anzahlung an Forderungen

4. Sie erhalten den Differenzbetrag zwischen Anzahlungswert und Lieferungswert in Höhe von 2.000,00 EUR.

    Buchungssatz: Bank an Forderungen

Buchen Sie zuerst die erhaltene Anzahlung im System. So geht's:

1. Im SAP-Menü folgen Sie dem Pfad **Rechnungswesen** ▸ **Finanzwesen** ▸ **Debitoren** ▸ **Buchung** ▸ **Anzahlung** ▸ **Anzahlung** (Transaktionscode F-29).

2 Das Bild **Debitorenanzahlung buchen: Kopfdaten** erscheint. Geben Sie in den Feldern **Belegdatum**, **Buchungsdatum**, **Belegart**, **Buchungskreis** und **Währung/Kurs** die notwendigen Informationen ein. Im Bereich **Debitor** geben Sie die Kontonummer des Kunden im Feld **Konto** ein, und im Feld **Sonderhauptb.Kz** muss der Vorgang klassifiziert werden. Geben Sie das Sonderhauptbuchkennzeichen für die Anzahlung ein; nutzen Sie für dieses Feld die Wertehilfe über die F4 -Taste.

3 Im Bereich **Bank** geben Sie im Feld **Konto** die Sachkontonummer des Bankkontos ein, auf dem die Anzahlung eingegangen ist. Geben Sie den Betrag der Anzahlung im gleichnamigen Feld und eventuell noch einen informativen Text zur Position im Feld **Text** ein. Das Feld **Valutadatum** wird automatisch mit einem Vorschlagswert gefüllt. Bestätigen Sie Ihre Eingaben mit einem Mausklick auf die Schaltfläche ✓ (**Weiter**).

4 Im folgenden Bild **Debitorenanzahlung buchen Korrigieren Debitorenposition** geben Sie noch einmal den Anzahlungsbetrag im Feld **Betrag** ein und wählen ein Steuerkennzeichen im Feld **Steuerkennz**. Nutzen Sie für dieses Feld die F4 -Taste, um die Wertehilfe zu erhalten.

Sie haben die Möglichkeit, im Feld **Steuerbetrag** den Steuerbetrag manuell einzugeben. Alternativ lassen Sie das Feld frei und markieren mit einem Klick das Auswahlfeld **Steuer rechnen**. Das SAP-System rechnet den Steuerbetrag mithilfe des angegebenen Steuerkennzeichens automatisch für Sie aus und füllt das Feld **Fällig am** mit dem eingegebenen Buchungsdatum als Vorschlagswert. Dieses Datum wird zur Berechnung der Skontofristen bzw. Nettofälligkeitsfristen herangezogen.

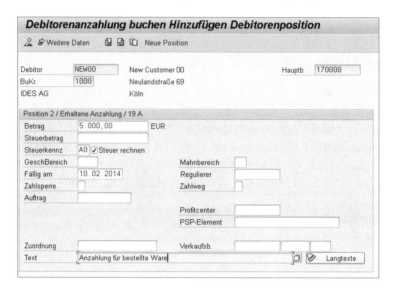

Nachdem Sie alle notwendigen Eingaben erledigt haben, buchen Sie den Vorgang mit einem Mausklick auf die Schaltfläche 🖫 (**Buchen**).

5 Sie erhalten eine Erfolgsmeldung unter der Angabe der Belegnummer. Bestätigen Sie die Meldung mit einem Klick auf die Schaltfläche ✓ OK.

Sie liefern dem Kunden die Ware und übersenden ihm eine Rechnung. Nachdem Sie die Debitorenrechnung im System eingebucht haben, wird die Anzahlung nicht mehr als solche behandelt und verrechnet. Nehmen Sie im nächsten Schritt die Verrechnung zwischen der erhaltenen Anzahlung in Höhe von 5.000,00 EUR und der Forderung in Höhe von 7.000,00 EUR vor. Und das geht so:

1 Folgen Sie dem Menüpfad **Rechnungswesen** ▸ **Finanzwesen** ▸ **Debitoren** ▸ **Buchung** ▸ **Anzahlung** ▸ **Verrechnung** (Transaktionscode F-39).

2 Es öffnet sich die Eingabemaske **Debitorenanzahlung auflösen: Kopfdaten**. In den Kopfdaten geben Sie die Informationen in die Felder **Belegdatum** und **Buchungsdatum** ein. Die Felder **Belegart**, **Periode**, **Buchungskreis** und **Währung** werden vom SAP-System mit Vorschlagswerten gefüllt. Wenn nötig, ändern Sie diese Angaben.

3 Im Bereich **Debitor** geben Sie die Kontonummer des Geschäftspartners im Feld **Konto** ein. Im Bereich **Zugehörige Rechnung** muss im Feld

11.4 Erhaltene Anzahlungen

RechnBezug die Belegnummer der Debitorenrechnung eingetragen werden, mit der Sie die Anzahlung verrechnen möchten. Das System gibt das entsprechende Geschäftsjahr im gleichnamigen Feld an. Nutzen Sie den Bereich **Angaben für die Umbuchungsposition(en)**, um zum Beispiel eine Zuordnungsnummer oder einen informativen Text einzugeben. Bestätigen Sie Ihre Eingaben mit einem Klick auf die Schaltfläche ✓ (**Weiter**).

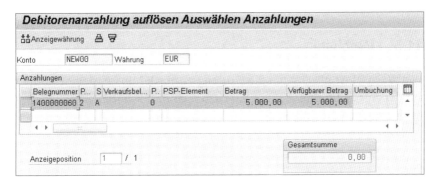

4. Es wird nun das Bild **Debitorenanzahlung auflösen Auswählen Anzahlungen** angezeigt, in dem alle vom Kunden geleisteten Anzahlungen abgebildet sind. In unserem Beispiel sind zwei Anzahlungen des Kunden bei uns eingegangen. Markieren Sie die Anzahlung, die mit der Forderung verrechnet werden soll, indem Sie auf den grauen Balken vor der entsprechenden Zeile klicken. Anschließend buchen Sie den Vorgang durch einen Mausklick auf die Schaltfläche 💾 (**Buchen**).

11 Sonderhauptbuchvorgänge

5 Bestätigen Sie nun die Erfolgsmeldung, die Ihnen auch die Belegnummer anzeigt, mit einem weiteren Mausklick auf die Schaltfläche ✓ OK.

Sie haben die vom Kunden geleistete Anzahlung erfolgreich mit der gestellten Debitorenrechnung verrechnet. Die Anzahlungsbuchung ist daher ausgeglichen, und der Differenzbetrag zwischen der Anzahlung und der Rechnung bleibt als offener Posten bestehen und muss noch vom Kunden ausgeglichen werden.

In der folgenden Abbildung können Sie die Kontodaten des Kundenkontos erkennen. Hier sehen Sie unter anderem die Buchung der erhaltenen Anzahlung, die Debitorenrechnung und die Buchung der Verrechnung.

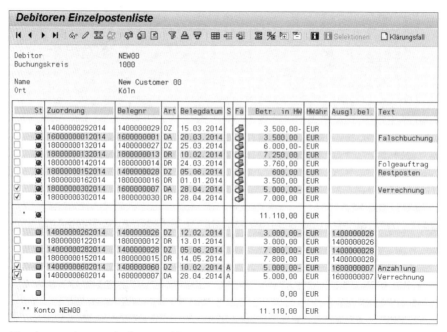

Einzelpostenliste nach der Anzahlungsverrechnung

11.5 Wechsel

Der Wechsel ist gleichsam eine Zahlungsaufforderung an den Schuldner, in der der Aussteller und gleichzeitig Gläubiger den Schuldner auffordert, eine Geldsumme an eine bestimmte Person zu zahlen.

11.5 Wechsel

Wenn zum Ausgleich einer Forderung ein Wechsel angenommen wird, verpflichtet sich der Kunde damit, seine Schuld zu einem späteren Zeitpunkt zu begleichen. Somit dient dem Kunden der Wechsel als Kreditmittel.

Wird ein Wechsel vor der vereinbarten Fälligkeit an einen Dritten weitergegeben, um Verbindlichkeiten zu bezahlen, ist der Wechsel in diesem Fall ein Zahlungsmittel.

Es wird zwischen Besitzwechsel und Schuldwechsel unterschieden. Erhält der Verkäufer einen Wechsel vom Kunden, der besagt, dass er Geld vom Kunden zu bekommen hat (Wechselforderung), spricht man von einem Besitzwechsel. Wird hingegen einem Lieferanten zum Ausgleich einer Schuld ein Wechsel übergeben, handelt es sich um einen Schuldwechsel (Wechselverbindlichkeit).

Wir gehen in diesem Abschnitt zunächst auf die Buchung eines Besitzwechsels ein und demonstrieren Ihnen anhand eines Beispielszenarios den Ablauf der Buchungsschritte.

Zunächst nehmen wir die Buchung des Besitzwechsels vor:

1. Der Kunde erhält von Ihnen eine Lieferung in Höhe von 4.000,00 EUR.

    Buchungssatz: Forderungen an Umsatzerlöse

2. Sie erhalten vom Kunden einen Wechsel in Höhe der Forderung von 4.000,00 EUR.

    Buchungssatz: Wechsel an Forderung

3. Einzug des Wechsels in Höhe von 4.000,00 EUR

    Buchungssatz: Bank an Wechsel

Angenommen, der Kunde hat die Warenlieferung erhalten, und Sie haben die entsprechende Debitorenrechnung im System erfasst. Nun ist es an Ihnen, die Wechselzahlung in Höhe der Forderung, laut unserem Szenario 4.000,00 EUR, im System zu erfassen. Gehen Sie hierzu folgendermaßen vor:

1. Wählen Sie den Menüpfad **Rechnungswesen ▸ Finanzwesen ▸ Debitoren ▸ Buchung ▸ Wechsel ▸ Zahlung** (Transaktionscode F-36).

2. Es erscheint nun das Bild **Wechselzahlung: Kopfdaten**. Nehmen Sie die Eingaben in den Feldern **Belegdatum** und **Buchungsdatum** vor. Auch hier unterstützt Sie das System mit Vorschlagswerten in den Feldern **Belegart**, **Periode**, **Buchungskreis** und **Währung/Kurs**. Im Bereich **Zu bearbeitender Vorgang** markiert das System bereits das Auswahlfeld **Zahlungseingang**. Belassen Sie es bei dieser Angabe.

11 Sonderhauptbuchvorgänge

3 Im Bereich **Erste Belegposition** geben Sie den Buchungsschlüssel, die Nummer des Kundenkontos und das Sonderhauptbuchkennzeichen für den Vorgang *Wechsel* in den Feldern **Bschl**, **Konto** und **SHBKz** ein. Wenn Sie sich bei den Eingaben in den Feldern **Bschl** und **SHBKz** nicht sicher sind, nutzen Sie hierzu die Wertehilfe F4 .

Bestätigen Sie Ihre Eingaben mit einem Klick auf die Schaltfläche ✓ (**Weiter**).

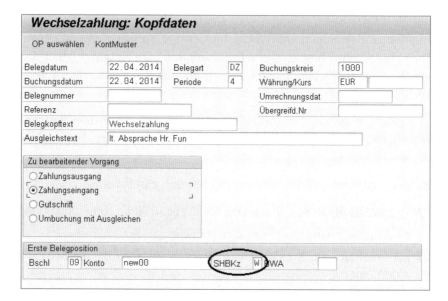

4 Das Eingabebild **Wechselzahlung Hinzufügen Debitorenposition** für die Positionsdaten wird angezeigt. Im Bereich **Position 1/Wechsel/09 W** tragen Sie im Feld **Betrag** den Wert der Forderung ein. Geben Sie eventuell einen Informationstext in das Feld **Text** ein, der den Vorgang beschreibt. Außerdem geben Sie an, wann der Wechsel fällig ist und wann er ausgestellt wurde. Dazu stehen die Felder **Fällig am** und **Ausgest.** zur Verfügung, die Sie im Bereich **Angaben zum Wechsel** finden.

5 Die Felder **Aussteller** (Gläubiger) und **Bezogener** (Schuldner) werden systemseitig vorbelegt. Sollte dem nicht so sein, geben Sie die entsprechenden Informationen noch ein. Ebenfalls systemseitig vorbelegt sind die Felder **InkassoGeb**, **Diskontsatz** und **Steuerkennz**. Auch hier gilt, dass Sie die Werte manuell eingeben, wenn diese nicht vorgeschlagen werden. Klicken Sie nun auf die Schaltfläche OP auswählen.

11.5 Wechsel

6 Es wird Ihnen nun das Bild **Wechselzahlung Selektieren Offene Posten** angezeigt. Falls vom System nicht bereits als Werte vorgeschlagen, geben Sie im Bereich **Auswahl der offenen Posten** den Buchungskreisschlüssel, die Kontonummer des Debitors und die Kontoart D in den entsprechenden Feldern ein. Klicken Sie anschließend auf die Schaltfläche OP bearbeiten.

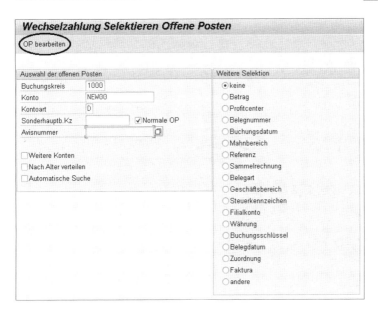

11 Sonderhauptbuchvorgänge

7 Es öffnet sich nun das Bild **Wechselzahlung Offene Posten bearbeiten**, in dem die Einzelposten des Kundenkontos aufgeführt sind. Im Feld **Erfasster Betrag** sehen Sie den Forderungsbetrag, den wir in die Position eingegeben haben. Es darf nur der Einzelposten selektiert sein, den wir mit dieser Wechselbuchung ausgleichen möchten; alle anderen Einzelposten müssen deaktiviert werden. Sie müssen nun den Posten auswählen, der ausgeglichen werden soll. Dies können Sie entweder durch einen Doppelklick auf die entsprechenden Positionen tun, oder Sie klicken alternativ auf die Schaltflächen [Posten] [Posten] (**Posten aktivieren/inaktivieren**).

> **HINWEIS**
>
> **Aktivierte Posten**
>
> Die deaktivierten Positionen werden schwarz dargestellt, während die selektierte/aktivierte Position farblich hervorgehoben wird.

8 Erst wenn das Feld **Nicht zugeordnet** den Wert 0 aufweist, kann der Vorgang gebucht werden. Buchen Sie den Vorgang nun durch einen Klick auf die Schaltfläche [💾] (**Buchen**), und bestätigen Sie die Meldung über die Belegnummer mit einem Klick auf die Schaltfläche [✓ OK].

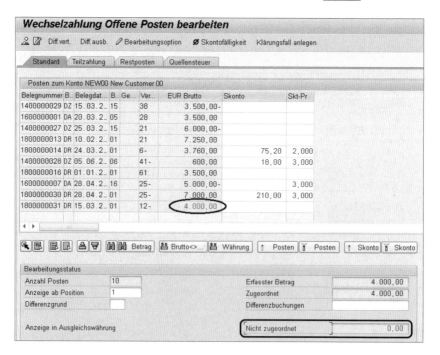

Der Wechsel ist damit gebucht und hat die Forderung auf dem Kundenkonto ausgeglichen. Der Wechsel wird bei Fälligkeit ausgelöst, und der Betrag wird auf dem Bankkonto gutgeschrieben.

11.6 Bürgschaften

Eine Bürgschaft ist eine Willenserklärung (Vertrag) eines Bürgen, mit der er sich verpflichtet, für die Erfüllung der Verbindlichkeit eines Dritten (Schuldner) gegenüber dem Gläubiger einzustehen. Es wird zwischen erhaltenen und gegebenen Bürgschaften unterschieden.

Die Buchung einer Bürgschaft wird im SAP-System als statistische Buchung vorgenommen, bei der das Gegenkonto automatisch vom System bebucht wird.

Die Buchung einer Bürgschaft im SAP-System können Sie über die Debitorenbuchhaltung (Transaktionscodes F-38) oder die Kreditorenbuchhaltung buchen (Transaktionscode F-55).

Buchen Sie eine erhaltene Bürgschaft in Höhe von 15.000,00 EUR in der Kreditorenbuchhaltung. So geht's:

1. Wählen Sie über das SAP-Menü den Pfad **Rechnungswesen** ▸ **Finanzwesen** ▸ **Kreditoren** ▸ **Buchung** ▸ **Sonstige** ▸ **Statistische Buchung** (Transaktionscode F-55).

2. Das Eingabebild **Statistische Buchung erfassen: Kopfdaten** erscheint. Geben Sie das Belegdatum und das Buchungsdatum in die gleichnamigen Felder ein. Die Felder **Belegart**, **Periode**, **Buchungskreis** und **Währung/Kurs** werden in der Regel vom System mit Vorschlagswerten belegt. Im Bereich **Belegposition** geben Sie im Feld **Buchungsschl.** einen Buchungsschlüssel für den Sonderhauptbuchvorgang und im Feld **Sonderhb.Kz.** ein Kennzeichen ein, das den Vorgang definiert. Nutzen Sie auch hier die Wertehilfe über die (F4)-Taste.

   Im Feld **Konto** geben Sie die Kontonummer des Lieferanten an und tragen die Höhe der Bürgschaft in das Feld **Betrag** ein. Geben Sie außerdem im Feld **Fällig am** das Fälligkeitsdatum für die Bürgschaft an, und buchen Sie den Vorgang mit einem Mausklick auf die Schaltfläche 🖫 (**Buchen**).

3. Die Erfolgsmeldung mit der Information über die Belegnummer können Sie mit einem weiteren Mausklick auf die Schaltfläche ✔ OK bestätigen.

11 Sonderhauptbuchvorgänge

Statistische Buchung erfassen: Kopfdaten				
Belegdatum	27.01.2014	Belegart KA	Buchungskreis	1000
Buchungsdatum	27.01.2014	Periode 1	Währung/Kurs	EUR
Belegnummer			Umrechnungsdat	
Referenz				
Belegkopftext	erhaltene Bürgschaft			
PartnerGsber				

Belegposition			
Buchungsschl.	39		
Sonderhb.Kz.	G		
Konto	KRED00	GeschBereich	
Betrag	15.000,00	Betrag Hauswähr	
Fällig am	15.02.2014	Mahnschlüssel	
Mahnsperre		Mahnbereich	
Zuordnung		Hauptb.Zuordn.	
Text	erhaltene Bürgschaft		

Sie haben in diesem Kapitel die verschiedenen Buchungen der Sonderhauptbuchvorgänge kennengelernt. Nutzen Sie zum besseren Verständnis nach jeder Buchung die Möglichkeit der Kontodaten. Über die Anzeige der Einzelposten eines Kontos können Sie genau verfolgen, auf welchen Konten, Abstimmkonten bzw. abweichenden Abstimmkonten das System Ihre Buchung im Hauptbuch übernimmt.

11.7 Probieren Sie es aus!

Aufgabe 1

Buchen Sie einen kompletten Vorgang von der Anzahlungsanforderung bis hin zur Verrechnung.

Buchen Sie auf Ihren Debitor NEWKD00 eine Anzahlungsanforderung in Höhe von 7.500,00 EUR.

Der Kunde leistet eine Anzahlung in Höhe von 7.500,00 EUR. Buchen Sie diese erhaltene Anzahlung.

Sie liefern dem Kunden Ware in Höhe von 10.000,00 EUR. Buchen Sie eine Ausgangsrechnung in Höhe der Lieferung (Forderung an Umsatzerlöse).

Nehmen Sie nun die Verrechnung zwischen der Anzahlung und der Forderung (7.500,00/10.000,00 EUR) vor.

Der Kunde begleicht den Restbetrag, der zwischen der Forderung und der geleisteten Anzahlung noch übrig geblieben ist. Buchen Sie diesen Zahlungseingang auf Ihrem Bankkonto (zum Beispiel 113100) gegen die Forderung. Selektieren Sie dazu den Rechnungsposten in Höhe von 10.000,00 EUR und den Anzahlungsposten in Höhe von 7.500,00 EUR.

12 Automatisierung mithilfe von Jobs

Bei einigen Aufgaben, die Sie ausführen, zum Beispiel beim Ausgeben eines Reports (Bericht), kann es zu Beeinträchtigungen der Antwortzeit Ihres Rechners kommen, die Sie bei Ihren täglichen Arbeiten behindern. In solchen Fällen ist es sinnvoll, diese Aufgaben über einen Hintergrundjob ausführen zu lassen.

> **In diesem Kapitel erfahren Sie,**
> - wie Sie einen Job definieren,
> - wie Sie die Startbedingungen für Ihren Job festlegen,
> - wie Sie eine Jobübersicht erstellen,
> - wie Sie einen Job ändern oder löschen.

12.1 Einführung

Einige Aufgaben können Sie im SAP-System automatisch in der Hintergrundverarbeitung ausführen lassen. Um diese automatische Verarbeitung realisieren zu können, müssen Sie einen Hintergrundjob (meist kurz Job genannt) einplanen und zuvor einige Angaben zu diesem machen:

- Welcher ABAP-Report oder welches Programm soll gestartet werden?
- Wann soll der Job gestartet werden?
- Welche Druckparameter sollen verwendet werden?

Das SAP-System führt in der Hintergrundverarbeitung automatisch den Job aus, wenn die angegebene Startzeit erreicht ist. Es ist möglich, einen Report oder ein Programm zu jeder Zeit einzuplanen, zum Beispiel für die Nacht oder zu Zeiten, in denen das SAP-System nur gering ausgelastet ist.

Möchten Sie einen Report periodisch, das heißt immer wiederkehrend, ausführen lassen, können Sie die Wiederholungsfunktion nutzen.

Sie können innerhalb eines Jobs mehrere Job-Steps (Einzelschritte) einplanen. So werden zum Beispiel mehrere Programme, die erforderlich sind, um eine bestimmte Aufgabe zu erfüllen, als Steps eingeplant. Beispiele sind ein

Programm für die Dauerbuchung, die Erstellung einer Batch-Input-Mappe oder ein Programm zu deren Abspielen.

Das SAP-System bietet Ihnen zwei Möglichkeiten, um einen Job einzuplanen: zeitgesteuert oder ereignisgesteuert.

Ist der Job zeitgesteuert eingeplant, sucht das SAP-System nach Jobs, die zu einer bestimmten Startzeit ausgeführt werden sollen. Bei der ereignisgesteuerten Jobeinplanung startet das System den Job, wenn ein bestimmtes Ereignis ausgelöst wird. Bei beiden Methoden gilt aber unbedingt, dass der Job freigegeben werden muss, denn sonst kann er nicht ausgeführt werden, selbst wenn er für die sofortige Ausführung eingeplant worden ist.

Wenn Sie in der Planung von Jobs noch nicht geübt sind, kann Sie das SAP-System dabei mit dem Job Wizard unterstützen. Im nächsten Abschnitt zeigen wir Ihnen, wie Sie einen Job definieren können.

12.2 Job definieren

In diesem Abschnitt beschreiben wir, wie Sie einen Job anlegen. Dazu müssen Sie den Namen des Reports ermitteln, den Sie im Hintergrund ausführen lassen möchten. Anschließend legen Sie den Job mithilfe des Job Wizards im SAP-System an. Der Job Wizard führt Sie Schritt für Schritt durch das Anlegen des Jobs. In verschiedenen Feldern tragen Sie Ihre Angaben zu Jobnamen und Jobklasse sowie zu Aufgabe, Startzeitpunkt und Ausgabe ein.

Um Ihnen die Verwendung von Jobs näherzubringen, verwenden wir ein Beispiel: Sie möchten das Informationssystem für Debitoren nutzen, um sich Reports (Berichte) anzeigen zu lassen (zum Beispiel eine Fälligkeitsanalyse). Das Debitoreninformationssystem greift nicht auf die gesamte Datenbank zu, sondern nur auf einen vorselektierten Datenbestand.

Diesen vorselektierten Datenbestand werden wir im folgenden Beispiel generieren, um eine aktuelle Debitorenfälligkeitsanalyse durchführen zu können. Dazu legen Sie einen Job an. So geht's:

1 Wählen Sie in der Menüleiste **System ▸ Dienste ▸ Jobs ▸ Jobdefinition**, oder geben Sie den Transaktionscode SM36 in das Befehlsfeld ein.

2 In der Transaktion SM36 haben Sie nun die Möglichkeit, die Hintergrundverarbeitung direkt über **Job definieren** oder mithilfe des Job Wizards einzuplanen. Verwenden Sie für das Beispiel den Job Wizard; hierzu klicken Sie auf die Schaltfläche [Job Wizard].

12.2 Job definieren

3. Das Einstiegsbild des Job Wizards öffnet sich. Der Job Wizard unterstützt Sie beim Anlegen eines Jobs für die Hintergrundverarbeitung, indem er Sie Bild für Bild durch den Anlageprozess leitet. Durch Klicken auf die Schaltflächen **Weiter** und **Zurück** springen Sie zum nächsten bzw. vorangehenden Schritt. Im Einstiegsbild des Job Wizards klicken Sie zunächst auf **Weiter**.

4. Daraufhin wird Ihnen das erste Eingabebild angezeigt. Tragen Sie dort einen Jobnamen Ihrer Wahl ein. Bestimmen Sie hier außerdem die Priorität des Jobs durch die Angabe der Jobklasse. Hierbei unterscheidet man zwischen:
   - Klasse Achtung: hohe Priorität
   - Klasse Beispiel: mittlere Priorität
   - Klasse C: niedrige Priorität

12 Automatisierung mithilfe von Jobs

Über das Feld **Zielserver** können Sie einen bestimmten Anwendungsserver zur Ausführung des Jobs angeben (Zielserver). Soll das SAP-System über die Systemlastverteilung automatisch den am besten geeigneten Server auswählen, lassen Sie das Feld frei. Im Feld **Jobstatus** wählen Sie »geplant«; anschließend klicken Sie auf **Weiter**.

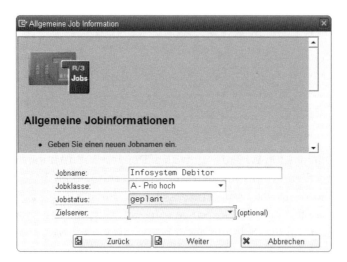

5 Sie gelangen nun in das nächste Bild, in dem Sie Informationen zur Definition angeben. Klicken Sie hier den Auswahlknopf **ABAP-Programm-Step** an. Durch einen Klick auf die Schaltfläche **Weiter** gelangen Sie zum nächsten Bild.

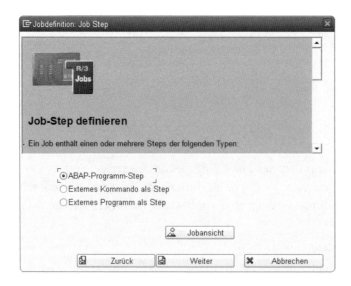

12.2 Job definieren

6 Als Nächstes legen Sie fest, welches ABAP-Programm mit welcher Variante verarbeitet werden soll. Geben Sie den Programmnamen ein (hier: RFDRRGEN für die Debitorenfälligkeitsanalyse), und wählen Sie die Variante (hier SAP_VARI), mit der der Report verarbeitet werden soll. Klicken Sie anschließend auf **Weiter**.

7 Im folgenden Bild können Sie weitere Steps definieren. Dies bedeutet, dass Sie weitere ABAP-Programme bestimmen, die ebenfalls ausgeführt werden sollen. Markieren Sie dazu das Ankreuzfeld **Weitere Steps anhängen (optional)**. Möchten Sie keine weiteren Steps anhängen, klicken Sie auf die Schaltfläche **Weiter**, ohne das Feld zu markieren.

285

12 Automatisierung mithilfe von Jobs

8 Im folgenden Bild geben Sie die Startbedingungen für den Job an. Klicken Sie dort den Auswahlknopf **Sofortstart** an; in Ihrer täglichen Arbeit würden Sie einen Zeitpunkt wählen, zu dem das SAP-System wenig ausgelastet ist. Fahren Sie mit einem Klick auf **Weiter** fort.

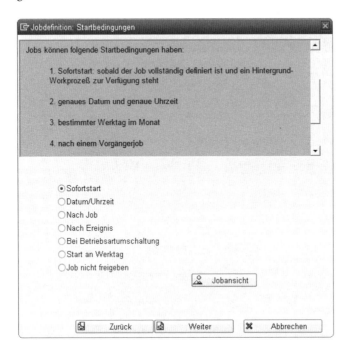

> **HINWEIS**
>
> **Eingabehilfen**
>
> Der Job Wizard gibt Ihnen in jedem Eingabebild im oberen Bereich genaue Informationen über die möglichen Eingaben. Um die Erläuterung lesen zu können, navigieren Sie über den Scrollbalken auf der rechten Seite. So wird Ihnen in diesem Bild eine genaue Erläuterung zu jeder möglichen Startbedingung angezeigt.

9 Im nächsten Bild können Sie über das Ankreuzfeld **Periode** die periodische Ausführung definieren und Einschränkungen in Bezug auf die auszuführenden Tage vornehmen (Ankreuzfeld **Sonn-/Feiertage**). Das Bild informiert Sie außerdem darüber, ob der Job sofort ausgeführt werden kann. Da die entsprechenden Hintergrundressourcen verfügbar sind, startet der Job sofort.

Wenn Sie eine Einschränkung für Sonn-/Feiertage vornehmen, haben Sie drei Möglichkeiten, um die Startzeit über die Werktage einzugrenzen:

- Job an Feiertagen ausfallen lassen – Job läuft gar nicht
- Job, der an Sonn-/Feiertagen laufen soll, auf den vorausgehenden Werktag verschieben
- Job, der an Sonn-/Feiertagen laufen soll, auf den folgenden Werktag verschieben

Soll der Job ungeachtet der Feiertage ausgeführt werden, lassen Sie das Feld **Sonn-/Feiertage** frei. Nehmen Sie in unserem Beispiel keine Einstellung vor, und wählen Sie **Weiter**.

10. Im nächsten Bild erhalten Sie eine Zusammenfassung Ihrer Angaben zum geplanten Job. Sie können über die Schaltfläche **Zurück** Ihre Definition überarbeiten; durch einen Klick auf **Abbrechen** beenden Sie den gesamten Vorgang. Möchten Sie den Job in der aktuellen Form anlegen, klicken Sie auf die Schaltfläche **Fertigstellen**.

12 Automatisierung mithilfe von Jobs

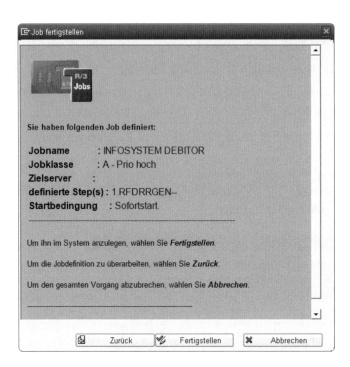

[11] Der Job Wizard wird anschließend geschlossen, und Sie erhalten eine Informationsmeldung, dass der Job gesichert und freigegeben wurde. Bestätigen Sie diese Meldung durch einen Klick auf die Schaltfläche **OK**.

12.3 Jobübersicht anzeigen, Job ändern oder löschen

In diesem Abschnitt zeigen wir Ihnen, wie Sie Ihren Job wieder aufrufen können und wie Sie einen Job nachträglich ändern oder löschen. So gehen Sie dabei vor:

1. Um sich die Übersicht der Jobs anzeigen zu lassen, wählen Sie in der Menüleiste **System • Eigene Jobs**. Es öffnet sich daraufhin die Jobübersicht. Anhand des Status können Sie erkennen, dass diese Jobs ausgeführt wurden.

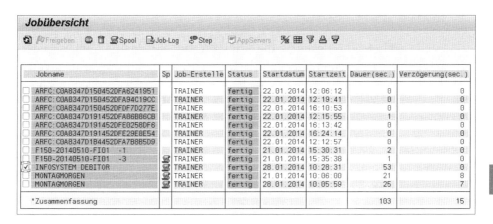

2. Mit einem Klick auf die Schaltfläche 🗑 (**Job aus Datenbank löschen**) können Sie einen Job löschen. Dazu markieren Sie den entsprechenden Job im Auswahlfeld und klicken dann auf 🗑.

3. Ist ein Job noch nicht beendet, können Sie Änderungen daran vornehmen. Dazu markieren Sie den jeweiligen Job und navigieren über die Menüleiste zu **Job • Ändern**.

4. Mit einem Klick auf die Schaltfläche [Job-Log] (**Job-Log anzeigen**) erhalten Sie die Übersicht des Job-Logs (Protokoll). Über diese Übersicht können Sie sich Informationen über die verschiedenen Steps verschaffen, zum Beispiel, an welchem Tag und um wie viel Uhr sie gestartet wurden und wer sie ausgelöst hat. Bei unkorrektem Durchlaufen der Jobs können Sie dem Problem über dieses Protokoll eventuell auf die Spur kommen und analysieren, was nicht korrekt abgelaufen ist.

12 Automatisierung mithilfe von Jobs

Job-Log zu Job INFOSYSTEM DEBITOR / 10283100

Langtext

Job-Log Uebersicht für Job: INFOSYSTEM DEBITOR / 10283100

Job-Log	Job-Log	Message Text uncodiert
28.01.2014	10:28:31	Job wurde gestartet
28.01.2014	10:28:31	Step 001 gestartet (Programm RFDRRGEN, Variante SAP_VARI, Benutzername TRAINER)
28.01.2014	10:28:31	> Beginn der Generierung
28.01.2014	10:28:31	>> Auswertungssicht SAP Kontoart D mit
28.01.2014	10:28:31	>> Selektionsreport RFDRRSEL und Selektionsvariante SAP_VARI
28.01.2014	10:29:24	Spool-Auftrag (Nummer 0000001888) ohne Sofortdruck erstellt
28.01.2014	10:29:24	>> Generierungsprotokoll unter Spool-Nr. 0000000000 in Spool-Dataset.
28.01.2014	10:29:24	< Ende der Generierung
28.01.2014	10:29:24	Job wurde beendet

Es gibt zahlreiche Tätigkeiten, die sich im Ablauf ähneln und immer wiederkehren. Diese Arbeiten über Jobs laufen zu lassen und über Nacht zu verarbeiten, erleichtert die tägliche Arbeit sehr. Wenn Sie sicherstellen möchten, dass alles korrekt verlaufen ist, können Sie sich das Protokoll ansehen und auch Stichproben in den zu bebuchenden Konten durchführen.

13 Anlagenstammsatz

Die Anlagenbuchhaltung gehört im SAP-System – ebenso wie die Debitoren- und die Kreditorenbuchhaltung – zur Nebenbuchhaltung. Anlagenbewegungen werden demnach in der Nebenbuchhaltung gebucht und zeitgleich im Hauptbuch auf ein Abstimmkonto mitgebucht. Auch hier besteht über ein Abstimmkonto eine Verbindung von der Anlagenbuchhaltung zur Hauptbuchhaltung.

In der Anlagenbuchhaltung können Anlagen auch als Anlagenkomplexe und mithilfe von Anlagenunternummern verwaltet werden. Anlagenkomplexe sind Anlagen, die auf der obersten Ebene bewertet werden (zum Beispiel mehrere Maschinen, die zu einer Fertigung gehören). Das heißt, dass in diesem Fall nicht jede einzelne Anlage beispielsweise in Bezug auf die Abschreibung bewertet wird, sondern insgesamt der Anlagenkomplex. Anlagenunternummern bezeichnen wiederum Komponenten einer Anlage, wie zum Beispiel bei einem Computer, der die Hauptanlage darstellt. Die Hauptanlage erhält zusätzlich zur Anlagennummer automatisch noch die Unternummer 0. Die Komponenten der Anlage, wie zum Beispiel Monitor oder Tastatur usw., bilden die jeweiligen Unternummern (1, 2, 3 usw.).

> **In diesem Kapitel lernen Sie,**
> - wie Anlagenstammsätze aufgebaut sind,
> - wie Sie Stammsätze in der Anlagenbuchhaltung anlegen,
> - welche Bedeutung die Anlagenklasse hat,
> - wofür Bewertungsbereiche stehen.

13.1 Einführung

Jede Anlage gehört einem Buchungskreis und einem Geschäftsbereich an. So erfolgen alle Buchungen auf einem Anlagenkonto im zugeordneten Buchungskreis und Geschäftsbereich. Im Anlagenstammsatz können Sie einer Anlage Management-Accounting-Objekte (CO, Controlling) zuordnen, wie zum Beispiel Kostenstelle oder Innenauftrag. Jedes Mal, wenn die Anlage bebucht wird, wird automatisch auch das CO-Objekt bebucht.

13 Anlagenstammsatz

Ebenso wie für die Debitoren und Kreditoren muss auch für eine Anlage erst ein Stammsatz angelegt werden, bevor sie bebucht werden kann. Wenn Sie einen Anlagenstammsatz anlegen, befinden sich noch keine Anlagenwerte darin. Erst wenn der Anlagenstammsatz bebucht wird (eine Anlagenzugangsbuchung vorgenommen wird) weist das Anlagenkonto Werte auf.

Der Anlagenstammsatz besteht aus mehreren Bereichen und enthält allgemeine Informationen über die Anlage, Kontenfindung und Anlagenwerte. In der folgenden Abbildung sehen Sie einen Teil eines Anlagenstammsatzes (beispielsweise auf der Registerkarte **Allgemein**), die allgemeinen Informationen über die Anlage, wie die Bezeichnung der Anlage oder den Kontenfindungsschlüssel. Der Kontenfindungsschlüssel verweist auf hinterlegte Sachkonten; so kann das SAP-System die Sachkonten finden, auf die automatisch gebucht werden soll, wenn dieser Anlagenstammsatz bei einer Buchung angegeben wird. Im Bereich **Buchungsinformationen** sehen Sie die Informationen darüber, wann die Anlage aktiviert worden ist, sowie das Bezugsdatum und das Zugangsjahr.

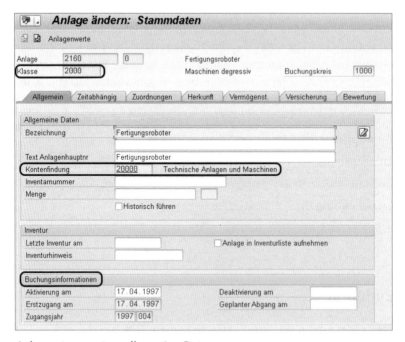

Anlagenstammsatz – allgemeine Daten

Zahlreiche Informationen in einem Anlagenstammsatz erhält die Anlage durch die Zuweisung der Anlagenklasse. Ohne die Zuweisung der Anlagenklasse können Sie im SAP-System keinen Anlagenstammsatz anlegen.

13.2 Was ist eine Anlagenklasse?

Wenn Sie einen Anlagenstammsatz anlegen, müssen Sie die Anlage einer Anlagenklasse zuweisen. Die Anlagenklasse hat ähnliche Funktionszwecke wie die Kontengruppe für Debitoren, Kreditoren oder Sachkonten. Die Anlagenklasse steuert die Nummernvergabe der Anlagennummernkreise und den Bildaufbau der Anlagenstammsätze; sie enthält Steuerungsfunktionen, die sie den zugewiesenen Anlagenstammsätzen mitgibt. Außerdem enthält die Anlagenklasse Standardwerte für die Berechnung von Abschreibungen.

Anlagenklasse – Kontenfindung, Bildaufbauregel

Bei den Nebenbüchern für Debitoren und Kreditoren enthält jeder einzelne Stammsatz die Kontonummer des Abstimmkontos, auf das im Hauptbuch gebucht wird. Bei den Anlagenstammsätzen verhält es sich anders: Die Kontenfindung (Kontenfindungsschlüssel) findet über die Anlagenklasse statt. Der Anlagenklasse wird also ein Kontenfindungsschlüssel zugeordnet, der auf die Konten verweist, auf die die verschiedenen Buchungsvorgänge (Zugänge, Abgänge usw.) für die Anlage gebucht werden sollen.

In der vorherigen Abbildung sehen Sie ein Beispiel für eine Anlagenklasse. Sie sehen in den verschiedenen Bereichen Steuerungsparameter, die an den Anlagenstammsatz weitergegeben werden. Im Bereich **Anlagenart** wird unter anderem der Kontenfindungsschlüssel eingetragen.

In unserem Beispiel haben wir die Anlagenklasse 2000 gewählt; dieser wurde der Kontenfindungsschlüssel 20000 zugeordnet. In der folgenden Abbildung sehen Sie die Informationen über diesen Kontenfindungsschlüssel. Es wird pro Bewegungsart aufgesplittet, auf welche Konten gebucht werden soll.

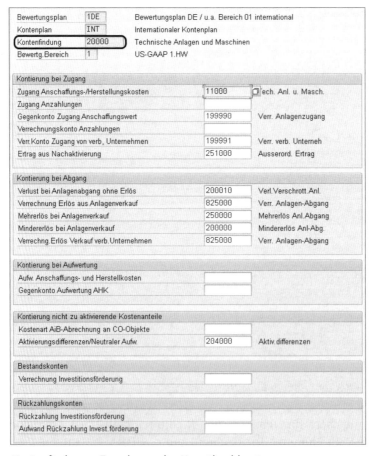

Kontenfindung – Zuordnung der Hauptbuchkonten

Sollen Anlagen an verschiedenen Positionen der Bilanz stehen, werden diese unterschiedlichen Anlagenklassen zugeordnet. Über die Kontenfindung der Anlagenklasse werden die Buchungen entsprechend auf verschiedene Konten im Hauptbuch gebucht. Wir unterscheiden normale und spezielle Anlagen. Diese Anlagen werden dann auch einer speziellen Anlagenklasse zugeordnet (Anlagen im Bau und geringwertige Wirtschaftsgüter).

13.3 Was sind Bewertungsbereiche?

Über den Bewertungsbereich wird das Anlagevermögen bewertet. Zwingend erforderlich ist ein Bewertungsbereich, der mit dem Handelsrecht des jeweiligen Landes im Einklang ist. Zusätzlich haben Sie die Möglichkeit, Anlagen nach weiteren unterschiedlichen Methoden zu bewerten, zum Beispiel für Steuerzwecke, für die Kostenrechnung und auch für eine parallele Rechnungslegung (IAS, US-GAAP usw.). In der nächsten Abbildung sehen Sie ein Beispiel für die Bewertung einer Anlage, auf vier Bewertungsbereiche verteilt. Eine Anlage wird mit der ersten Zugangsbuchung aktiviert. Das heißt, dass der Betrag dieser Zugangsbuchung die Basis für die Berechnung der Abschreibungswerte darstellt. Der Anschaffungswert der Anlage ist somit für alle Bewertungsbereiche gleich. Die Bewertungsparameter für die Abschreibungen sind je nach Bewertungsbereich verschieden. Somit können verschiedene Abschreibungswerte berechnet und gebucht werden. Am Ende des Geschäftsjahres ist der Restbuchwert der Anlage pro Bewertungsbereich gegebenenfalls verschieden hoch.

Anlage xy im Jahr 2011			
	Bestandswerte	Abschreibungen	Restbuchwert
Handelsrecht	100.000	40.000	60.000
Steuerrecht	100.000	40.000	60.000
kalkulatorisch	100.000	10.000	90.000
parallele Bewertung	100.000	10.000	90.000

Bewertungsbereiche

Um eine Anlage auf verschiedene Art bewerten zu können, bietet das SAP-System Bewertungsbereiche an, in denen separate Verkehrszahlen geführt werden. Diese Verkehrszahlen werden separat pro Anlage und Bewertungsbereich für Bestandswerte, Abschreibungen, Restbuchwerte usw. geführt. Die folgende Abbildung zeigt einen Ausschnitt aus einem Anlagenstammsatz. Diesmal gehen Sie auf die Registerkarte **Bewertung**. Wie Sie sehen, werden hier mehrere Bewertungsbereiche geführt. Auf diese Anlage können demnach verschiedene Abschreibungswerte berechnet werden. Es werden für jeden Bewertungsbereich Informationen hinterlegt, die unter anderem Auskunft über den Abschreibungsschlüssel, die Nutzungsdauer oder das Normal-AfA-Beginndatum geben.

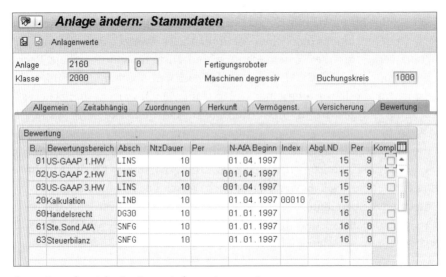

Bewertungsbereiche in einem Anlagenstammsatz

Möchten Sie also einen Anlagenstammsatz anlegen und der Anlage eine Anlagenklasse mitgeben, erhält der Stammsatz bereits zahlreiche Informationen und Steuerungsparameter aus der Anlagenklasse. Im folgenden Abschnitt erfahren Sie, wie Sie einen Anlagenstammsatz anlegen können.

13.4 Anlagenstammsatz anlegen

Wie bei den Debitoren-, Kreditoren- und Sachkontenstammsätzen gibt es auch hier zwei Möglichkeiten, um einen neuen Anlagenstammsatz anzulegen: einerseits über die Angabe der Anlagenklasse und des Buchungskreises und andererseits über einen Vorlagestammsatz.

13.4 Anlagenstammsatz anlegen

SAP bietet überdies die Möglichkeit, mehrere gleichartige Anlagenstammsätze gleichzeitig während eines Vorgangs anzulegen. Dabei werden mehrere Stammsätze angelegt, die Sie dann noch individuell bearbeiten oder pflegen können. Gehen Sie folgendermaßen vor, um einen Anlagenstammsatz anzulegen:

1. Wählen Sie den Pfad **Rechnungswesen** ▸ **Finanzwesen** ▸ **Anlagen** ▸ **Anlage** ▸ **Anlegen** ▸ **Anlage** im SAP-Easy-Access-Menü (Transaktionscode AS01).

2. Ihnen wird nun das Bild **Anlage anlegen: Anforderungsbild** angezeigt. Hier können Sie nun einen Stammsatz mit Vorlage anlegen. Geben Sie dazu im Bereich **Vorlage** im Feld **Anlage** die Anlagennummer eines bestehenden Stammsatzes sowie im Feld **Buchungskreis** den Buchungskreisschlüssel an. Im oberen Bereich legen sie fest, wie viele Anlagenstammsätze Sie in diesem Vorgang anlegen möchten (**Anzahl gleichartiger Anlagen**) und tragen Ihren Buchungskreisschlüssel im gleichnamigen Feld ein. Bestätigen Sie Ihre Eingaben mit der ⏎-Taste.

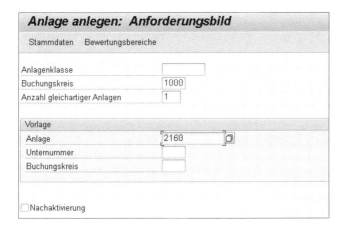

3. Daraufhin wird Ihnen das Bild **Anlage anlegen: Stammdaten** angezeigt. Einige Werte des Vorlagestammsatzes werden in den neuen Stammsatz übernommen. Somit erhält Ihr neuer Stammsatz die Bewertungsbereiche sowie die Informationen und Steuerungsparameter der Anlagenklasse des Vorlagestammsatzes. Ändern Sie gegebenenfalls einige Felder ab, wie zum Beispiel die Bezeichnung auf der Registerkarte **Allgemein**.

4. Im Bereich **Buchungsinformationen** finden Sie noch kein Aktivierungsdatum. Bei der ersten Zugangsbuchung auf diesen Anlagenstammsatz wird das Feld automatisch befüllt.

13 Anlagenstammsatz

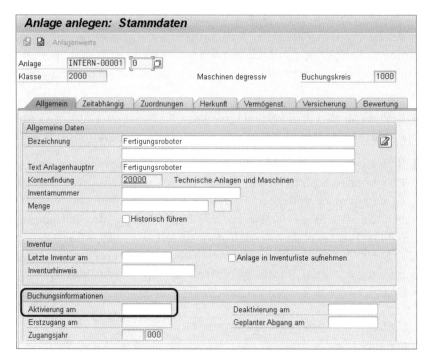

[5] Auf der Registerkarte **Zeitabhängig** finden Sie in den Feldern **Geschäftsbereich** und **Kostenstelle** Angaben zur Kontierung im Management Accounting (Controlling), die Sie im neuen Anlagenstammsatz ändern können.

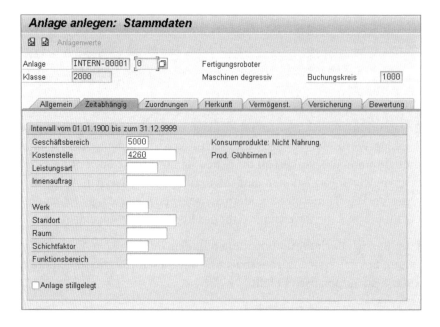

6 Wechseln Sie nun auf die Registerkarte **Herkunft**. Hier geben Sie Details zur Anlage ein. Wenn Sie eine Anlage unter der Angabe des Kreditors im SAP-System einbuchen, wird der Lieferant automatisch mit der Lieferantennummer, dem Namen usw. eingetragen.

Haben Sie alle notwendigen Eingaben und Änderungen vorgenommen, sichern Sie den Stammsatz mit einem Klick auf das Diskettensymbol 💾.

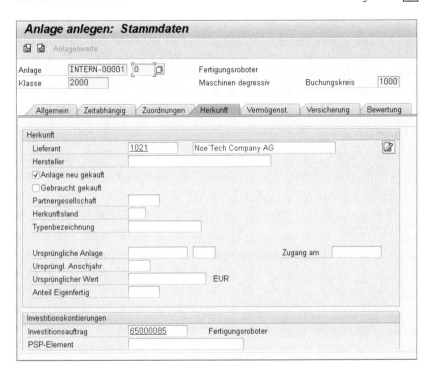

7 Die Anlagenklasse des Vorlagestammsatzes wurde in den neuen Stammsatz übernommen. Da für die Anlagenklasse aus unserem Beispiel die interne Nummernvergabe definiert ist, wird Ihnen nach der Sicherung die Nummer des Anlagenstammsatzes mitgeteilt.

13.5 Probieren Sie es aus!

Aufgabe 1

Legen Sie drei Anlagenstammsätze an, die unter derselben Anlagenklasse geführt werden (zum Beispiel Anlagenklasse für Maschinen). Verwenden Sie einen bereits bestehenden Stammsatz als Vorlage, und pflegen Sie auf den jeweiligen Registerkarten die notwendigen Daten (zum Beispiel Bezeichnung

13 Anlagenstammsatz

der Anlage, Kostenstelle usw.). Verwenden Sie Bezeichnungen, die eindeutig und leicht zu unterscheiden sind (zum Beispiel Maschine 1, Maschine 2, Maschine 3).

Notieren Sie sich die Anlagennummern.

> **HINWEIS**
>
> **Übungssystem**
>
> Wenn Sie mit dem Übungssystem IDES arbeiten, wird eventuell die Angabe eines anderen Buchungskreises als bisher in den vorangegangenen Übungen erforderlich sein. Informieren Sie sich hierüber beim verantwortlichen Systemadministrator.

Aufgabe 2

Legen Sie einen weiteren Stammsatz an. Diesmal soll es eine Anlage im Bau sein. Achten Sie darauf, dass Sie ein entsprechendes Vorlagekonto verwenden, da die Kontengruppe hierbei von Bedeutung ist (Anlagenklasse für Anlage im Bau). Pflegen Sie auch hier die dazugehörigen Felder auf den jeweiligen Registerkarten.

Notieren Sie sich die Anlagennummer.

14 Anlagenbewegungen

Auf die Anlagen in Ihrem SAP-System können verschiedene Bewegungen gebucht werden. Die einzelnen Bewegungen wie Zugänge, Abgänge, Umbuchungen usw. werden noch einmal in sich unterteilt. So können zum Beispiel Abgänge als Voll- oder Teilabgang, mit oder ohne Erlös gebucht werden. Um die verschiedenen Zugangs- oder Abgangsbuchungen auf eine Anlage vorzunehmen, haben Sie im SAP-System unterschiedliche Möglichkeiten.

In diesem Kapitel lernen Sie,
- wie Anlagenbewegungen gebucht werden,
- wie Sie einen Zugang und einen Abgang buchen,
- wie Sie eine Übersicht über den Asset Explorer erhalten,
- wie eine Anlage im Bau (AiB) abgerechnet wird,
- welche Methode für die Umbuchung von Anlagen verwendet wird.

14.1 Einführung

In der Anlagenbuchhaltung müssen bei jeder Buchung einer Bewegung im Beleg eine Bewegungsart und ein spezieller Buchungsschlüssel für die Anlagen angegeben werden. Die Bewegungsart (Zugang, Abgang, Umbuchung, Abschreibung usw.) gibt an, an welcher Stelle im Anlagengitter die jeweilige Buchung aufgeführt wird. In der folgenden Abbildung sehen Sie ein Beispiel für ein Anlagengitter. Hieraus können Sie die einzelnen Spalten der Bewegungsarten (Zugang, Abgang usw.) ersehen.

HINWEIS

Anlagengitter

Das Anlagengitter ist ein zusätzlicher Bericht der Anlagenbuchhaltung, der in Deutschland vorgeschrieben ist und am Geschäftsjahresende vom Gesetzgeber gefordert wird.

14 Anlagenbewegungen

Anlagengitter							
Berichtsdatum: 31.12.2014	Anlagengitter - 01 US-GAAP 1.HW						
Erstellungsdatum: 28.01.2014	HGB Par.268,2 13-Spalten (breite Version) (vollständig)						2
Buchungskreis	GeschBereich	Bilanzposition	BestandskontoAHK	Anlagenklasse			
1000	1000	1032021	11000	00002000			
Anlage	UNr. Aktivdatum Anlagenbezeichnung			Währg			
AHK GJ-Beg	Zugang	Abgang	Umbuchung	Nachaktivg	Invest.Förderg		aktuelle AHK
AfA GJ-Beg	AfA des Jahres	AfA Abgang	AfA Umbuchung	AfA Nachaktivg	Zuschreibungen		kumulierte AfA
Buchwrt GJ-Beg							lfd Buchwert
2132	0 01.01.1990 Bohrmaschine			EUR			
23.008,13	0,00	0,00	0,00	0,00	0,00		23.008,13
23.008,13-	0,00	0,00	0,00	0,00	0,00		23.008,13-
0,00							0,00
2166	0 03.06.1997 Fertigungsroboter			EUR			
15.027,53	0,00	0,00	0,00	0,00	0,00		15.027,53
15.027,53-	0,00	0,00	0,00	0,00	0,00		15.027,53-
0,00							0,00
2174	0 04.08.1997 Fertigungsroboter			EUR			
10.581,52	0,00	0,00	0,00	0,00	0,00		10.581,52
10.581,52-	0,00	0,00	0,00	0,00	0,00		10.581,52-
0,00							0,00
2190	0 01.01.2003 Asset for ACQ40			EUR			
12.000,00	0,00	0,00	0,00	0,00	0,00		12.000,00
12.000,00-	0,00	0,00	0,00	0,00	0,00		12.000,00-
0,00							0,00
2302	0 01.01.2003 Schweißroboter MMKienzle 2000R0B17			EUR			
106.295,00	0,00	0,00	0,00	0,00	0,00		106.295,00
106.295,00-	0,00	0,00	0,00	0,00	0,00		106.295,00-
0,00							0,00
* Anlagenklasse	00002000	Maschinen degressiv		EUR			
592.621,61	0,00	0,00	0,00	0,00	0,00		592.621,61
592.621,61-	0,00	0,00	0,00	0,00	0,00		592.621,61-

Das Anlagengitter

14.2 Asset Explorer

Bevor wir die einzelnen Buchungsvorgänge in der Anlagenbuchhaltung beschreiben, stellen wir Ihnen in diesem Abschnitt den Asset Explorer vor. Der Asset Explorer ist ein SAP-Werkzeug, mit dem Sie einen Bericht innerhalb der Anlagenbuchhaltung erstellen können und in dem die Aktivitäten für eine Anlage gezeigt werden. Sie können diesen Bericht nach Anlagennummer und Geschäftsjahr selektieren und anzeigen lassen. Außer den gebuchten Werten werden auch geplante Werte (Abschreibungen) nach Bewertungsbereich und Periode für jedes Geschäftsjahr angezeigt.

Zwischen den einzelnen Buchungsvorgängen werden wir immer wieder auf diesen Bericht hinweisen, um Ihnen zu zeigen, was eigentlich bei einer Anlagenbuchung genau geschieht und wie das SAP-System Ihre Buchungen darstellt.

Der Asset Explorer besteht aus verschiedenen Bildbereichen. In der folgenden Abbildung sehen Sie oben links im Asset Explorer die Bewertungsbereiche in einem Übersichtsbaum. Von hier aus können Sie zwischen den einzelnen Bewertungsbereichen navigieren und sie sich anzeigen lassen.

14.3 Anlagenzugang und Anlagenabgang

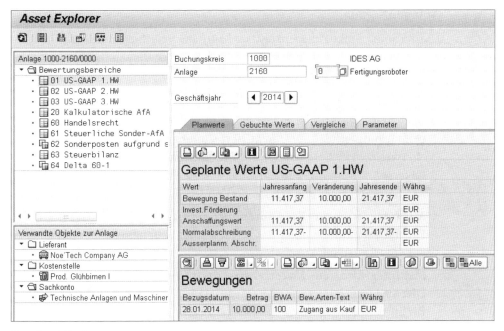

Der Asset Explorer

Über die Registerkarten **Planwerte**, **Gebuchte Werte**, **Vergleiche** und **Parameter** können Sie innerhalb des Asset Explorers navigieren.

Unten links im Bild sehen Sie den Bereich **Verwandte Objekte zur Anlage**. Dies können Kostenstellen sein, Sachkonten, Lieferanten usw. Auch können Sie von hier aus in die jeweiligen Stammsätze dieser Objekte springen.

Im unteren rechten Bildbereich des Asset Explorers sehen Sie die Buchungsbewegungen, die auf der Anlage stattfanden; von hier aus können Sie in die FI-Belege abspringen.

In den folgenden Abschnitten zeigen wir Ihnen, wie Sie Anlagen bebuchen und wie diese Buchungen im Asset Explorer dargestellt werden.

14.3 Anlagenzugang und Anlagenabgang

In diesem Abschnitt werden wir auf die Bewegungsarten *Anlagenzugang* und *Anlagenabgang* eingehen und die verschiedenen Buchungsmöglichkeiten anhand von Beispielen und Abbildungen demonstrieren.

Anlagenzugang

Die Buchung eines Anlagenzugangs kann aus verschiedenen Bereichen heraus erfolgen, wie zum Beispiel aus Einkauf oder Verkauf. Daraus ergeben sich drei Arten der Zugangsbuchung:

- **Ohne Bestellbezug**
  Buchung ohne Angabe eines Lieferanten oder einer Bestellung. Die Gegenbuchung erfolgt auf einem Verrechnungskonto im Hauptbuch. Üblicherweise wird diese Art der Zugangsbuchung gewählt, wenn noch keine Lieferantenrechnung vorliegt oder die Rechnung bereits vorher in der Kreditorenbuchhaltung erfasst worden ist.
- **Mit Integration zur Kreditorenbuchhaltung**
  Die Buchung erfolgt unter der Angabe eines Lieferanten, aber ohne Bezug auf eine Bestellung.
- **Mit Integration zur Materialwirtschaft (Einkauf)**
  Die Buchung erfolgt aus der Materialwirtschaft heraus (Wareneingang, Rechnungsprüfung usw.).

Wenn Sie einen neuen Anlagenstammsatz angelegt haben und einen Zugang auf die Anlage buchen, werden automatisch die folgenden Informationen in den Stammsatz eingetragen:

- Erstzugangsdatum (Bezugsdatum)
- Zugangsjahr und Zugangsperiode (Buchungsdatum)
- Datum der Aktivierung (Bezugsdatum)

Das Aktivierungsdatum ist eine wichtige Information in Bezug auf die Berechnung der Abschreibungen, denn mit diesem Datum leitet das System das Normal-AfA-Beginndatum ab und trägt die Werte in die Bewertungsbereiche des Anlagenstammsatzes ein.

Bei der Buchung eines Anlagenzugangs ist auf die Art zu achten, mit der diese Buchung erfolgt: Eine Zugangsbuchung kann mit dem Netto- und dem Bruttoverfahren gebucht werden; die Steuerung erfolgt über die Belegart. Wählen Sie bei der Buchung eine Nettobelegart (zum Beispiel AN, KN), berechnet das System automatisch den Skontobetrag und zieht ihn vom Aktivierungsbetrag der Anlage ab. Wählen Sie eine Bruttobelegart (zum Beispiel AA, KR), wird die Anlage ohne Skontoabzug aktiviert.

Haben Sie mit der Nettobelegart gebucht, bei der Zahlung aber entweder gar kein Skonto oder nur einen Teil des Skontos in Anspruch genommen, muss der Aktivierungsbetrag der Anlage entsprechend korrigiert werden. SAP bietet eigens dafür ein Programm, das diese Korrekturbuchungen für Sie vornimmt – das Programm SAPF181. Ebenso verhält es sich im umgekehrten Fall: Buchen Sie mit der Bruttobelegart, nehmen Sie zum Zeitpunkt der Zahlung aber Skonto in Anspruch, wird das Programm SAPF181 eine Korrekturbuchung vornehmen.

> **HINWEIS**
>
> **Neues Hauptbuch – Belegaufteilung**
>
> Ist in Ihrem SAP-System die neue Hauptbuchhaltung mit Belegaufteilung aktiviert, ist die Anwendung des Programms SAPF181 nicht notwendig, da beim Zahlungsvorgang *sofort* auf die Anlage korrigiert wird. Das Skontoverrechnungskonto wird in diesem Fall nicht genutzt.

Im Folgenden zeigen wir Ihnen anhand eines Beispiels, wie Sie auf eine Anlage buchen: Sie sind Mitarbeiter in der Anlagenbuchhaltung. Ein neues Anlagengut wurde über einen Lieferanten eingekauft, der als Kreditor in Ihrem System angelegt ist. Sie erhalten die Lieferantenrechnung und sollen nun den Zugang der Anlage buchen und das Kreditorenkonto als Gegenkonto für diese Buchung angeben.

1. Um einen Zugang gegen Kreditor auf eine Anlage zu buchen, wählen Sie den Pfad **Rechnungswesen** ▸ **Finanzwesen** ▸ **Anlagen** ▸ **Buchung** ▸ **Zugang** ▸ **Kauf** ▸ **Gegen Kreditor** im SAP-Easy-Access-Menü (Transaktionscode F-90).

2. Ihnen wird nun die Maske zur Erfassung der Kopfdaten angezeigt. Dort tragen Sie das Belegdatum, das Buchungsdatum und Ihren Buchungskreis in die gleichnamigen Felder ein. Die Felder **Belegart** und **Währung/Kurs** sind zumeist automatisch gefüllt. Sind diese Felder noch leer, tragen Sie die notwendigen Informationen ein; hierzu können Sie die Wertehilfe über die F4-Taste nutzen.

   Tragen Sie im Feld **Bschl** für die Haben-Buchung den Buchungsschlüssel der Kreditorenposition ein (31) und im Feld **Konto** die Kontonummer des Lieferanten. Anschließend bestätigen Sie Ihre Eingaben mit der ⏎-Taste.

14 Anlagenbewegungen

Anlagenzugang d. Kauf m. Kreditor: Kopfdaten

Gemerkter Beleg   KontMuster   Schnellerfassung   Buchen mit Vorlage   Bearbeitungsoptionen

Belegdatum	28.012014	Belegart	KR	Buchungskreis	1000
Buchungsdatum	28.01.2014	Periode	1	Währung/Kurs	EUR
Belegnummer				Umrechnungsdat	
Referenz				Übergreifd.Nr	
Belegkopftext					
PartnerGsber					

Erste Belegposition

Bschl 31   Konto KRED00   HBKz   BWA

3 Die Eingabemaske für die erste Belegposition (Kreditorenposition) wird angezeigt. Geben Sie im Feld **Betrag** den Buchungsbetrag und im Feld **Steuerkennz** den Steuerschlüssel ein. Sie können entweder den Steuerbetrag im Feld **Steuer** direkt eingeben oder das Ankreuzfeld **Steuer rechnen** markieren, um den Steuerbetrag automatisch errechnen zu lassen.

4 Im Bereich **Nächste Belegposition** geben Sie für die nächste Belegposition (Anlagenbewegung) den Buchungsschlüssel ein (hier 70 = Soll), im Feld **Konto** die Anlagenkontonummer und im Feld **BWA** die Bewegungsart.

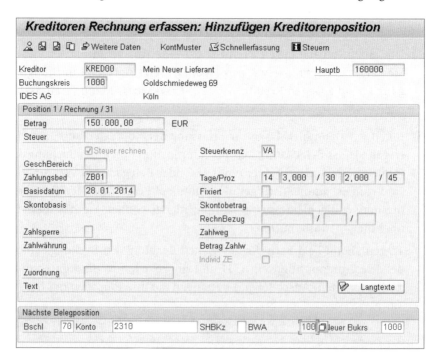

306

14.3 Anlagenzugang und Anlagenabgang

Wenn Sie im Feld **BWA** die Wertehilfe [F4] nutzen, wird Ihnen eine Liste der möglichen Werte (Bewegungsartenschlüssel) für dieses Feld vorgeschlagen.

[5] Der Buchungsschlüssel steht für eine Anlagenbuchung im Soll (Zugang), und die Bewegungsart sollte sich auf den Buchungsvorgang beziehen. In unserem Fall ist es die Bewegungsart 100 für **Zugang aus Kauf**.

Bestätigen Sie die Eingaben mit der [↵]-Taste.

[6] Sie gelangen nun in die Eingabemaske für die zweite Belegposition. Geben Sie für diese zweite Belegposition (Anlagenbewegung) im Feld **Betrag** den Betrag und im Feld **Text** eventuell einen informativen Belegtext zum Vorgang ein. Einige Felder, wie zum Beispiel **GeschBereich** und **Profitcenter**, sind bereits mit Werten gefüllt, die sich das System aus dem Anlagenstammsatz der Anlage zieht. Haben Sie alle Eingaben vorgenommen, buchen Sie den Vorgang durch einen Klick auf 🖫 (**Buchen**).

14 Anlagenbewegungen

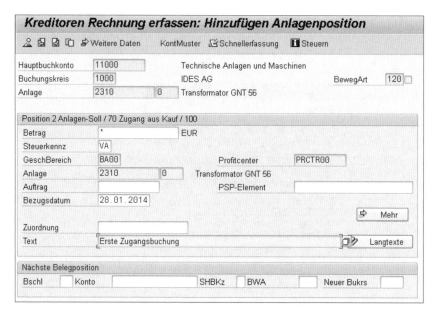

[7] Nun erhalten Sie eine Informationsmeldung über die erfolgreiche Buchung. Bestätigen Sie die Meldung durch einen Klick auf **OK**, und bleiben Sie in diesem Bild.

[8] Lassen Sie sich als Nächstes den Beleg anzeigen, um zu sehen, welche Konten bei dieser Zugangsbuchung gegen Kreditor angesprochen wurden. Dazu wählen Sie über die Menüleiste **Beleg • Anzeigen**.

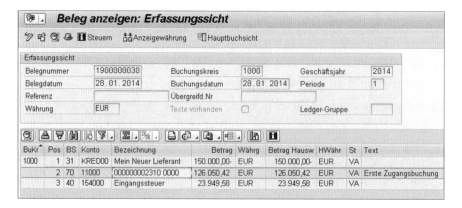

Bebucht werden ein Steuerkonto und zwei Nebenbuchkonten; dies sind das Kreditorenkonto und das Anlagenkonto. Demnach müssen auch zwei Abstimmkonten im Hauptbuch mitbebucht worden sein.

14.3 Anlagenzugang und Anlagenabgang

> **HINWEIS**
>
> **Erfassungssicht und Hauptbuchsicht im neuen Hauptbuch**
>
> In der neuen Hauptbuchhaltung haben Sie die Möglichkeit, zwischen der Erfassungssicht eines Belegs, die Sie in der vorigen Abbildung gesehen haben, und der Hauptbuchsicht, die in der folgenden Abbildung gezeigt wird, zu wechseln. Diese Möglichkeit haben Sie in der klassischen Hauptbuchhaltung nicht. Dort gibt es lediglich die Sicht, in die Sie die Buchung auch tatsächlich eingegeben haben (Erfassungssicht). Um zum Beispiel Zusatzkontierungen zu überprüfen, für die eine Bilanz erstellt werden soll, eignet sich die Hauptbuchsicht des gebuchten Belegs, da dort alle relevanten Daten zu finden sind.

Schauen Sie sich den Anlagenstammsatz an, um zu sehen, ob das SAP-System automatisch das Aktivierungsdatum in den Buchungsinformationen eingetragen hat und der Lieferant auf der Registerkarte **Herkunft** angegeben wurde. Auf der Registerkarte **Bewertung** ist nun auch das Normal-Afa-Beginndatum eingesetzt worden. Folgen Sie dem Pfad **Rechnungswesen** • **Finanzwesen** • **Anlagen** • **Anlage Anzeigen** • **Anlage** im SAP-Easy-Access-Menü (Transaktionscode AS03), um den Anlagenstammsatz anzuzeigen. Tragen Sie die Nummer des Anlagenstammsatzes und den Buchungskreis ein, und bestätigen Sie dies mit einem Klick auf ✅ (**Weiter**). Daraufhin wird das Bild **Anlage anzeigen: Stammdaten** aufgerufen. Navigieren Sie mit einem Klick auf die entsprechenden Registerkarten, und schauen Sie sich die aktualisierten Felder an. In der folgenden Abbildung sehen Sie die Buchungsinformationen im gleichnamigen Bereich, in denen die Felder **Aktivierung am**, **Erstzugang am** und **Zugangsjahr** automatisch mit Werten gefüllt worden sind.

14 Anlagenbewegungen

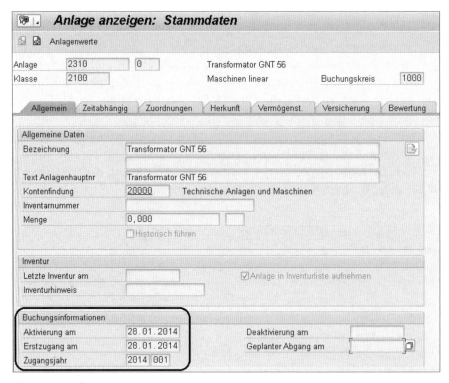

Aktivierte Anlage

Angenommen, Sie haben die Ware erhalten, aber eine Rechnung des Lieferanten liegt Ihnen noch nicht vor oder wurde bereits in einem vorangehenden Schritt erfasst. Demnach müssen Sie nur noch die Anlagenbuchung vornehmen. Dazu dient die Transaktion zur Anlagenbuchung **Gegenbuchung automatisch** (Transaktionscode ABZON). Dabei wird die Anlage mit der Zugangsbuchung bebucht, und die Gegenbuchung erfolgt auf einem Verrechnungskonto, das automatisch angesprochen wird. Das Gegenkonto müssen Sie bei der Buchung nicht angeben. So geht's:

1. Wählen Sie in der Anlagenbuchhaltung den Pfad **Buchung** ▸ **Zugang** ▸ **Kauf** ▸ **Zugang Gegenbuchung automatisch** im SAP-Easy-Access-Menü (Transaktionscode ABZON).

2. Nun gelangen Sie in die Eingabemaske zur Erfassung der Anlagenbewegung. Diese Maske besteht aus einem einzigen Bild, in dem alle notwendigen Felder zur Verfügung stehen. Tragen Sie den Buchungskreisschlüssel in das Feld **Buchungskreis** ein, falls dieses Feld nicht bereits gefüllt

14.3 Anlagenzugang und Anlagenabgang

worden ist. Die Anlagennummer geben Sie im Feld **exist. Anlage** ein. Tragen Sie außerdem die Angaben zu den Feldern **Belegdatum**, **Buchungsdatum** und **Bezugsdatum** ein. Geben Sie den Buchungsbetrag im Feld **Buchungsbetrag** an, und auch hier kann zusätzlich ein informativer Text eingegeben werden (Feld **Text**). Simulieren Sie den Beleg vor der Buchung mit einem Klick auf 📇 (**Simulieren**).

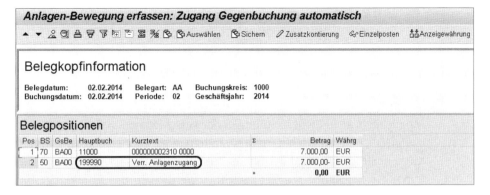

3. In der Simulation sehen Sie die Gegenbuchung, die automatisch durch das SAP-System auf einem Verrechnungskonto für den Anlagenzugang durchgeführt wird. Buchen Sie den Vorgang anschließend durch einen Klick auf 💾 (**Buchen**).

4. Sehen Sie sich die Anlagenbewegungen dieser Anlage an, und rufen Sie den Asset Explorer auf (Transaktionscode AW01N).

14 Anlagenbewegungen

5 Der Asset Explorer öffnet sich. Geben Sie in den Feldern **Buchungskreis**, **Anlage** und **Geschäftsjahr** die entsprechenden Werte ein, und bestätigen Sie Ihre Eingaben mit der ⏎-Taste. Sie sehen nun im Bereich **Bewegungen** die beiden Zugangsbuchungen, die wir in den beiden vorangegangenen Übungen durchgeführt haben. Mit einem Doppelklick auf die jeweilige Position springen Sie in den jeweiligen FI-Beleg.

6 Im Bereich **Geplante Werte** sehen Sie den ermittelten Normalabschreibungswert (im Beispiel für Periode 1 und 2 im Jahr 2014).

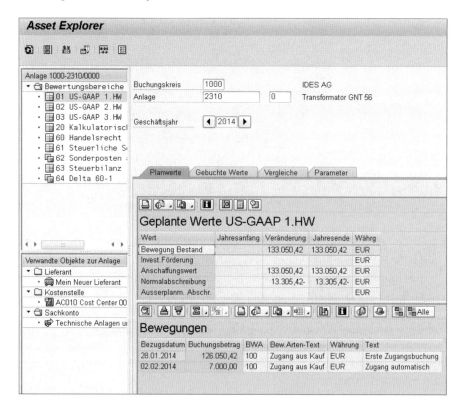

7 Wechseln Sie nun auf die Registerkarte **Vergleiche**. Hier haben Sie die Möglichkeit, sich die Berechnungen der verschiedenen Bewertungsbereiche gleichzeitig anzusehen, um sie miteinander vergleichen zu können. Klicken Sie dazu auf die gewünschten Bewertungsbereiche, die dann durch die Zeichen < > gekennzeichnet werden (in der Abbildung sind dies die Bereiche 01, 20 und 60).

14.3 Anlagenzugang und Anlagenabgang

Wert	Geschäftsjahr	01 US-GAAP 1.HW	Währg	20 Kalkulatorische AfA	Währg	60 Handelsrecht	Währg
Bewegung Bestand	2014	133.050,42	EUR	133.050,42	EUR	133.050,42	EUR
Anschaffungswert	2014	133.050,42	EUR	133.050,42	EUR	133.050,42	EUR
Normalabschreibung	2014	13.305,42-	EUR	13.306,42-	EUR	13.305,42-	EUR
Restbuchwert	2014	119.745,00	EUR	119.744,00	EUR	119.745,00	EUR
Zinsen	2014	0,00	EUR	6.653,00	EUR	0,00	EUR
Aufwertung	2015	0,00	EUR	665,42-	EUR	0,00	EUR
Anschaffungswert	2015	133.050,42	EUR	132.385,00	EUR	133.050,42	EUR
Normalabschreibung	2015	13.305,00-	EUR	13.238,58-	EUR	13.305,00-	EUR
Aufwrtg Normalabschr	2015	0,00	EUR	67,00	EUR	0,00	EUR
Restbuchwert	2015	106.440,00	EUR	105.907,00	EUR	106.440,00	EUR
Zinsen	2015	0,00	EUR	6.653,00	EUR	0,00	EUR
Aufwertung	2016	0,00	EUR	662,00-	EUR	0,00	EUR

8 Kehren Sie nun zurück in das Einstiegsbild des SAP-Easy-Access-Menüs. Geben Sie dazu den Befehl »/N« in das Befehlsfeld ein. Im nächsten Abschnitt führen wir Ihnen anhand eines Beispiels die Buchung eines Anlagenabgangs vor.

Anlagenabgang

Auch die Abgangsbuchung einer Anlage kann auf verschiedene Arten im SAP-System gebucht werden; und auch hier unterscheiden wir die einzelnen Vorgänge, also zum Beispiel, ob es sich um einen Abgang durch Verkauf mit Erlös oder vielleicht um einen Anlagenabgang durch Verschrottung handelt, ob die komplette Anlage vom Buchungskreis abgeht oder nur ein Teil der Anlage usw.

- **Integrierter Anlagenabgang**
  Abgang mit Erlös und mit Debitor

- **Nicht integrierter Anlagenabgang**
  Abgang mit Erlös, aber ohne Debitor

- **Abgang durch die Buchung einer Verschrottung**
  Abgang ohne Erlös

Die Buchung eines Anlagenabgangs kann sowohl als Vollabgang als auch als Teilabgang erfasst werden. Des Weiteren besteht die Möglichkeit, die Anlagenbuchung mithilfe eines Arbeitsvorrats als Massenabgang oder als Abgang mehrerer Anlagen (mithilfe einer manuellen Transaktion) in das SAP-System zu buchen.

14 Anlagenbewegungen

Die Buchung eines Anlagenabgangs erfordert eine genaue Berechnung der Abschreibungen für die ermittelte Zeit. Das SAP-System ermittelt automatisch, wie lange Abschreibungen gebucht werden dürfen, und berücksichtigt diesen Wert in der Abgangsbuchung der Anlage.

Sie möchten nun einen integrierten Vollabgang einer Anlage buchen, bei der Sie einen Erlös erzielen. So geht's:

1 Folgen Sie dem Pfad **Rechnungswesen ▸ Finanzwesen ▸ Anlagen ▸ Buchung ▸ Abgang mit Erlös ▸ Mit Debitor** (Transaktionscode F-92).

2 Sie erreichen nun das Erfassungsbild für den Anlagenabgang. Geben Sie in den Kopfdaten das Belegdatum, das Buchungsdatum und den Buchungskreis in den gleichnamigen Feldern und im Feld **Währung/Kurs** die Währung ein.

3 Im Bereich **Erste Belegposition** im unteren Teil der Eingabemaske tragen Sie im Feld **Bschl** den Buchungsschlüssel für die Debitorenposition (Soll 01) und im Feld **Konto** die Kontonummer des Kunden ein. Bestätigen Sie Ihre Eingaben mit der ⏎-Taste.

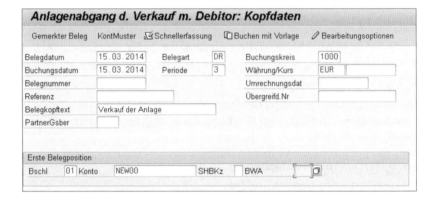

4 Das nächste Eingabebild **Debitoren Rechnung erfassen: Hinzufügen Debitorenposition** erscheint. Tragen Sie im Feld **Betrag** den Bruttobetrag (Erlös) ein, und wählen Sie im Feld **Steuerkennz** ein Steuerkennzeichen. Dazu können Sie auch die Wertehilfe über die F4-Taste nutzen. Den Steuerbetrag können Sie vom SAP-System errechnen lassen, indem Sie das Ankreuzfeld **Steuer rechnen** markieren.

5 Im unteren Bereich der Eingabemaske unter **Nächste Belegposition** tragen Sie im Feld **Bschl** den Buchungsschlüssel für die Haben-Buchung auf ein Erlöskonto (50) und im Feld **Konto** die Kontonummer des Erlöskontos ein. Bestätigen Sie Ihre Eingaben mit der ⏎-Taste.

14.3 Anlagenzugang und Anlagenabgang

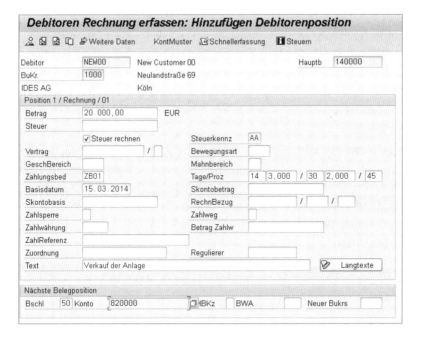

6. Anschließend gelangen Sie in die nächste Eingabemaske. Dort können Sie im Feld **Betrag** den Betrag (Erlös) für die Erlösposition eingeben. Sie haben auch die Möglichkeit, im Betragsfeld ein Sternchen (*) einzugeben, und das System setzt den entsprechenden Betrag automatisch in das Feld. Die Information über das Steuerkennzeichen übernimmt das System automatisch aus der ersten Position in das Feld **Steuerkennz**. Markieren Sie noch das Ankreuzfeld **Anlagenabgang**, und bestätigen Sie Ihre Eingaben mit der ⏎-Taste.

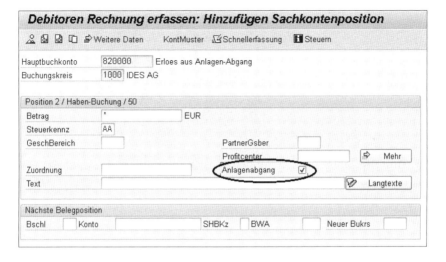

7 Es öffnet sich nun das Dialogfenster **Anlagenabgang erfassen**. Tragen Sie hier im Feld **Anlage** die Kontonummer der Anlage ein, die aus Ihrem Unternehmen durch den Verkauf abgehen soll. Das System schlägt Ihnen zu diesem Vorgang eine Bewegungsart vor. Ist das Feld nicht vorgegeben, geben Sie im Feld **Bewegungsart** die Bewegungsart manuell ein. Achten Sie hier darauf, die richtige Bewegungsart auszuwählen, die den Vorgang beschreibt.

Mit der Wertehilfe F4 erhalten Sie eine Auswahl der möglichen Bewegungsartenschlüssel. Außerdem tragen Sie das Datum der Abgangsbuchung im Feld **Bezugsdatum** ein. Aktivieren Sie anschließend das Ankreuzfeld **Vollabgang**, indem Sie ein Häkchen setzen, und klicken Sie auf die Schaltfläche ✓. Hierdurch gelangen Sie wieder in die vorangehende Eingabemaske.

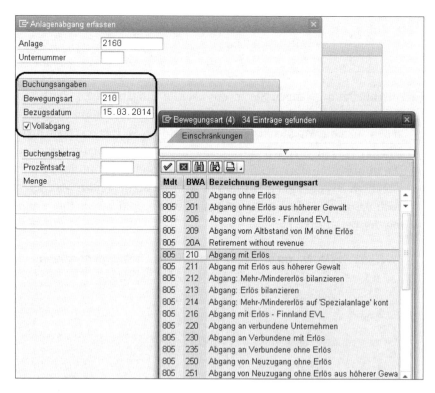

8 Zum Abschluss buchen Sie den Vorgang mit einem Klick auf das Diskettensymbol 💾.

14.3 Anlagenzugang und Anlagenabgang

> **HINWEIS**
>
> **Anteilsweise Abgangsbuchung**
>
> Soll eine Anlage nur anteilsweise verkauft werden, gehen Sie genauso vor, wie bei der Abgangsbuchung beschrieben. Im Dialogfenster **Anlagenabgang erfassen** wird dann allerdings das Feld **Vollabgang** nicht markiert. Stattdessen tragen Sie einen prozentualen Wert für den Abgang ein oder geben einen Buchungsbetrag ein.

9. Schauen Sie sich den Anlagenstammsatz an. Gehen Sie hierzu über den Menüpfad **Rechnungswesen ▸ Finanzwesen ▸ Anlagen ▸ Anlage ▸ Anzeigen ▸ Anlage** (Transaktionscode AS03).

10. Geben Sie in den Feldern **Anlage** und **Buchungskreis** die jeweiligen Informationen ein, und klicken Sie dann auf die Schaltfläche (Weiter). Auf der Registerkarte **Allgemein** ist nun im Bereich **Buchungsinformationen** das Datum der Deaktivierung im entsprechenden Feld eingetragen.

11. Mit dem Befehl »/N« im Befehlsfeld kehren Sie in das SAP-Easy-Access-Menü zurück. Lassen Sie sich den gebuchten Beleg anzeigen, und schauen Sie sich die automatisch vom SAP-System vorgenommenen Abschlussbuchungen an.

12. Wählen Sie im SAP-Easy-Access-Menü den Pfad **Rechnungswesen ▸ Finanzwesen ▸ Anlagen ▸ Buchung ▸ Beleg bearbeiten ▸ Anzeigen** (Transaktionscode AB03). Tragen Sie in die Felder **Buchungskreis**, **Anlage** und **Geschäftsjahr** die entsprechenden Informationen der vorangegangenen Buchung ein, und bestätigen Sie Ihre Angaben mit (Weiter).

13. Das Bild **Belegübersicht Anlagenbuchhaltung** wird angezeigt, in dem die Buchungen auf die Anlage aufgelistet werden. Markieren Sie die gewünschte Position, und mit einem Klick auf die Schaltfläche **FiBu-Beleg** erhalten Sie den Beleg in der Erfassungssicht der Finanzbuchhaltung, den Sie in der folgenden Abbildung sehen.

14 Anlagenbewegungen

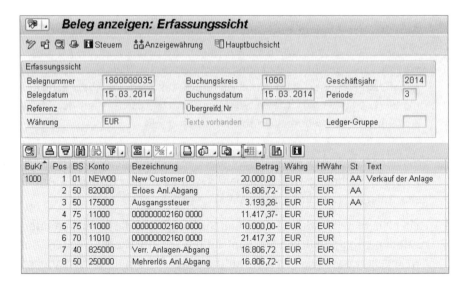

Die Verschrottung einer Anlage wird ebenfalls als Abgangsbuchung im SAP-System gebucht. Gehen Sie hierzu folgendermaßen vor: Wählen Sie den Pfad **Rechnungswesen ▸ Finanzwesen ▸ Anlagen ▸ Buchung ▸ Abgang ▸ Abgang durch Verschrottung** (Transaktionscode ABAVN). Gehen Sie im Weiteren genauso vor, wie es bei der Buchung zum Anlagenabgang beschrieben wird. Befüllen Sie die Felder **Buchungskreis** und **Anlage**, geben Sie das Belegdatum, Buchungsdatum und Bezugsdatum in die gleichnamigen Felder ein, und buchen Sie den Vorgang der Verschrottung durch einen Klick auf 🖫 (**Sichern**).

Sie haben die Buchung von Anlagenabgängen und Anlagenzugängen erfolgreich vorgenommen; über den Asset Explorer können Sie jederzeit alle Bewegungen einer Anlage genau nachvollziehen. Auch die berechnete und geplante Abschreibung wird Ihnen über den Asset Explorer angezeigt. In der nächsten Lektion sehen wir uns die Bewegungsbuchung auf eine spezielle Anlage an, eine Anlage im Bau. Auch hierzu können alle Bewegungen im Asset Explorer genau nachvollzogen werden.

14.4 Abrechnung einer Anlage im Bau

Die Anlage im Bau (AiB) ist eine spezielle Anlage, deren Verwaltung einige Besonderheiten aufweist und deshalb einer eigenen Anlagenklasse zugeordnet wird. Somit ist gewährleistet, dass die Anlage im Bau in einer eigenen

Bilanzposition dargestellt wird. Über die Anlage im Bau dürfen keine Abschreibungen berechnet und gebucht werden. Deshalb enthält der Stammsatz über die Anlagenklasse den AfA-Schlüssel 0000. Mit diesem AfA-Schlüssel stellen Sie sicher, dass keine Abschreibung berechnet wird.

Sie müssen bereits bei der Verwaltung der Anlage im Bau bestimmen, ob sie summarisch verwaltet werden soll oder ob Sie die Einzelpostenverwaltung wünschen. Welche Vorgehensweise Sie wählen, hängt davon ab, wie Sie die Anlage im Bau später abrechnen möchten: mit der Einzelpostenabrechnung oder über die summarische Abrechnung.

In der folgenden Abbildung sehen Sie ein Beispiel für die Einzelpostenverwaltung einer Anlage im Bau, die mit mehreren Zugangsbuchungen bebucht wurde. Die einzelnen Posten können zum Zeitpunkt der Abrechnung verteilt werden. Ein Einzelposten kann zu 100 % auf eine andere Anlage umgebucht oder prozentual auf mehrere Anlagen aufgeteilt werden.

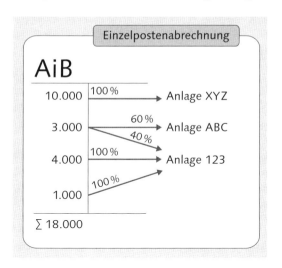

Einzelpostenabrechnung einer Anlage im Bau

Gegensätzlich zur Einzelpostenverwaltung ist die summarische Verwaltung der Anlage im Bau. In der folgenden Abbildung sehen Sie, um vergleichen zu können, die summarische Abrechnung. Hier werden nicht die einzelnen Posten, sondern die Summe wird prozentual auf eine bzw. mehrere andere Anlagen umgebucht.

14 Anlagenbewegungen

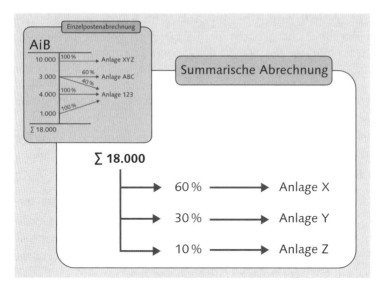

Summarische Abrechnung einer Anlage im Bau

Um die Einzelpostenabrechnung einer Anlage im Bau vornehmen zu können, wird im Customizing ein Abrechnungsprofil für den Buchungskreis definiert. Die Einzelposten werden dann selektiert, und eine Aufteilungsregel wird für diese Einzelposten definiert. Anhand dieser Aufteilungsregel wird die Abrechnung der Einzelposten gebucht.

Im Folgenden zeigen wir Ihnen anhand eines Beispiels, wie Sie eine Anlage im Bau aufteilen und dann abrechnen. Zu diesem Zweck haben wir einen Stammsatz für eine Anlage im Bau angelegt. Den Anlagenstammsatz haben wir daher einer speziellen Anlagenklasse für Anlagen im Bau zugeordnet. Auf die Anlage im Bau wurden drei verschiedene Beträge als Zugang gebucht. Nach einiger Zeit ist die Anlage fertiggestellt und soll genutzt werden. Um dies zu erreichen, muss aus der Anlage im Bau eine »normale« Anlage werden. Die Beträge der Anlage im Bau müssen somit auf eine oder mehrere normale Anlagen umgebucht bzw. abgerechnet werden. Das Abrechnungsprofil ist bereits im Customizing definiert, und Sie sollen nun die Aufteilungsregeln erfassen. So geht's:

1. Wählen Sie im SAP-Easy-Access-Menü den Pfad **Rechnungswesen** • **Finanzwesen** • **Anlagen** • **Buchung** • **Aktivierung AiB** • **Aufteilen** (Transaktionscode AIAB).

2. Die Einstiegsmaske **Abrechnung Anlage im Bau: Einstiegsbild** wird angezeigt. Geben Sie im Feld **Buchungskreis** den Buchungskreisschlüssel und

14.4 Abrechnung einer Anlage im Bau

im Feld **Anlage** die Nummer des Anlagenstammsatzes Ihrer Anlage im Bau an. Im Bereich **Einstellungen** können Sie im Feld **Layout** über die Wertehilfe [F4] für die Darstellung der Einzelposten ein Layout auswählen. Klicken Sie anschließend auf die Schaltfläche ⊕ (**Ausführen**).

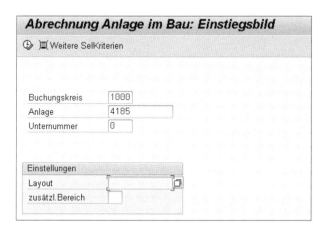

3 Die Einzelpostenliste der Anlage im Bau erscheint. Hier geht es darum, die einzelnen Posten (Zugangsbuchungen) auf andere Anlagenstammsätze zu verteilen. Markieren Sie eine einzelne Spalte, indem Sie auf den grauen Balken davor und anschließend in der Anwendungsfunktionsleiste auf die Schaltfläche Erfassen (**Regeln erfassen**) klicken.

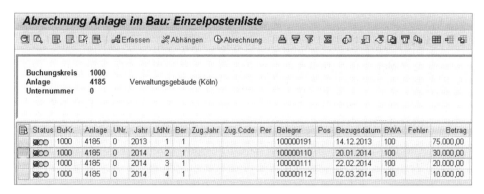

4 Sie erhalten nun die Tabelle **Abrechnungsvorschrift pflegen: Übersicht**. In der Tabelle geben Sie die Nummer des Anlagenstammsatzes an, auf den dieser Einzelposten der Anlage im Bau abgerechnet werden soll. Bestätigen Sie dies mit der ⏎-Taste. Das System befüllt nun das Feld **Empfänger-Kurztext** mit der Bezeichnung der angegebenen Anlage. In unserem Beispiel soll dieser Einzelposten zu 100 % auf die neue Anlage gebucht werden. Da wir keinen prozentualen Wert eingegeben haben, verwendet

14 Anlagenbewegungen

das SAP-System den Wert 100 und trägt ihn automatisch in das entsprechende Feld ein.

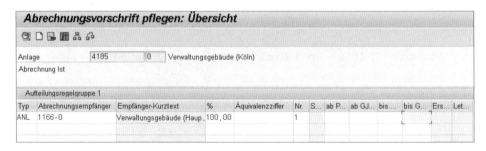

5 Klicken Sie nun auf ⓒ (Zurück), um wieder zur Einzelpostenliste zu gelangen. Wie Sie sehen, hat der soeben bearbeitete Einzelposten eine grüne Ampel (siehe Markierung in der folgenden Abbildung) erhalten.

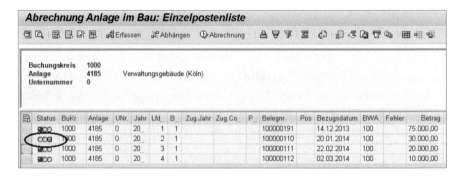

6 Als Nächstes verteilen Sie zwei andere Posten prozentual auf zwei weitere Anlagenstammsätze. Markieren Sie die beiden Einzelposten, indem Sie mit der Maus darauf klicken, während Sie die Taste [Strg] gedrückt halten. Anschließend klicken Sie wieder auf die Schaltfläche Erfassen (Regeln erfassen).

7 Die Tabelle **Abrechnungsvorschrift pflegen: Übersicht** öffnet sich erneut. Verteilen Sie die beiden verbliebenen Einzelposten der Anlage im Bau auf zwei andere Anlagenstammsätze, und legen Sie diesmal einen prozentualen Anteil (zum Beispiel 60 % und 40 %) fest. Tragen Sie die beiden Stammsatznummern in die Spalte **Abrechnungsempfänger** ein, auf die die beiden Einzelposten der Anlage im Bau prozentual aufgeteilt werden sollen. Anschließend tragen Sie die jeweiligen Prozentzahlen in die entsprechenden Felder ein. Bestätigen Sie Ihre Eingaben durch einen Klick auf ⓥ (Weiter), und kehren Sie mit einem Klick auf die Schaltfläche

14.4 Abrechnung einer Anlage im Bau

⬅ (Zurück) in das Bild **Abrechnung Anlage im Bau: Einzelpostenliste** zurück.

Abrechnungsvorschrift pflegen: Übersicht										
Anlage	4185	0	Verwaltungsgebäude (Köln)							
Abrechnung Ist										
Aufteilungsregelgruppe 2										
Typ	Abrechnungsempfänger	Empfänger-Kurztext	%	Äquivalenzziffer	Nr.	S...	ab P...	ab GJ...	bis ...	bis G... Ers... Let...
ANL	1167-0	Verwaltungsgebäude (Nebe	60,00		1					
ANL	1168-0	Verwaltungsgebäude (Anba	40,00		2					

8 Die Ampeln für die weiteren bearbeiteten Einzelposten zeigen nun ebenfalls Grün an. Sichern Sie Ihre Werte durch einen Klick auf 💾 (**Sichern**), und bestätigen Sie die Meldung über die erfolgreiche Sicherung der Aufteilungsregeln mit der ⏎-Taste.

> **HINWEIS**
>
> **Aufteilung im Beispiel**
> Unsere Anlage im Bau wurde mit vier Einzelposten (Angaben in EUR) bebucht (75.000,00/30.000/20.000,00/10.000,00). Danach wurde der Einzelposten (30.000,00) zu 100 % auf einen normalen Anlagenstammsatz (Anlage 1166) aufgeteilt; der zweite und der dritte Einzelposten (20.000,00 und 10.000,00) werden jeweils zu 60 % auf die Anlage 1167 und zu 40 % auf die Anlage 1168 verteilt.

Nachdem Sie die Aufteilung definiert haben, führen Sie die Abrechnung durch. So geht's:

1 Wählen Sie in der Menüleiste die Option **Umfeld ▸ Abrechnung ausführen**, oder klicken Sie auf die Schaltfläche 🕓 Abrechnung in der Anwendungsfunktionsleiste.

2 Im Einstiegsbild zur Durchführung der Abrechnung werden einige Felder bereits vom System gefüllt. Überprüfen Sie diese Angaben, und ergänzen Sie gegebenenfalls die Werte in den Feldern **Buchungskreis**, **Anlage**, **Belegdatum**, **Bezugsdatum** und **Buchungsdatum**. Tragen Sie im Feld **Text** einen informativen Text zum Vorgang ein, und geben Sie, falls nicht schon vorbelegt, die Belegart an. Auch hierbei kann Ihnen die Wertehilfe über die Taste F4 nützlich sein.

3 Führen Sie zunächst einen Testlauf durch. Markieren Sie dazu im Bereich **Ablaufsteuerung** das Ankreuzfeld **Testlauf**, und klicken Sie anschließend auf die Schaltfläche Ausführen.

4 Erhalten Sie keine Fehlermeldungen, markieren Sie das Feld **Detailliste** und deaktivieren das Auswahlfeld **Testlauf** wieder. Simulieren Sie die Abrechnungsbuchung durch einen Klick auf die Schaltfläche (Simulieren).

5 Es öffnet sich nun das Bild **Abrechnung Anlage im Bau: Einstiegsbild**. Wie Sie dort sehen, hat das SAP-System die Abrechnung folgendermaßen durchgeführt:

– In der ersten Zeile sehen Sie den gesamten Abrechnungsbetrag, der im Haben der AiB gebucht wird (60.000,00 EUR).

– Erster Einzelposten: 30.000,00 EUR auf Anlage 1166.

– Zweiter und dritter Einzelposten: insgesamt 30.000,00 EUR zu 60 % auf Anlage 1167.

– Zweiter und dritter Einzelposten: insgesamt 30.000,00 EUR zu 40 % auf Anlage 1168.

6 Überprüfen Sie diese Angaben. Kehren Sie anschließend in das Einstiegsbild zurück, und schließen Sie den Abrechnungsvorgang ab, indem Sie auf die Schaltfläche Ausführen klicken.

14.4 Abrechnung einer Anlage im Bau

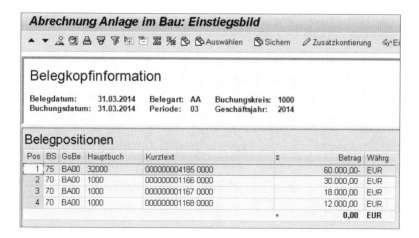

Sie möchten nun über den Asset Explorer prüfen, ob die Abrechnung der Anlage im Bau erfolgreich ausgeführt worden ist. Dazu gehen Sie folgendermaßen vor:

1 Wählen Sie **Rechnungswesen** • **Finanzwesen** • **Anlagen** • **Anlage** • **Asset Explorer** (Transaktionscode AW01N).

2 Der Asset Explorer öffnet sich. Geben Sie im Feld **Buchungskreis** Ihren Buchungskreisschlüssel und im Feld **Anlage** die Nummer der Anlage im Bau an. Im Feld **Geschäftsjahr** tragen Sie das entsprechende Geschäftsjahr ein und bestätigen dies mit der ⏎-Taste.

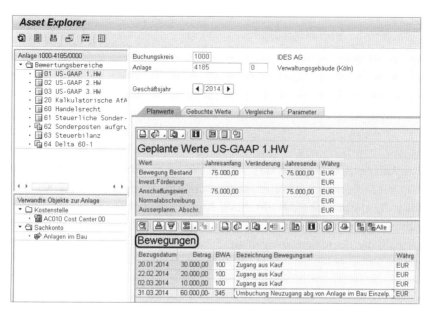

3 In unserem Beispiel haben wir nicht alle Einzelposten der Anlage im Bau abgerechnet, und somit bleibt die AiB weiter bestehen. Wenn der letzte Einzelposten der AiB abgerechnet worden ist, wird der Stammsatz der Anlage im Bau automatisch deaktiviert. Im Asset Explorer im Bereich **Bewegungen** sehen Sie sowohl die Zugangsbuchungen als auch die Umbuchung bzw. den Abgang der Anlage im Bau. Mit einem Klick auf die Schaltfläche ▣ (**Stammdaten anzeigen**) springen Sie in den Stammsatz der Anlage im Bau. Wie Sie in der folgenden Abbildung sehen, ist im Anlagenstammsatz der Anlage im Bau nun auch das Deaktivierungsdatum eingesetzt worden. Auf dieser Anlage im Bau können Sie nun keine Buchungen mehr durchführen.

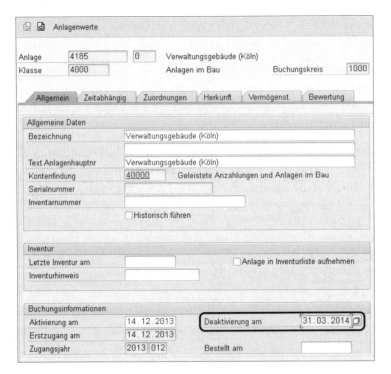

Die Anlage im Bau haben Sie nun abgerechnet und umgebucht. Das SAP-System hat Ihnen dabei geholfen, sowohl die Abrechnung der Anlage im Bau als auch die Umbuchung der einzelnen Posten auf »normale« Anlagen durchzuführen. Im nächsten Abschnitt sehen wir uns einen Umbuchungsvorgang innerhalb der normalen Anlagen an.

14.5 Umbuchungen von Anlagen

Im SAP-System lassen sich innerhalb der Anlagenbuchhaltung verschiedene Umbuchungsaktionen abbilden. Es wird zwischen buchungsinternen Bewegungen (Umbuchung) und Bewegungen zwischen verschiedenen Buchungskreisen (Transfer) unterschieden. Für die Umbuchung einer Anlage kann es verschiedene Ursachen geben:

- Haben Sie zum Beispiel einen Anlagenstammsatz in der falschen Anlagenklasse angelegt und bebucht, können Sie über die Transaktion **Umbuchung** die Buchungen auf die richtige Anlagenklasse umbuchen und damit den Fehler beheben.

- Möchten Sie eine Anlage aufteilen oder einen Teil der Anlage auf eine neue Anlage umbuchen, wird dies über das Verfahren der Umbuchung realisiert.

- Wird eine Anlage im Bau abgerechnet, wird sie auf eine »fertige« Anlage umgebucht. Diese Buchung kann entweder so wie in Abschnitt 14.3, »Anlagenzugang und Anlagenabgang«, oder durch die Funktion »Abrechnung einer Anlage im Bau« (siehe Abschnitt 14.4) abgerechnet werden. Sie können den Vorgang aber auch über die Transaktion **Umbuchung** durchführen.

Im Folgenden zeigen wir Ihnen anhand eines Beispiels, wie Sie eine Anlagenumbuchung im SAP-System vornehmen können.

Angenommen, Sie haben einen Anlagenstammsatz bebucht und stellen nun fest, dass dieser Stammsatz einer falschen Anlagenklasse zugewiesen wurde. Um die Anlagenbuchungen auf einen anderen Anlagenstammsatz in der »richtigen« Anlagenklasse umzubuchen, muss dieser Stammsatz entweder bereits existieren, oder Sie legen einen neuen Anlagenstammsatz mit der richtigen Anlagenklasse an. Hierbei haben Sie die Möglichkeit, den neuen Anlagenstammsatz während der Transaktion der Umbuchung anzulegen. So haben Sie zwei Schritte in nur einem einzigen Vorgang erledigt!

1 Wählen Sie im SAP-Easy-Access-Menü den Pfad **Rechnungswesen • Finanzwesen • Anlagen • Buchung • Umbuchung • Umbuchung buchungskreis-intern** (Transaktionscode ABUMN).

2 Die Erfassungsmaske **Anlagen-Bewegung erfassen: Umbuchung buchungskreis-intern** öffnet sich. Tragen Sie Ihren Buchungskreisschlüssel in das Feld **Buchungskreis** ein und darunter in das Feld **Anlage** die Nummer der Anlage, die Sie umbuchen möchten. Anschließend befüllen Sie die Felder **Belegdatum**, **Buchungsdatum** und **Bezugsdatum** mit dem jeweiligen Datum. Im Feld **Text** können Sie eine informative Angabe zur Umbuchung vornehmen.

3 Nun möchten Sie im Umbuchungsvorgang gleichzeitig den neuen Stammsatz anlegen, auf den umgebucht werden soll. Markieren Sie dazu den Auswahlknopf **neue Anlage**.

Geben Sie nun die Anlagenklasse an, der der neue Stammsatz zugeordnet werden soll, eine Bezeichnung für die Anlage und eventuell eine Kostenstelle. Sichern Sie schließlich den Vorgang durch einen Klick auf 🖫 (**Sichern**).

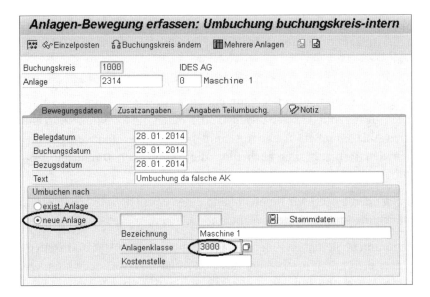

4 Sie erhalten nun die Meldung, dass die Umbuchung der Anlage erfolgt ist und ein neuer Anlagenstammsatz unter der Angabe der neuen Anlagennummer (neue Anlagennummer 3407) angelegt wurde. Bestätigen Sie diese Meldung mit einem Klick auf die Schaltfläche ✓ (**Weiter**).

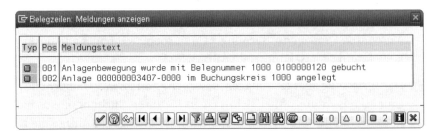

14.5 Umbuchungen von Anlagen

Schauen Sie sich die Anlagenwerte für beide Anlagen an. Rufen Sie dazu den Asset Explorer auf, indem Sie den Transaktionscode in das Befehlsfeld eingeben (Transaktionscode AW01N). Zuerst sehen Sie sich den Anlagenstammsatz an, von dem aus umgebucht wurde. Tragen Sie die Kontonummer des Anlagenstammsatzes in das Feld **Anlage** ein, geben Sie anschließend den Buchungskreisschlüssel und das Geschäftsjahr in die Felder **Buchungskreis** und **Geschäftsjahr** ein, und bestätigen Sie die Eingaben mit der ⏎-Taste; der Asset Explorer öffnet sich.

Im unteren Bereich **Bewegungen** sehen Sie, dass eine Zugangsbuchung auf diese Anlage erfolgt ist. Auch sehen Sie die Umbuchung der kompletten Summe auf den neuen Anlagenstammsatz. Wenn Sie jeweils doppelt in die entsprechenden Zeilen klicken, springen Sie in den FI-Beleg der Buchung.

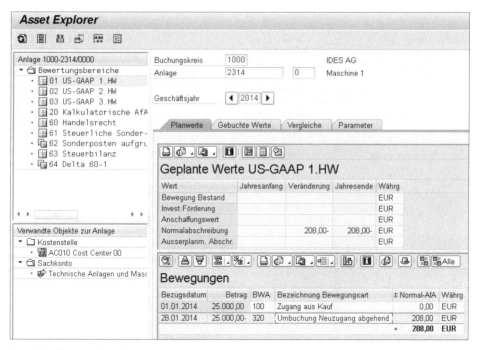

Asset Explorer – Quellanlagenstammsatz

Schauen Sie sich nun die Anlagenwerte der neuen Anlage an; bleiben Sie dazu im Asset Explorer. Tragen Sie im Asset Explorer im Feld **Anlage** die Anlagennummer des Stammsatzes ein, auf den die Umbuchung erfolgt ist. Die

14 Anlagenbewegungen

Felder **Buchungskreis** und **Geschäftsjahr** ändern Sie nicht ab. Bestätigen Sie Ihre Eingaben mit der ⏎-Taste.

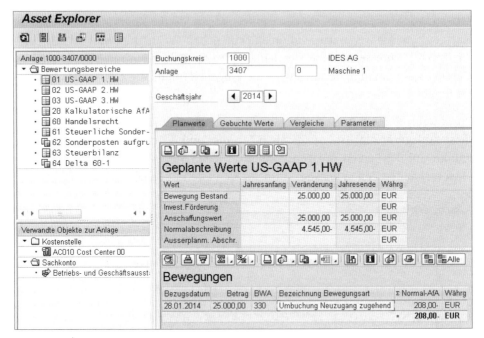

Asset Explorer – Zielanlagenstammsatz

Im Asset Explorer werden Ihnen im Bereich **Geplante Werte** der Anschaffungswert und der Abschreibungswert (von Februar bis Dezember) angezeigt.

Die Zugangsbuchung sehen Sie im Bereich **Bewegungen** als Zugang durch die Umbuchung. Wie Sie erkennen können, werden der Anschaffungsbetrag und auch der AfA-Betrag der Quellanlage mit in die neue Anlage umgebucht. Klicken Sie nun doppelt auf diese Zeile, um sich den FI-Beleg anzusehen.

Sie haben in der Anlagenbuchhaltung erfolgreich Zugangs- und Abgangsbuchungen durchgeführt, und Sie haben eine Anlage im Bau abgerechnet und auf andere Anlagen umgebucht. Zuletzt haben Sie die Umbuchung mit gleichzeitigem Anlegen eines Anlagenstammsatzes vorgenommen.

FI-Beleg der Anlagenumbuchung

14.6 Probieren Sie es aus!

Aufgabe 1

Bebuchen Sie die drei Anlagenstammsätze, die Sie in Aufgabe 1 von Kapitel 13, »Anlagenstammsatz«, angelegt haben (Maschine 1 bis 3). Wählen Sie dazu die Option **Zugangsbuchung gegen Kreditor**, und geben Sie den Kreditor an, den Sie in Kapitel 4, »Kreditorenstammsatz«, angelegt haben (KREDITOR00).

Wählen Sie das aktuelle Datum als Buchungsdatum; die Beträge für die Zugangsbuchungen können Sie frei wählen.

Sehen Sie sich über den Asset Explorer die Bewegungen der drei bebuchten Anlagen an.

Aufgabe 2

Nehmen Sie auf die Anlage im Bau, die Sie in Aufgabe 2 von Kapitel 13, »Anlagenstammsatz«, angelegt haben, drei Zugangsbuchungen vor:

- 15.000,00 EUR
- 10.000,00 EUR
- 18.000,00 EUR

Verwenden Sie die Zugangsbuchung automatisch (nicht gegen Kreditor), und geben Sie auch hierbei das aktuelle Buchungsdatum an.

Sehen Sie sich den Anlagenstammsatz der Anlage im Bau an, und prüfen Sie, ob das Aktivierungsdatum vom System automatisch eingefügt wurde.

Aufgabe 3

Nehmen Sie die Abrechnung der Anlage im Bau vor. Verwenden Sie als Abrechnungsdatum circa eine Woche nach Aktivierungsdatum.

Teilen Sie die drei Positionen folgendermaßen auf:

- die Positionen 15.000,00 EUR und 10.000,00 EUR

  zu 30 % auf die Anlage *Maschine 1*

  zu 70 % auf die Anlage *Maschine 2*

- die Position 18.000,00 EUR

  zu 100 % auf die Anlage *Maschine 3*

Schauen Sie sich über den Asset Explorer die Buchungsvorgänge an:

Die Anlagen Maschine 1 bis 3 müssten die Zugangsbuchungen durch Kauf aufweisen, ebenso wie die Zugangsbuchungen aus der Abrechnung der Anlage im Bau.

Die Anlage im Bau müsste mit der Durchführung der Abrechnung deaktiviert worden sein. Prüfen Sie im Anlagenstammsatz, ob das Deaktivierungsdatum eingetragen worden ist.

15   Abschluss der Anlagenbuchhaltung

Wird das Geschäftsjahr beendet, muss es im SAP-System abgeschlossen werden. Das Unternehmen muss zunächst eine Bilanz sowie die Gewinn- und Verlustrechnung (GuV) erstellen. Bevor diese Abschlussberichte in der Hauptbuchhaltung erstellt werden können, muss unter anderem die Anlagenbuchhaltung abgeschlossen werden.

> **In diesem Kapitel lernen Sie,**
> - wie Sie Abschreibungen buchen,
> - wie das Jahreswechselprogramm gestartet wird,
> - wie das Programm für den Jahresabschluss angestoßen wird.

15.1   Abschlussarbeiten im Überblick

Im SAP-System bestehen die Abschlussarbeiten in der Anlagenbuchhaltung sowohl aus gesetzlichen als auch aus technischen bzw. organisatorischen Arbeiten, die wir Ihnen in den folgenden Abschnitten vorstellen.

Technische/organisatorische Arbeiten

Die folgenden Arbeiten zum Jahresabschluss sind nicht vom Gesetzgeber vorgeschrieben, aber notwendige Arbeitsabfolgen im SAP-System, um die gesetzlichen Abschlussarbeiten durchführen zu können.

- **Jahreswechsel**
  Um im neuen Geschäftsjahr auf die Anlagen buchen zu können, ist die Durchführung des Jahreswechselprogramms im SAP-System Voraussetzung.
- **Abstimmung von Anlagen und Hauptbuch**
  Zu Beginn des neuen Geschäftsjahres werden die Verkehrszahlen in der Anlagenbuchhaltung mit den entsprechenden Buchungen in den Sachkonten verglichen.
- **Periodische Bestandsbuchung**
  Nur von einem Bewertungsbereich aus werden Anlagenbuchungen in Echtzeit (Realtime) in das Hauptbuch gebucht. In der Regel wird dieser Be-

wertungsbereich zur Abbildung des Handelsrechts verwendet. Buchungen für zusätzliche Bewertungsbereiche werden mit dem Programm für periodische Anlagenbuchungen durchgeführt (bis Release 4.7 Programm RAPERB00 bzw. ab Release 4.7 Programm RAPERB2000, ohne Batch-Input-Mappe).

- **Jahresabschlussprogramm**
  Nachdem der Abschreibungslauf und die periodische Bestandsbuchung vorgenommen worden sind, wird das Jahresabschlussprogramm gestartet. Das Jahresabschlussprogramm überprüft zunächst, ob die Abschreibungen und Bestände auch vollständig gebucht wurden. Darüber hinaus überprüft das Programm, ob im Anlagenbestand noch unvollständige oder fehlerhafte Anlagen vorhanden sind. Findet das Programm keine Fehler, aktualisiert es das letzte abgeschlossene Geschäftsjahr und sperrt das Geschäftsjahr, sodass keine Buchungen mehr in der Anlagenbuchhaltung vorgenommen werden können.

Gesetzliche Arbeiten

Ein Unternehmen ist verpflichtet, die gesetzlichen Vorgaben des jeweiligen Landes zu erfüllen. Auch in der Anlagenbuchhaltung fallen Arbeiten in den Jahresabschluss, die vom Gesetzgeber vorgeschrieben sind. Das SAP-System unterstützt Sie bei den folgenden Arbeitsabläufen:

- **Inventur aufstellen**
  Eine Bestandsaufnahme des Anlagevermögens wird aufgestellt.
- **Abschreibungslauf**
  Der Abschreibungslauf ist ein Programm, mit dem die Abschreibungswerte der Anlagenstammsätze in das Hauptbuch gebucht werden.
- **Anlagengitter**
  Das Anlagengitter ist der wichtigste Auswertungsbericht der Anlagenbuchhaltung zum Jahresabschluss.

In den folgenden Abschnitten gehen wir anhand von Beispielen näher auf das Abschreibungsprogramm, die Durchführung des Jahreswechsels und das Jahresabschlussprogramm ein und zeigen, wie das SAP-System Sie bei diesen Abschlussarbeiten unterstützt.

15.2 Abschreibungen durchführen

Abschreibungen lassen sich in verschiedene Kategorien unterteilen. Dies liegt einfach daran, dass nicht alle Anlagen gleichermaßen bewertet werden

15.2 Abschreibungen durchführen

können, da die Art der Nutzung und damit auch der Abnutzung unterschiedlich ist. Wir unterscheiden daher mehrere Abschreibungsarten. Für jeden Bewertungsbereich kann festgelegt werden, welche Abschreibungsarten geführt werden sollen.

Die folgenden Abschreibungsarten werden unterschieden:

- **Normalabschreibung**
  Hierunter versteht man die geplante Absetzung für Abnutzung bei normalem Gebrauch.

- **Sonderabschreibung**
  Hier erfolgt in der Regel eine prozentuale Abschreibung. Dies ist eine rein steuerrechtlich begründete Absetzung für Abnutzung, steht aber in keiner Beziehung zur Wertminderung des Wirtschaftsguts. Die Sonderabschreibung dient eher dem Zweck der Steuervergünstigung und wird kleineren Unternehmen gewährt, um einen Anreiz für Investitionen zu schaffen. Sonderabschreibungen werden parallel zur Abschreibung gewährt.

- **Außerplanmäßige Abschreibung**
  Hier geht es um eine dauerhafte Wertminderung, die durch ungewöhnliche Einflüsse herbeigeführt wurde, wie zum Beispiel Beschädigung.

- **Leistungsabhängige Abschreibung**
  Die Höhe der Abschreibung ist abhängig von der saisonalen Leistung der Anlage (zum Beispiel gefahrene Kilometer).

Das SAP-System benötigt verschiedene Angaben und Parameter zur Berechnung der Abschreibungsbeträge. Diese Angaben und Parameter werden in sogenannten Rechenmethoden hinterlegt. Die jeweilige Rechenmethode wird in der Konfiguration (Customizing) des SAP-Systems dem Abschreibungsschlüssel zugeordnet.

Das SAP-System bietet ein Buchungsprogramm, mit dem die Abschreibungswerte der Anlagen berechnet und periodengenau pro Anlage gebucht werden können (RABUCH00 bzw. neu RAPOST2000).

- **RABUCH00 (bis Release SAP R/3 4.6C)**
  Eine Mappe wird angelegt (Batch-Input-Mappe), die die Abschreibungsbuchungsbelege für das Hauptbuch enthält. Diese Mappe muss abgespielt werden, um eine Konsistenz zwischen Anlagenbuchhaltung und Hauptbuchhaltung herzustellen.

- **RAPOST2000**
  Dieses AfA-Programm (AfA steht für Absetzung für Abnutzung) bucht direkt auf die Hauptbuchkonten und die zusätzlichen Kontierungsobjekte,

15 Abschluss der Anlagenbuchhaltung

ohne dass vorher eine Mappe erstellt werden muss. Es ist daher besonders wichtig, das Programm zuerst im Testlauf zu starten, um eine Prüfung durchführen zu können, bevor das Programm im Echtlauf ausgeführt wird.

Mit dem AfA-Buchungsprogramm RAPOST2000 können die folgenden Abschreibungen erfasst werden:

- Normal-AfA (handelsrechtliche als auch kalkulatorische Afa)
- steuerrechtliche Sonder-AfA
- außerplanmäßige AfA (oder sonstige manuell geplante Abschreibungen)
- kalkulatorische Zinsen
- Aufwertung der AHK (Anschaffungs- und Herstellungskosten) und/oder der kumulierten Abschreibungen

Wenn Sie unterjährig einen Anlagenzugang buchen, unterstützt das System Sie bei der Buchung von Abschreibungen mit zwei Verfahren:

- **Restverteilungsverfahren**
  Die Abschreibung wird auf die noch ausstehenden Buchungsperioden verteilt.

> **BEISPIEL**
>
> **Restverteilungsverfahren**
> Sie buchen einen Zugang im Mai des laufenden Jahres. Die Abschreibungen sind von Mai bis Dezember zu berechnen und zu buchen. Über das Restverteilungsverfahren wird der Abschreibungswert durch acht Perioden geteilt (1.200,00 ÷ 8 = 150,00).

- **Nachholverfahren**
  Die Abschreibung wird auf die unterjährige Bewegung vom Beginn der Abschreibungsperiode bis zur aktuellen Buchungsperiode errechnet und in einer Summe gebucht. Das Abschreibungsprogramm bucht diesen Betrag in der Buchungsperiode, in der das Buchungsdatum der Bewegung liegt.

> **BEISPIEL**
>
> **Nachholverfahren**
> Der Zugang wird im Mai des laufenden Jahres gebucht. Die Abschreibung von Januar bis Mai beträgt 500,00 EUR (5 × 100,00 EUR); das AfA-Programm bucht 500,00 EUR im Mai und dann von Juni bis Dezember jeden Monat 100,00 EUR.

Sie sind verantwortlich für den Bereich der Anlagenbuchhaltung und sollen nun auf die Anlagen des Unternehmens einen Abschreibungslauf ausführen.

15.2 Abschreibungen durchführen

Sie verwenden das Abschreibungsprogramm und führen erst einen Testlauf durch, um eventuell auftretende Hinweismeldungen sofort bearbeiten zu können, bevor Sie den Echtlauf starten.

1. Führen Sie das Abschreibungsprogramm durch. Folgen Sie dem Pfad **Anlagen • Periodische Arbeiten • Abschreibungslauf • Durchführen** im SAP-Easy-Access-Menü (Transaktionscode AFAB).

2. Es öffnet sich nun das Bild **Buchen der Abschreibungen**. Tragen Sie im Bereich **Parameter** in den gleichnamigen Feldern Ihren Buchungskreis, das Geschäftsjahr und die Buchungsperiode ein. Markieren Sie im Bereich **Grund des Buchungslaufes** den Auswahlknopf **Planmässig**. Im Bereich **Weitere Optionen** markieren Sie das Ankreuzfeld **Anlagen auflisten**.

> **HINWEIS**
>
> **Buchungslauf**
> Geben Sie als Buchungsperiode die Periode des nächsten regulären Abschreibung-Buchungslaufs an. Sollte noch kein AfA-Lauf durchgeführt worden sein, müssen Sie die Periode 01 angeben. Das System ermittelt die nächste zu buchende Periode gemäß dem definierten AfA-Buchungsrhythmus (monatlich, vierteljährlich, halbjährlich etc.).

3. Führen Sie erst einmal einen Testlauf durch, um Ihre Eingaben noch einmal prüfen zu können. Setzen Sie dazu einen Haken in das Ankreuzfeld **Testlauf** im Bereich **Parameter für Testlauf**. Anschließend klicken Sie auf die Schaltfläche 🕘 (**Ausführen**).

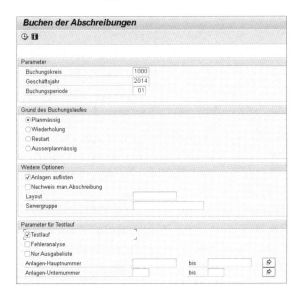

15 Abschluss der Anlagenbuchhaltung

4 Sie erhalten nun die folgende Informationsmeldung, die Sie mit einem Klick auf die Schaltfläche [Ja] bestätigen.

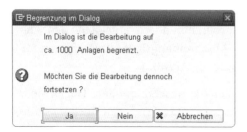

5 Der Testlauf wird daraufhin ausgeführt. Sie erhalten eine Liste der Anlagen, die bei einem Abschreibungslauf bebucht würden. Hier können Sie nun prüfen, ob alle Buchungen korrekt sind. Der Testlauf scheint in Ordnung zu sein; dementsprechend lautet die Meldung, die Sie im unteren Abschnitt sehen: »Testlauf wurde erfolgreich beendet«.

6 Nehmen Sie die Abschreibungsbuchung nun im Echtlauf vor. Verlassen Sie dazu die Übersicht aus dem Testlauf mit einem Klick auf [G] (Zurück), und Sie gelangen wieder in das Bild **Buchen der Abschreibungen**. Sie können nun die Abschreibungen für die einzelnen Perioden planmäßig anstoßen, oder Sie geben im Feld **Buchungsperiode** die letzte Buchungsperiode (12) ein. Markieren Sie dann den Auswahlknopf **Ausserplanmässig**, und entfernen Sie den Haken im Ankreuzfeld **Testlauf**. In der Menüleiste wählen Sie **Programm ▸ Im Hintergrund ausführen** (Taste [F9]).

15.2 Abschreibungen durchführen

7 Im sich nun öffnenden Dialogfenster (**Hintergrund-Druckparameter**) geben Sie im Feld **Ausgabegerät** das Ausgabegerät ein und bestätigen die Eingabe mit einem Klick auf ✓ (**Weiter**).

8 Es öffnet sich erneut ein Dialogfenster (**Startterminwerte**). Wählen Sie hier die Option **Sofort**, und sichern Sie den Vorgang durch einen Klick auf 🖫 (**Sichern**). Sie erhalten nun eine Informationsmeldung, dass für das Programm RAPOST2000 eine Jobeinplanung erstellt wurde. Bestätigen Sie die Meldung mit einem Klick auf ✓ OK, und kehren Sie anschließend zurück in das Einstiegsbild des SAP-Easy-Access-Menüs. Geben Sie hierzu den Befehl »/N« in das Befehlsfeld ein.

Das Abschreibungsprogramm RAPOST2000 haben Sie soeben erfolgreich laufen lassen. Als Nächstes lassen Sie sich das Protokoll (RAPOST2001) anzeigen. Tragen Sie in das Befehlsfeld den Transaktionscode AFBP ein, und betätigen Sie die ⏎-Taste (Transaktionscode AFBP). Alternativ können Sie den Bericht auch direkt aufrufen. Gehen Sie hierzu über die Menüleiste, und wählen Sie **System ▸ Dienste ▸ Reporting**. Tragen Sie den Reportnamen RAPOST2001 ein, und klicken Sie dann auf die Schaltfläche 🕘 (**Ausführen**). Tragen Sie anschließend in die Felder **Buchungskreis**, **Geschäftsjahr** und **Buchungsperiode** den Buchungskreisschlüssel, das entsprechende Geschäftsjahr und die Buchungsperiode ein. Wenn Sie möchten, können Sie sich wieder die Anlagen auflisten lassen. Hierzu setzen Sie den Haken in das Ankreuzfeld **Anlagen auflisten**. Klicken Sie nun erneut auf 🕘 (**Ausführen**); Daraufhin erhalten Sie das Protokoll Ihres Abschreibungslaufs, das Sie in der folgenden Abbildung anhand eines Beispiels sehen.

Protokoll zum Abschreibungslauf

Sie haben nun die verschiedenen Methoden der Abschreibungen sowie die Abschreibungsprogramme der klassischen und neuen Hauptbuchhaltung kennengelernt. In der Beispielaufgabe haben Sie darüber hinaus die Vorteile des neuen Abschreibungsprogramms RAPOST2000 gesehen, bei dem es nicht mehr nötig ist, eine Batch-Input-Mappe zu erstellen und abzuspielen.

15.3 Jahreswechsel durchführen

Mit dem Jahreswechselprogramm im SAP-System werden die Wertefelder für jede Anlage für das neue Geschäftsjahr geöffnet und die Werte kumuliert in das neue Jahr vorgetragen. Buchungen können Sie im neuen Geschäftsjahr und auch im vergangenen Geschäftsjahr vornehmen. Das Jahreswechselprogramm kann frühestens in der letzten Periode des laufenden Geschäftsjahres ausgeführt werden. Es muss immer für den gesamten Buchungskreis ausgeführt werden und kann nicht nur für bestimmte Geschäftsbereiche oder eine Auswahl von Anlagen gestartet werden.

Das Geschäftsjahr ist beendet, und die Abschlussarbeiten laufen bereits. Sie möchten nun das Jahreswechselprogramm starten, um die Wertefelder der Anlagen für das neue Geschäftsjahr zu öffnen. So können die Geschäftsvorfälle, die im neuen Jahr laufen, in der Anlagenbuchhaltung gebucht werden. Das Jahreswechselprogramm verwenden Sie folgendermaßen:

1. Um das Jahreswechselprogramm zu starten, folgen Sie dem Pfad **Anlagen ▸ Periodische Arbeiten ▸ Jahreswechsel** im-SAP-Easy-Access-Menü (Transaktionscode AJRW).

2. Das Bild **Anlagen-Jahreswechsel** wird angezeigt. Tragen Sie im Feld **Buchungskreis(e)** Ihren Buchungskreisschlüssel und im Feld **Neues Geschäftsjahr** das neue Geschäftsjahr ein, das für Buchungen geöffnet werden soll. Anschließend starten Sie den Jahreswechsel erst einmal im Testlauf, indem Sie das Ankreuzfeld **Testlauf** markieren. So können Sie zunächst prüfen, ob alle Werte korrekt sind.

3. Müssen Sie mehrere Buchungskreise bearbeiten, können Sie auch ein Intervall von Buchungskreisen eingeben (zum Beispiel von BUK 1000 bis BUK XYZ). Innerhalb dieses Intervalls können Sie noch weitere Selektionen bestimmen, wenn zum Beispiel ein oder mehrere Buchungskreise innerhalb des Intervalls ausgeschlossen werden sollen. Dazu klicken Sie auf die Schaltfläche mit dem gelben Pfeil ⇨ (**Mehrfachselektion**).

15.3 Jahreswechsel durchführen

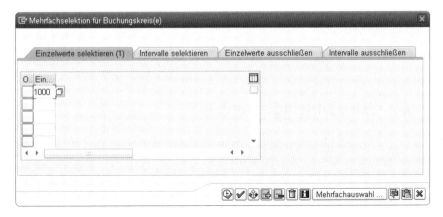

Nachdem Sie alle Angaben vorgenommen haben, klicken Sie auf die Schaltfläche (Ausführen), und Sie erhalten eine Meldung über das Dialogfenster **Begrenzung im Dialog**. Bestätigen Sie diese Meldung mit einem Klick auf die Schaltfläche Ja ; das Bild **Anlagen-Jahreswechsel** wird angezeigt.

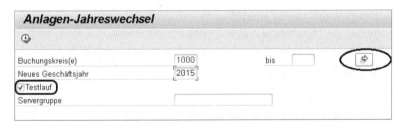

4. War der Testlauf fehlerfrei, können Sie das Jahreswechselprogramm im Echtlauf starten. Kehren Sie mit einem Klick auf (Zurück) in das Bild **Anlagen-Jahreswechsel** zurück.

5. Ihre Eingaben sind noch vorhanden. Entfernen Sie den Haken im Feld **Testlauf**. Das Programm wird im Hintergrund abgespielt. Wählen Sie dazu über die Menüleiste **Programm ▸ Im Hintergrund ausführen**. Alternativ können Sie auch die F9 -Taste betätigen.

6. Es öffnet sich nun das Fenster **Hintergrund-Druckparameter**. Tragen Sie im Feld **Ausgabegerät** das entsprechende Gerät ein, und klicken Sie auf (Weiter).

7. Ein weiteres Bild öffnet sich (**Startterminwerte**). Wählen Sie hier die Option **Sofort**, und klicken Sie anschließend auf (Sichern). Nun erhalten Sie eine Informationsmeldung über die Jobeinplanung für das Jahreswechselprogramm.

Damit haben Sie erfolgreich einen Jahreswechsel vorgenommen, mit dem die Wertefelder für das nächste Jahr geöffnet wurden. Für das neue Geschäftsjahr können nun Anlagenbuchungen durchgeführt werden.

15.4 Jahresabschluss vornehmen

Zum Jahresabschluss in der Anlagenbuchhaltung gehören einige Vorbereitungsarbeiten, bevor das Abschlussprogramm gestartet werden kann. Im Rahmen dieser Vorbereitungen werden Abschreibungslisten überprüft, und das Anlagengitter wird kontrolliert. Sofern dabei alles in Ordnung ist, können Sie das Abschreibungsprogramm starten und die Abschreibungswerte buchen.

Die Bewertungsbereiche in den Anlagenstammsätzen erhalten einen Schlüssel. Dieser Schlüssel steuert, auf welche Art bzw. ob überhaupt Bestandswerte in das Hauptbuch übergeleitet werden sollen. Die Abschreibungen werden grundsätzlich periodisch gebucht. Bucht aber ein Bewertungsbereich die Bestände periodisch in das Hauptbuch, muss der Report für periodische Bestandsbuchungen (RAPERB00 oder RAPERB2000, siehe Abschnitt 15.2, »Abschreibungen durchführen«) gestartet werden, um die Bestandswerte in das Hauptbuch überzuleiten.

Sollten noch Ungereimtheiten zwischen den Bestandsbuchungen und den Abschreibungsbuchungen bestehen, es also noch kein zufriedenstellendes Ergebnis geben, können Sie Änderungen vornehmen. Wenn Sie Abschreibungswerte verändern, muss das Abschreibungsprogramm erneut gestartet werden. Nachdem das Abschreibungsprogramm erneut gelaufen ist, kann das Jahresabschlussprogramm gestartet werden.

Der Jahresabschlussreport (RAJABS00) prüft, ob die Abschreibungen und Bestände vollständig gebucht worden und ob fehlerhafte oder unvollständige Anlagen vorhanden sind. Findet das Programm keine Fehler, aktualisiert es das letzte abgeschlossene Geschäftsjahr je Bewertungsbereich. Außerdem sperrt der Report das abgeschlossene Geschäftsjahr zum Buchen im Anlagenbereich. Ist das Abschlussprogramm gelaufen und das Geschäftsjahr abgeschlossen, kann nicht mehr darin gebucht werden.

Nun sind alle notwendigen Arbeiten zum Jahresabschluss in der Anlagenbuchhaltung durchgeführt, und Sie müssen das Jahresabschlussprogramm starten. Um den Jahresabschluss durchzuführen und das Programm zu starten, gehen Sie folgendermaßen vor:

15.4 Jahresabschluss vornehmen

1 Folgen Sie dem Menüpfad **Anlagen** ▸ **Periodische Arbeiten** ▸ **Jahresabschluss** ▸ **Durchführen** im SAP-Easy-Access-Menü (Transaktionscode AJAB).

2 Sie gelangen nun in das Bild **Jahresabschluss Anlagenbuchhaltung**. Tragen Sie Ihren Buchungskreisschlüssel im Feld **Buchungskreis** und im Feld **Abzuschliessendes Gesch.Jahr** das Jahr ein, für das der Jahresabschluss durchgeführt werden soll.

Das Programm überprüft nun, ob die Anlagen Zugangsbuchungen aufweisen, aber nicht aktiviert sind. Da sich Anlagen im Bau in einem solchen Zustand befinden können, wäre es nicht sinnvoll, auch diese Anlagen überprüfen zu lassen, da sie zu Fehlermeldungen führen. Schließen Sie gegebenenfalls die Anlagen im Bau aus dieser Prüfung aus, und tragen Sie die entsprechenden Anlagenklassen der Anlagen im Bau in das Feld **Anlagenklassen Anlagen im Bau** ein.

Starten Sie nun das Programm im Testmodus mit einem Klick in das Ankreuzfeld **Testlauf**.

3 Bestätigen Sie das Dialogfenster **Begrenzung im Dialog** mit einem Klick auf [Ja].

4 Sie erhalten nun das Bild **Jahresabschluss Anlagenbuchhaltung** für das gewünschte Geschäftsjahr.

5 Das Jahresabschlussprogramm kann nun im Echtlauf gestartet werden. Kehren Sie mit einem Klick auf 🔙 (**Zurück**) in das Einstiegsbild zurück; Ihre Eingaben sind noch in den Feldern enthalten. Entfernen Sie den Haken im Feld **Testlauf**, und wählen Sie dann über die Menüleiste **Programm** ▸ **Im Hintergrund ausführen**. Auch können Sie stattdessen die Taste [F9] betätigen.

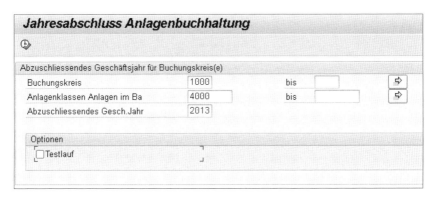

15 Abschluss der Anlagenbuchhaltung

6 Das Bild **Hintergrund-Druckparameter** erscheint; geben Sie das Ausgabegerät in das gleichnamige Feld ein, und klicken Sie auf die Schaltfläche ✓ (**Weiter**).

7 Es öffnet sich ein weiteres Bild **Startterminwerte**. Wählen Sie die Option **Sofort**, und klicken Sie auf die Schaltfläche 💾 (**Sichern**).

Damit haben Sie den Jahresabschluss in der Anlagenbuchhaltung erfolgreich beendet.

16　Abschlussarbeiten im SAP-System

Am Ende eines Geschäftsjahres müssen Unternehmen eine Bilanz erstellen, die die gesetzlichen Bestimmungen des jeweiligen Landes abbildet. Das SAP-System stellt Ihnen Programme zur Verfügung, mit denen Sie verschiedene Arbeiten erledigen können, die zu einem Geschäftsjahresabschluss gehören. Es ist sinnvoll, erst die Nebenbücher abzuschließen (Debitoren, Kreditoren, Anlagen) und dann das Hauptbuch.

> **In diesem Kapitel erfahren Sie mehr über**
> - den Saldovortrag,
> - das WE/RE-Verrechnungskonto,
> - die Bewertung der Fremdwährung,
> - die Umgliederung der Verbindlichkeiten und Forderungen,
> - die Erstellung der Bilanz.

16.1　Einführung

Die einzelnen Aufgaben innerhalb des Geschäftsjahresabschlusses lassen sich über ein spezielles Programm organisieren – das Closing Cockpit. Mit dem Closing Cockpit werden Programme, Transaktionen und Abläufe strukturiert und prozessorientiert ausgeführt. Dieses Programm unterstützt Sie besonders, wenn unterschiedliche Verantwortliche an den Arbeiten beteiligt sind, und bei periodisch wiederkehrenden Tätigkeiten. Um das Closing Cockpit für die Abschlussarbeiten in der Hauptbuchhaltung zu verwenden, müssen einige Voreinstellungen festgelegt und Aufgaben definiert werden, die wir in diesem Kapitel nicht in vollem Umfang durcharbeiten können. Wir stellen Ihnen daher in den nächsten Abschnitten vor allem die Programme vor, mit denen das SAP-System Sie bei der Durchführung einiger Abschlussarbeiten unterstützen kann.

Die Abschlussarbeiten im SAP-System unterteilen sich in gesetzliche und technisch/organisatorische Arbeiten. Die technisch/organisatorischen Arbeiten bilden die Voraussetzung für die gesetzlichen Abschlussarbeiten, die im

SAP-System durchgeführt werden. In der folgenden Abbildung sind die technisch/organisatorischen sowie die gesetzlichen Abschlussarbeiten anhand eines Zeitstrahls dargestellt.

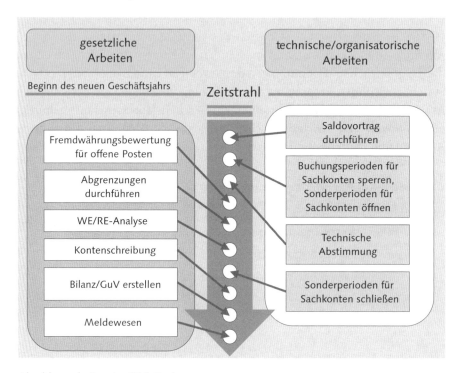

Abschlussarbeiten im SAP-System

Im Folgenden stellen wir Ihnen die Programme im SAP-System vor, die Sie bei den einzelnen Abschlussarbeiten zum Geschäftsjahresabschluss nutzen können.

16.2 Saldovortrag vornehmen

Bevor ein neues Geschäftsjahr beginnt und Sie die laufenden Geschäftsvorfälle des neuen Geschäftsjahres buchen können, muss ein Saldovortrag vorgenommen werden. Zu diesem Zweck wird ein spezielles Programm bereitgestellt, das sogenannte Saldovortragsprogramm, das die Salden der Sachkonten (pro Bestandskonto) in das neue Geschäftsjahr vorträgt. Der Saldo der Erfolgskonten wird auf das Erfolgsvortragskonto gebucht (Gesamtsaldo).

16.2 Saldovortrag vornehmen

> **HINWEIS**
>
> **Ledger**
>
> Seit Release mySAP ERP 2004 steht Kunden die neue Hauptbuchhaltung zur Verfügung. Sie haben nun die Möglichkeit, mehrere Bücher (Ledger) parallel in einem Hauptbuch zu führen, um verschiedene Bilanzen erstellen zu können (Ledger-Lösung). In der klassischen Hauptbuchhaltung können unterschiedliche Bücher nur über Special Ledger (spezielle Ledger) abgebildet werden. In jedem Mandanten gibt es genau ein führendes Ledger. Daneben kann es (innerhalb des Hauptbuchs) auch weitere Bücher (Ledger) geben.
>
>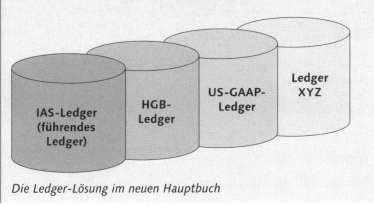
>
> *Die Ledger-Lösung im neuen Hauptbuch*

Um das Saldovortragsprogramm zu starten, gehen Sie folgendermaßen vor:

1. Wählen Sie **Rechnungswesen ▸ Finanzwesen ▸ Hauptbuch ▸ Periodische Arbeiten ▸ Abschluss ▸ Vortragen ▸ Saldovortrag** (Transaktionscode F.16) bzw. **Saldovortrag (neu)** (Transaktionscode FAGLGVTR).

2. Es öffnet sich die Eingabemaske für den Saldovortrag. Das Aussehen dieser Maske variiert je nachdem, ob in Ihrem SAP-System die neue Hauptbuchhaltung aktiv geschaltet ist oder nicht. In der neuen Hauptbuchhaltung können Sie die Programme für ein bestimmtes Ledger oder eine Ledger-Gruppe ausführen. Die Darstellung in diesem Buch zeigt die neue Hauptbuchhaltung.

3. Nehmen Sie die notwendigen Eintragungen in den Feldern **Ledger**, **Buchungskreis** sowie **Vortrag auf Geschäftsjahr** vor, und wählen Sie die Ausführung im Testmodus, indem Sie das Ankreuzfeld **Testlauf** markieren. Klicken Sie dann auf die Schaltfläche (**Ausführen**).

16 Abschlussarbeiten im SAP-System

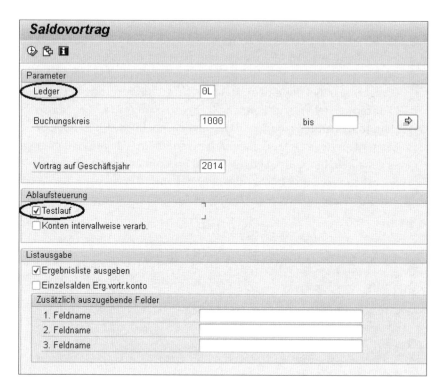

4 Sie erhalten nun eine Meldung über die erfolgreiche Durchführung des Saldovortrags. Bestätigen Sie die Meldung mit einem Klick auf OK, und es wird Ihnen ein Protokoll des Saldovortrags angezeigt. Über einen Klick auf die Schaltflächen **Bilanzkonten** und **Ergebnisvortragskonten** erhalten Sie eine Übersicht über die jeweiligen Konten. Klicken Sie zum Beispiel auf die Schaltfläche **Bilanzkonten**.

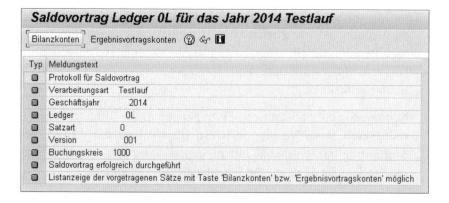

16.2 Saldovortrag vornehmen

5. Sie erhalten nun zum Saldovortrag eine Übersicht über die angesprochenen Bestandskonten. Hier können Sie sich die Details zu einem Konto anzeigen lassen. Navigieren Sie in dieser Liste beispielsweise zu dem Abstimmkonto für die Debitoren im Inland (Kontonummer 140000). Platzieren Sie den Mauszeiger auf diesem Konto, und klicken Sie auf das Lupensymbol (**Anzeigen**).

6. Daraufhin wird Ihnen das Detailbild, wie es in der folgenden Abbildung zu sehen ist, angezeigt.

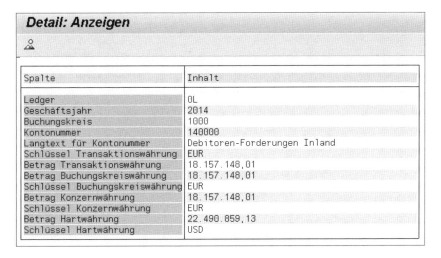

7. Sie befinden sich noch immer im Detailbild des Sachkontos 140000. Kehren Sie nun zurück in das Einstiegsbild **Saldovortrag**, indem Sie dreimal auf die Schaltfläche (**Zurück**) klicken.

8. Starten Sie den Saldovortrag im Echtlauf; Ihre Eingaben bestehen immer noch. Entfernen Sie im Ankreuzfeld **Testlauf** den Haken, um den Saldovortrag im Echtlauf durchzuführen, und klicken Sie anschließend auf die Schaltfläche (**Ausführen**).

9. Sie erhalten nun die Erfolgsmeldung über den Saldovortrag. Bestätigen Sie diese Meldung mit einem Klick auf die Schaltfläche OK.

In der folgenden Abbildung sehen Sie als Beispiel die Saldenanzeige des Sachkontos 140000. Wie Sie an unserem Beispiel erkennen können, wurde der Saldo des Kontos erfolgreich in das Folgejahr 2015 übertragen.

16 Abschlussarbeiten im SAP-System

Nachdem der Saldovortrag erfolgreich durchgeführt worden ist, können die Buchungsperioden des vergangenen Jahres geschlossen werden, um keine Buchungen mehr auf den Sachkonten zuzulassen.

16.3 WE/RE-Verrechnungskonto

Wenn Sie Ware von einem Ihrer Lieferanten beziehen und eine Rechnung erhalten, können Sie den Vorgang auf die entsprechenden Konten buchen und ihn damit abschließen, bis Sie die Rechnung des Lieferanten ausgleichen.

Es kommt aber auch vor, dass Sie nicht sofort auf dem Warenkonto oder dem Lieferantenkonto buchen können. Erhalten Sie die Ware, müssen Sie den Wert entsprechend auf dem Wareneingangskonto buchen. Die Gegenbuchung darf allerdings nicht auf dem Lieferantenkonto erfolgen, wenn Sie noch keine Rechnung (keinen Beleg) erhalten haben.

Im umgekehrten Fall ist es ebenso: Erhalten Sie eine Rechnung des Lieferanten, konnten aber noch keinen Wareneingang verbuchen, müssen Sie die

Rechnung einbuchen, dürfen die Gegenbuchung jedoch nicht auf dem Wareneingangskonto vornehmen.

In solchen Fällen erfolgt die Gegenbuchung auf einem speziellen Konto, dem Wareneingangs-/Rechnungseingangsverrechnungskonto (WE/RE-Verrechnungskonto). Dieses Konto ist in der Regel im Bilanzanhang zu finden.

Wenn Sie den Abschluss des Geschäftsjahres vornehmen und eine Bilanz erstellen, müssen diese Konten abgeschlossen sein, und die Salden müssen sich entweder auf der Aktivseite (Konto für gelieferte, aber noch nicht berechnete Waren) oder der Passivseite (Konto für berechnete, aber noch nicht gelieferte Waren) der Bilanz befinden. Zum besseren Verständnis sehen Sie in der folgenden Abbildung einen Auszug aus der Bilanz; es werden zwei Beispiele aufgeführt:

- Der Saldo des WE/RE-Kontos steht auf der Haben-Seite; somit wird das Konto *Berechnet, aber nicht geliefert* auf der Aktivseite bebucht.
- Der Saldo des WE/RE-Kontos steht im Soll, somit wird eine Haben-Buchung auf dem Konto *Geliefert, aber nicht berechnet* auf der Passivseite bebucht.

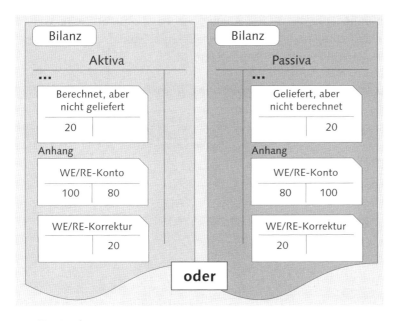

WE/RE-Analyse

Das SAP-System bietet Ihnen ein spezielles Programm (RFWERE00), mit dessen Hilfe Sie das WE/RE-Konto analysieren können. Das Programm bucht die

16 Abschlussarbeiten im SAP-System

Salden auf die entsprechenden Konten in der Bilanz. Die Verrechnungsbuchung wird über ein Korrekturkonto vorgenommen, das sich ebenfalls im Anhang der Bilanz befindet. Nachdem die Bilanz abgeschlossen worden ist, werden diese Korrekturbuchungen wieder zurückgenommen, da sie für das Tagesgeschäft nicht benötigt werden und sogar zu unkorrekten Zahlen führen. So geht's:

1. Wählen Sie den Pfad **Rechnungswesen ▸ Finanzwesen ▸ Hauptbuch ▸ Periodische Arbeiten ▸ Abschluss ▸ Umgliedern ▸ WE/RE-Verrechnung** im SAP-Easy-Access-Menü (Transaktionscode F.19).

2. Es öffnet sich nun das Einstiegsbild zur Analyse des WE/RE-Verrechnungskontos. Tragen Sie das bzw. die WE/RE-Konten in das Feld **Sachkonto** ein, und geben Sie Ihren Buchungskreisschlüssel in das Feld **Buchungskreis** ein. Auf der Registerkarte **Parameter** können Sie über das Feld **Listvariante** ein vordefiniertes Layout wählen, in dem der Spaltenaufbau der Liste, die Sortierkriterien und Filterbedingungen vorgegeben sind. Zur Variantenauswahl gelangen Sie, indem Sie den Cursor auf diesem Feld platzieren und die F4-Taste betätigen.

3. Über die Registerkarte **Selektionen** können Sie weitere Felder mit Informationen füllen, um die WE/RE-Analyse weiter zu differenzieren. Geben Sie im Feld **Stichtag** das Enddatum des laufenden Monats ein, und setzen Sie den Haken im Feld **WE/RE-Verrechnung**.

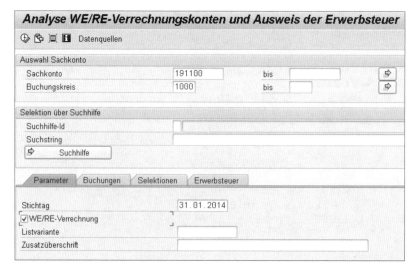

4. Wechseln Sie nun auf die Registerkarte **Buchungen**, und markieren Sie das Auswahlfeld **Buchungen erstellen**. Wenn Sie dieses Feld markieren, er-

16.3 WE/RE-Verrechnungskonto

stellt das System automatisch eine Batch Input-Mappe mit dem Namen RFWERE00 (Name des Programms), oder Sie geben eine Bezeichnung Ihrer Wahl im Feld **Name Batch Input Mappe** ein. Tragen Sie nun die Belegart in das Feld **Belegart** ein, und befüllen Sie die Felder **Belegdatum** und **Buchungsdatum**. Im Feld **Storno buchungsdatum** geben Sie das Datum folgendermaßen ein: Buchungsdatum + 1 Tag. Nachdem Sie alle Angaben vorgenommen haben, klicken Sie auf die Schaltfläche ⊕ (**Ausführen**).

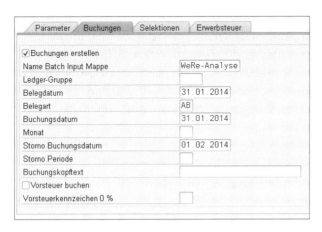

5 Sie erhalten nun eine Liste der analysierten Konten. Um die Daten zu prüfen, klicken Sie auf die Schaltfläche **Buchungen**.

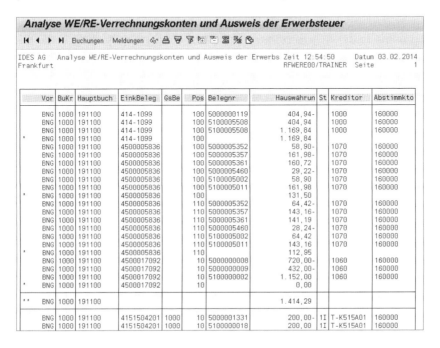

6 Spielen Sie nun die erstellte Batch-Input-Mappe ab. Wählen Sie über die Menüleiste den Pfad **Systeme ▸ Dienste ▸ Batch Input ▸ Mappen**, markieren Sie die erstellte Mappe zur WE/RE-Analyse, und klicken Sie dann auf ⊕ Abspielen (**Mappe abspielen**). Markieren Sie **nur Fehler anzeigen**, und klicken Sie nochmals auf **Abspielen**.

Damit haben Sie den Vorgang der WE/RE-Analyse erfolgreich abgeschlossen. Um die Vorgänge besser nachvollziehen zu können, ist es sinnvoll, sich die Bilanz vor und nach der Durchführung der WE/RE-Analyse anzusehen. Das Programm zur WE/RE-Analyse storniert am Tag nach dem Stichtag die Buchungen wieder, damit das WE/RE-Konto für den täglichen regulären Geschäftsablauf in den Ursprungszustand zurückgesetzt wird. Der tatsächliche Ausgleich der Positionen auf dem WE/RE-Konto wird durch die entsprechende Buchung des Wareneingangs bzw. des Rechnungseingangs zur Position herbeigeführt.

16.4 Fremdwährungsbewertung durchführen

Bevor Sie die Bilanz erstellen, müssen die in Fremdwährung gebuchten Posten und Salden neu bewertet werden. Ein offener Posten, der in einer Fremdwährung gebucht wurde, wurde zum Zeitpunkt seiner Entstehung mit dem aktuellen Wechselkurs in die Hauswährung umgerechnet. Zum Bilanzstichtag werden die offenen Posten neu bewertet, da sich der Wechselkurs bis dahin in der Regel verändert hat. Diese Bewertung ist nur für die Bilanzerstellung notwendig und wird in der nächsten Periode wieder storniert.

Das Fremdwährungsbewertungsprogramm bewertet die offenen Posten, die in Fremdwährung auf Debitoren-, Kreditoren- und Sachkonten gebucht wurden. Auch umfasst das Programm die Sachkonten, die in Fremdwährung geführt werden (Fremdwährungskonten); bewertet werden hierbei die Salden.

Das Fremdwährungsprogramm führt damit sowohl die Bewertung der offenen Posten als auch die Bewertung der Salden durch. In der folgenden Abbildung sehen Sie eine Beispielbuchung über 500,00 USD (Fremdwährung), die am Tag der Buchung vom System automatisch in die Hauswährung EUR umgerechnet wurde. Am Tag der Fremdwährungsbewertung wird der aktuelle Umrechnungskurs gewählt (Kurs am Stichtag). Der Kurs am Stichtag kann vom Kurs des Buchungstags abweichen. Dadurch ergibt sich ein Kursertrag

16.4 Fremdwährungsbewertung durchführen

oder ein Kursaufwand. In unserem Beispiel ergab die Fremdwährungsbewertung einen Kursaufwand in Höhe von 10,00 EUR.

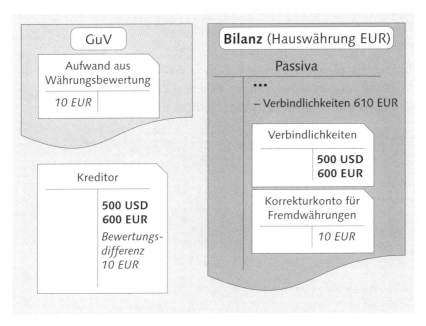

Die Fremdwährungsbewertung

Die Abstimmkonten im Hauptbuch können nur über eine Buchung der Nebenbücher bebucht werden; eine Buchung *direkt* auf ein Abstimmkonto kann hingegen nicht durchgeführt werden. Die Bewertungsbuchung wird daher auf ein Korrekturkonto gebucht, das in derselben Bilanzposition aufgeführt ist wie das Abstimmkonto. Die Art und Weise, wie bewertet werden muss, wird über die Bewertungsmethode festgelegt.

So führen Sie die Fremdwährungsbewertung im SAP-System durch:

1 Das Programm für die Fremdwährungsbewertung finden Sie über den Pfad **Rechnungswesen ▸ Finanzwesen ▸ Hauptbuch ▸ Periodische Arbeiten ▸ Abschluss ▸ Bewerten ▸ Fremdwährungsbewertung** (Transaktionscode F.05) bzw. **Fremdwährungsbewertung (neu)** (Transaktionscode FAGL_FC_VAL).

2 Je nachdem, ob Sie die klassische Hauptbuchhaltung oder die neue Hauptbuchhaltung verwenden, variiert das Aussehen der Eingabemaske. Im Einstiegsbild **Fremdwährungsbewertung** geben Sie Ihren Buchungs-

16 Abschlussarbeiten im SAP-System

kreisschlüssel in das Feld **Buchungskreis** ein. Geben Sie die entsprechenden Informationen in den Feldern **Stichtag der Bewertung** und **Bewertungsbereich** an. Nutzen Sie gegebenenfalls die Auswahlhilfe [F4] für das Feld **Bewertungsbereich**.

3 Auf der Registerkarte **Buchungen** markieren Sie das Auswahlfeld **Buchungen erstellen**. Befüllen Sie außerdem die Felder **Belegdatum** und **Buchungsdatum**, und wählen Sie im Feld **Storno-Buchungsdatum** den ersten Tag nach dem Buchungsdatum (Stichtag + 1 Tag) aus.

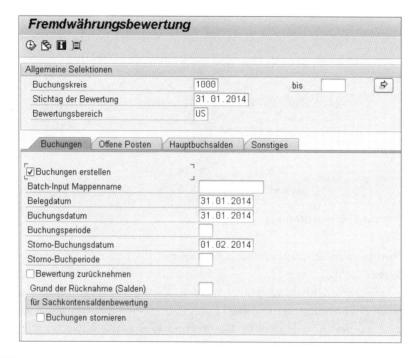

4 Wechseln Sie nun auf die Registerkarte **Offene Posten**, und markieren Sie, je nach Kontoart die angesteuert werden soll, eine oder mehrere der folgenden Felder:

- Sachkonten OP bewerten
- keine WE/RE Konten
- Kreditoren OP bewerten
- Debitoren OP bewerten

Klicken Sie anschließend auf die Schaltfläche ⊕ (**Ausführen**).

16.4 Fremdwährungsbewertung durchführen

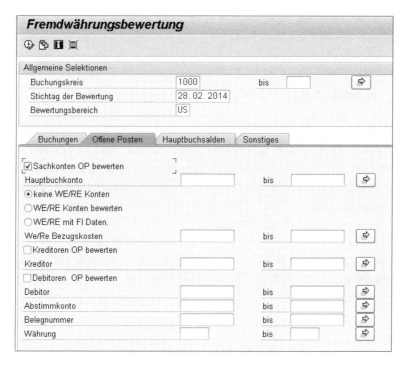

[5] Es wird Ihnen nun das Bild **Fremdwährungsbewertung** mit einer Auflistung der Bewertungsbuchungen angezeigt. Sie sehen in den einzelnen Spalten der Liste die Kursdifferenz pro Buchung und die entsprechende Korrekturbuchung der Differenz.

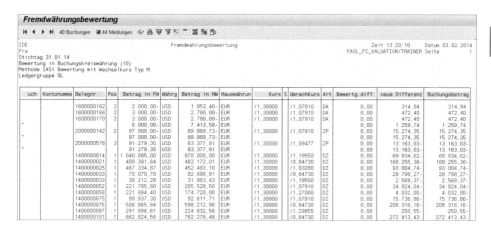

Da es sich hierbei um offene Posten handelt, die folglich noch nicht ausgeglichen sind, wird die Bewertungsbuchung der Fremdwährung am ersten Tag nach dem Stichtag wieder zurückgenommen. Erst bei passendem Zahlungseingang bzw. Zahlungsausgang zum jeweiligen Posten wird neu bewertet, und der Posten wird ausgeglichen.

16.5 Umgliederung der Verbindlichkeiten und Forderungen

Bevor Sie Ihre Bilanz erstellen, müssen die Forderungen und Verbindlichkeiten nach der Restlaufzeit gegliedert werden, um einen besseren Einblick in die Liquiditätslage des Unternehmens zu gewähren. Durch die Korrekturbuchungen werden die Verbindlichkeiten und Forderungen korrekt in der Bilanz ausgewiesen. Das Umgliederungsprogramm, das SAP Ihnen zur Verfügung stellt, nimmt diese Korrekturbuchungen vor. Im klassischen Hauptbuch ist es das Programm SAPF101; ist die neue Hauptbuchhaltung aktiv geschaltet, ist es das Programm FAGL_CL_REGROUP.

Forderungen und Verbindlichkeiten dürfen in der Bilanz nicht miteinander verrechnet werden. Mit dem Umgliederungsprogramm können Salden in der Bilanz umgegliedert werden, wenn sich zum Beispiel ein Soll-Saldo auf einem Kreditorenkonto befindet (debitorische Kreditoren).

Das Umgliederungsprogramm wird auch eingesetzt, wenn sich ein Abstimmkonto unterjährig geändert hat. Die Umgliederung von Forderungen und Verbindlichkeiten durchzuführen, ist nur für die Erstellung der Bilanz erforderlich. Das Umgliederungsprogramm nimmt die Korrekturbuchung automatisch in der nachfolgenden Periode (Stichtag + 1) wieder zurück.

> **BEISPIEL**
>
> **Umgliederung**
>
> Im folgenden Beispiel zeigen wir Ihnen die Umgliederung eines einzelnen Kundenkontos. Es sind Forderungen gebucht worden, die erst in zwei Jahren fällig sind. Wir zeigen Ihnen in der Bilanz die Position **Forderungen aus Lieferung und Leistungen an Fremde** *vor* der Umgliederung, und danach zeigen wir die Bilanzposition *nach* dem Lauf des Umgliederungsprogramms.

In der folgenden Abbildung sehen Sie einen Auszug aus der Bilanz vor der Umgliederung. Zu sehen sind lediglich Forderungen mit einer Restlaufzeit bis zu einem Jahr.

16.5 Umgliederung der Verbindlichkeiten und Forderungen

```
Bilanz/GuV

IDES AG                                    Handelsbilanz                    Zeit 13:25:08    Datum 03.02.2014
Frankfurt      Ledger OL                                                    RFBILA00/TRAINER Seite         1
Buchungskreis 1000 Geschäftsbereich ****                                         Beträge in EUR
```

V\S	Buch krs.	Ges-ber.	Texte	Ber.Zeitraum (01.2014-01.2014)	Vergl.Zeitraum (01.2013-01.2013)	absolute Abweichung	Rel Abw	Summ Stuf
			Forderungen und sonstige Vermoegens-Gegenstaende					
			Forderungen aus Lieferungen und Leistungen an Fremde					
			mit einer Restlaufzeit bis zu einem Jahr					
	1000		0000080000 Pauschal-Wertberichtigung zu Fo	5.112,92-	5.112,92-	0,00		
	1000		0000140000 Debitoren-Forderungen Inland	9.590.216,79-	9.630.707,65-	40.490,86	0,4	
	1000	1000	0000140000 Debitoren-Forderungen Inland	6.002.903,24	4.334.512,55	1.668.390,69	38,5	
	1000	3000	0000140000 Debitoren-Forderungen Inland	1.453.536,85	701.970,75	751.566,10	107,1	
	1000	5000	0000140000 Debitoren-Forderungen Inland	16.550,53	15.653,62	896,91	5,7	
	1000	7000	0000140000 Debitoren-Forderungen Inland	19.290.820,03	18.393.163,92	897.656,11	4,9	
	1000	8000	0000140000 Debitoren-Forderungen Inland	369.825,08	11.025,08	358.800,00	3254,4	
	1000	9100	0000140000 Debitoren-Forderungen Inland	324.640,95	324.640,95	0,00		
	1000	9900	0000140000 Debitoren-Forderungen Inland	2.954,53	2.954,53	0,00		
	1000	BA00	0000140000 Debitoren-Forderungen Inland	24.800,00	0,00	24.800,00		
	1000	BA01	0000140000 Debitoren-Forderungen Inland	30.000,00	0,00	30.000,00		
	1000	BA02	0000140000 Debitoren-Forderungen Inland	50.000,00	0,00	50.000,00		
	1000	BA03	0000140000 Debitoren-Forderungen Inland	50.000,00	0,00	50.000,00		
	1000	BA04	0000140000 Debitoren-Forderungen Inland	50.000,00	0,00	50.000,00		
	1000	BA05	0000140000 Debitoren-Forderungen Inland	46.000,00	0,00	46.000,00		
	1000	BA06	0000140000 Debitoren-Forderungen Inland	50.000,00	0,00	50.000,00		

Die Bilanz vor der Umgliederung

Die Forderungen werden unter der Kategorie **mit einer Restlaufzeit bis zu einem Jahr** aufgeführt. Wir werden nun eine Umgliederung durchführen, um die Forderungen in der Bilanz entsprechend der Restlaufzeit darzustellen. Um eine Umgliederung durchzuführen, gehen Sie folgendermaßen vor:

1. Folgen Sie dem Pfad **Rechnungswesen** ▸ **Finanzwesen** ▸ **Kreditoren/Debitoren** ▸ **Periodische Arbeiten** ▸ **Abschluss** ▸ **Umgliedern** ▸ **Ford./Verb. umgliedern** (Transaktion F101) bzw. **Rasterung/Umgliederung (neu)** im SAP-Easy-Access-Menü (Transaktionscode FAGLF101).

2. Ihnen wird nun das Bild **Bilanzanlage – OP – Analyse** angezeigt. Geben Sie im Kopfbereich in den gleichnamigen Feldern Ihren Buchungskreis, den Bilanzstichtag, die Rastermethode und den Bewertungsbereich an; nutzen Sie in den jeweiligen Feldern gegebenenfalls die Wertehilfe F4.

3. Auf der Registerkarte **Buchungen** markieren Sie das Auswahlfeld **Buchungen erzeugen** und geben im Feld **Batch-Input Mappenname** für die Batch-Input-Mappe einen Namen an, damit Sie die Mappe später schneller in der Liste finden.

16 Abschlussarbeiten im SAP-System

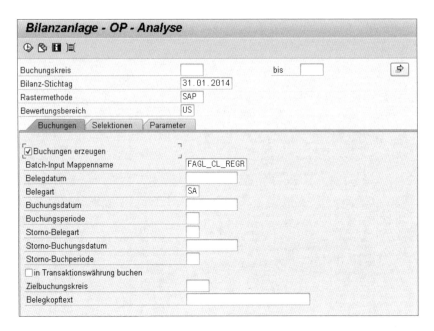

4 Wechseln Sie nun auf die Registerkarte **Selektionen**, und geben Sie im Feld **Kontoart (D/K/S)** die Kontoart an. Auch können Sie nach Konten selektieren. Geben Sie dazu im Feld **Kreditor** bzw. **Debitor** die entsprechende Nummer an (in unserem Beispiel im Feld **Debitor**). Aktivieren Sie das Programm mit einem Klick auf ⊕ (**Ausführen**).

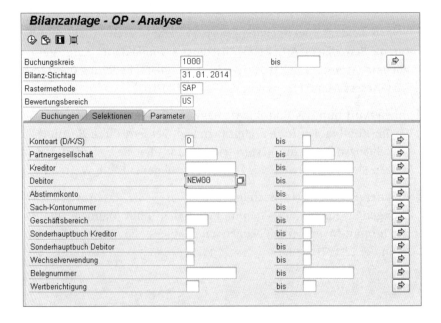

16.5 Umgliederung der Verbindlichkeiten und Forderungen

5 Sie gelangen anschließend in das Bild **Bilanzanlage – OP – Analyse**, das Ihnen eine Analyse der offenen Posten zeigt, in unserem Beispiel die Analyse des Debitors NEW00. In der Spalte **Nettofälligkeit** sehen Sie, dass mindestens ein Posten erst viel später (im Beispiel in 2016) fällig wird. Klicken Sie auf die Schaltfläche **Buchungen**, um sich die erzeugten Geschäftsvorfälle anzeigen zu lassen.

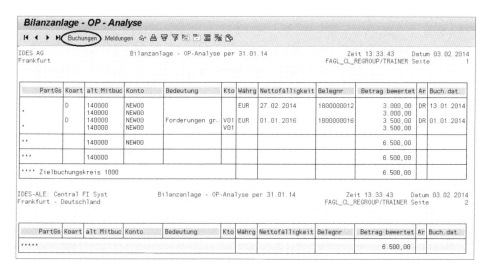

6 Sie sehen in der folgenden Abbildung, welche Umgliederung vorgenommen wurde (Bilanzkorrektur), und auch die Stornobuchung, die nachfolgend durchgeführt wird, da die Umgliederung nur für die Bilanzerstellung notwendig ist.

7 Gehen Sie mit einem Klick auf die Schaltfläche (Zurück) einen Schritt zurück, und klicken Sie dann auf die Schaltfläche **Meldungen**. Hier erhalten Sie Informationen zu Ihrer Batch-Input-Mappe; das Protokoll der vorgenommenen Buchungen der Umgliederung wird angezeigt.

16 Abschlussarbeiten im SAP-System

8. Spielen Sie Ihre Batch-Input-Mappe ab, um die Buchungen im Hauptbuch auszuführen: Wählen Sie hierzu über die Menüleiste **System ▸ Dienste ▸ Batch-Input ▸ Mappen**, markieren Sie Ihre Mappe, und wählen Sie **Abspielen**. Markieren Sie anschließend **nur Fehler anzeigen**, und klicken Sie nochmals auf **Abspielen**.

9. In der folgenden Abbildung sehen Sie die Bilanz nach der durchgeführten Umgliederung. Die Forderungen, die erst in zwei Jahren fällig sind, werden nun in einer anderen Position aufgeführt; Sie sehen die Position **mit einer Restlaufzeit über einem Jahr**.

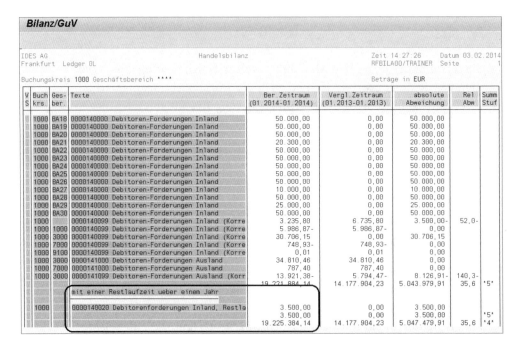

Da die Umgliederung von Forderungen und Verbindlichkeiten für das Tagesgeschäft nicht relevant ist, wird die Umgliederung am ersten Tag nach dem Stichtag wieder zurückgenommen. Achten Sie also beim Aufrufen einer Bilanz darauf, für welchen Tag (welche Periode) genau Sie die Bilanz ausführen lassen. Wenn Sie sich die Bilanz am Tag der Umgliederung anzeigen lassen, sehen Sie die vorgenommene Umgliederungsbuchung; wenn Sie die Bilanz einen Tag (eine Periode) nach dem Stichtag ausführen, ist die Umgliederung wieder storniert.

16.6 Bilanz erstellen

Das SAP-System bietet Ihnen den Report RFBILA00 an, um Bilanzen sowie die Gewinn- und Verlustrechnungen zu erstellen. Diesen Report können Sie in verschiedenen Ausgaben erzeugen, je nach Bilanz- bzw. GuV-Struktur, die Sie angeben. Auch hier bietet SAP bereits einige vordefinierte Strukturen an, die Sie verwenden oder als Kopiervorlage heranziehen können. Über die Bilanz-/GuV-Strukturen können Sie die Berichte nach unterschiedlichen Kriterien erstellen lassen und somit die verschiedenen Anforderungen abbilden (zum Beispiel für Steuerbehörden und externe Interessenten).

> **HINWEIS**
> **Neue Hauptbuchhaltung/klassisches Hauptbuch**
> Kunden, die das klassische Hauptbuch verwenden, können den Bericht RFBILA00 auf der Ebene des Geschäftsbereichs und des Buchungskreises ausführen lassen. In der neuen Hauptbuchhaltung können zusätzliche Entitäten (Merkmale) festgelegt werden (zum Beispiel Segment, Profit-Center).

In den beiden folgenden Abbildungen sehen Sie den Aufbau der Bilanzstruktur und der GuV-Struktur im SAP-System. Die erste Abbildung zeigt die Struktur der Bilanz, wie sie im Customizing vordefiniert wurde. Die Bilanz kann mehrere Hierarchiestufen beinhalten. In unserem Beispiel sehen Sie den Aufriss des Anlagevermögens auf der Aktivseite der Bilanz.

Innerhalb der Bilanz-/GuV-Struktur finden Sie die GuV-Struktur; in der zweiten Abbildung sehen Sie die einzelnen Hierarchiestufen mit Aufriss des Betriebsvermögens.

16 Abschlussarbeiten im SAP-System

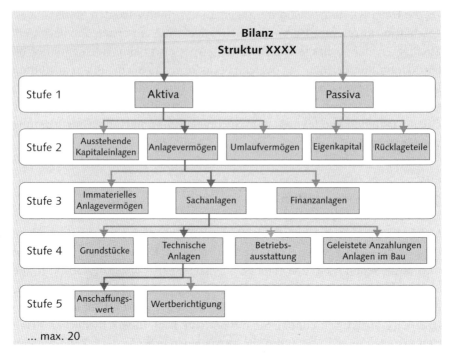

Die Bilanzstruktur (Aufbau des Bilanzteils)

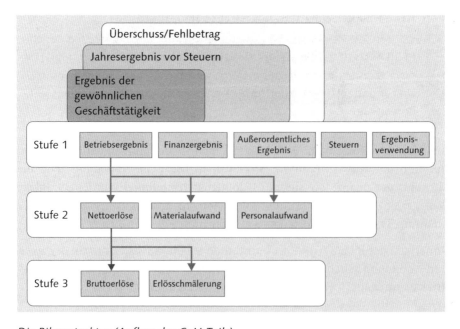

Die Bilanzstruktur (Aufbau des GuV-Teils)

16.6 Bilanz erstellen

Das SAP-System bietet neben der Bilanz-/GuV-Struktur die Funktion der Rechercheberichte, mit der sich weitere Möglichkeiten bieten. Beispielsweise können Sie Sachkonten und Bilanzen analysieren und Geschäftsjahresvergleiche anstellen. Innerhalb des Rechercheberichts können Sie sich zwischen den unterschiedlichen Objekten bewegen (Geschäftsbereich, Buchungskreis, Segment, Profit-Center usw.) und innerhalb der verschiedenen Daten navigieren. Um die Bilanz als Recherchebericht anzuzeigen, gehen Sie über den Menüpfad **Rechnungswesen ▸ Finanzwesen ▸ Hauptbuch ▸ Infosysteme ▸ Berichte zum Hauptbuch ▸ Bilanz/GuV/CashFlow ▸ Allgemein ▸ Ist/Ist-Vergleiche ▸ Ist/Ist-Vergleich**. Geben Sie im sich öffnenden Bild die Selektionsmerkmale wie Buchungskreisschlüssel, Währungstyp, Bilanzstruktur und Geschäftsjahr (im neuen Hauptbuch stehen weitere Selektionsfelder zur Verfügung) ein. Anschließend markieren Sie das Auswahlfeld **klassischer Recherchebericht** und führen den Bericht durch einen Klick auf 🔄 (**Ausführen**) aus.

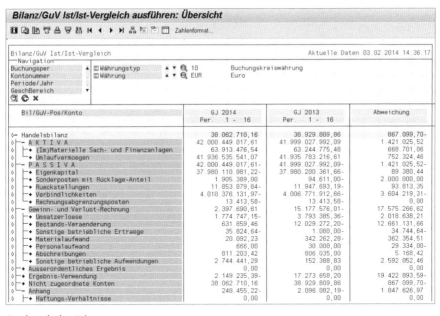

Recherchebericht

Die Ausgabe des Rechercheberichts ist nicht starr, sodass Sie innerhalb des Berichts noch einmal die Möglichkeit haben, die Merkmale auszuwählen, nach denen der Bericht aufgerissen werden soll. Oben links im Bereich **Navigation** sehen Sie die zur Verfügung stehenden Merkmale. Über die neue Hauptbuchhaltung werden Ihnen im Bereich **Navigation** selbstverständlich einige weitere Merkmale bereitgestellt.

17 Buchhaltungstipps

Wie kann man die Arbeit in der Buchhaltung noch schneller und effizienter gestalten? Dazu zeigen wir Ihnen hier einige Wege, zum Beispiel wie Sie durch Referenzbelege und die Funktionen **Halten Daten** und **Setzen Daten** bei der Belegerfassung die Dateneingabe reduzieren und Buchungshilfen verwenden können, um schnell und mit wenig Aufwand einen Buchungsvorgang durchzuführen. Angenommen, Sie befinden sich mitten in der Belegerfassung, können den Beleg aber aus verschiedenen Gründen noch nicht komplettieren. Ist der Beleg noch nicht vollständig eingegeben, und die bereits erfassten Werte sollen nicht verloren gehen, bietet das SAP-System die Funktionen **Beleg vorerfassen** und **Beleg merken** an, um die bereits erfassten Daten bis zur endgültigen Buchung sichern zu können.

17.1 Referenzbelege

Mit Referenzbelegen kann die Eingabe von Daten reduziert und so die Erfassung eines neuen Belegs schneller und einfacher realisiert werden. Referenzbelege sind bereits gebuchte Belege, die als Vorlage für weitere Belege genutzt werden können. Kopieren Sie einfach einen bereits vorhandenen Beleg, der hinsichtlich der Daten bzw. der Kontierung mit dem neu zu buchenden Beleg weitestgehend übereinstimmt. Gehen Sie in die Anwendung zur Buchung beispielsweise einer Debitorenrechnung.

1. Wählen Sie den Menüpfad **Rechnungswesen** ▸ **Finanzwesen** ▸ **Debitoren** ▸ **Buchung** ▸ **Rechnung** im SAP-Easy-Access-Menü (Transaktionscode FB70).

2. Über die Menüleiste wählen Sie **Springen** ▸ **Buchen mit Vorlage** (⇧+F9), oder Sie haben die Mehrbildtransaktion gewählt (Transaktionscode F-22) und gehen über die Menüleiste auf **Beleg** ▸ **Buchen mit Vorlage** (⇧+F9).

17 Buchhaltungstipps

Beleg buchen: Kopfdaten

Vorlage
- Belegnummer: 1800000006
- Buchungskreis: 1000
- Geschäftsjahr: 2016

Ablaufsteuerung
- ☐ Umkehrbuchung erzeugen
- ☐ Sachkontenzeilen erfassen
- ☐ Keine Beträge vorschlagen
- ☐ Tage/Prozente neu berechnen
- ☐ Positionen anzeigen
- ☑ Texte kopieren
- ☐ Funktionsbereich übernehmen
- ☐ Hauswährungsbeträge neu berechnen
- ☐ Segment und -partner übernehmen

3 Geben Sie die Belegnummer der Vorlage im Feld **Belegnummer** ein, den Buchungskreisschlüssel und das Geschäftsjahr in die gleichnamigen Felder, und wählen Sie ggf. eine Option für die Buchung im Bereich **Ablaufsteuerung**. Bestätigen Sie Ihre Eingaben mit der ⏎-Taste.

> **VIDEO**
>
> **Einen echten Beleg als Vorlage verwenden**
> In diesem Video lernen Sie, wie Sie mit der Funktion **Buchen mit Vorlage** arbeiten. Sie sparen dadurch viel Zeit und verringern Fehleingaben:
>
> *http://s-prs.de/v4158ks*
>
>

Die Daten des Vorlagebelegs werden nun übernommen und in der Buchungsmaske der Mehrbildtransaktion angezeigt. Jetzt müssen lediglich einige Änderungen im neuen Beleg vorgenommen werden.

17.2 Musterbelege

Als Referenzbeleg kann auch ein Musterbeleg verwendet werden. Hierbei handelt es sich um einen vollständig gebuchten Beleg, der jedoch über ein eigenes Belegnummernintervall verfügt und den das System zwar speichert, aber ohne die Verkehrszahlen fortzuschreiben. Musterbelege eignen sich manchmal besser als Referenzbelege als ein Buchhaltungsbeleg. Denn einen Buchhaltungsbeleg können Sie nicht einfach ändern, nur um ihn als Vorlage besser verwenden zu können, denn Sie würden damit buchhalterisch relevante Daten verändern. Ein Musterbeleg ist hingegen kein richtiger Buchhaltungsbeleg und kann somit geändert und angepasst werden. Einen Musterbeleg können Sie über die Haupt-, Debitoren- oder Kreditorenbuchhaltung anlegen.

Öffnen Sie die Menübaumstruktur über **Buchung** ▸ **Referenzbelege** ▸ **Musterbeleg** (Transaktionscode F-01). Es öffnet sich die Buchungsmaske der Mehrbildtransaktion. Geben Sie wie gewohnt alle Belegdaten ein, und buchen Sie den Beleg.

Einen Musterbeleg anlegen

Lernen Sie in diesem Video, wie Sie einen Musterbeleg anlegen, um eine sich wiederholende Buchung als Vorlage zu speichern:

http://s-prs.de/v4158zh

Um einen Musterbeleg zu verwenden, gehen Sie vor wie in Abschnitt 17.1, »Referenzbelege«, beschrieben. Gehen Sie in den Buchungsvorgang, wählen Sie dann über die Menüleiste **Beleg** ▸ **Buchen mit Vorlage** bzw. **Springen** ▸ **Buchen mit Vorlage** (⇧+F9), und geben Sie die Belegnummer des Musterbelegs ein.

> **VIDEO**
> **Einen Musterbeleg in der Belegliste suchen und als Vorlage bei der Buchung verwenden**
> In diesem Video suchen wir über die Belegliste nach unserem Musterbeleg. Diesen Musterbeleg verwenden wir anschließend als Vorlage:
> http://s-prs.de/v4158fh

17.3 Kontiervorlagen

In den Kapiteln zu den Buchungsvorgängen (Kapitel 3, »Tägliche Aufgaben in der Debitorenbuchhaltung«, Kapitel 5, »Tägliche Aufgaben in der Kreditorenbuchhaltung«, und Kapitel 10, »Belegerfassung«) haben Sie bereits die Option der Arbeitsvorlagen kennengelernt. In diesem Bereich finden Sie unter anderem den Punkt **Kontiervorlagen**. Kontiervorlagen sind Vorlagebelege, die bereits Positionen mit der Angabe von Sachkontonummern, Beträgen, CO-Kontierungen usw. beinhalten. Eine Buchung, die häufig ausgeführt werden muss und bei der sich nur wenige Daten ändern, kann mithilfe einer Kontiervorlage angelegt werden. Diese Buchungshilfe minimiert den Aufwand der Dateneingabe erheblich.

Kontiervorlagen werden für die jeweils verwendete Buchungsmaske (Enjoy- und Mehrbildtransaktion) angelegt.

So geht's:

1. Öffnen Sie die Transaktion der Enjoy-Maske beispielsweise über die Debitorenbuchhaltung (Transaktionscode FB70).

2. Geben Sie wie gewohnt alle Daten ein, die für diese Kontiervorlage gewünscht sind.

3. Öffnen Sie die Arbeitsvorlagen mit einem Mausklick auf den Button [Arbeitsvorlagen an] in der Anwendungsfunktionsleiste.

4. Mit der rechten Maustaste auf dem Ordner **Kontiervorlagen für Positionen** öffnen Sie das Kontextmenü. Wählen Sie dort **Kontiervorlage sichern**.

17.3 Kontiervorlagen

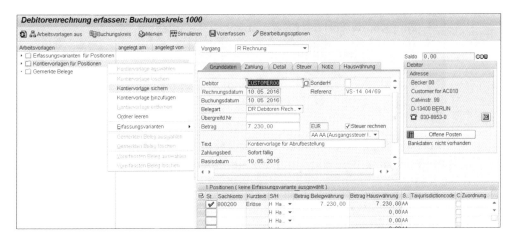

5. Sie werden aufgefordert, Ihrer Kontiervorlage eine Bezeichnung zu geben. Geben Sie den Namen der neuen Kontiervorlage ein, und bestätigen Sie mit einem Klick auf Weiter (**Weiter**).

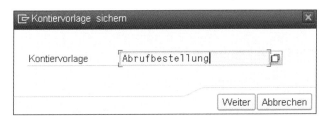

HINWEIS

Kontiervorlagen entfernen und neue hinzufügen

Über das Kontextmenü können Sie sowohl Kontiervorlagen aus Ihrer Liste entfernen als auch Kontiervorlagen Ihrer Liste hinzufügen. Über die F4 -Hilfe erhalten Sie eine Auswahl an Kontiervorlagen, und über die Selektion beispielsweise der Benutzerkennung können Sie ganz gezielt Kontiervorlagen der Kollegen suchen und Ihrer Liste hinzufügen.

Wenn Sie die Anwendung verlassen und später noch einmal aufrufen, um beispielsweise eine Debitorenrechnung zu buchen, steht Ihnen die neue Kontiervorlage im Ordner **Kontiervorlagen** zur Verfügung und kann mit einem Doppelklick in die Buchungsmaske aufgenommen werden. Sie können auch mehrere Kontiervorlagen in einem Beleg verwenden.

17 Buchhaltungstipps

> **VIDEO**
>
> **Eine Kontiervorlage für die Enjoymaske anlegen**
> Sehen Sie in diesem Video, wie Sie eine Kontiervorlage für die Enjoymaske anlegen. Schauen Sie sich auch das Video unter dem folgenden Link an:
> http://s-prs.de/v4158yu
>
>

Möchten Sie eine Kontiervorlage anlegen, die in der Mehrbildtransaktion zur Verfügung stehen soll, müssen Sie anders vorgehen.

1. Wählen Sie im Menübaum z. B. die Anwendung **Kreditoren**. Gehen Sie weiter im Menübaum über **Buchung** ▸ **Referenzbelege** ▸ **Kontierungsmuster** (Transaktionscode FKMT).

2. Geben Sie dem neuen Kontierungsmuster eine Bezeichnung, und klicken Sie auf (Anlegen).

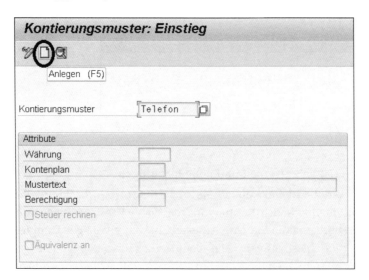

3. Sie erhalten das Bild **Kontierungsmuster: Kopf anlegen**. Hier können Sie auch mit einer Vorlage arbeiten und somit Daten aus einer bestehenden in Ihre neue Kontiervorlage hineinkopieren.

4. Geben Sie in den Feldern **Währung** und **Kontenplan** die erforderlichen Daten ein, und bestimmen Sie, ob Sie noch weitere Felder befüllen möchten.

17.3 Kontiervorlagen

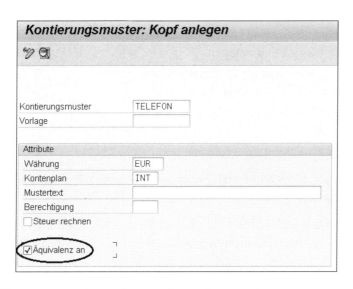

5. Setzen Sie den Haken in **Äquivalenz an**, können Sie mit sogenannten Äquivalenzzahlen arbeiten, d. h., die Summe der Buchung wird auf verschiedene Sachkonten und Merkmale wie z. B. Profitcenter oder Kostenstellen verteilt.

6. Klicken Sie im Anschluss auf (**Positionen**).

7. Geben Sie die zu buchenden Positionen ein, und bestimmen Sie pro Position die Verteilung (Äquivalenzziffer). Gehen Sie mit einem Klick auf 🔙 (**Zurück**) in das Einstiegsbild **Kontierungsmuster: Kopf anlegen** zurück. Sichern Sie das neue Kontierungsmuster über die Diskette 💾 (**Sichern**).

Sie haben erfolgreich ein Kontierungsmuster mit Äquivalenz für die Buchung über die Mehrbildtransaktion angelegt.

17 Buchhaltungstipps

> **VIDEO**
> **Ein Kontierungsmuster mit Äquivalenzziffern für die Mehrbildtransaktion anlegen**
> Das Video zur Verwendung von Kontierungsmustern finden Sie unter dem folgenden Link:
> http://s-prs.de/v4158jw

Probieren Sie das neue Kontierungsmuster aus.

1. Wählen Sie über den Menübaum **Kreditoren • Buchung • Rechnung allgemein** (Transaktionscode F-43).

2. Die Mehrbildtransaktion öffnet sich. Geben Sie das Belegdatum ein, und klicken Sie in der Anwendungsfunktionsleiste auf die Schaltfläche **KontMuster**.

3. Das zuletzt angelegte Kontierungsmuster wird vorgeschlagen. Über die [F4]-Wertehilfe können Sie sich weitere Kontierungsmuster auswählen. Wir übernehmen an dieser Stelle das vorgeschlagene Kontierungsmuster und bestätigen mit der [↵]-Taste oder mit einem Klick auf ✓ (**Weiter**).

4. Sie gelangen in das Bild **Kontierungsmuster: Erfassung zum Buchen**. Geben Sie im Feld **Verteilg.summe Soll** einen Betrag ein.

17.3 Kontiervorlagen

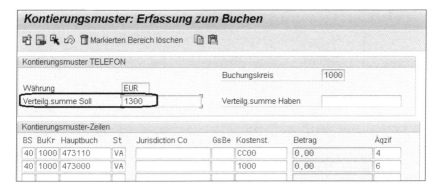

5. Gehen Sie mit ⓒ (Zurück) in die Buchungsmaske **Kreditoren Rechnung erfassen: Anzeigen Übersicht**, und ergänzen Sie die Buchung mit der Gegenposition/Kreditorposition. Tragen Sie dazu bitte den Buchungsschlüssel im Feld **Bschl** und die Kreditorenkontonummer im Feld **Konto** ein.

6. Bestätigen Sie Ihre Eingaben mit ⓒ (Weiter), um in das nächste Bild **Kreditoren Rechnung erfassen: Hinzufügen Kreditorenposition** zu gelangen. Tragen Sie dort im Feld **Steuerkennz** den Steuerschlüssel ein, und setzen Sie den Haken in das Feld **Steuer rechnen**. In das Feld **Betrag** tragen Sie den Bruttobetrag ein oder das Sternzeichen (*), dann errechnet das System den Bruttobetrag automatisch und setzt diesen in das Betragsfeld ein.

17 Buchhaltungstipps

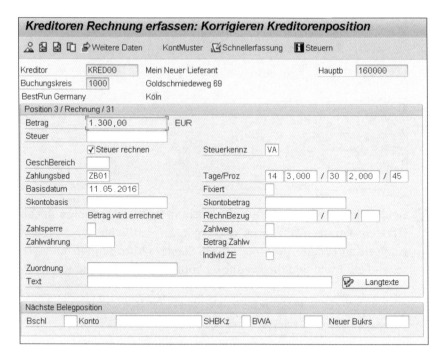

[7] Überprüfen Sie die Buchung, vor allem in Bezug auf die Verteilung der Summe mit Äquivalenzzahlen. Gehen Sie über die Menüleiste auf **Beleg • Simulieren**. Sind Sie mit dem Buchungsvorschlag einverstanden, schließen Sie den Vorgang mit einem Klick auf 🖫 (**Buchen**) ab.

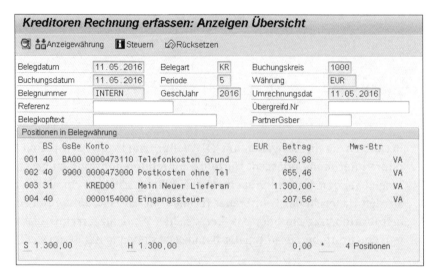

17.4 Beleg vorerfassen und Beleg merken

Bei der Funktion **Beleg vorerfassen** [Vorerfassen] wird der Beleg erst einmal im unvollständigen Zustand gesichert und zu einem späteren Zeitpunkt vervollständigt und gebucht. Die Vervollständigung dieses Belegs, ebenso wie die endgültige Buchung, kann von einem anderen Benutzer durchgeführt werden als von dem Benutzer, der den Beleg vorerfasst hat. Die Belegdaten eines vorerfassten Belegs können zu Berichtszwecken (Offene-Posten-Liste) und in Auswertungen verwendet werden, wie zum Beispiel bei der Berichterstellung zur Umsatzsteuerzahllast. Die Belegnummer, die bei der Vorerfassung vergeben wird, bleibt auch nach der vollständigen Buchung gleich. Die Funktionalität der Belegvorerfassung wird häufig für das Vieraugenprinzip verwendet, bei der mindestens eine zweite Person die Daten prüft.

Die Funktion **Beleg merken** [Merken] finden Sie ebenso wie die Kontiervorlagen im Bereich der Arbeitsvorlagen. Die Daten im Beleg werden vorläufig gespeichert, um später mit der Erfassung fortfahren zu können. Im Gegensatz zur Funktion **Beleg vorerfassen** stehen die Daten des Belegs nicht zu Auswertungszwecken zur Verfügung. Sie erhalten auch keine Belegnummer und müssen daher bei der Sicherung eine Bezeichnung oder Kennung vergeben. Wird der gemerkte Beleg zu einem späteren Zeitpunkt gebucht, erhalten Sie wie gewohnt eine Belegnummer. Den gemerkten Beleg kann nur der Benutzer bearbeiten, der ihn gesichert hat.

17.5 Funktionen »Halten Daten« und »Setzen Daten«

Die Funktionen **Halten Daten** und **Setzen Daten** dienen der automatischen Erfassung sich wiederholender Werte in den Buchungsvorgängen. Der Unterschied liegt darin, dass bei **Halten Daten** die gehaltenen Daten Vorschlagswerte sind und bei Bedarf geändert werden können, während bei der Funktion **Setzen Daten** die Daten gehalten, aber nicht geändert werden können. Angenommen, Sie müssen mehrere Rechnungen eingeben, bei denen das Datum, die Kreditoren-/Debitorennummer und die Belegart unverändert bleiben. Damit Sie diese Werte nicht immer wieder bei jeder Rechnung eingeben müssen, tragen Sie sie einmal in den entsprechenden Feldern ein und wählen über die Menüleiste **System ▸ Benutzervorgaben ▸ Setzen Daten** bzw. **Halten Daten**. Diese Werte werden vom System nun immer wieder in den jeweiligen Feldern eingesetzt, bis Sie sie löschen oder sich vom System abmelden.

> **HINWEIS**
>
> **Daten setzen/Daten halten**
>
> Beachten Sie bitte, dass die Daten in den jeweiligen Feldern nicht mit der ⏎-Taste oder mit ✓ (**Weiter**) bestätigt werden dürfen. Navigieren Sie mit der Maus oder der ⇆-Taste von einem Feld zum anderen, und wählen Sie dann über die Menüleiste die Option **Setzen Daten** bzw. **Halten Daten**.

A Glossar

Abgrenzungsbuchung Abgrenzungsbuchungen sind Korrekturbuchungen, die am Ende einer Buchungsperiode durchgeführt und in der Folgeperiode storniert werden.

Abstimmkonto Ein Abstimmkonto ist ein Sachkonto, das die Verbindung zwischen Nebenbuch und Hauptbuch darstellt und auf dem die Bewegungen der Nebenbuchhaltung mitgeführt werden, zum Beispiel der Debitoren, Kreditoren und Anlagen.

Aktiva Summe der Vermögensteile und Rechnungsabgrenzungsposten eines Unternehmens, die auf der linken Seite der Bilanz ausgewiesen werden.

Anlagenklasse Steuerungselement und Hauptkriterium für die Gliederung des Anlagevermögens. Jeder Anlagenstammsatz muss genau einer Anlagenklasse zugeordnet werden. Spezielle Anlagenklassen sind zum Beispiel Anlagen im Bau und geringwertige Wirtschaftsgüter.

Asset Explorer Werkzeug im SAP-System, das die Anlagenwerte einer Anlage anzeigt; sowohl geplante als auch gebuchte Bestandswerte und Abschreibungen.

Ausgangssteuer Steuer, die in Rechnung zu stellen ist. Die Ausgangssteuer stellt gegenüber dem Finanzamt eine Steuerschuld dar.

Ausgleichen Verfahren, bei dem offene Posten als ausgeglichen (bezahlt) gekennzeichnet werden.

Automatische Kontierung Automatische Funktion (in der Finanzbuchhaltung) beim Buchen von Geschäftsvorfällen. Das System ordnet die Positionen den jeweiligen Konten zu, ohne dass der Benutzer Eingaben vornehmen muss.

Belegänderungsregel Belege können unter Beachtung der Belegänderungsregeln geändert werden. Diese Regeln legen fest, welche Felder in einem gebuchten Beleg geändert werden können.

Belegart Schlüssel, der Geschäftsvorfälle bei der Buchung differenziert. Die Belegart steuert die Nummernvergabe der Belegnummer und legt die zu bebuchenden Kontoarten fest.

Belegaufteilung Automatisches Verfahren, durch das Belegzeilen im Beleg nach ausgewählten Dimensionen aufgeteilt werden (zum Beispiel Forderungszeilen nach Profit-Centern). Die Belegaufteilung ist unter anderem notwendig, um eine Bilanz sowie eine Gewinn- und Verlustrechnung für die ausgewählten Dimensionen erstellen zu können.

Belegprinzip Prinzip »keine Buchung ohne Beleg«.

Berichtsvariante Beinhaltet Kriterien, die den Inhalt eines Berichts festlegen. Mit einer Berichtsvariante bestimmen Sie, welche Zeilen, Texte und Spalten das System beim Aufruf eines Berichts anzeigen soll.

Bewegungsart Die Bewegungsart klassifiziert den Vorgang der Anlagenbewegung (zum Beispiel Zugang, Abgang, Umbuchung usw.) und bestimmt, wie der Vorgang im System verarbeitet werden soll. Die Bewegungsart bestimmt die Zuordnung des Geschäftsvorfalls im Anlagengitter.

Bewertung Feststellung des Werts sämtlicher Güter des Anlage- und Umlaufvermögens sowie der Verbindlichkeiten zu einem bestimmten Zeitpunkt nach gesetzlichen Vorschriften.

A Glossar

Bewertung des Bestandskontos Das Programm SAPF100 im SAP-System bewertet Sachkonten, die in einer Fremdwährung geführt werden, zu einem Stichtag, der in den Auswahlparametern angegeben ist.

Bewertungsbereich Ein Bewertungsbereich klassifiziert die Bewertung des Anlagevermögens zu einem bestimmten Zweck bzw. zu einer bestimmten Rechnungslegung, zum Beispiel Handelsbilanz, Steuerbilanz, kalkulatorische Werte.

Bilanz-/GuV-Struktur Strukturierte Anordnung von Sachkonten auf Hierarchieebenen. Die Anordnung kann nach gesetzlichen Gliederungsvorschriften erfolgen, nach denen die Bilanz und Gewinn- und Verlustrechnung erstellt wird. Es kann sich aber auch um eine beliebige Anordnung handeln.

Buchungskreis Kleinste organisatorische Einheit des externen Rechnungswesens, für die eine vollständige, in sich geschlossene Buchhaltung abgebildet werden kann.

Buchungskreisübergreifende Buchung Buchungsvorgang, der mehrere Buchungskreise umfasst.

Buchungskreiswährung/Hauswährung Die Währung des Buchungskreises, in der die Belege in den täglichen Geschäftsvorfällen gebucht und gegebenenfalls umgerechnet werden.

Buchungsperiode Periode innerhalb eines Geschäftsjahrs, für die Verkehrszahlen fortgeschrieben werden. Jeder gebuchte Vorgang wird einer bestimmten Buchungsperiode zugeordnet. Die Verkehrszahlen werden dann für diese Periode fortgeschrieben.

Buchungsschlüssel Zweistelliger numerischer Schlüssel, der die Positionen bei der Buchung festlegt (Soll/Haben). Der Buchungsschlüssel steuert die erlaubte Kontoart, Buchungsart (Soll oder Haben) und das Layout der Positionszeile.

CpD-Konto (Conto pro Diverse) Eine Art Sammelkonto, auf dem die Verkehrszahlen einer Gruppe von Kunden/Lieferanten dargestellt werden, mit denen nur einmal oder selten ein Geschäft abgewickelt wird.

Dauerbuchungen Eine periodisch wiederkehrende Buchung, die vom Dauerbuchungsprogramm auf der Grundlage von Dauerbuchungsurbelegen vorgenommen wird (zum Beispiel Miete, Beitragszahlungen oder Darlehenstilgungen).

Debitorenstammsatz Datensatz, der alle Informationen zum Kunden enthält, die unter anderem für die Abwicklung von Geschäftsvorfällen benötigt werden. Zu diesen Informationen zählen zum Beispiel Anschrift und Bankverbindung.

Einführungsleitfaden (IMG) Werkzeug für die Konfiguration des SAP-Systems. Dort werden die relevanten Systemeinstellungen vorgenommen.

Einkaufsorganisation Organisatorische Einheit innerhalb der Logistik, die das Unternehmen nach den Erfordernissen des Einkaufs gliedert. Eine Einkaufsorganisation beschafft Materialien oder Dienstleistungen; sie handelt mit einem Lieferanten Einkaufskonditionen aus und ist für diese Geschäfte verantwortlich.

Feldstatus Einzelne Felder können als Mussfelder oder Kannfelder angezeigt oder als ausgeblendet definiert werden. Dies hängt von der benutzerdefinierten Konfiguration des SAP-Systems ab.

Fremdwährungsbewertung Verfahren, um den in Fremdwährung gebuchten Wert zu einem Stichtag zu bestimmen – Einzelbewertung, das heißt, dass für den Bewertungsvorgang die offenen Posten herangezogen werden. Ist dies nicht möglich (weil das Konto nicht auf der Basis von offenen Posten geführt wird), wird stattdessen der Kontensaldo bewertet.

Funktionsbereich Organisationseinheit in der Buchhaltung, die die Kosten einer Organisation nach Funktionen unterteilt, wie zum Beispiel Verwaltung, Vertrieb, Marketing und Fertigung. Die Unterteilung wird für das Umsatzkostenverfahren vorgenommen.

Gesamtkostenverfahren Verfahren, um die Kosten einer Periode auszuweisen.

Geschäftsbereich Organisatorische Einheit des externen Rechnungswesens, die ein Tätigkeitsfeld des Unternehmens darstellt. Es kann eine Bilanz nach Geschäftsbereich erstellt werden.

GUI Grafische Benutzungsoberfläche (Graphical User Interface, GUI), bezieht sich auf die Anzeige der Software in einem Bildschirmbild mithilfe von Grafiken, Symbolen und Icons/Schaltflächen (statt nur Text). Ein Beispiel für ein GUI ist das Microsoft-Windows-Format.

Hauptbuch Jeder Buchungskreis führt ein eigenes Hauptbuch zur Darstellung der Werte, um auf deren Basis die Bilanz und Gewinn- und Verlustrechnung zu erstellen.

Hauswährung Währung eines Buchungskreises (Landeswährung), in der die lokalen Bücher geführt werden. Das Gegenteil von Hauswährung ist Fremdwährung.

Hilfe zur Anwendung Mit dieser Funktion können Benutzer die Dokumentation über den aktuellen Vorgang oder das aktuelle Programm oder Bild aufrufen.

IDES International Demonstration and Education System; IDES beinhaltet mehrere Musterunternehmen, die die relevanten Geschäftsprozesse des SAP-Systems abbilden. IDES ist das Basissystem für die interne und externe Schulung.

Kontenfindung Automatisches Verfahren, bei dem das SAP-System bei Buchungsvorgängen die zu bebuchenden Konten in der Finanzbuchhaltung findet.

Kontengruppe Jeder Stammsatz wird einer Kontengruppe zugewiesen. Die Kontengruppe steuert den Nummernkreis, aus dem die Nummern für die Stammsätze ausgewählt werden.

Kontenplan Ein Kontenplan ist ein Verzeichnis aller Sachkonten, die von einem oder mehreren Buchungskreisen gemeinsam verwendet werden können. Der Kontenplan enthält zu jedem Sachkonto die Kontonummer, die Kontobezeichnung und Informationen, die die Funktion des Sachkontos festlegen und das Anlegen des Sachkontos im Buchungskreis steuern. Jedem Buchungskreis muss ein Kontenplan zugeordnet werden. Dies ist der operative Kontenplan. Neben dem operativen Kontenplan kann es auch Landeskontenpläne und Konzernrechnungspläne geben. Die Landeskontenpläne weisen die nach dem jeweiligen Landesrecht erforderliche Gliederung auf, und die Konzernkontenpläne weisen die für die Konsolidierung erforderliche Gliederung auf.

Kontierung Festlegung der Konten, die bei einem Geschäftsvorfall bebucht werden (siehe auch »Zusatzkontierung«).

Kontierungsmuster Vorlage für die Belegerfassung, in der die Werte für die Buchung eines Geschäftsvorfalls angegeben werden. Ein Kontierungsmuster kann beliebig viele Sachkontenpositionen enthalten und nach Wunsch geändert oder erweitert werden. Anders als Musterbelege dürfen Kontierungsmuster unvollständige Sachkontenpositionen enthalten.

Kontoart Kontoarten sind beispielsweise Anlagenkonten, Debitorenkonten, Kreditorenkonten und Sachkonten. Die Kontoart ist zusätzlich zur Kontonummer für die Identifizierung eines Kontos erforderlich, da dieselbe Kontonummer für jede Kontoart verwendet werden kann.

Konzerngesellschaft Eine Konzerngesellschaft ist die gesetzliche Konsolidierungseinheit, der Buchungskreise zugeordnet werden.

Kostenrechnungskreis Organisatorische Einheit innerhalb eines Unternehmens, für die eine vollständige, in sich geschlossene Kostenrechnung durchgeführt werden kann.

Kostenstelle Organisationseinheit in einem Kostenrechnungskreis.

Kreditorenstammsatz Datensatz, der alle Informationen zum Geschäftspartner enthält, die unter anderem für die Abwicklung von Geschäftsvorfällen benötigt werden, zum Beispiel Anschrift und Bankverbindung.

Landeskontenplan Der Kontenplan bietet alternative Kontonummern, um lokale Reporting-Anforderungen zu erfüllen (alternativer Kontenplan).

Ledger Ein Buch innerhalb des Hauptbuchs.

Ledger-Gruppe Zusammenfassung beliebiger Ledger zum Zweck der gemeinsamen Verarbeitung der Hauptbuchhaltung.

Mahnverfahren Beschreibt die Vorgehensweise, wie Geschäftspartner angemahnt werden können. Für ein Mahnverfahren werden unter anderem die Anzahl an Mahnstufen, der Mahnrhythmus, die Betragsgrenzen und Mahntexte festgelegt.

Mandant In kaufmännischer, organisatorischer und technischer Hinsicht eine eigenständige Einheit in einem SAP-System mit separaten Stammsätzen und einem eigenen Tabellenset.

Merkposten Spezieller Posten, der sich nicht auf den Saldo auswirkt (Sonderhauptbuchvorgang). Bestimmte Merkposten werden vom Zahlungs- oder Mahnprogramm verarbeitet; Beispiel: Anzahlungsanforderung.

Nebenbuchhaltung Buchhaltung, die ein Nebenbuch umfasst, wie zum Beispiel Debitor, Kreditor und Anlagen. Nebenbücher werden durch die Abstimmkonten mit dem Hauptbuch verbunden.

Nettoverfahren Verfahren, bei dem das erwartete Skonto automatisch von den Kosten oder Bestandsbuchungen abgezogen wird, wenn eine Rechnung gebucht wird.

Nummernkreis Nummernbereiche, die Sie Geschäftsobjekten zuordnen können. Beispiele für solche Objekte sind Geschäftspartner, Sachkonten, Aufträge, Buchungsbelege und Waren. Es gibt zwei Arten der Nummernvergabe: Die interne und die externe Nummernvergabe. Bei der internen Nummernvergabe vergibt das SAP-System beim Speichern eines Datensatzes automatisch eine laufende Nummer, die im relevanten Nummernkreisintervall liegt. Im Falle der externen Nummernvergabe wird die Nummer vom Benutzer oder von einem externen System vergeben.

Offene-Posten-Bewertung Die Posten eines Kontos werden durch andere Posten des Kontos ausgeglichen. Die Summe der am Ausgleich beteiligten Posten muss 0 ergeben.

A Glossar

Offene-Posten-Verwaltung Festlegung, dass die Posten eines Kontos aufgeführt werden und die jeweiligen Posten einen Status erhalten (offen/ausgeglichen).

Operativer Kontenplan Jedem Buchungskreis wird im SAP-System ein Kontenplan zugeordnet (operativer Kontenplan).

Organisationseinheit Die Struktur eines Unternehmens wird mithilfe von Organisationseinheiten auf die SAP-Anwendungen abgebildet.

Parameter-ID (PID) Mithilfe von Parameter-IDs wird der Standardwert für ein Feld im Benutzerstammsatz bestimmt. Das Verfahren hat für die Benutzer den Vorteil, dass sie den Feldwert nicht mehr explizit im Bild eingeben müssen.

Profit-Center Organisatorische Einheit des Rechnungswesens, die das Unternehmen managementorientiert gliedert, das heißt zum Zweck der internen Steuerung.

Recherche Die Recherche ist ein dialogorientiertes Informationssystem zur Auswertung der Daten in der Hauptbuch-, Debitoren-, Kreditoren- und Anlagenbuchhaltung.

Rechnung Nachricht an den Käufer mit der Aufforderung, die Begleichung einer Lieferung oder Leistung vorzunehmen.

Rechnungseingang Begriff aus der Rechnungsprüfung, mit dem der Erhalt einer Rechnung bezeichnet wird, die von einem Lieferanten (Kreditor) ausgestellt wurde. Im SAP-System wird zwischen den folgenden Fällen unterschieden: Rechnungseingang mit Bezug zu einer Bestellung, Rechnungseingang mit Bezug zu einem Wareneingang und Rechnungseingang ohne Bezug.

Rechnungslegungsvorschrift Zusammenfassung von Regeln und Prinzipien für eine vorschriftsmäßige Buchführung und Bilanzierung, zum Beispiel:
- International Accounting Standards (IAS)
- Generally Accepted Accounting Principles (GAAP)
- Handelsgesetzbuch (HGB)

Referenzbeleg Beleg, der als Vorlage zum Buchen eines Buchhaltungsbelegs verwendet wird. Als Referenzbeleg können Buchhaltungsbelege und Musterbelege verwendet werden.

Restposten Posten, der die Differenz ausweist, die beim Ausgleichen eines offenen Postens aufgetreten ist.

Sachkontenstammsatz Datensatz, der Informationen enthält, die das Erfassen von Daten auf ein Sachkonto und die Verwaltung dieses Kontos steuern. Dazu zählt unter anderem die Währung, in der ein Konto geführt wird.

Saldenbestätigung Verfahren, bei dem den Geschäftspartnern die Saldobeträge mitgeteilt werden, mit der Bitte, diese zu bestätigen. Sie bitten den Geschäftspartner um eine Bestätigung, unabhängig davon, ob Übereinstimmung besteht oder nicht.

Saldovortrag Am Ende des Geschäftsjahres werden die Salden der Bestandskonten vom Vorjahr als Anfangssaldo in das neue Jahr übertragen. Die Salden der Erfolgskonten werden auf Erfolgsvortragskonten vorgetragen. Die Erfolgskonten werden mit dem Saldo 0 in das neue Geschäftsjahr fortgeführt.

SAP Das größte Softwareunternehmen in Europa mit Sitz in Walldorf, Deutschland; Marktführer im Bereich Unternehmenssoftware und wichtiger Akteur im Bereich der Internetanwendungen.

SAP-Bibliothek Ermöglicht es dem Benutzer, aus der Hilfe Themen auszuwählen.

A Glossar

Segment Geschäftszweig eines Unternehmens, für den eine externe Berichterstattung erstellt werden kann. Ein Segment kann in den Stammsatz eines Profit-Centers eingetragen werden. Damit wird beim Buchen das Segment aus dem kontierten Profit-Center abgeleitet.

Sonderhauptbuchkennzeichen Kennzeichen, das einen Sonderhauptbuchvorgang identifiziert. Zu den Sonderhauptbuchvorgängen zählen zum Beispiel Anzahlungen oder Wechsel.

Sonderperiode Spezielle Buchungsperiode, die zu Abschlussarbeiten herangezogen wird.

Spezielles Ledger Anwendung, mit der kundendefinierte Ledger (Bücher) für das Berichtswesen geführt werden. Die kundendefinierten Ledger können mit beliebigen Kontierungsbegriffen als Haupt- oder Nebenbücher geführt werden; Beispiel: SAP-Dimension: Konto, Geschäftsbereich, Profit-Center; kundendefinierte Dimension: Region.

Stammsatz Datensatz, der Stammdaten enthält, die über eine lange Zeitdauer hinweg unverändert bleiben.

Steuerkennzeichen Zweistelliges Kennzeichen, das Informationen zur Berechnung und zum Ausweis der Umsatzsteuer repräsentiert. Mit dem Steuerkennzeichen wird Folgendes festgelegt: Höhe des Steuersatzes, Art der Steuer (Vorsteuer oder Ausgangssteuer), Rechenart (vom Hundert oder im Hundert).

Teilauszahlung Zahlung, bei der der ausstehende Rechnungsbetrag nur teilweise beglichen wird.

Umrechnungstabelle Umrechnungstabellen können von den Benutzern gepflegt werden. Sie enthalten Daten mit anwendbaren Umrechnungskursen für Buchungsvorgänge in Fremdwährung. Das System verwendet standardmäßig die Kurse aus dieser Tabelle, sofern für einen Vorgang nicht explizit ein anderer Kurs angegeben wird.

Verkaufsorganisation Organisatorische Einheit der Logistik, die das Unternehmen nach den Erfordernissen des Vertriebs gliedert. Eine Verkaufsorganisation ist für den Vertrieb von Materialien und Leistungen verantwortlich.

Verkehrszahlen Gesamtheit aller Buchungen auf ein Konto, aufgeschlüsselt nach Buchungsperiode und getrennt nach Soll und Haben.

Vertriebsbereich Ein Vertriebsbereich ist eine bestimmte Kombination aus Verkaufsorganisation, Vertriebsweg und Sparte.

Vorerfasster Beleg Ein unvollständiger Beleg kann vorübergehend im SAP-System gespeichert und später gebucht werden; die Buchung kann vom selben oder einem anderen Benutzer vorgenommen werden.

Vorsteuer Steuer, die vom Kreditor in Rechnung gestellt wird. Der abzugsfähige Teil der Vorsteuer kann gegenüber den Finanzbehörden geltend gemacht werden.

Wareneingang/Rechnungseingang – Analyse und Umbuchung Mit diesem Programm (RFWERE00) werden Waren- und Rechnungseingänge analysiert und Korrekturbuchungen erzeugt, um die Geschäftsvorfälle in der Bilanz korrekt darzustellen.

WE/RE-Konto Wareneingangs-/Rechnungseingangsverrechnungskonto. Dieses Sachkonto enthält Buchungen für eingegangene, aber noch nicht berechnete Waren sowie Buchungen für berechnete, aber noch nicht eingegangene Waren.

Wechsel Zahlungsversprechen in Form eines Zahlungspapiers.

Werk Ein Werk ist eine Organisationseinheit, das Produkte herstellen, Produkte vertreiben oder Dienstleistungen erbringen kann. Ein Werk ist die zentrale Organisationseinheit bei der Produktionsplanung.

Zahlungsbedingung Zahlungsbedingungen sind vierstellige alphanumerische Schlüssel. Jede Zahlungsbedingung besteht aus bis zu drei möglichen Kombinationen aus Fälligkeitsdatum und Skontoprozentsätzen.

Zahlprogramm Programm zur automatischen Ausführung von Zahlungen.

Zuordnungsfeld Das Zuordnungsfeld ist ein zusätzliches Referenzfeld für Positionen. Es ist in jeder gebuchten Position enthalten. Über den Inhalt dieses Felds können die Positionen im Positionsverzeichnis sortiert werden. Das Feld wird entweder automatisch (Sortierschlüssel im Stammsatz) oder manuell (Eingabe in der Belegposition) gefüllt.

Zusatzkontierung Alle Einträge in einer Belegposition, die zusätzlich zu Kontonummer, Betrag und Buchungsschlüssel vorgenommen werden; Beispiele: Zahlungsbedingungen, Zahlungsweise und Kostenstelle.

B Menüpfade und Transaktionscodes

Debitorenbuchhaltung

Aktion	Menüpfad	Transaktionscode
Anzahlungen erfassen	Rechnungswesen ▸ Finanzwesen ▸ Debitoren ▸ Buchung ▸ Anzahlung ▸ Anzahlung	F-29
Anzahlungsanforderungen erfassen	Rechnungswesen ▸ Finanzwesen ▸ Debitoren ▸ Buchung ▸ Anzahlung ▸ Anzahlungsanforderung	F-37
Bilanzanlage – OP-Analyse	Rechnungswesen ▸ Finanzwesen ▸ Kreditoren/Debitoren ▸ Periodische Arbeiten ▸ Abschluss ▸ Umgliedern ▸ Ford./Verb. Umgliedern	FAGLF101
Bürgschaft erfassen	Rechnungswesen ▸ Finanzwesen ▸ Debitoren ▸ Buchung ▸ Sonstige ▸ Statistische Buchung	F-55
Debitor ändern (zentrale Pflege)	Rechnungswesen ▸ Finanzwesen ▸ Debitoren ▸ Stammdaten ▸ Zentrale Pflege ▸ Ändern	XD02
Debitor anlegen (zentrale Pflege)	Rechnungswesen ▸ Finanzwesen ▸ Debitoren ▸ Stammdaten ▸ Zentrale Pflege ▸ Anlegen	XD01
Debitor anzeigen (zentrale Pflege)	Rechnungswesen ▸ Finanzwesen ▸ Debitoren ▸ Stammdaten ▸ Zentrale Pflege ▸ Anzeigen	XD03
Debitor sperren (zentrale Pflege)	Rechnungswesen ▸ Finanzwesen ▸ Debitoren ▸ Stammdaten ▸ Zentrale Pflege ▸ Sperren/Entsperren	XD05
Debitoren Einzelpostenliste	Rechnungswesen ▸ Finanzwesen ▸ Debitoren ▸ Konto ▸ Posten anzeigen/ändern	FBL5N

B Menüpfade und Transaktionscodes

Aktion	Menüpfad	Transaktionscode
Debitorengutschriften erfassen	Rechnungswesen ▸ Finanzwesen ▸ Debitoren ▸ Buchung ▸ Gutschrift	FB75
Debitorenstammsatz ändern	Rechnungswesen ▸ Finanzwesen ▸ Debitoren ▸ Stammdaten ▸ Ändern	FD02
Debitorenstammsatz anlegen	Rechnungswesen ▸ Finanzwesen ▸ Debitoren ▸ Stammdaten ▸ Anlegen	FD01
Debitorenstammsatz anzeigen	Rechnungswesen ▸ Finanzwesen ▸ Debitoren ▸ Stammdaten ▸ Anzeigen	FD03
Debitorenstammsatz sperren	Rechnungswesen ▸ Finanzwesen ▸ Debitoren ▸ Stammdaten ▸ Sperren/Entsperren	FD05
Mahnen automatisch	Rechnungswesen ▸ Finanzwesen ▸ Debitoren ▸ Periodische Arbeiten ▸ Mahnen	F150
Rechnung erfassen Debitoren	Rechnungswesen ▸ Finanzwesen ▸ Debitoren ▸ Buchung ▸ Rechnung allgemein	F-22
Rechnung erfassen Debitoren (Enjoy-Bild)	Rechnungswesen ▸ Finanzwesen ▸ Debitoren ▸ Buchung ▸ Rechnung	FB70
Restposten buchen	Rechnungswesen ▸ Finanzwesen ▸ Debitoren ▸ Buchung ▸ Zahlungseingang	F-28
Saldovortrag in der Debitorenbuchhaltung durchführen	Rechnungswesen ▸ Finanzwesen ▸ Debitoren ▸ Periodische Arbeiten ▸ Abschluss ▸ Vortragen ▸ Saldovortrag	F.07
Teilzahlung buchen	Rechnungswesen ▸ Finanzwesen ▸ Debitoren ▸ Buchung ▸ Zahlungseingang	F-28

Aktion	Menüpfad	Transaktionscode
Umbuchung vornehmen	Rechnungswesen ▸ Finanzwesen ▸ Debitoren ▸ Buchung ▸ Sonstige ▸ Umbuchung mit Ausgleich	F-30
Zahlungseingang	Rechnungswesen ▸ Finanzwesen ▸ Debitoren ▸ Buchung ▸ Zahlungseingang	F-28

Kreditorenbuchhaltung

Aktion	Menüpfad	Transaktionscode
Anzahlungen erfassen	Rechnungswesen ▸ Finanzwesen ▸ Kreditoren ▸ Buchung ▸ Anzahlung ▸ Anzahlung	F-48
Anzahlungsanforderungen erfassen	Rechnungswesen ▸ Finanzwesen ▸ Kreditoren ▸ Buchung ▸ Anzahlung ▸ Anzahlungsanforderung	F-47
Beleg buchen: Kopfdaten (Mehrbildtransaktion)	Rechnungswesen ▸ Finanzwesen ▸ Kreditoren ▸ Stammdaten ▸ Anlegen	FB01
Belegänderungen anzeigen	Rechnungswesen ▸ Finanzwesen ▸ Kreditoren ▸ Beleg ▸ Änderungen anzeigen	FB04
Belege ändern	Rechnungswesen ▸ Finanzwesen ▸ Kreditoren ▸ Beleg ▸ Ändern	FB02
Belege anzeigen	Rechnungswesen ▸ Finanzwesen ▸ Kreditoren ▸ Beleg ▸ Anzeigen	FB03
Belege stornieren	Rechnungswesen ▸ Finanzwesen ▸ Kreditoren ▸ Beleg ▸ Stornieren ▸ Einzelstorno	FB08

B Menüpfade und Transaktionscodes

Aktion	Menüpfad	Transaktionscode
Buchungsbelege aus Dauerbelegen erstellen	Rechnungswesen ▸ Finanzwesen ▸ Kreditoren ▸ Periodische Arbeiten ▸ Dauerbuchungen ▸ Ausführen	F.14
Gutschrift erfassen Kreditoren	Rechnungswesen ▸ Finanzwesen ▸ Kreditoren ▸ Buchung ▸ Gutschrift	FB65
Kontenanzeige in FI	Rechnungswesen ▸ Finanzwesen ▸ Kreditoren ▸ Konto ▸ Salden anzeigen	FK10N
Kreditor ändern (zentrale Pflege)	Rechnungswesen ▸ Finanzwesen ▸ Kreditoren ▸ Stammdaten ▸ Zentrale Pflege ▸ Ändern	XK02
Kreditor anlegen (zentrale Pflege)	Rechnungswesen ▸ Finanzwesen ▸ Kreditoren ▸ Stammdaten ▸ Zentrale Pflege ▸ Anlegen	XK01
Kreditor anzeigen (zentrale Pflege)	Rechnungswesen ▸ Finanzwesen ▸ Kreditoren ▸ Stammdaten ▸ Zentrale Pflege ▸ Anzeigen	XK03
Kreditor sperren (zentrale Pflege)	Rechnungswesen ▸ Finanzwesen ▸ Kreditoren ▸ Zentrale Pflege ▸ Stammdaten ▸ Sperren/Entsperren	XK05
Kreditorenstammsatz ändern	Rechnungswesen ▸ Finanzwesen ▸ Kreditoren ▸ Stammdaten ▸ Ändern	FK02
Kreditorenstammsatz anlegen	Rechnungswesen ▸ Finanzwesen ▸ Kreditoren ▸ Stammdaten ▸ Anlegen	FK01
Kreditorenstammsatz anzeigen	Rechnungswesen ▸ Finanzwesen ▸ Kreditoren ▸ Stammdaten ▸ Anzeigen	FK03
Maschineller Zahlungsverkehr: Status (Zahlprogramm)	Rechnungswesen ▸ Finanzwesen ▸ Kreditoren ▸ Periodische Arbeiten ▸ Zahlen	F110

Aktion	Menüpfad	Transaktionscode
Rechnung erfassen Kreditoren	Rechnungswesen ▸ Finanzwesen ▸ Kreditoren ▸ Buchung ▸ Rechnung allgemein	F-43
Rechnung erfassen Kreditoren (Enjoy-Bild)	Rechnungswesen ▸ Finanzwesen ▸ Kreditoren ▸ Buchung ▸ Rechnung	FB60
Zahlungsausgang	Rechnungswesen ▸ Finanzwesen ▸ Kreditoren ▸ Buchung ▸ Zahlungsausgang ▸ Buchen	F-53
Zahlungsausgang mit Druck	Rechnungswesen ▸ Finanzwesen ▸ Kreditoren ▸ Buchung ▸ Zahlungsausgang ▸ Buchen+Formulardruck	F-58

Hauptbuchhaltung

Aktion	Menüpfad	Transaktionscode
Bilanz/GuV (Recherchebericht)	Rechnungswesen ▸ Finanzwesen ▸ Hauptbuch ▸ Infosystem ▸ Berichte zum Hauptbuch ▸ Bilanz/GuV/Cash Flow ▸ Allgemein ▸ Ist-/Ist-Vergleiche ▸ Ist/Ist-Vergleich (Jahr)	–
Bilanz/GuV erstellen	Rechnungswesen ▸ Finanzwesen ▸ Hauptbuch ▸ Infosystem ▸ Berichte zum Hauptbuch ▸ Bilanz/GuV/Cash Flow ▸ Allgemein ▸ Ist-/Ist-Vergleiche ▸ Bilanz/GuV	–
Dauerbuchung erfassen: Kopfdaten	Rechnungswesen ▸ Finanzwesen ▸ Hauptbuch (oder Debitoren/oder Kreditoren) ▸ Buchung ▸ Referenzbelege ▸ Dauerbeleg	FBD1

Aktion	Menüpfad	Transaktionscode
Dauerbuchungen ausführen	Rechnungswesen ▸ Finanzwesen ▸ Hauptbuch ▸ Periodische Arbeiten ▸ Dauerbuchungen ▸ Ausführen	F.14
Fremdwährungs-Bewertung	Rechnungswesen ▸ Finanzwesen ▸ Hauptbuch ▸ Periodische Arbeiten ▸ Abschluss ▸ Bewerten ▸ Fremdwährungsbewertung	F.05
Sachkontenbuchung erfassen	Rechnungswesen ▸ Finanzwesen ▸ Hauptbuch ▸ Buchung ▸ Allgemeine Buchung	F-02
Sachkontenbuchung erfassen (Enjoy-Bild)	Rechnungswesen ▸ Finanzwesen ▸ Hauptbuch ▸ Buchung ▸ Sachkontenbeleg erfassen	FB50
Saldovortrag	Rechnungswesen ▸ Finanzwesen ▸ Hauptbuch ▸ Periodische Arbeiten ▸ Abschluss ▸ Vortragen ▸ Saldovortrag	F.16
Stammsatz (im Buchungskreis) anlegen – Sachkonten	Rechnungswesen ▸ Finanzwesen ▸ Hauptbuch ▸ Stammdaten ▸ Sachkonten ▸ Einzelbearbeitung ▸ Im Buchungskreis	FSS0
Stammsatz (im Kontenplan) anlegen – Sachkonten	Rechnungswesen ▸ Finanzwesen ▸ Hauptbuch ▸ Stammdaten ▸ Sachkonten ▸ Einzelbearbeitung ▸ Im Kontenplan	FSP0
Stammsatz (zentral) anlegen / ändern/ anzeigen – Sachkonten	Rechnungswesen ▸ Finanzwesen ▸ Hauptbuch ▸ Stammdaten ▸ Sachkonten ▸ Einzelbearbeitung ▸ Zentral	FS00

Anlagenbuchhaltung

Aktion	Menüpfad	Transaktions-code
Abrechnung Anlangen im Bau	Rechnungswesen ▸ Finanzwesen ▸ Anlagen ▸ Buchung ▸ Aktivierung AiB ▸ Aufteilen	AIAB
Abschreibungslauf durchführen	Rechnungswesen ▸ Finanzwesen ▸ Anlagen ▸ Periodische Arbeiten ▸ Abschreibungslauf ▸ Durchführen	AFAB
Anlage ändern	Rechnungswesen ▸ Finanzwesen ▸ Anlagen ▸ Anlage ▸ Ändern ▸ Anlage	AS02
Anlage anlegen	Rechnungswesen ▸ Finanzwesen ▸ Anlagen ▸ Anlage ▸ Anlegen ▸ Anlage	AS01
Anlagen anzeigen	Rechnungswesen ▸ Finanzwesen ▸ Anlagen ▸ Anlage Anzeigen ▸ Anlage	AS03
Anlagenabgang durch Verschrottung	Rechnungswesen ▸ Finanzwesen ▸ Anlagen ▸ Buchung ▸ Abgang ▸ Abgang durch Verschrottung	ABAVN
Anlagenabgang mit Debitor	Rechnungswesen ▸ Finanzwesen ▸ Anlagen ▸ Buchung ▸ Abgang mit Erlös ▸ Mit Debitor	F-92
Anlagenbeleg anzeigen	Rechnungswesen ▸ Finanzwesen ▸ Anlagen ▸ Buchung ▸ Beleg bearbeiten ▸ Anzeigen	AB03
Anlagenumbuchung	Rechnungswesen ▸ Finanzwesen ▸ Anlagen ▸ Buchung ▸ Umbuchung ▸ Umbuchung buchungskreis-intern	ABUMN
Anlagenzugang integriert	Rechnungswesen ▸ Finanzwesen ▸ Anlagen ▸ Buchung ▸ Zugang ▸ Kauf ▸ Gegen Kreditor	F-90
Anlagenzugang nicht integriert	Rechnungswesen ▸ Finanzwesen ▸ Anlagen ▸ Buchung ▸ Zugang ▸ Kauf ▸ Zugang Gegenbuchung automatisch	ABZON

Aktion	Menüpfad	Transaktionscode
Asset Explorer	Rechnungswesen ▸ Finanzwesen ▸ Anlagen ▸ Anlage ▸ Asset Explorer	AW01N
Jahresabschluss durchzuführen	Rechnungswesen ▸ Finanzwesen ▸ Anlagen ▸ Periodische Arbeiten ▸ Jahresabschluss ▸ Durchführen	AJAB
Jahreswechselprogramm	Rechnungswesen ▸ Finanzwesen ▸ Anlagen ▸ Periodische Arbeiten ▸ Jahreswechsel	AJRW
Protokoll Abschreibungslauf	Rechnungswesen ▸ Finanzwesen ▸ Anlagen ▸ Periodische Arbeiten ▸ Abschreibungslauf ▸ Protokoll anzeigen	AFBP

C Nützliche Reports

Hauptbuchhaltung

RFBILA00 – Bilanz/GuV

RFGLBALANCE – Saldenanzeige Hauptbuchkonten

RFSSLD00 – Sachkontensalden

RFSUSA00 – Sachkonten Summen- und Saldenliste

RFSBWA00 – Strukturierte Saldenliste

RFITEMGL – Sachkonten Einzelpostenliste

RFSOPO00 – Einzelpostenliste/offene Posten

RFBELJ10 – Belegjournal

RFBABL00 – Änderungsanzeige Belege

RFDAUB00 – Dauerbuchungsurbelege

RFSKPL00 – Kontenplanverzeichnis

RFSKVZ00 – Sachkontenverzeichnis

RFSABL00 – Änderungsanzeige Sachkonten

Debitorenbuchhaltung

Debitorensalden

SAPMSSY0 – Debitoren-Informationssystem

- Fälligkeitsanalyse
- Zahlungsverhalten
- Währungsanalyse
- Überfällige Posten
- DSO-Analyse
- Tage vereinbart/Tage realisiert

RFARBALANCE – Saldenanzeige Debitoren

RFDSLD00 – Debitorensalden in Hauswährung

RFDUML00 – Debitorenumsätze

Debitorenposten

RFDEPL00 – Debitoren Einzelpostenliste

RFITEMAR – Debitoren Einzelpostenliste

RFDOPO10 – Debitoren Offene-Posten-Liste

RFDOPR20 – Debitoren Zahlungsverhalten

Debitorenstammdaten

RFDKVZ00 – Debitorenverzeichnis

RFDABL00 – Änderungsanzeige Debitoren

RFDKAG00 – Stammdatenabgleich Debitoren

Kreditorenbuchhaltung

Kreditorensalden

SAPMSSYO – Kreditoren-Informationssystem

- Fälligkeitsanalyse
- Währungsanalyse
- Überfällige Posten

RFKSLD00 – Kreditorensalden in Hauswährung

RFKUML00 – Kreditorenumsätze

Kreditorenposten

RFKEPL00 – Kreditoren Einzelpostenliste

RFKOFW00 – OP Fälligkeitsvorschau Kreditoren

Kreditorenstammdaten

RFKKVZ00 – Kreditorenverzeichnis

RFKABL00 – Änderungsanzeige Kreditoren

Anlagenbuchhaltung

AW01N – Asset Explorer

RABEST_ALV01 – Anlagenbestand

RAGITT_ALV01 – Anlagengitter

RABEWG_ALV01 – Anlagenbewegungen

RAZUGA_ALV01 – Anlagenzugänge

RAABGA_ALV01 – Anlagenabgänge

RAUMBU_ALV01 – Anlagenumbuchungen

RAANLA_ALV01 – Verzeichnis unbebuchter Anlage

D Die Autorin

Ana Carla Psenner ist als SAP Solution Consultant zertifiziert. Als freiberufliche Trainerin für den Bereich SAP ERP Financials ist sie sowohl bei Bildungsträgern als auch in Firmenschulungen im Einsatz. Im Rahmen ihrer Schulungen bereitet sie Teilnehmer mit einer sehr hohen Erfolgsquote auf die SAP-Zertifizierungen vor. Ana Carla Psenner ist außerdem Dozentin für die Themen Betriebswirtschaftslehre, kaufmännische Mathematik und Rechnungswesen. Sie erstellt Zwischenprüfungen, Klausuren und Arbeitsmaterialien und bereitet ihre Teilnehmer auf die IHK-Prüfung vor.

Index

A

ABAP-Programm-Step 284
Abgang
   durch Verschrottung 313, 318
   mehrere Anlagen 313
Abgangsbuchung, abgangsweise 317
Abgrenzung, freie 61
Abgrenzungsbuchung 379
Ableitung 139
Abrechnung einer Anlage im Bau 318
Abrechnungsbuchung simulieren 324
Abrechnungsvorschrift 322
Abschlussarbeit 333, 340, 345
   Buchungsperiode schließen 350
   gesetzliche 333, 345
   organisatorische 333, 345
   technische 333, 345
Abschreibung 293, 296, 302, 314, 319, 334
   außerplanmäßige 335
   Hauptbuchkonto 335
   Kontierungsobjekt 335
   leistungsabhängige 335
   Rechenmethode 335
Abschreibungsbetrag 335
Abschreibungslauf 334
Abschreibungsprogramm
   RABUCH00 335
   RAPOST2000 .... 335, 339
   RAPOST2001 339
Abschreibungsschlüssel 296, 335
Abschreibungswert 295, 330
   buchen 334, 342
Abstimmkontentechnik 232
Abstimmkonto 48, 52, 78, 110, 125, 135, 158, 213, 218, 232, 257, 291, 355, 379
   abweichendes 258, 259, 264
   Einzelpostenverwaltung 233
   Forderung 158
   Verbindlichkeit 158
Abstimmung von Anlage und
   Hauptbuch 333

Adressdaten 169
AfA, außerplanmäßige 336
AfA-Beginndatum 296, 304, 309
AfA-Betrag 330
AfA-Programm 335
AfA-Schlüssel 319
AIB → Anlage im Bau
Aktiva 351, 379
Aktivierungsdatum 297
alternative Kontonummer 218
alternativer Kontenplan 218
Ampelsymbol 70
Analyse 384
Änderungsregel 247
Anforderung, landesspezifische 205
Anlage 291
   aktivieren 295
   Aktivierung 304
   anlegen 32
   Bewegungsart 301
   fehlerhafte 334
   geplanter Wert 302, 330
   Kontenfindung 292
   Kontenfindungsschlüssel 292, 294
   normale 295
   saisonale Leistung 335
   spezielle 295
   umbuchen 327
   verwandtes Objekt 303
   Zugangsbuchung 330
Anlage im Bau 295, 318
   Abrechnung 318, 324, 325
   Abrechnungsprofil 320
   Abrechnungsvorgang 324
   Aufteilung 322
   Aufteilungsregel 320
   Einzelpostenabrechnung 319
   summarisch verwalten 319
Anlagenabgang 313
Anlagenbewegung 291, 301, 311, 330
Anlagenbuchhaltung ... 291, 302, 334, 342
   Abschluss 333
   Report 397
   Transaktion 393

Index

Anlagenbuchung, automatische
   Gegenbuchung 310
Anlagengitter 301, 334, 342
   Auswertungsbericht 334
Anlagenklasse 293, 319, 320, 379
   Anlagennummernkreis 293
   Bildaufbau 293
   Nummernvergabe 293
Anlagenkomplex 291
Anlagenkonto 291
Anlagennummer 302
Anlagenstammsatz 291, 292
   ändern 298
   Anlage im Bau 326
   anlegen 296
   anlegen mit Vorlage 296
   anlegen über Anlagenklasse 296
   anzeigen 326
   gleichartiger 297
Anlagenunternummer 291
Anlagenwert 292, 329
Anlagenzugang 303
   ohne Bestellbezug 304
Anlagevermögen 295, 363
Anmeldedaten 24, 25, 30
   Groß- und Kleinschreibung 25
Anmeldemaske 24
Anmeldesprache 24
Anmeldung 24, 30
Anschaffungskosten 336
Anschaffungswert 295, 330
Anwendung 26, 30
   abbrechen 28
   Bausteinsymbol 31
   beenden 28
   Transaktion 26
Anwendungsfunktionsleiste ... 30, 34, 198
Anwendungshierarchie 27
Anwendungsprogramm 31
Anzahlung 32, 257, 258, 260, 267
   erfassen 32
   erhaltene 268
   geleistete 264
   Verrechnung 264
Anzahlungsanforderung 257, 260, 261
   debitorische 261
   kreditorische 261
Anzahlungsverrechnung 267
Anzeigeoption anpassen 30

Anzeigevariante 228
Äquivalenzzahlen
   Kontierungsmuster 373
Arbeiten, periodisches 170, 199
Arbeitsschritt automatisches Mahnen . 170
Arbeitsvorlage 66, 71, 126, 131, 240
Asset Explorer 32, 302, 311,
                              325, 330, 379
   gebuchter Wert 303
   Planwert 303
Auflistung aller Sachkonten 224
Auftrag 239
Auftragssperre 58
Aufwendung 214
Ausführungsplan 184
Ausgabesteuerung 207
Ausgangssteuer 69, 127, 379
Ausgleich einer Forderung 379
Ausgleich, vollständiger 80
Ausgleichsbeleg 209
Ausgleichsbuchung 205
automatische Gegenbuchung, Verrech-
   nungskonto 310
automatisches Mahnen 169

B

Bank 197
Bankverrechnungskonto 80, 231
Batch-Input-Mappe 183, 190, 335,
                                   354, 362
   abspielen 192
   beenden 193
Baumdarstellung
   Sachkontonummern 219
Baumstruktur 31
Bausteinsymbol 31
Bedingung 167
Befehl eingeben 27
Befehlsfeld 26, 31, 33
Beleg 45
   allgemeiner 236
   ändern 32, 247, 249
   Änderungsanzeige 247
   Änderungsregel 247
   anzeigen 73, 243
   automatisch generierter 242
   buchen in Fremdwährung 129

Beleg (Forts.)
  erfassen 235
  gemerkter 126
  in Fremdwährung 69
  merken 377
  simulieren 79
  stornieren 32, 254, 255
  suchen 243
  vorerfassen 377
  vorerfasster 384
Beleg anzeigen
  Erfassungssicht 139, 246
  Hauptbuchsicht 139
Beleg merken 367
Beleg vorerfassen 367
Belegänderung anzeigen 251
Belegänderungsregel 379
Belegart 67, 127, 141, 185, 235, 236, 379
Belegaufteilung 136, 246, 379
  neues Hauptbuch 136, 305
Belegebene 228
Belegerfassung 235
Belegkopf 127, 246, 250
  Belegposition 236
Belegkopftext 185
Belegliste 189, 244, 246
  eigener Beleg 189
Belegnummer 38
Belegnummernvergabe 141, 235, 236
Belegposition
  Buchungsschlüssel 236
  Kontonummer 236
Belegprinzip 235, 379
Belegprüfung 127
Belegsaldo 127
Belegsplit 136
Belegübersicht 75, 241, 249, 317
Benutzereinstellung ändern 35
Benutzerkennung 30
Benutzerlayout 88
Benutzername 23
Benutzeroberfläche 24, 26
  personalisieren 35
benutzerspezifische Liste, Favoriten 34
Benutzervorgabe 37
Berechnungsgrundlage 171
Berichterstattung 125, 214, 384
Berichtsvariante 379

Berichtswesen, externes 43
Berichtszweck 44
Besitzwechsel 273
Bestand
  Abgang 213
  Zugang 213
Bestandsaufnahme Anlagevermögen ... 334
Bestandsbuchung, periodische 333
Bestandskonto 46, 214, 380
Bestandswert 296
Bewegungsart 294, 379
  Abgang 301
  Abschreibung 301
  Umbuchung 301
  Zugang 301
Bewegungsartenschlüssel 307
Bewertung 379
  Kostenrechnung 295
  offener Posten 354
  Steuerzweck 295
Bewertungsbereich 295, 296, 302, 342, 380
Bewertungsmethode 355
Bewertungsparameter 295
Bilanz 136, 213, 257
  Anhang 351, 352
  erstellen 213, 345, 347, 363
  Geschäftsbereich 43
  nach Umgliederung 362
  Report RFBILA00 363
Bilanzkonto 213
Bilanzstichtag 354
Bilanzstruktur 363, 380
  Hierarchiestufe 363
Blättern
  erste Seite 28
  letzte Seite 29
  nächste Seite 29
  vorangehende Seite 29
Branche 43
Bruttobelegart 304
Buchen mit Vorlage 367
Buchhaltungsbeleg generieren 184
Buchung
  buchungskreisübergreifende 380
  komplexe 65, 76, 133
  simulieren 72, 132, 311
  statistische 261, 277
  vollständige 38

Index

Buchung der Teilzahlung prüfen 151
Buchungsbeleg generieren 183
Buchungshilfe 370
Buchungsinformation 309
Buchungskreis 36, 42, 43, 45,
127, 170, 380
Buchungskreisebene 47
Buchungskreisschlüssel 35, 42, 217
Buchungskreissegment 45, 214, 215,
216, 218, 232
Buchungskreiswährung 217, 238, 380
Buchungsperiode 127, 380
Buchungsschlüssel 237, 380
  Sonderhauptbuchvorgang 257, 258
  spezieller 301
Buchungssperre 57
Buchungsübersicht 255
Buchungsvorgang 45, 46
Buchungswert 192
Bürgschaft 260, 261, 277
  erhaltene 277
  gegebene 277

C

Closing Cockpit 345
CO 42, 43, 78, 135, 239, 291
Conto pro Diverse 109, 121, 169, 380
Controlling 42, 43, 44, 78,
135, 239, 291
CO-Objekt 136, 291
CpD-Konto 109, 121, 169, 380
CpD-Kreditor 119
Customizing 41

D

Daten
  allgemeine 45
  ausdrucken 28
  eigene 39
  halten 377
  setzen 377
  sichern 27
  suchen 28
Dateneingabe 23
Datenträger 205

Datums- und Währungsformat 39
Dauerauftrag 183
Dauerbeleg 183, 190
  aktualisieren 194
  ändern 188
  anzeigen 188
  Belegkopf 185
  Belegnummer 188
  Buchungsbeleg 190
  erfassen 183
  Kontenveränderung 184
  Kopfdaten 184
  suchen 189
  Variante 190
Dauerbuchung 380
  Abgrenzung 191
  Abrechnungszeitraum 191
  anzeigen 188
  Aufwandskonto 194
  ausführen 184, 190
  Ausgabesteuerung 191
  Belegart 191
  Belegkopf 185
  Belegübersicht 187
  Buchungsdatum 191
  Buchungskreis 191
  Einzelpostenliste 194
  Gebühr 183
  Geschäftsjahr 191
  Kontierung 194
  Kostenstelle 186
  Kreditorenkonto 194
  Mietzahlung 183
  Steuerkennzeichen 194
  Versicherungsbeitrag 183
  Vorlage 183
Dauerbuchungsbeleg, gespeicherter ... 188
Dauerbuchungsdaten 189, 194
Dauerbuchungsprogramm 183, 190
  Benutzerkennung 191
  Mappenname 191
Debitor
  anlegen 32
  anzeigen 70
Debitoren gruppieren 49
Debitorenanzahlung 269
Debitorenbuchhaltung 65, 277
  Report 395
  Transaktion 387

Debitorendaten 67
Debitorengutschrift
   Enjoy-Transaktion 66
   erfassen 65
   Mehrbildtransaktion 76
Debitorenkonto, Kontodaten anzeigen . 74
Debitorenposten, Report 396
Debitorenrechnung 268, 270, 273
   buchen 31
   Einzelpostenanzeige 84, 91, 95
   Enjoy-Transaktion 66
   erfassen 32, 65, 77
   Mehrbildtransaktion 76
   Restpostenbildung 80, 92
   Teilzahlung 80, 89
   Zahlungsdifferenz 92
   Zahlungseingang 80
Debitorensaldo, Report 395
Debitorenstammdaten, Report 396
Debitorenstammsatz . 31, 45, 47, 101, 380
   ändern 55
   anlegen 47
   anzeigen 70
   Ebene 47
   in persönliche Liste eintragen 57
   Mahnverfahrensschlüssel 169
   sperren 57
   suchen 55
   Vorlage 49
Debitorenverzeichnis
   Datenselektion 61
   erstellen 60
Desktop 24
Dialogfenster 27, 35, 38
Differenzierung
   Abstimmkonto 233
   Nebenbuch 233
Druckprogramm 205
Durchschlag archivieren 168

E

Einbildtransaktion 65, 126, 235, 237
Einfügemodus (INS) 30
Einführungsleitfaden 380
Eingabe
   bestätigen 27
   redundante 45

Eingabemaske 35
Eingangssteuer 69, 127
Einkauf 42, 125, 304
   konzernweiter 164
   unternehmensspezifischer 164
   werksspezifischer 164
Einkaufsdaten 45, 116
Einkaufsorganisation 110, 164, 380
Einmalkunde 169
Einmallieferant 121
Einstellung 33
   benutzerspezifische 35
Einstiegsbild 25, 30, 34
Einzelposten 45, 278
Einzelpostenanzeige 84, 91, 95, 151,
                                                 217, 228
   alle Posten 85
   ausgeglichener Posten 85
   Belegposition 218
   Layout ändern 86
   Layout sichern 88
   neues Hauptbuch 218
   offener Posten 85
Einzelpostenliste 163, 267
Einzelwertberichtigung 257, 260
Empfängersprache 143, 144
Enjoy-Transaktion 65, 126
   Arbeitsvorlage 66, 126
   Debitorendaten 67
   Informationsbereich 67, 127
   Kopfdaten 67, 127
   Kreditorendaten 127
   Sachkontenposition 67, 127
   Vorschlagswert 67
Entität 136
Erfassungsvariante 71, 126, 131, 240
Erfolgskonto 46, 214
Erfolgsmeldung 30, 38
Erfolgsvortragskonto 346
Erstanmeldung 25
Erstkennwort 23
Ertrag 214

F

F1-Taste 36
   Feldhilfe 30

F1-Taste (Forts.)
Hilfe zu Feldern, Menüs, Funktionen und Meldungen 41
Performance Assistant 41
F4-Taste 41
Fakturabeleg 125
Fakturasperre 58
Fälligkeit 169, 277
Fälligkeitsanalyse 282
Fälligkeitsdatum 263
Fälligkeitsprüfung 170, 200
Favoriten 30
  ändern 34
  anlegen 33
  benutzerspezifische Liste 34
  hinzufügen 34
  Internetadresse 34
  löschen 34
  pflegen 33
  Verknüpfung 34
Fehlbuchung
  korrigieren 102
  vermeiden 201
Fehleingabe 45
Fehlermeldung 30, 38
Feld ändern 188
Felddaten 36
Feldstatus 215, 380
Feldstatusgruppe 218
Festwert 39
Finanzbericht 218
Forderung 257, 258, 261, 268, 277
  Abstimmkonto 158
Forderungsausgleich 273
Frachtbedingung 110
freie Abgrenzung 245, 247
Fremdwährung 42, 69, 128, 217, 354
  buchen 68, 217
Fremdwährungsbetrag 217
Fremdwährungsbewertung 380
  Bewertungsbuchung 355
  durchführen 354
  Korrekturkonto 355
  Kursaufwand 355
  Kursertrag 354
Fremdwährungsbewertungsprogramm 354
Frist 167

Funktionsänderung 41
Funktionsbereich 186, 381

G

Gebühr 183
Gegenbuchung 231
Gehaltsverrechnungskonto 231
Geldkonto 218
geringwertiges Wirtschaftsgut 295
Gesamtkostenverfahren 381
Geschäftsbereich 42, 43, 239, 298, 365, 381
Geschäftsbereichsbilanz 43
Geschäftsjahr 229
Geschäftsjahresabschluss 345, 351
Geschäftsjahresende 213
Geschäftsjahresvariante 45
Geschäftsjahresvergleich 365
Geschäftsjahreswechsel 213
Geschäftspartner 45, 170, 198
Geschäftsperiode 229
Geschäftsvorfall 167
Geschäftszweig 44
gesetzliche Vorgabe zum Jahresabschluss 334
Gewinn- und Verlustrechnung ... 213, 363
Gewinnverantwortungsbereich 43
Gläubiger 272, 277
Glossar 41
grafische Benutzungsoberfläche 381
Graphical User Interface → grafische Benutzeroberfläche
Gutschrift
  Enjoy-Transaktion 66
  erfassen 65, 125
  Mehrbildtransaktion 76
GuV-Konto 213
GuV-Struktur 363, 380

H

Haben-Buchung 78, 229
Halten Daten 367, 377
Handelsrecht 295
Hauptbuch 110, 214, 381
  klassisches 42, 363

Hauptbuch (Forts.)
 neues 42, 43, 136, 363
Hauptbuchhaltung 125, 213, 232, 242, 257
 Report 395
 Transaktion 391
Hauptbuchsicht 218
Hausbank 143, 202, 218
Hauswährung 42, 128, 354, 380, 381
Herstellungskosten 336
Hilfe zur Anwendung 40, 171, 381
Hilfe zur Funktion 26
Hilfefunktion 40
Hilfethema 40
Hintergrundverarbeitung 173, 175, 193, 201, 281
Hinweismeldung 30, 38

I

Identifikation 198, 209, 210
IDES 23, 381
IMG 380
Information
 spezifische 45
 technische 36, 41
Informationsbereich 127
Innenauftrag 291
Integration
 Kreditorenbuchhaltung 304
 Materialwirtschaft 163, 304
 Vertrieb 99
integrierter Anlagenabgang, Abgang
 mit Erlös 313
Inventur Bestandsaufnahme 334

J

Jahresabschluss 333, 342
 vornehmen 342
Jahresabschlussprogramm 334, 342
Jahresabschlussreport RAJABS00 342
Jahreswechsel 333
 durchführen 340
 neues Geschäftsjahr öffnen 340
Jahreswechselprogramm 340

Job 281
 ändern 289
 anlegen 282
 definieren 282
 Druckparameter 281
 ereignisgesteuerter 282
 löschen 289
 periodische Ausführung 286
 periodischer 281
 Priorität 283
 Programmname 285
 Startbedingung 286
 Startzeit 282
 Step 281, 285
 Übersicht anzeigen 289
 zeitgesteuerter 282
 Zielserver 284
Job Wizard 282
Jobklasse 283
Job-Log 289
Jobstatus 284

K

Kennwort 23
 ändern 25
 neues 25
klassisches Hauptbuch 42, 363
Kommandofeld 26
Kondition 45, 110
Konsolidierungsdaten 215
Kontenart 236
Kontenbezeichnung 214
Kontenfindung 381
Kontengruppe 49, 111, 119, 215, 381
 Bildaufbau 215
 Organisation und Verwaltung der Sachkonten 215
 Vorlagekonto 123
Kontenintervall 171
Kontenplan 214, 381
 alternativer 218
 Konsolidierung 216
 Kontenbezeichnung 213
 Konzernkontenplan 216
 länderspezifischer 213
 Landeskontenplan 218
 operativer 45, 213, 216, 383

Index

Kontenplan (Forts.)
   Sachkontendefinition 213
   Verzeichnis von Sachkonten 213
Kontenplansegment 46, 214, 216, 218, 227
Kontenplanverzeichnis 225
   freie Abgrenzung 227
Kontenstruktur 218
Kontierung 381
   automatische 379
   einzeilige 261
   kostenrechnungsrelevante 135, 186
Kontierungsmuster 381
Kontiervorlage 66, 126, 370
   anlegen 370
   entfernen 371
   hinzufügen 371
   Mehrbildtransaktion 372
Konto 45, 170
   abschließen 213
   ausgleichen 201
   bebuchen 184
   für berechnete, aber noch nicht gelieferte Waren 351
   für gelieferte, aber noch nicht berechnete Waren 351
   gesperrtes 180
   prüfen 170
Kontoart 382
Kontodaten 278
Kontoeinschränkung 171
Kontoführung 52
Konto-ID 218
Kontoinformation 203
Kontonummer 213, 214
   alternative 218
Kontowährung 217
Konzern 42
Konzernbilanz 216
Konzerngesellschaft 382
Konzernkontenplan 215, 216
Konzernkontonummer 216
Kopfdaten 127
Korrekturkonto 352
Korrespondenz 169
Kosten und Erlös 44
Kosten- und Leistungsrechnung 78
   konsolidierte 45
Kostenrechnung, buchungskreisübergreifende 44
Kostenrechnungskreis 42, 44, 382
Kostenstelle 139, 239, 291, 298, 382
Kreditor
   anlegen 32
   anlegen mit Vorlage 112
   Anzeigen der Einkaufsdaten 165
   debitorischer 358
Kreditor anzeigen, Partnerrolle 165
Kreditorenbuchhaltung 125, 277
   Nebenbuchhaltung 110
   Report 396
   Transaktion 389
Kreditorendaten 127
Kreditorengutschrift erfassen 125
Kreditorenkonto 199, 267
Kreditorenposten, Report 396
Kreditorenrechnung 268
   buchen 128
   erfassen 125, 128, 133
Kreditorensaldo, Report 396
Kreditorenstammdaten, Report 397
Kreditorenstammsatz 42, 45, 109, 382
   ändern 117
   anlegen 109
   Buchungskreisebene 109, 110
   Einkaufsdaten 109, 116, 163
   Einkaufsdatenebene 110
   Einkaufsdatum 164
   kopieren 111
   Mandantenebene 109, 110
   Partnerrolle 117
   suchen 117
   Vorlagekonto 115
   zentral anlegen 115
Kreditorenverzeichnis
   Datenselektion 120
   erstellen 119
Kulanztag 169
Kunde 167, 169
Kundenauftrag anlegen 53
Kundenauftragsabwicklung 99
Kundenkonto 277
Kundennummer 49
Kurs am Stichtag 354

L

Länderschlüssel 218
Landeskontenplan 218, 382
Landesrecht 218
Layout
    ändern 35, 140, 157, 228, 245
    sichern 88
    voreingestellt 88
    wählen 228
Layout sichern 88
Layoutänderung 247
Layoutmenü 30
Ledger 347, 382
    spezielles 347, 384
Ledger-Gruppe 382
Lieferantenkonto 350
Lieferantenrechnung 268
Lieferbedingung 45
Liquiditätslage 358
Liste, persönliche 57
lokales Layout anpassen 38

M

Mahnabstand 169
Mahnbestand 174
Mahnbrief 169, 170
    anzeigen 177
    aufsetzen 168
    Ausstellungsdatum 171
    drucken 168, 173, 175
    erstellen 169
    verschicken 173
Mahndaten 173, 175
Mahndatum 171, 175
Mahndruck
    Ausgabegerät 175
    Ausgabesteuerung 176
    einplanen 173, 175
    laufender 176
    Startdatum 175
    Startzeit 175
Mahnfunktion 167
Mahngebühr 167
    berechnen 168
Mahnhistorie 167, 178
Mahnjob 176

Mahnlauf 170, 172, 180
    einplanen 173
    Vorlage 170
Mahnliste 174, 175
Mahnprogramm 32, 158, 168, 170,
                               180, 198, 261, 263
    ausführen 170
    automatisches 52
    Identifikation 170
    Status 170
    Verarbeitungslogik 172
Mahnschlüssel 110
Mahnselektion 173
Mahnsperre 58
    setzen 180
    Stammsatz 180
Mahnstufe 167, 168, 169, 170,
                                  173, 175, 178
Mahntext 167
Mahnung 167
    ändern 174, 180
    ausführen 170
    Ausnahmeliste 180
    automatische 169
    Debitorenkonto 171
    Einmallieferant 169
    erstellen 168
    gebuchter Beleg 171
    Korrespondenz 180
    letzte 178
    Parameter 170
    Stammdatenpflege 169
    Vorlage 170
    Zusatzprotokoll 172
Mahnverfahren 169, 382
    automatisches 180
Mahnverfahrensschlüssel 52, 169
Mahnvorgang 168
Mahnvorschlag 173, 175
    ändern 172
    bearbeiten 172, 173
    generieren 173
    löschen 173, 175
    neu erstellen 173
Mahnvorschlagsliste 180
Mahnwesen 167
Mahnzins 167
Mahverfahren Buchungskreisebene ... 169
Mandant 30, 42, 382

Index

Mandantenebene 45, 47
Mandantenschlüssel 23
Mappenübersicht 193
Massenabgang, Arbeitsvorrat 313
Material 45
Materials Management 125, 163
Materialwirtschaft 125, 163
Mehrbildtransaktion 65, 76, 79, 126,
133, 136, 185,
235, 237
Mehrfachselektion 340
Meldung 38
Menü
   bearbeiten 27
   einstellen 31
Menübaum 26, 30
Menüeintrag 26
Menüleiste 40
Menüpunkt 26
   Hilfe 26
   System 26
Merkmal 136
Merkposten 261, 382
Microsoft Windows 29
Mietzahlung 183
Modus wechseln
   Anzeigen und Ändern 57, 119
Musterbeleg 368

N

Navigation
   Anwendungsfunktionsleiste 30
   Favoriten 30
   Menübaum 26, 30
   Menüleiste 26
   Menüpunkt 26
   Registerkarte 24
   SAP-System 30
   Schaltfläche 26
   Systemfunktionsleiste 26
   Titelleiste 30
   Transaktionscode 26, 30, 31
Nebenbuchhaltung 65, 110, 125, 257,
267, 291, 382
Nebenbuchkonto 232
Nettobelegart 304
Nettoverfahren 382

neues Hauptbuch 363
   Erfassungssicht 309
   Hauptbuchsicht 309
nicht integrierter Anlagenabgang 313
Normalabschreibung 335
Normal-AfA 336
Normal-AfA-Beginndatum 296, 304
Null-Saldo-Stellung 136, 140
Nummernkreis 49, 215, 382
Nummernvergabe
   alphanumerische 111
   externe 111, 215, 219
   interne 111, 215
Nutzungsdauer 296

O

Offene-Posten-Bewertung 382
Offene-Posten-Liste 70
Offene-Posten-Verwaltung 383
offener Posten 127
   aktivieren 90
   analysieren 167
   ausgleichen 183
   bearbeiten 83, 154
   begleichen 140
   bilden 183
   fälliger 170, 202, 210
   inaktiv setzen 90
Onlinedokumentation 40
operativer Kontenplan 213
Ordner 31
   Dreiecksymbol 31
   Knotenpunkt öffnen 31
   Knotenpunkt schließen 31
Organisationseinheit 41, 42, 383
   Buchungskreis 42
   Einkauf 163
   Geschäftsbereich 42
   Kostenrechnungskreis 42
   Profit-Center 42
   Segment 42

P

Parameter 37
Parameter-ID 36, 383

Index

Parameterliste ... 37
Parameterwert ... 37
Partnerbank ... 202
Partnerrolle ... 117, 165
Performance Assistant ... 36, 171
Periode ... 229
periodische Bestandsbuchung ... 333
   RAPERB00 ... 342
   RAPERB2000 ... 342
Pflege, zentrale ... 45
Position Feldstatus ... 237
Posten
   aktivieren ... 83
   aktivierter ... 83, 142
   gesperrter ... 180
   inaktivieren ... 83
   offener ... 183, 197
   selektieren ... 168
   überfälliger ... 173
   zu zahlender ... 197
Produktivsystem ... 24
Profit-Center ... 42, 43, 44, 136, 139, 229, 365, 383
Profit-Center-Rechnung ... 43

Q

QuickInfo ... 26

R

Recherche ... 365, 383
Recherchebericht ... 365
Rechnung ... 383
   Einzelpostenanzeige ... 84, 91, 95
   Enjoy-Transaktion ... 66
   erfassen ... 32, 65, 125
   Mehrbildtransaktion ... 76
   Restpostenbildung ... 80, 92
   Teilzahlung ... 80, 89, 167
   Zahlungsdifferenz ... 92
   Zahlungseingang ... 80
Rechnungseingang ... 383, 384
Rechnungseingangs-
   verrechnungskonto ... 351, 384
Rechnungslegung
   landesspezifische ... 213

Rechnungslegung (Forts.)
   parallele ... 295
Rechnungslegungsvorschrift ... 44, 383
Rechnungsprüfung ... 125, 163
Rechnungswesen, externes ... 163
Referenzbeleg ... 188, 367, 368, 383
Registerkarte auswählen ... 57
Regulierer, zulässiger ... 51
Release-Info ... 41
Release-Stand ... 41
Report ... 281
Restbuchwert ... 295, 296
Restlaufzeit ... 358
Restposenbuchung prüfen ... 155
Restposten ... 94, 154, 383
Restpostenbildung ... 80, 152
Restverteilungsverfahren ... 336
Rolle Tätigkeitsfeld ... 31

S

Sachkontenart ... 214
   Bilanzkonto ... 213
   Gewinn- und Verlustkonto ... 213
Sachkontenbeleg ... 236
Sachkontenbuchung anlegen ... 32
Sachkontenposition ... 127, 130, 185
Sachkontenstammsatz ... 213, 214, 383
   abrufen ... 223
   alternative Kontonummer ... 221
   ändern ... 221
   anlegen ... 31, 213, 215, 218
   Bildaufbau ... 215
   Buchungskreissegment ... 221
   Kontengruppe ... 221
   Kontenplansegment ... 221
   Nummernkreis ... 215
   persönliche Liste ... 223
   suchen ... 221
   Vorlagekonto ... 219, 221
Sachkontenverzeichnis
   anzeigen ... 224
   Buchungskreissegment ... 225
   erstellen ... 224
   Kontengruppe ... 224
   Kontenplansegment ... 225
   nach Buchungskreis ... 225
   operativer Kontenplan ... 224

Index

Sachkonto 45, 125, 213, 352
   Abstimmkonto 232
   anlegen 32
   Beleganzeige 231
   Belegposition 231
   Belegübersicht 231
   Buchungsbeleg 231
   Einzelpostenanzeige 228
   Kontoanalyse 228
   Kontoart 233
   Kontodaten 228
   Nummernvergabe 215
   offener Posten 231
   Saldenanzeige 228, 231
Saldenanzeige 74, 155
   Einzelpostenliste 158
Saldenbestätigung 383
Saldo 213
   Erfolgskonto 346
   fortschreiben 217
   Hauswährung 217
   vortragen 213
Saldoanzeige 70, 130
Saldovortrag 213, 383
   vornehmen 346
Saldovortragsprogramm 346
SAP Front End 24
SAP GUI 26, 381
SAP Logon 24
SAP-Bibliothek 40, 383
SAP-Easy-Access-Menü 26, 33, 188
   einstellen 31
   Einstiegsbild 25, 30
SAP-GUI-Verknüpfung 29
SAP-Hilfefunktion 40
SAP-Report 29
SAP-Standardsystem 41
SAP-System
   anmelden 23, 24
   Ebene 30
   Erstanmeldung 23
   Grundlagen 23
   konfiguriertes 24
   Navigation 30
Schaltfläche 26
   Modus erzeugen 29
   sichern 27
Scheck 198, 199, 205, 207, 260
Scheck drucken 143

Scheckausgangsverrechnungskonto 80
Scheckeingangsverrechnungskonto 80
Scheckstapel 143
Schuldner 272, 277
Schuldwechsel 273
Schulungszweck 23
SD 99
Segment 42, 44, 136, 139, 214, 365, 384
Segmentberichterstattung 44
Selektion und Druck einplanen 173
Setzen Daten 367, 377
Sicherung, vollständige 38
Simulationsmodus 132
Skonto 200
Skontoabzug 140
Skontofrist 197
Soll-Buchung 229
Sonderabschreibung 335
Sonder-AfA, steuerrechtliche 336
Sonderbuchung 258
Sonderhauptbuchkennzeichen 259, 260, 384
Sonderhauptbuchkonto 259, 261
   abweichendes Abstimmkonto 258
Sonderhauptbuchvorgang ... 237, 257, 278
   automatische Gegenbuchung 260
   Debitorenbuchhaltung 257
   freie Sachkontenbuchung 260
   Kreditorenbuchhaltung 257
   Merkposten 260
Sonderperiode 384
Sparte 101
Special Ledger 347, 384
Sperrkennzeichen setzen 58
Sperrschlüssel 180
spezielle Anlage → Anlage im Bau
Spool-Auftrag 176
   Übersicht 177, 207
Spool-Datei 146
Spool-Liste 207
Stammdatenpflege 46, 159, 198
Stammsatz 31, 45, 47, 109, 169, 175, 198, 213, 291, 384
Standardlayouts 88
Standardmahnverfahren 170
Standort, geografischer 43
Startmenü 24
Statusleiste 30, 38

Statusmeldung 35
Steuerbetrag 38, 69
Steuerkennzeichen 78, 384
Steuerschlüssel 38, 78, 127, 239
Steuerungsdatum 228
Steuerungselement 236
Steuerungsfunktion 46
Steuerzweck 295
Stichtag 170
Stornogrund 254
Suche, erweiterte 28
Suchfunktion 117, 222
   Platzhalter 222
System- und Warnmeldung 38
Systemfunktionsleiste 26, 38
Systeminformation 30
Systemkonfiguration 41
Systemmeldung 30
Systemname 30

T

Tastenkombination 28
Tätigkeitsfeld, Rolle 31
technischen Namen anzeigen 33
Teilabgang 313
Teilauszahlung 384
Teilbetrag buchen 80
Teilzahlung 150
   buchen 80, 147
   Einzelpostenanzeige 91
Textpassage, vordefinierte 148
Textschablone 148
Titelleiste 30
Toleranzgruppe 80, 89
Trainingssystem 23
Transaktion 30, 31
   Anlagenbuchhaltung 393
   Anwendung 26
   Debitorenbuchhaltung 387
   Hauptbuchhaltung 391
   Kreditorenbuchhaltung 389
   öffnen 31
Transaktion ABUMN 327
Transaktion ABZON 310
Transaktion AFAB 337
Transaktion AIAB 320
Transaktion AJAB 343
Transaktion AJRW 340
Transaktion AS01 297
Transaktion AS03 309
Transaktion AW01N 311, 325, 329
Transaktion F.05 355
Transaktion F.16 347
Transaktion F.19 352
Transaktion F110 .... 199, 209
Transaktion F14 190
Transaktion F150 170
Transaktion F-22 76
Transaktion F-28 .... 81, 89, 93
Transaktion F-30 102
Transaktion F-43 133
Transaktion F-53 .... 140, 148, 152
Transaktion F-58 143
Transaktion F-90 305
Transaktion F-92 .... 314, 317
Transaktion FAGLF101 359
Transaktion FB01 112
Transaktion FB02 249
Transaktion FB03 243
Transaktion FB04 251
Transaktion FB08 254
Transaktion FB50 238
Transaktion FB60 .... 122, 128
Transaktion FBD1 184
Transaktion FBD3 .... 188, 194
Transaktion FBL5N 74, 85, 95, 106
Transaktion FD01 49
Transaktion FD02 56
Transaktion FD03 56
Transaktion FD05 58
Transaktion FK02 .... 118, 210
Transaktion FK10N 155
Transaktion FS00 .... 218, 219, 222
Transaktion FSP0 218
Transaktion FSS0 218
Transaktion SM36 282
Transaktion XD01 54
Transaktion XD05 59
Transaktion XK01 115
Transaktion XK02 165
Transaktion XK03 165
Transaktionsbezeichnung 30
Transaktionscode 26, 31
Transfer 327

Index

U

überfälliger Posten 167
Überschreibmodus (OVR) 30
Überweisung 198
Umbuchung 102, 327, 384
   Anlage aufteilen 327
   Anlage im Bau 327
   buchungsinterne Bewegung 327
   mit Ausgleich 102
Umgliederung
   Forderung 358
   nach Restlaufzeit 358
   Verbindlichkeit 358
Umgliederungsprogramm 358
Umrechnungskurs 68, 129, 238, 354
Umrechnungstabelle 384
unterjährige Abschreibung
   Nachholverfahren 336
   Restverteilungsverfahren 336

V

Variante 205
Verbindlichkeit 257, 258, 261, 268
   Abstimmkonto 158
Vereinbarung 167
Vererbung, Merkmal 136
Verkaufsorganisation 100, 384
Verkaufsvorgang 102
Verkehrszahl 228, 384
   Fortschreibung 261
Verknüpfung erstellen 29
Verrechnung
   offener Posten 159
   von Debitor und Kreditor 158
Verrechnungsbuchung 352
Verrechnungskonto 80
Versandbedingung 45
Verschrottung 318
Versicherungsbeitrag 183
Vertrieb 55, 99
Vertriebsbereich 384
Vertriebsbereichsdaten 45, 53
Vertriebsbereichsebene 48
Vertriebsweg 100
Verwaltung offener Posten 218
Verzeichnis von Sachkonten
   (Kontenplan) 213
Verzugstag 171
Vollabgang 313
Vollzahlung 140
Vorlagebelege 370
Vorlagebelegs 368
Vorlagedebitor 49
Vorlagestammsatz 111
Vorlagezahllauf 210
Vorschlagslauf 201, 202
Vorschlagsliste 180, 209
Vorschlagsprotokoll 175
Vorschlagswert 37, 127, 176, 266
   ändern 72
Vorschlagswert festlegen 35
Vorsteuer 384

W

Währung 217
Währungsformat 39
Wareneingang 127, 384
Wareneingangskonto 350
Warn- und Systemmeldung 38
Warnmeldung 38
WE/RE-Analyse 354
   Programm RFWERE00 351
WE/RE-Konto 231, 350, 351, 384
Wechsel 257, 260, 272, 277, 385
Wechselanforderung 260
Wechselforderung 273
Wechselkurs 354
Wechselverbindlichkeit 273
Wechselzahlung 273
Werk 43, 163, 385
Wert festlegen 35
Wertbewegung 43
Willenserklärung 277
Wirtschaftsgut, geringwertiges 295

Z

Zahlbetrag 197
Zahllauf 198, 199, 201,
                                 203, 206, 207, 209
   ausführen 207

Zahllauf (Forts.)
    Ausnahmeliste 204, 210
    automatischer 199
    Buchung 201
    Buchungsauftrag erzeugen 206
    Buchungsdatum 199
    einplanen 206
    Fälligkeit einer Verbindlichkeit 200
    freie Ressource 202
    Identifikation 199
    kopieren 209
    Kreditorenbuchhaltung 199
    Kreditorenkonto 199
    maschineller 201
    offener Posten 199
    Posten entfernen 201
    Regulierung 200
    Sachbearbeiterkennung 203
    starten 205
    Vorschlag anzeigen 202
    Vorschlagsliste 203
    Zahlung ändern 201, 204
    Zahlungsdaten prüfen 201
    Zielrechner 202
    Zusatzprotokoll 200
Zahlprogramm 32, 158, 163, 183, 197,
    198, 209, 210, 261, 385
    automatisches 197
    freie Kapazität 202
    Parameter 198, 201, 202
    Vorschlagslauf 201
Zahlsperre 58, 209
    entfernen 210
    Kennzeichen 210
    setzen 210
    Stammsatz 210
Zahlung 199
    regelmäßige 183
    steuern 199
Zahlungsaufforderung 272
Zahlungsausgang 32, 198
    als Teilzahlung 147
    automatischer 209
    Belegart 209
    buchen 140, 143
    Einzelpostenliste 209
    Kreditorenkonto 209
    Kreditorenrechnung 209
    manuell erfassen 140

Zahlungsausgang (Forts.)
    mit Restpostenbildung 152
    mit Scheck 140, 143
    mit vollständigem Ausgleich 140
Zahlungsbedingung 45, 110, 385
Zahlungsbegleitliste 207
Zahlungsbeleg 197
Zahlungsdifferenz 92
Zahlungseingang 32, 34, 198
    buchen 81
    Buchung korrigieren 102
    Differenz 80
    manuell erfassen 80
    mit vollständigem Ausgleich 80
    Restpostenbildung 92
    Skonto 80
    Teilzahlung 89
    volle Rechnungshöhe 80
Zahlungsmittel 273
Zahlungsträger 197
    drucken 205
Zahlungsverkehr 51
    automatischer 197
    Element 197
    internationaler 198
    maschineller 199, 205, 209
Zahlungsverzug 167, 180
Zahlungsvorgang, manueller 197
Zahlungsvorschlag 201, 205, 206, 209, 210
    Änderungsmodus 203
    bearbeiten 201, 203
    erstellen 202
    löschen 203, 204
Zahlweg 143, 197, 199, 202, 209
    spezifischer 198
zentrale Pflege, Stammdatum 164
Zins 168, 260
    kalkulatorischer 336
Zugang 32
Zugangsbuchung 297
Zuordnungsfeld 385
Zusatz 33
Zusatzkontierung 127, 385
Zusatzprotokoll 172
    Position Zahlungsbeleg 201
    Prüfen der Fälligkeit 200
    Zahlwegauswahl falls nicht
      erfolgreich 200
    Zahlwegauswahl in allen Fällen 200

- Wertvolles Wissen zu allen FI-Bereichen
- Expertentipps, die Ihnen die Arbeit erleichtern
- Inkl. Tipps zu Integration und Reporting

Carolin Klein, Ulrike Messner

Finanzbuchhaltung mit SAP – 100 Tipps & Tricks

Die Finanzbuchhaltung ist Ihr Revier. Doch manchmal haben Sie das Gefühl, dass Sie sich auf ausgetretenen Pfaden bewegen, und Sie fragen sich, ob es nicht auch schneller geht? In diesem Buch finden Sie 100 Tipps und Tricks, die Ihnen die Arbeit mit FI spürbar erleichtern. Ob Kreditorenbuchhaltung, Anlagenbuchhaltung, Rechnungsprüfung oder Abschlussarbeiten: Lernen Sie Short Cuts und Best Practices für alle Bereiche der SAP-Finanzbuchhaltung kennen.

407 Seiten, broschiert, 49,90 Euro
ISBN 978-3-8362-2646-2
erschienen August 2014
www.sap-press.de/3476

Versandkostenfrei bestellen: www.sap-press.de

- Effizienter mit SAP arbeiten

- Für Fachanwenderinnen und Fachanwender in Rechnungswesen, Logistik und Personalwirtschaft

- Tipps, die Ihnen die Arbeit erleichtern

- Aktuell zu SAP S/4HANA

Wolfgang Fitznar, Dennis Fitznar

SAP für Anwender - Tipps & Tricks

Leichter arbeiten mit SAP! Ob in Controlling, Buchhaltung, Einkauf, Vertrieb, Disposition oder Personalwesen: Wenn Sie regelmäßig mit einem SAP-System arbeiten, ist dieses Buch wie für Sie gemacht. Aus eigener Erfahrung wissen Wolfgang und Dennis Fitznar, wo sich SAP-Anwender*innen schwer tun, und greifen tief in ihre Trickkisten. Tipp für Tipp erfahren Sie, wie Sie komfortabler im System navigieren, blitzschnell Daten pflegen und das SAP-System für sich arbeiten lassen.

418 Seiten, broschiert, 39,90 Euro
ISBN 978-3-8362-7463-0
2. Auflage, erscheint Dezember 2020
www.sap-press.de/5049

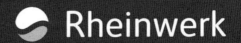

- Aktuelles Know-how für Anwender in der Finanzbuchhaltung
- Alle Aufgaben im Griff: von Anlagenbuchhaltung bis Zahlungsverkehr
- Neuerungen verständlich erklärt: SAP Fiori, Business Partner u.v.m.

Isabella Löw

Finanzwesen in SAP S/4HANA
Das Praxishandbuch

So meistern Sie die tägliche Arbeit im Rechnungswesen mit SAP. Sie lernen Schritt für Schritt, wie Sie Ihre buchhalterischen Geschäftsvorfälle verwalten und darstellen. Sie werden mit allen relevanten FI-Funktionen des SAP-Systems vertraut gemacht, sei es in Hauptbuchhaltung, Kreditoren- und Debitorenbuchhaltung, Anlagenbuchhaltung und Bankbuchhaltung oder bei den Abschlussarbeiten. Lesen Sie, welche Werteflüsse in andere Unternehmensbereiche bestehen. Aktuell zu SAP S/4HANA 1809.

568 Seiten, gebunden, 69,90 Euro
ISBN 978-3-8362-6675-8
erschienen Juli 2019
www.sap-press.de/4790

Jetzt als Buch, E-Book und Bundle: www.sap-press.de

- Sicher im SAP-System navigieren

- Die wichtigsten Abläufe verständlich erklärt

- Für SAP Fiori und SAP GUI geeignet

Wolfgang Fitznar, Dennis Fitznar

SAP S/4HANA

Der Grundkurs für Einsteiger und Anwender

Lernen Sie Ihr SAP-System kennen! Dieses Buch begleitet Sie von Anfang an und zeigt Ihnen, wie Sie die Funktionen von SAP S/4HANA in Ihrer täglichen Arbeit nutzen. Anhand eines durchgängigen Beispiels erklären Ihnen die Autoren die wichtigsten Module und den Einsatz der Benutzeroberflächen SAP Fiori und SAP GUI. Mit zahlreichen Übungen können Sie Ihr Wissen festigen. Damit ist das Buch bestens für den sicheren Einstieg in SAP geeignet.

450 Seiten, broschiert, 29,90 Euro
ISBN 978-3-8362-7389-3
erscheint Januar 2021
www.sap-press.de/5025

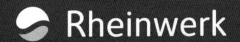

- Schritt für Schritt mit CO arbeiten

- Mit vielen SAP-Abbildungen, Beispielen und detaillierten Anleitungen

- Festigen Sie Ihr Wissen mit Übungsaufgaben und Video-Tutorials

Uwe Brück

Controlling mit SAP: Der Grundkurs für Anwender

SAP CO im Griff! Mit diesem Buch meistern Sie alle Aufgaben des Controllings mit SAP. Schritt für Schritt und in verständlicher Sprache lernen Sie, wie Sie Kostenstellen, Innenaufträge, Kostenträger, Profit-Center und Projekte im SAP-System anlegen und pflegen. Zahlreiche Abbildungen aus dem SAP-System und Video-Tutorials zu den wichtigsten Abläufen unterstützen Sie beim Einstieg und bei der täglichen Arbeit.

403 Seiten, broschiert, 39,90 Euro
ISBN 978-3-8362-4182-3
2. Auflage 2017
www.sap-press.de/4140

»Eine gute Arbeits- und Lernhilfe vor allem für Einsteiger.«
HAUFE.de/Controlling

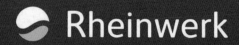